普通高等教育"双一流"建设经济学类专业数字化精品教材

- **主　任**

  张建华

- **副主任**

  欧阳红兵　江洪洋

- **委　员**（以姓氏拼音为序）

  崔金涛　范红忠　方齐云　刘海云　钱雪松　宋德勇
  孙焱林　唐齐鸣　王少平　徐长生　杨继生　张卫东

 普通高等教育"双一流"建设经济学类专业数字化精品教材

·华中科技大学2019年教材建设项目成果

国际经济学

International Economics

方齐云　方臻旻 ◎ 编著

http://www.hustp.com
中国·武汉

内 容 提 要

国际经济学是研究国际经济交易的一门经济学分支学科,它通常可以划分为国际贸易纯理论和国际金融理论两个部分。国际贸易纯理论具有微观经济学的性质,而国际金融理论则具有宏观经济学的性质。按照惯例,为了教学的方便,本书的主体部分划分为四个部分,主要讨论了国际贸易和国际金融问题。具体包括:按照思想史的顺序主要讨论国际贸易理论;国际贸易政策,包括关税和非关税政策、经济一体化和多边贸易体制;作为国际收支调节和开放经济宏观经济学的基础,主要讨论外汇市场和国际收支;调节国际收支失衡的各种机制及开放经济宏观经济学。

本书可供经济管理类高年级本科生和研究生阅读参考。与同类教材相比,本书特点鲜明:第一,力求理论的系统性及理论发展的历史演进;第二,关注各种理论难易程度在表述上的一致性,更容易让读者理解;第三,把各章节相对变化较慢的内容放在正文中,而把相对深入的研究和阅读材料、变化较快的案例等内容放在相应章节的二维码数字资源中,读者可以通过扫描二维码进行阅读。总之,我们希望本书能给读者带来与众不同的学习和阅读体验。

图书在版编目(CIP)数据

国际经济学/方齐云,方臻旻编著.—武汉:华中科技大学出版社,2020.12
ISBN 978-7-5680-6828-4

Ⅰ.①国… Ⅱ.①方… ②方… Ⅲ.①国际经济学-高等学校-教材 Ⅳ.①F11-0

中国版本图书馆 CIP 数据核字(2020)第 264446 号

国际经济学 方齐云 方臻旻 编著
Guoji Jingjixue

策划编辑:	周晓方 陈培斌
责任编辑:	余晓亮
封面设计:	原色设计
责任校对:	张汇娟
责任监印:	周治超
出版发行:	华中科技大学出版社(中国·武汉) 电话:(027)81321913
	武汉市东湖新技术开发区华工科技园 邮编:430223
录　排:	华中科技大学惠友文印中心
印　刷:	武汉市籍缘印刷厂
开　本:	787mm×1092mm　1/16
印　张:	24.5　插页:2
字　数:	549 千字
版　次:	2020 年 12 月第 1 版第 1 次印刷
定　价:	68.00 元

本书若有印装质量问题,请向出版社营销中心调换
全国免费服务热线: 400-6679-118　竭诚为您服务
版权所有　侵权必究

习近平总书记在全国高校思想政治工作会议上指出,要坚持把立德树人作为中心环节,把思想政治工作贯穿教育教学全过程,实现全程育人、全方位育人。根据这一要求,对于致力于世界一流大学和一流学科建设的中国高校来说,其根本任务就是贯彻落实立德树人宗旨,全面促进一流人才培养工作。

为了体现这一宗旨,华中科技大学经济学院制定了教学与人才培养"十三五"规划。基本思路是:贯彻坚守"一流教学,一流人才"的理念,抓好人才分类培养工作,更加重视国际化与创新型拔尖人才的培养。在教学方面,立足中国实际和发展需要,参照国际一流大学经济系本科和研究生课程设置,制订先进的课程体系和培养方案,为优秀的学生提供优质的专业教育和丰富的素质教育,培养具有创新能力的领军人才。为此,我们必须推进教学的国际化、数字化、数量化、应用化,改进教学方式,大力推进研讨式、启发型教学,加强实践性环节,着力培养创新型、领导型人才;进一步推进教学内容与方式的改革,规划建设一流的现代经济学专业系列教材,构建起我们自己的中国化的高水平的教材体系(即这些教材应当具有国际前沿的理论、中国的问题和中国的素材)。与此同时,注重规范教学,提高教学质量,建设并继续增加国家级精品课程及教学团队,组织教学与课程系统改革并探索创新人才培养的新模式。此外,还要加强实践环节,广泛建立学生实习实训基地。以此培养出一批具备扎实的马克思主义理论功底、掌握现代经济学分析工具、熟悉国际国内经济实践、能够理论联系实际的高素质人才,以适应国家和社会的需要。总之,这一规划确立的主题和中心工作就是:瞄准"双一流"目标,聚焦人才培养,积极行动,着力探索国际化与创新型人才培养新方案、新模式与新途径。我们也意识到,高质量的课程是科研与教学的交汇点,没有一流的课程,"双一流"就不可能实现。因此,抓教学改革、抓教材建设,就是实施这种探索的重要体现。

那么,如何做好现代经济学专业课程系列教材编写呢?习近平总书记提出,应按照"立足中国、借鉴国外,挖掘历史、把握当代,关怀人类、面向未来"的思路,着力建设中国特色社会主义政治经济学。根据习近平总书记系列讲话精神,一是要在经济学科体系建设上,着力在继承性、民族性、原创性、时代性、系统性、专业性上下功夫。要面向未来,从教材体系建设入手,从战略层面重视教材建设,总结提炼中国经验、讲好中国故事,教育引导青年学子在为祖国、为人民立德、立言中成就自我、实现价值。要着眼未来学科建设目标,凝练学科方向,聚焦重大问题,在指导思想、学科体系、学术体系、话语体系等方面充分体现中国特色、中国风格、中国气派。二是要研究中国问题。张培刚先生开创的发展经济学植根于中国建设与发展的伟大实践,是华中科技大学经济学科的优势所在。经济学科要继承好、发扬好这个优良传统,要以我国改革发展的伟大实践为观照,从中挖掘新材料、发现新问题、提出新观点、构建新理论,瞄准国家和地方的重大战略需求,做好经济学科"中国化、时代化、大众化"这篇大文章。

编写本系列教材的思路主要体现在如下几个方面。第一,体现"教书育人"的根本使命,坚持贯彻"一流教学,一流人才"的理念,落实英才培育工程。第二,通过教材建设,集中反映经济学科前沿进展,汇聚创新的教学材料和方法,建立先进的课程体系和培养方案,培养具有创新能力的领军人才。第三,通过教材建设,推进教学内容与方式的改革,构建具备中国特色的高水平的教材体系,体现国际前沿的理论、包含中国现实的问题和具备中国特色的研究元素。第四,通过教材建设,加强师资队伍建设,向教学一线集中一流师资,起到示范和带动作用,培育课程团队。

本系列教材编写的原则主要有如下三个。第一,出精品原则。确立以"质量为主"的理念,坚持科学性与思想性相结合,致力于培育国家级和省级精品教材,出版高质量、具有特色的系列教材。坚持贯彻科学的价值观和发展理念,以正确的观点、方法揭示事物的本质规律,建立科学的知识体系。第二,重创新原则。吸收国内外最新理论研究与实践成果,特别是我国经济学领域的理论研究与实践的经验教训,力求在内容和方法上多有突破,形成特色。第三,实用性原则。教材编写坚持理论联系实际,注重联系学生的生活经验及已有的知识、能力、志趣、品德的实际,联系理论知识在实际工作和社会生活中的实际,联系本学科最新学术成果的实际,通过理论知识的学习和专题研究,培养学生独立分析问题和解决问题的能力。编写的教材既要具有较高学术价值,又要具有推广和广泛应用的空间,能被更多高校采用。

本系列教材编写的规范要求如下。第一,政治规范。必须符合党和国家的大政方针,务必与国家现行政策保持一致,不能有政治错误,不涉及有关宗教、民族和国际性敏感问题的表述。第二,学术规范。教材并非学术专著,对于学术界有争议的学术观点慎重对待,应以目前通行说法为主。注意避免在知识产权方面存在纠纷。第三,表述规范。教材编写坚持通俗易懂、亲近读者的文风,尽量避免过于抽象的理论阐述,使用鲜活的案例和表达方式。

本系列教材的定位与特色如下。第一，促进国际化与本土化融合。将国际上先进的经济学理论和教学体系与国内有特色的经济实践充分结合，在中国具体国情和社会现实的基础上，体现本土化特色。第二，加强中国元素与案例分析。通过对大量典型的、成熟的案例的分析、研讨、模拟训练，帮助学生拓展眼界、积累经验，培养学生独立分析问题、解决问题、动手操作等能力。第三，内容上力求突破与创新。结合学科最新进展，针对已出版教材的不足之处，结合当前学生在学习和实践中存在的困难、急需解决的问题，积极寻求内容上的突破与创新。第四，注重教学上的衔接与配套。与经济学院引进版核心课程教材内容配套，成为学生学习经济学类核心课程必备的教学参考书。

根据总体部署，我们计划，在"十三五"期间，本系列教材按照四大板块进行规划和构架。第一板块：经济学基本原理与方法，包括政治经济学、经济思想史、经济学原理、微观经济学、宏观经济学、计量经济学、国际经济学、发展经济学、中国经济改革与发展、现代管理学等。第二板块：经济学重要分支领域，包括国际贸易、国际金融、产业经济学、劳动经济学、财政学、区域经济学、资源环境经济学等。第三板块：交叉应用与新兴领域，包括幸福经济学、结构金融学、金融工程、市场营销、电子商务、国际商务等。第四板块：创新实践与案例教学，包括各类经济实践和案例应用，如开发性金融、货币银行学案例、公司金融案例、MATLAB与量化投资、国际贸易实务等。当然，在实际执行中，可能会根据情况变化适当进行调整。

本系列教材建设是一项巨大的系统工程，不少工作是尝试性的，无论是编写系列教材的总体构架和框架设计，还是具体课程的挑选，以及内容取舍和体例安排，它们是否恰当，仍有待广大读者来评判和检验。期待大家提出宝贵的意见和建议。

华中科技大学经济学院院长，教授、博士生导师

2017年7月

"国际经济学"作为经济学类专业很重要的一门课程,在我国高等院校中普遍开设,这也使得目前我们在市面上能看到很多的《国际经济学》教材版本,这些教材也都各有特色,并被不同类型的高等院校所选用。笔者近几年来一直从事"国际经济学"课程的教学,先后使用过多个版本的教材。从使用的体会来看,还是觉得有必要再编写一本难度适中的教材,以满足高年级本科生和研究生"国际经济学"课程教学的需要。

几年以前,笔者曾申请华中科技大学研究生院设立的研究生教材出版基金,编写过一本《国际经济学》教材,出版后也得到了不少同行专家的好评。几年过去了,不论是高等教育还是"国际经济学"课程,也不论是国际贸易还是国际金融,都面临着更大的变化和挑战。这次借华中科技大学经济学院支持教材建设的机会,我们重新编写《国际经济学》,在体例和叙述方式上做了大幅改动,对使用的大部分材料进行了更新,并增加了诸多案例。在这个过程中,傅元海、郭庆斌、杨文芳、许鸿文和袁野博士,做了很多工作。

在本书编写之初,我的老师,著名经济学家、发展经济学的创始人张培刚教授给予了学术上的关心和指导,特别是对本书第十章《国际贸易与经济发展》的写作提出了具体指导和修改意见,在此表示衷心的感谢!此外,本书的编写还参考了国内外大量的同类教材和相关书籍,吸收了其中的部分成果,在书中有些在脚注中注明出处,有些则列于各章的进一步阅读导引中,或者列于书后的参考文献中。在此,对这些成果的作者一并表示感谢!我们希望这本教材的出版能对"国际经济学"课程的教学有所助益。当然,书中难免存在疏漏和不妥之处,恳请各位读者批评指正。

作 者
2020 年 9 月

目录 Contents

第一章 导论 /1

第一节 作为一门学科的国际经济学 /1
第二节 国际经济学研究的主要内容 /2
第三节 国际经济学的发展概况 /3
第四节 本书的内容安排 /8

第一篇 国际贸易理论

第二章 国际贸易的古典理论 /12

第一节 重商主义的贸易观 /12
第二节 亚当·斯密的绝对优势理论 /13
第三节 李嘉图的比较优势理论 /14

第三章 国际贸易的新古典理论 /23

第一节 生产可能性曲线与机会成本 /23
第二节 社会无差异曲线 /26
第三节 贸易理论的标准模型 /27
第四节 提供曲线与贸易的条件 /30

第四章 要素禀赋理论 /37

第一节 要素丰富和要素密集 /37
第二节 要素禀赋理论的基本假设 /39
第三节 要素禀赋与H-O理论 /43
第四节 H-O理论的经验检验 /49

第五章　新贸易理论

- /59　第一节　技术差距、技术变化与国际贸易
- /64　第二节　重叠需求理论
- /65　第三节　收益递增与国际贸易
- /67　第四节　市场结构与国际贸易
- /79　第五节　新新贸易理论
- /83　第六节　电子商务与国际贸易

第六章　国际贸易与经济增长

- /87　第一节　小国的经济增长和贸易
- /91　第二节　大国的经济增长和贸易
- /94　第三节　要素增长与国际贸易
- /96　第四节　技术进步与国际贸易

第二篇　国际贸易政策

第七章　关税和非关税壁垒

- /101　第一节　关税
- /109　第二节　非关税壁垒

第八章　贸易保护的依据

- /118　第一节　最优关税论
- /121　第二节　幼稚产业论
- /126　第三节　战略性贸易政策
- /129　第四节　次优理论与贸易保护
- /130　第五节　贸易保护的非经济动机
- /131　第六节　贸易保护主义的政治经济学

第九章 经济一体化与多边贸易体制 /136

第一节 经济一体化的形式 /136
第二节 关税同盟理论 /139
第三节 多边贸易体制 /144
第四节 国际经济秩序演变与新秩序 /155
第五节 一带一路 /156

第十章 国际贸易与经济发展 /159

第一节 传统的国际贸易理论关于贸易与发展关系的观点 /159
第二节 关于解说发展中国家贸易的理论 /162
第三节 发展中国家与新贸易理论 /166
第四节 发展中国家的贸易战略与政策 /170
第五节 环境与国际贸易 /176

第十一章 国际要素流动与跨国公司 /181

第一节 国际资本流动的动因 /181
第二节 国际资本流动的影响 /184
第三节 外国直接投资与跨国公司 /186
第四节 国际劳动力流动 /198

第三篇 外汇市场与国际收支

第十二章 外汇市场 /203

第一节 外汇、外汇市场和汇率 /203
第二节 外汇市场上的交易 /207
第三节 汇率制度与外汇管制 /213
第四节 汇率决定理论 /217

/232　第十三章　国际收支

/232　　　第一节　国际收支平衡表
/237　　　第二节　国际收支的平衡和失衡
/239　　　第三节　国际收支与国民账户
/243　　　第四节　国际收支调节概述

第四篇　开放经济宏观经济学

/247　第十四章　国际收支调节中汇率的作用：弹性分析法

/248　　　第一节　马歇尔-勒纳条件
/252　　　第二节　汇率均衡与稳定性
/256　　　第三节　即期汇率与远期汇率之间的关系
/260　　　第四节　弹性分析法的缺陷

/263　第十五章　国际收支调节中收入变动的作用：乘数原理

/264　　　第一节　无国外反响时的乘数与国际收支
/269　　　第二节　国外反响：两个国家模型
/273　　　第三节　开放经济乘数与支出改变政策

/277　第十六章　国际收支调节中汇率与收入的交互作用：吸收分析法

/277　　　第一节　国际收支调节的吸收分析法
/280　　　第二节　弹性分析法与吸收分析法的争论与综合
/283　　　第三节　国际收支调节中汇率与收入变化的相互作用

/292　第十七章　货币和其他资产在国际收支调节中的作用：固定汇率制

/292　　　第一节　古典的物价-铸币-流动机制
/296　　　第二节　国际收支调节的货币分析法
/303　　　第三节　开放经济宏观经济均衡：蒙代尔-弗莱明模型
/310　　　第四节　国际收支调节的货币政策和财政政策

第十八章　货币和其他资产在国际收支调节中的作用：浮动汇率制 /316

第一节　临界弹性条件 /316
第二节　浮动汇率制下的政策选择 /320
第三节　浮动汇率的隔离作用与干扰因素的国际传播 /323
第四节　新剑桥学派的经济政策 /325
第五节　开放经济中的资产组合与宏观经济均衡 /327

第十九章　国际货币制度 /337

第一节　国际货币制度的演变 /338
第二节　货币一体化与欧洲货币体系 /344
第三节　浮动汇率制与固定汇率制之争 /356
第四节　国际储备问题 /362
第五节　货币危机模型 /369

第二十章　国际贸易理论与国际金融理论的综合 /372

第一节　汇率与贸易量 /374
第二节　汇率与贸易结构 /375
第三节　国际金融与企业国际化行为 /376

第一章 导论

国际经济学是一门新兴的经济学分支学科。它运用一般经济学的概念、理论和方法，研究稀缺资源在世界范围的最优配置，以及在此过程中发生的国际货物、服务、资产等交易及其对国内经济的影响。随着国际分工的深化和国际经济交往的发展，人们对国际经济问题的关注越来越普遍、越来越深入，以国际经济交往和国际经济关系为研究对象的国际经济学，也越来越受到普遍的重视。作为经济学的一个独立分支学科，在众多经济学家的努力下，国际经济学的地位正日益提高，特别是近30年来，国际经济学已成为经济学领域中发展最快、影响最大的分支学科之一。在国内外的经济学教学中，国际经济学已被越来越多的大学列为经济和管理类学生的必修课程之一。以下将简要介绍国际经济学的特征、主要内容、发展概况和本书的内容安排。在本章附录中，将介绍改革开放以来中国的外贸依存度及其变化情况，以说明对外贸易的重要性。

第一节 作为一门学科的国际经济学

国际经济学是以国际经济交易为研究对象的一门经济学分支学科。它运用一般经济学的基本概念和分析工具，研究国际货物、服务和资产交易及其对国内经济的影响。与一般经济学（微观经济学和宏观经济学）相比，国际经济学的研究对象有两个明显的特点。

（1）国际交易不同于国内交易。传统的国际贸易理论通常假设生产要素在国内是完全自由流动的，而在国际则是完全不能流动的。这样，国际商品贸易就成为国际要素流动的替代手段，通过国际商品贸易使国际要素报酬趋于一致。在现实中，国际要素也具有一定程度的流动性，只不过其可流动程度低于在一国之内的可流动程度。例如，劳动力和资本要素，它们在国家之间的流动程度就远比在一国之内的流动程度要低。

(2)国际经济关系发生在具有独立主权的不同经济实体之间,与之相联系,就产生了不同的疆界和不同的货币。不同疆界的存在,产生了对贸易的关税和非关税限制,而这在一国之内是不存在的;不同的货币通过汇率随时间的变动,产生了相对价格随时间变动的复杂性,而这在一国之内同样是不存在的。在政策制定上,一国政策的制定往往考虑的只是本国的国民福利和稳定,而非世界的福利和稳定。不同国家之间的政策目标往往是不一致的,这就会导致在某个国家是最优的政策选择,从世界范围来看则往往是非最佳的政策选择。例如,最优关税的征收导致了20世纪30年代的关税大战。此外,经济体之间的相互联系使得一国的经济政策,如财政政策和货币政策等,不仅会影响本国的资源配置,还会对其他国家的资源配置造成外溢效应。因此,在国际经济关系日益密切的背景下,一国政府经济政策的制定就必须考虑外部因素的影响,这就比在封闭经济条件下制定政策更复杂。

第二节 国际经济学研究的主要内容

与一般经济学一样,国际经济学研究的主要内容也可以区分为实物经济方面和货币经济方面两个部分。国际经济学研究的实物经济方面,也称国际微观经济学或国际贸易,它主要研究国际贸易和国际要素流动,包括影响国际贸易和国际要素流动的主要因素、贸易和要素流动对资源配置和收入分配以及福利的影响、国家经济政策对贸易和要素流动的影响等。国际经济学研究的货币经济方面,也称国际宏观经济学或国际金融(international finance),它主要研究国际收支(balance of payments)及其调整过程,包括外汇市场和汇率决定、国际收支及其在不同汇率制度下的调整过程等。

国际经济学的国际贸易部分通常包括国际贸易理论和贸易政策两个部分,是国际经济学的微观部分。它以单个国家为基本分析单位,研究单个商品的相对价格及其决定,这与微观经济学非常相似。国际贸易理论分析贸易的基础、贸易的模式以及贸易的利益(gains from trade)。国际贸易政策考察贸易限制的措施及其影响、贸易保护的原因和效果。

国际经济学的国际金融部分则包括汇率和外汇市场、国际收支及其调整等内容。它涉及货币和总收支、收入水平和价格指数等宏观经济变量,这与宏观经济学非常相似。外汇市场探讨一国货币与他国货币相交换的框架及汇率的决定;国际收支用以测度一国与外部世界交易的总收入和总支出及其平衡;国际收支调整研究在不同汇率和国际货币制度下,一国国际收支失衡调整过程及其对国内经济的影响。

第三节　国际经济学的发展概况

一、国际贸易理论的发展

国际贸易的思想可以上溯到重商主义(the mercantilism)时代①。重商主义者以其错误的财富观为基础,推论出"奖出限入"的贸易政策。1776年,亚当·斯密(Adam Smith)代表新兴资产阶级的利益,在其划时代的著作《国富论》中,系统阐述了分工和自由经济的观点,批判了重商主义的财富观和贸易观,提出了国际贸易的绝对优势理论。1817年,大卫·李嘉图(D. Ricardo)在其代表性著作《政治经济学及赋税原理》一书中,进一步发展了亚当·斯密的理论,正确地提出和论证了国际贸易的比较优势原理,确立了其后贸易理论发展的方向。后来的学者都将国际贸易研究的重点放在比较优势原理上,不断探索决定比较优势的各种因素。

关于比较优势的决定因素,李嘉图强调的是劳动生产率差异的重要性,认为各国之间只要相对劳动生产率水平不一致,就存在比较利益和相互贸易的动机。如果两国的贸易条件(terms of trade)严格介于两国相对成本比率之间,那么每个国家都能从贸易中得到利益,使每个国家的所有家庭通过贸易而生活得更好。其后的一些学者,如穆勒(J. S. Mill)、马歇尔(A. Marshall)和艾奇沃思(F. Y. Edgeworth)等,集中研究了贸易条件的决定问题。在20世纪两次世界大战间隔时期,关于比较优势的研究出现了重大进展。

1919年,赫克歇尔(E. F. Heckscher)在《对外贸易对收入分配的影响》一文中,首先论述了各国要素禀赋构成与贸易形态之间的关系,以及贸易对各国收入分配的影响,提出了要素禀赋差异是决定国际分工和贸易的基础的观点。其后,他的学生俄林(B. Ohlin)在1933年出版的《区际贸易与国际贸易》一书中,进一步阐述和发挥了赫克歇尔的要素禀赋理论,形成了赫克歇尔-俄林理论(简称H-O理论)。

1936年,哈伯勒(G. Haberler)在《国际贸易理论》一书中,用机会成本理论(opportunity cost theory)解释了比较优势原理,在贸易理论的模型化方面做出了实质性的贡献。除哈伯勒外,勒纳(A. P. Lerner)、里昂惕夫(W. Leontief)、米德(J. E. Meade)、萨缪尔逊(P. A. Samuelson)等人将一般均衡分析的新古典模型与赫克歇尔和俄林的要素禀赋理论融为一体,最终形成了国际贸易理论的标准模型。可以说,这一标准化的贸易模型,就是新古典学派一般均衡理论在国际贸易研究中的具体应用。

---

① 谭崇台:《西方经济发展思想史(修订本)》,武汉:武汉大学出版社,1995年版,第9页。

在20世纪相当长的时期内,以新古典模型为表达形式的要素禀赋理论在国际贸易理论中占据着绝对的统治地位。1951年,里昂惕夫首次运用投入产出方法对H-O理论进行了经验检验,发现美国作为世界上资本最丰富的国家,其出口部门是劳动密集型的,而进口替代部门则是资本密集型的,这就与H-O理论预测的贸易模式相反,这就是著名的"里昂惕夫之谜"(the Leontief paradox),为此激发了大量学者为解决这一国际贸易难题而展开研究。例如,20世纪60年代,林德(S. B. Linder)、波斯纳(M. V. Posner)、胡佛鲍尔(G. C. Hufbauer)、弗农(R. Vernon)等人从动力学角度,提出了不同于比较优势的新的贸易理论,但要素禀赋理论并未受到真正的挑战。直到20世纪70年代末,国际贸易理论的发展才真正出现了一次重大的突破。

20世纪70年代末至80年代初,以克鲁格曼(P. R. Krugman)和赫尔普曼(E. Helpman)为代表的一批经济学家,提出了所谓的"新贸易理论"。新贸易理论认为,除要素禀赋差异外,规模经济亦是国际贸易的原因和贸易利益的另一个独立决定因素。新贸易理论打破了新古典贸易理论规模收益不变和完全竞争的假设,使得关于贸易理论研究的重心由国家间的差异转向市场结构和厂商行为方面,研究更为深入。但是,由于不完全竞争理论至今没有形成统一的分析模式,所以新贸易理论至今并未形成统一的模式。

新贸易理论的出现有两大渊源。

一是随着时间的推移,传统贸易理论已不能解释许多重要的国际贸易现象。例如,一方面,20世纪60年代以后,世界贸易绝大部分是在偏好、技术和要素禀赋都比较相似的发达国家之间进行的,而差异比较大的发达国家与发展中国家之间的贸易占世界贸易的比重不断下降;另一方面,在国际贸易流量中,产业内贸易(intra-industry trade),即发生在同一产业类别中的双向贸易(two-way trade)已成为主流。对于后一种现象,早在20世纪60年代中期,就有一些经济学家已经注意并开始对其进行研究。其中,格鲁珀(H. G. Grubel)和劳埃德(P. J. Lloyd)在1975年还构造了一种测量产业内贸易密集度的指数方法,用于测算国际贸易中产业内贸易的重要性。[①] 两位学者根据测算的结果,将产业内贸易分为三种类型:第一类是消费品的替代性商品间贸易,如化纤类服装与天然棉类服装;第二类是生产投入系数相似的商品间贸易,如焦油与汽油;第三类是既具消费替代性又具有技术类似性的商品间贸易。他们指出,前两类商品的产业内贸易与要素禀赋理论的描述相一致,可以用修正后的要素禀赋理论加以解释,而对于第三类商品的产业内贸易,则只能用规模经济和产品差别化才能解释,而这又与传统贸易理论的假设相抵触,因而需要发展一种新的贸易理论来解释。

二是产业组织理论的发展为新贸易理论的出现奠定了坚实的理论基础。随着新古典学派的兴起,由于规模经济与完全竞争的市场结构不相融,所以一直被排除在以竞争均衡为核心的一般均衡理论范式之外。虽然古诺(A. Cournot)、张伯伦(E. H.

---

① 参见 H. G. Grubel & P. J. Lloyd(1975),Intra-industry Trade:The Theory and Measurement of International Trade in Differentiated Products,London,Macmillan. G—L产业内贸易指数 $IIT = 1 - \frac{|X_i - M_i|}{X_i + M_i}$,与 B. Balassa 提出的产业内贸易指数 $IIT' = \frac{|X_i - M_i|}{X_i + M_i}$ 略有不同。

Chamberlin)和罗宾逊夫人(J. Robinson)等著名经济学家在不完全竞争分析方面做出了巨大的贡献,但长期以来,不完全竞争分析一直游离于主流经济学之外。20世纪40年代兴起的产业组织理论,可以说填补了这方面的空白。产业组织理论主要以不完全竞争市场结构为考察对象,分析市场结构、厂商行为和市场绩效三者之间的因果关系。20世纪70年代中期,产业组织理论出现了一次大的突破,特别是博弈论方法被引入产业组织理论的研究之后,对不完全竞争市场结构下(主要是针对寡头市场)厂商行为的描述与研究,取得了巨大的成功,大大丰富了经济学的理论基础。新产业组织理论的兴起,对经济学的许多分支学科的发展,都产生了巨大的推动力,国际贸易领域的研究也不例外。1978年,克鲁格曼在其博士论文《收益递增、垄断竞争与国际贸易》中,首次将迪克西特(A. Dixit)和斯蒂格利茨(J. Stiglitz)两人所共同提出的将差异产品和(内部)规模经济考虑在内的垄断竞争模型(该模型又称"新张伯伦模型")推广到开放经济条件下,从模型上首次证明了规模经济是国际贸易的另一起因,以及差异性产品决定了贸易形态为产业内贸易。

新贸易理论除了都强调规模经济的作用这一共同点外,并未形成统一的分析框架。目前可以说有三种类型的新贸易理论模型:一是上文提到的由克鲁格曼和赫尔普曼等人在垄断竞争模型基础上提出的新贸易理论模型。二是由布兰德(A. Brander)和斯潘瑟(B. J. Spencer)在寡头垄断模型基础上提出的新贸易理论模型,该模型不仅阐述了规模经济在国际贸易中的决定作用,而且还指出了在同质产品条件下,因厂商的非合作行为也会产生产业内贸易。"相互倾销"便是其中的一个特例。在寡头垄断市场上,围绕着垄断利润,不仅厂商之间,而且政府之间也可能发生争夺垄断利润的博弈行为。因此,该理论模型具有重要的政策含义。20世纪80年代中期,引发众多争论的战略性贸易政策便是基于这一思想提出的。第三种新贸易理论模型是由埃塞尔(W. Ethiar)最早提出的外部经济模型。该理论模型不仅指出外部规模经济在国际贸易中的重要性,更重要的是,该模型还指出了国际分工格局对贸易利益不平衡性的影响,即不同的国际分工格局对参与贸易的各方的经济发展有不同的影响。

新贸易理论并不能替代传统的要素禀赋理论,两种理论分别解释不同的贸易现象。新贸易理论主要解释产生在发达国家之间的产业内贸易现象;而传统的要素禀赋理论则主要解释发达国家与发展中国家之间的产业间贸易。从理论基础上看,新贸易理论以规模经济和不完全竞争为前提,强调产业和企业的市场结构和竞争性差异;传统的要素禀赋理论则以规模收益不变和完全竞争为前提,强调国家之间在要素禀赋上的差异性。因此,两派的观点实际上是互补的,两者共同丰富和完善了贸易理论。

综观各种不同的国际贸易理论观点,国际贸易基础的决定因素可用图1-1来加以概括。

下面简要谈谈异质性企业理论。

至20世纪90年代,已有的贸易理论更多地以宏观视角,聚焦于国家与国家之间、地区与地区之间乃至产业与产业之间的贸易行为,往往默认出口企业具有同质性。但这一假定却无法解释为什么会有出口企业与非出口企业之分。后来,学者们对这一问题进行了探讨,并形成了"新新贸易理论"[代表性学者包括:理论构建——Melitz(2003,2008),

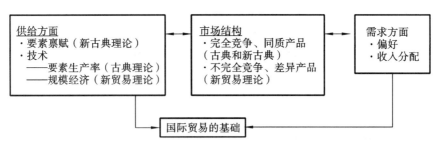

图 1-1 国际贸易的基础

资料来源：薛敬孝等，《国际经济学》，高等教育出版社，2000 年版。

Antras(2003,2004)以及 Manova(2014,2017)等；实证检验——Bernard and Jensen (1995,1999),Bernard 等(2007,2009)]。这一系列的研究发现，一国高生产率的企业往往能够克服生产所需的固定成本和冰山成本，进而实现出口(Melitz,2003)。新新贸易理论也具有丰富的政策意涵：一方面，对于落后的国家和地区来讲，通过积极参与国际国内分工，提高对外开放水平，能够充分发挥竞争效应，提升行业生产率水平；另一方面，在不提高单个企业生产率水平的情况下，一国仍然可以通过贸易和开放来提高一个产业甚至全国的生产率水平。

二、国际金融理论的发展

国际金融理论的发展一直是围绕"外部平衡"问题展开的。从古典贸易理论起，贸易平衡一直是贸易理论的一个前提条件。因为贸易理论不考虑货币因素，国际贸易理论所探讨的是在贸易平衡条件下(或物物交换条件下)的贸易商品相对价格问题，即纯易货贸易条件(The Barter Terms of Trade)问题。但在现实中，国际贸易是以货币为媒介而进行的，因而贸易不平衡现象是一种常态。

早在李嘉图提出比较优势理论之前，历史上就已经产生了关于外部调节的分析。如1720 年，伊萨克·杰瓦伊斯(I. Gervaise)首次提出了国际收支的一般均衡分析方法。1752 年，大卫·休谟(D. Hume)在《论贸易差额》一文中，论证了著名的"物价-铸币-流动机制"(price-specie-flow mechanism)。休谟从货币数量论的观点出发，认为在金币本位制条件下，可以通过货币——贵金属的输出输入来完全解决贸易不平衡问题，即可以通过市场的力量自动恢复平衡，而不需要外部的人为干预。

休谟的理论在相当长的一个时期内，一直主导着国际金融领域的研究。在金本位制时期，人们极其自然地把没有国际金银的流动作为外部平衡的标志。在 20 世纪两次世界大战的间隔期，为取得外部平衡，许多国家对浮动汇率和直接控制国际收支进行了广泛的实验。这一时期，纳克斯(R. Nurkse)的论述也许算得上是最有影响的。许多学者继续以储备变动为前提，把外部平衡概念化。与此同时，国际金融领域内关于国际资本流动的讨论日益增多。但是，大多数观点认为，国际资本流动附属于古典的国际收支调整机制。20 世纪两次世界大战间隔时期的事件，使得国际金融理论明显避开了对构成古典模型基础的国际收支调节机制的关注，而将重心转移到国际收支平衡与国内经济条件之间的相互作用和影响上。

第二次世界大战以后,布雷顿森林体系这种国际货币制度安排的确立和发展,对国际金融理论的发展产生了深远的影响。第二次世界大战之后,凯恩斯主义的流行,也在国际金融理论的发展中留下了深深的烙印。休谟把相对价格变动放在国际收支调整问题研究的重心上,遭到了其后凯恩斯等一些学者的怀疑。在布雷顿森林体系建立之后,很多研究文献放弃了古典模型核心的价格调整学说,转而寻求通过收入或就业的变动来调整外部平衡。凯恩斯的乘数理论说明了在价格不变的条件下,收入变动对国际收支的影响。这一理论有助于理解本国或外国居民的支出变动如何影响国内收入的均衡水平,进而影响国际收支。强调国际收支的收入调节机制的学说认为,产出与就业的变动与古典学派所主张的价格变动,差不多起着一样大的作用。但是,强调收入作用的外部调整学说有着重大的缺陷,它基本上排除了资本流动的可能性,与古典学说一样,仍然只关注国际收支经常项目的调整。这种缺陷直到20世纪60年代才有所改观。

20世纪60年代初期,蒙代尔(R. Mundell)更新了国际收支调整的传统观点。在蒙代尔模型中,货币政策被放到了国际收支调整的首要位置,国际资本流动占据了国际收支的重要地位。他提出,当内部平衡(Internal Balance)与外部平衡目标发生冲突时,资本流动性的存在,使得在固定汇率制条件下,通过扩张性的货币政策引起资本流出,而通过扩张性的财政政策引起资本流入,这样,借助于针对外部平衡的货币政策和针对内部平衡的财政政策这两个独立的政策工具,就能够同时达成内外平衡的目标,从而解决了固定汇率制条件下政策选择的两难问题。这种把货币政策分配给外部平衡,而把财政政策分配给内部平衡的观点,被称为"蒙代尔分配法则"。

1960年,特里芬(R. Triffin)在《黄金与美元危机》一书中提出了著名的"特里芬难题"(T. Dilemma)。特里芬认为,作为储备资产的关键货币在其充足供应与信心力之间是存在矛盾的。也就是说,要提供作为储备资产的关键货币的充足供应,该种货币就会面临贬值的风险,从而使人们对该种货币的清偿力缺乏信心;而要保持人们对该种货币的清偿力有足够的信心,则该种货币将面临供给的不足,不能充分满足人们储备该种货币的需求。正因为这一"特里芬难题"的存在,金本位制和布雷顿森林体系最终瓦解。1973年,布雷顿森林体系崩溃之后,一大批经济学家主张实行浮动汇率制。浮动汇率制的倡导者的基本论点是,浮动汇率可以使政府免受国际收支的限制,并允许政府不需要运用货币政策去被动地稳定汇率,从而获得利用货币政策工具的主动权,同时浮动汇率也像一堵防火墙,把国内经济与外界隔离开来,使国内经济免受外界因素的冲击。然而,依靠浮动汇率,借助国际储备流动自动调节国际收支平衡的做法,在实践上并不能消除持久的经常项目不平衡。

20世纪70年代,货币主义的兴起产生了一些极有价值的开放经济动态模型。其中,比古典货币数量论更进一步的国际收支货币分析方法,强调实际平衡效果和长期的国际收支平衡;资产组合平衡(Portfolio-Balance)模型则阐明了货币与经济增长的关系,指出了财富积累中资产的存量和流量之间的区别,并吸收了理性预期理论的一些基本思想。

在这些模型中,外部平衡的内在动态机制由财富推动。财富不仅包括实际货币(Real Money)余额,也包括外国资产,可能还涉及物质资本和人力资本。在充分就业和价格有弹性的前提下,每一种国际资产存量结构决定一个短期均衡,而这个短期均衡则

由资产市场和商品市场的均衡条件所决定。均衡财富水平和实际利率决定国内外消费水平，但是不一定需要国际收支经常项目的短期平衡，即商品市场均衡仅意味着一国计划的国际收支经常项目顺差等于别国计划的国际收支经常项目逆差。于是，国际财富的流动机制终将恢复国际收支经常项目的平衡。在凯恩斯主义的价格黏性假设下，调整的过程就会变得更加复杂化。目前，在这些方面已有不少研究成果被吸收到了西方经济学的教科书中。

20世纪80年代，借助于储蓄和投资理论中的跨时分析方法，对开放经济动态变化过程的分析已变得日益普遍。这一新发展主要源于20世纪80年代关于发展中国家债务危机问题的分析。在有关外部平衡的跨时分析模型中，外部平衡被定义为维护与预期的跨时预算约束相一致的、稳定的最佳消费水平的国际收支经常项目状态。在产出、国际利率、贸易条件等方面暂时不利的情况下，保持暂时的国际收支经常项目逆差，可适当抵消不利冲击的影响；同样，暂时的顺差也可能是对暂时的不利冲击的一个适当反应。

除了外部平衡这一国际金融理论的核心问题外，国际金融理论在汇率决定理论和汇率制度研究方面，也有极为丰富的理论进展。限于篇幅，在此不能一一介绍，有兴趣的读者可参阅相关文献。

第四节 本书的内容安排

本书除导论外，共分4篇19章。第一、二篇集中讨论国际贸易理论与政策；第三、四篇则重点介绍国际金融理论和政策问题。

第一篇讲国际贸易理论，共分5章，着重介绍国际贸易理论问题。第二章介绍国际贸易的古典理论；第三章讨论国际贸易的新古典理论和标准的贸易模型；第四章介绍要素禀赋理论；第五章介绍几种新贸易理论；第六章讨论国际贸易与经济增长的关系问题。通过这几章的介绍，使读者较好地理解一些有代表性的贸易理论。

第二篇讲国际贸易政策，共分5章。第七章介绍关税和非关税壁垒及其经济影响；第八章介绍一些支持贸易限制的主要观点；第九章专门讨论区域经济一体化及多边贸易体制问题；第十章讨论国际贸易与经济发展的关系；第十一章讨论与商品贸易不同的国际要素流动问题。

第三篇作为国际金融的基本知识，分2章即第十二、十三章，分别介绍外汇率市场与汇率以及国际收支平衡表。

第四篇开放经济宏观经济学，共分7章，介绍国际收支调整的理论、政策以及国际货币体系问题。第十四章介绍汇率在调节国际收支中的作用；第十五章介绍收入变动在调节国际收支中的作用;第十六章介绍国际收支调节的吸收分析法;第十七章介绍固定汇率制下的国际收支调节;第十八章介绍浮动汇率制下的国际收支调节;第十九章介绍国际货币体系问题;第二十章作为一个结论,讨论国际贸易理论与国际金融理论的综合问题。

为了巩固所学知识和培养学生的独立思考能力,以及加深对正文的理解,每章的后面都提供了一些思考题。书中某些章节配置了附录,作为正文的补充,可供选择阅读。

附录1.1

本书要求读者具备微观经济学和宏观经济学的基本知识。

本章小结

1. 国际经济学是一门新兴的经济学分支学科,它运用一般经济学的概念、理论和方法,研究稀缺资源在世界范围的最优配置,以及在此过程中发生的国际货币、服务、资产交易及其对国内经济的影响。

2. 与一般经济学相比,国际经济学的研究对象有两个明显的特点:一是国际交易不同于国内交易;二是国际经济关系发生在具有独立主权的经济实体之间,由此产生了不同的疆界、不同的政策目标和不同的货币等,从而产生了问题研究的复杂性。

3. 国际经济学的主要内容可以区分为实物经济和货币经济两个方面。前者主要研究贸易理论和贸易政策,属国际经济学的微观方面或称国际贸易;后者主要研究外汇市场、汇率以及国际收支及其调整,属国际经济学的宏观方面或称国际金融。

4. 国际贸易理论的发展是围绕贸易的原因、贸易的模式和贸易的利益等方面的研究而展开的。国际金融理论的发展则是围绕国际收支调整的研究展开的,当然也包括国际货币制度和汇率理论的发展。

进一步阅读导引

1. Gandolfo G. International Economics, Vol. 1. 2nd ed. Berlin:Springer-Verlag,1987.

2. 陈岱孙,厉以宁. 国际金融学说史. 北京:中国金融出版社,1991.

3. Salvatore D. Theory and Problems of International Economics. 4th ed. New York:McGraw-Hill,1995.

1. 基本概念

国际经济学　要素禀赋理论　新贸易理论　国际金融理论

2. 讨论与回答

(1) 国际经济学有何特点？其主要内容有哪些？

(2) 试述国际贸易理论的产生和发展，并简要介绍国际贸易理论的最新进展。

(3) 试述国际金融理论的产生和发展，并简要介绍国际金融理论的最新进展。

第一篇

国际贸易理论

第二章 国际贸易的古典理论

关于国际贸易发生的原因和影响,最早是由英国古典经济学家亚当·斯密在批判重商主义贸易观的基础上提出的。因此,关于贸易理论的介绍将从重商主义开始。

第一节 重商主义的贸易观

经济学作为一门系统的学科,可以说是始于1776年亚当·斯密出版其划时代的著作《国富论》。但是,国际贸易方面的著述却早已有之。在英国、西班牙、法国、葡萄牙以及荷兰等国,在17至18世纪期间,一批商人、银行家、政府官员,甚至哲学家等,写了许多有关国际贸易的文章和小册子,他们推崇一种被称为重商主义的经济哲学。概括而言,重商主义者把金银货币等同于社会财富,从这一观点推论,只有对外贸易的出超才增加一国财富。因此,重商主义者主张国家必须干预对外贸易,实行奖出限入的保护贸易政策,以保护本国的对外贸易出超,增加国民财富。

值得注意的是,重商主义者把金银货币等同于财富的观点是错误的。今天所理解的国民财富,是一国生产和提供满足人们需要的产品和服务的能力。不难发现,重商主义以其错误的财富观为基础,鼓吹经济民族主义,主张国际贸易是一种零和博弈,即你亏我盈。因此,国际贸易不可能是自愿自由的贸易,而需要用枪炮和军舰去打开他国的国门,占据更多的殖民地,通过宗主国与殖民地的不对等贸易来增加宗主国的财富。

尽管重商主义的贸易观是明显错误的,但是,除了1815—1914年间的英国以外,没有一个西方国家彻底摆脱过重商主义的影响。直到今天,虽然世界贸易组织(及其前身关贸总协定)曾经在贸易自由化方面做出了卓有成效的努力,但是,保护贸易的倾向在世界各国仍然普遍存在。

第二节 亚当·斯密的绝对优势理论

亚当·斯密在其 1776 年出版的《国富论》中,对重商主义思想进行了深刻的批判。他指出,衡量一国财富的标志,不是其所拥有的金银货币的多少,而是这些金银货币所能购买的商品数量。财富增加的源泉不在流通领域,而在生产领域。只有在可供消费的商品数量和种类增加时,才意味着一国财富的增加。一国只有通过扩大生产,才能提高本国的生活水平。而生产扩大的最根本动力,在于劳动生产率的不断提高。劳动生产率的提高,又取决于劳动分工和专业化的不断深化。简而言之,亚当·斯密认为财富增长的原因在于劳动分工的发展。

亚当·斯密进一步将分工学说应用于国际贸易。他强调,国与国之间建立在专业化分工基础上的自由贸易,可以使每个国家都增加财富。也就是说,国际贸易是自愿互利的,是一种正和博弈。这与重商主义的贸易观完全不同。

那么,国际贸易为什么是互利的(从而是自愿的)呢?亚当·斯密认为国际贸易可以通过市场的拓展,将社会分工由国内延伸到国外,国内分工转变为国际分工,社会分工范围扩大,专业化程度加深,劳动生产率得以不断提高,最后促进实际收入意义上的财富增长。在这里,亚当·斯密实际上论证了国际贸易是实现市场扩大和专业化分工利益的重要途径,为自由贸易提供了有力的证据。

亚当·斯密认为,国际分工和贸易源于绝对优势。两国发生贸易的基础在于两国生产成本上存在绝对差异。他指出:"如果外国能以比自己制造还要便宜的商品供应,最好就用有利地位使用自己的产业生产出的物品的一部分向他们购买。"[①]

例如,由于某种自然优势(如气候或土壤条件)或某种获得性优势(如资本积累或知识技术的积累),A 国生产 X 商品比 B 国更有效率,劳动成本更低,而 B 国生产 Y 商品比 A 国更有效率,劳动成本更低(见表 2-1)。

表 2-1 绝对优势原理(小时/件)

商品名称	A 国	B 国
X	2	3
Y	4	2

在表 2-1 的情况下,A 国生产 X 商品的劳动成本 $a_X=2$ 小时/件,低于 B 国生产 X 商

---

① [英]亚当·斯密:《国富论(下卷)》,郭大力、王亚南译,北京:商务印书馆,1972 年版。

品的劳动成本 $b_X=3$ 小时/件；B 国生产 Y 商品的劳动成本 $b_Y=2$ 小时/件，低于 A 国生产 Y 商品的劳动成本 $a_Y=4$ 小时/件。由此可以判断，A 国生产 X 商品具有绝对优势，B 国生产 Y 商品具有绝对优势。在两国开展自由贸易的情况下，A 国将专业化生产和出口其有绝对优势的 X 商品，进口其处于绝对劣势的 Y 商品；B 国则专业化生产和出口其有绝对优势的 Y 商品，进口其处于绝对劣势的 X 商品。这样，两国将从这种自由贸易中，因市场扩大和专业化生产而得到利益。

按照亚当·斯密的绝对优势原理，当两个国家生产两种商品，使用一种生产要素——劳动时，如果刚好一个国家在一种商品生产上劳动成本低，劳动效率高，而另一个国家在另一种商品生产上劳动成本低，劳动效率高，则两国分别在其劳动成本低、劳动效率高的商品生产上具有绝对优势。两国按照各自的绝对优势进行专业化分工并参与贸易，则两国都能从贸易中得到利益。这种贸易利益来自专业化分工促进劳动生产率的提高。这就是亚当·斯密的绝对优势原理。

绝对优势只能解释国际贸易中的一小部分交易。如果一个国家在所有商品生产上与另一个国家相比，都处于绝对劣势（劳动成本高，劳动效率低），这两个国家还是否存在贸易的可能性，能否通过参与国际分工和贸易取得专业化生产的利益呢？绝对优势理论是无法回答这样的问题的，需要用其他理论回答这一问题。

第三节　李嘉图的比较优势理论

1817 年，李嘉图出版了《政治经济学及赋税原理》一书。在这本书中，他提出了著名的比较优势原理。这是一项最重要、至今仍然没有受到挑战的经济学的普遍原理，具有很强的实用价值和经济解释能力。

一、比较优势原理

根据比较优势原理，即使一国在两种商品生产上较之另一国均处于绝对劣势，但只要处于劣势的国家在两种商品生产上劣势的程度不同，处于优势的国家在两种商品生产上优势的程度不同，则处于劣势的国家在劣势较小的商品生产方面具有比较优势，处于优势的国家则在优势较大的商品生产方面具有比较优势。两个国家分别专业化生产和出口其具有比较优势的商品，进口其处于比较劣势的商品，则两国都能从贸易中得到利益。这就是李嘉图的比较优势原理。简而言之，两国按比较优势参与国际贸易，实际上是"两害相权取其轻，两利相权取其重"。

表 2-2 表明，B 国在两种商品生产上都比 A 国的劳动成本高，劳动效率低，因而 B 国

在两种商品生产上都处于绝对劣势,而 A 国在两种商品生产上都处于绝对优势。按照亚当·斯密的绝对优势理论,A、B 两国是无法开展互利贸易的。

表 2-2　比较优势原理(小时/件)

商品名称	A 国	B 国
X	2	3
Y	4	5

但 A 国生产 X 商品的劳动成本是 B 国的 2/3,而它生产 Y 商品的劳动成本是 B 国的 4/5,由于 2/3<4/5,说明 A 国生产 X 商品绝对优势较大,而生产 Y 商品绝对优势较小。因此,A 国生产 X 商品具有比较优势,而生产 Y 商品则处于比较劣势。同样,B 国生产 X 商品的成本是 A 国的 3/2,而生产 Y 商品的成本则是 A 国的 5/4,由于 3/2>5/4,说明 B 国生产 Y 商品绝对劣势较小,而生产 X 商品绝对劣势较大。因此,B 国生产 Y 商品具有比较优势,而生产 X 商品则处于比较劣势。根据比较优势原理,如果 A 国专业化生产并出口 X 商品,进口 B 国的 Y 商品,B 国专业化生产并出口 Y 商品,进口 A 国的 X 商品,则 A、B 两国都能从贸易中得到利益。

值得注意的是,在两个国家生产两种商品的世界里,一旦断定一国在一种商品生产上具有比较优势,则另一国一定在另一种商品生产上具有比较优势,从而互利的贸易总能发生。

二、贸易所得

按照比较优势参与国际分工和贸易,如何使两个国家都获得利益?在表 2-2 中,A 国 X 商品与 Y 商品的国内交换比价为 2 个 X 商品(2 件×2 小时/件=4 小时劳动)交换 1 个 Y 商品(1 件×4 小时/件=4 小时劳动),或 A 国以 Y 商品表示的 X 商品的国内价格 P_a=1/2;B 国 X 商品与 Y 商品的国内交换比价为 5 个 X 商品(5 件×3 小时/件=15 小时劳动)交换 3 个 Y 商品(3 件×5 小时/件=15 小时劳动),或 B 国以 Y 商品表示的 X 商品的国内价格 P_b=3/5。如果以 Y 商品表示的 X 商品的国际交换比价 P_w 等于 A 国的国内价格 P_a,则 A 国对是否参与国际贸易无所谓;如果 $P_w<P_a$,则 A 国不愿意用其生产的 X 去交换 Y;如果 $P_w>P_a$,则 A 国能从出口 X 进口 Y 中获得利益。同样,如果 $P_w=P_b$,则 B 国对是否参与国际贸易无所谓;如果 $P_w>P_b$,则 B 国不愿意用其生产的 Y 去交换 X;如果 $P_w<P_b$,则 B 国能从出口 Y 进口 X 中获得利益。因此,A、B 两国互惠互利的贸易比价(以 Y 表示的 X 的相对价格)P_w 的范围是:

$$1/2=P_a<P_w<P_b=3/5$$

显而易见,可供两国分配的贸易利益(以 Y 商品表示)即为两国的国内价格之差,即 P_b-P_a=3/5−1/2=1/10。如果 $P_w=P_a$=1/2,则全部贸易利益 1/10 个 Y 商品被 B 国占有;如果 $P_w=P_b$=3/5,则全部贸易利益 1/10 个 Y 商品被 A 国占有;如果 $P_a<P_w<P_b$,则 1/10 个 Y 商品的贸易利益在 A、B 两国之间分配。P_w 越接近某一国的国内价格,则该国分配的利益越少,而另一国分配的利益就越多。例如,当 $P_w=(P_a+P_b)/2$=11/20 时,A、B 两国各分得贸易利益 1/10 个 Y 商品的一半,即 1/20 个 Y 商品。

三、比较优势原理的例外

在表2-1中，A国生产X和Y的劳动成本分别为$a_X=2$小时/件，$a_Y=4$小时/件；B国生产X和Y的劳动成本分别为$b_X=3$小时/件，$b_Y=2$小时/件。由于$a_X<b_X$，$a_Y>b_Y$，因此，A国生产X有绝对优势，B国生产Y有绝对优势。按照绝对优势理论，在A、B两国开放贸易的情况下，A国应专业化生产并出口X，进口Y；B国应专业化生产并出口Y，进口X。那么，按照比较优势原理，A、B两国是否具有相同的贸易模式呢？

由于$a_X/b_X=2/3$，$a_Y/b_Y=4/2$，$a_X/b_X<a_Y/b_Y$，因此，A国生产X有比较优势，B国生产Y有比较优势。按照比较优势原理，在A、B两国开放贸易的情况下，A国应专业化生产并出口X，进口Y；B国应专业化生产并出口Y，进口X。这样，比较优势原理所确定的贸易模式就与绝对优势原理相同。也就是说，绝对优势原理只是比较优势原理的一个特例。

如果把表2-1中的b_Y由2小时/件改变为6小时/件，则$a_X/b_X=2/3$，$a_Y/b_Y=4/6$，$a_X/b_X=a_Y/b_Y=\frac{2}{3}$。说明A国生产X与Y的劳动成本都是B国的$\frac{2}{3}$，劳动效率都是B国的$\frac{3}{2}$，A国生产两种产品的绝对优势相同；B国生产X与Y的劳动成本都是A国的$\frac{3}{2}$，劳动效率都只有A国的$\frac{2}{3}$，B国生产两种产品的绝对劣势相同。在这种情况下，两国都不存在比较优势，两国之间将不会发生互惠互利的贸易。

因此，比较优势原理的例外情况是$a_X/b_X=a_Y/b_Y$。在这种情况下，两国都不存在比较优势，因而也不可能发生互惠互利的国际分工与贸易。这样，可以按如下方式来重述比较优势原理：假定A、B两国生产X、Y两种商品，使用一种要素——劳动，其单位产品的劳动成本如表2-3所示。

表2-3 比较优势原理的例外情况（小时/件）

商品名称	A国	B国
X	a_X	b_X
Y	a_Y	b_Y

只要$a_X/b_X\neq a_Y/b_Y$，则A、B两国必然存在不同的比较优势。如果$a_X/b_X<a_Y/b_Y$，则A国生产X有比较优势，B国生产Y有比较优势；如果$a_X/b_X>a_Y/b_Y$，则A国生产Y有比较优势，B国生产X有比较优势。两国按照各自的比较优势参与国际分工和贸易，则两国均能从贸易中获得利益。

四、比较优势与货币工资

在表2-3中，如果A国每小时劳动的货币工资率为W_a（美元/小时），B国每小时劳动的货币工资率为W_b（英镑/小时），英镑的美元价格或汇率为R_{ab}（美元/英镑），则A、B两国生产X、Y商品的货币工资成本可用表2-4表示。

表 2-4　比较优势与货币工资(美元)

商品名称	A 国	B 国
X	$a_X W_a$	$b_X W_b R_{ab}$
Y	$a_Y W_a$	$b_Y W_b R_{ab}$

在表 2-4 中，A、B 两国生产 X、Y 的工资成本都用同一种货币——美元表示。显而易见，如果 $a_X W_a < b_X W_b R_{ab}$，则 A 国生产 X 有优势；如果 $a_Y W_a > b_Y W_b R_{ab}$，则 B 国生产 Y 有优势。在只有一种生产要素——劳动参与生产，生产和消费达到一般均衡的情况下，商品生产的货币工资成本就是该商品的国内均衡价格。这样，按照上面的假定，A 国 X 商品的价格低，具有出口的竞争优势；B 国 Y 商品的价格低，具有出口的竞争优势。

事实上，$a_X W_a < b_X W_b R_{ab}$ 可以改写为

$$\frac{a_X}{b_X} = \frac{1/b_X}{1/a_X} < \frac{W_b R_{ab}}{W_a} = \frac{W_b}{W_a} R_{ab} \tag{2-1}$$

其中，$(1/b_X)/(1/a_X)$ 表示在 X 商品生产方面 B 国相对于 A 国的劳动生产率(相对劳动生产率)，$W_b R_{ab}/W_a$ 表示以同种货币(美元)衡量的 B 国相对于 A 国的工资率(相对工资率)。

式(2-1)说明，即使 $a_X > b_X$ 或 $1/a_X < 1/b_X$，即 A 国生产 X 的劳动成本比 B 国高，劳动生产率比 B 国低，但是，只要 B 国的相对劳动生产率 $(1/b_X)/(1/a_X)$ 小于其相对工资率 $W_b R_{ab}/W_a$，那么，B 国生产 X 商品的低劳动成本和高劳动生产率就会被其高货币工资率所抵消，从而使 B 国在 X 商品生产方面处于竞争劣势。也就是说，商品生产和出口的竞争优势是由劳动生产率和货币工资率共同决定的，高工资率不一定失去竞争优势，高劳动生产率也不一定赢得竞争优势。只要高效率能抵消高工资率的不利影响，或低工资率能抵消低效率的不利影响，一国就能获得某种商品生产和出口的竞争优势。

同样，$a_Y W_a > b_Y W_b R_{ab}$ 可以改写为

$$\frac{a_Y}{b_Y} = \frac{1/b_Y}{1/a_Y} > \frac{W_b R_{ab}}{W_a} = \frac{W_b}{W_a} R_{ab} \tag{2-2}$$

其中，$(1/b_Y)/(1/a_Y)$ 表示在 Y 商品生产方面 B 国相对于 A 国的劳动生产率。

把式(2-1)与式(2-2)联立起来，可以得到式(2-3)。

$$a_X/b_X < W_b R_{ab}/W_a < a_Y/b_Y \tag{2-3}$$

这样，以同种货币价格表示的竞争优势就与用比较优势原理判断的比较优势完全一致了。

值得注意的是，B 国货币用 A 国货币表示的价格(汇率)R_{ab} 的变化，会对竞争优势产生重要的影响。例如，如果两国货币的汇率由均衡的汇率 R_{ab}(使两国贸易平衡的汇率)上升到 R'_{ab}，即 B 国货币相对于 A 国货币升值(A 国货币相对于 B 国货币贬值)，使得 $a_Y W_a < b_Y W_b R'_{ab}$，即 $(a_Y/b_Y) < (W_b/W_a) R'_{ab}$，则 B 国不能向 A 国出口 Y 商品，这时将出现有利于 A 国而不利于 B 国的贸易不平衡(A 国出现贸易顺差，B 国出现贸易逆差)，结果将迫使 R'_{ab} 下降，直到恢复两国的贸易平衡(假定不存在汇率干预和其他国际交易如资本的国际流动等)。

五、李嘉图比较优势理论的经验检验与评价

李嘉图的比较优势理论是从劳动生产率差异的角度，来解释国际贸易的原因和模式的。那么，这一理论在多大程度上能解释国际贸易的实践呢？一种理论的生命力是否长

久,除了理论框架本身是否完善外,更重要的是要看它对实际经济的解释和预测能力。

对李嘉图贸易理论的实证检验,最具代表性的工作是由麦克道格尔(G. D. A. MacDougall)完成的。① 麦克道格尔的实证研究以1937年英、美两国的数据为基础,考察了美国与英国25个行业或产品的出口绩效与劳动生产率之间的关系。他的假说检验可以表述为:对于美国劳动生产率(根据工资差异加以调整后的)相对高于英国的产业而言,美国在这些行业或产品的出口也相对高于英国在这些行业的出口。

根据麦克道格尔的估计,1937年,美国的平均工资水平是英国的2倍。因此,他假设,若美国的某些行业的劳动生产率超过了英国对应行业劳动生产率的2倍,那么,美国在这些行业应具有比较优势。他计算了美、英两国25个行业或产品对世界其他国家的出口之比,以及两国的劳动生产率之比,作为判断比较优势的标准(见表2-5)。之所以选择两国对第三市场(世界其他国家)的贸易比例作为检验的标准,是因为当时美、英两国之间的贸易壁垒还比较显著,而这种贸易壁垒的存在会显著抵消两国的劳动生产率差别,难以直接显示出比较优势。两国对第三市场(世界其他国家)的出口则面临相同的贸易壁垒,因此,两国对第三市场的出口比例可以间接显示两国的比较优势。

表2-5 对李嘉图比较优势理论的检验

行业或产品		美国劳动生产率/英国劳动生产率	美国出口/英国出口
满足假设检验的行业或产品	收音机	3.5	8
	生铁	3.6	5
	汽车	3.1	4.3
	玻璃容器	2.4	4
	罐头	5.2	3.5
	机械	2.7	1.5
	纸	2.2	1.0
	卷烟	1.7	0.5
	油毡	1.9	0.33
	针织品	1.8	0.33
	皮鞋	1.4	0.33
	可乐	1.9	0.2
	化纤	1.5	0.2
	棉制品	1.5	0.11
	人造丝	1.4	0.09
	啤酒	2.0	0.06
	水泥	1.1	0.09
	男式毛制品	1.3	0.04
	人造奶油	1.2	0.03
	毛衣	1.4	0.004

---

① MacDougall G D A. British and American Exports: A Study Suggested by the Theory of Comparative Costs. Economic Journal, 1951, 61: 697-724.

续表

行业或产品		美国劳动生产率/英国劳动生产率	美国出口/英国出口
不满足假设检验的行业或产品	电灯	5.4	0.94
	饼干	3.1	0.23
	火柴	3.1	0.09
	橡胶轮胎	2.7	0.74
	肥皂	2.7	0.35

数据来源：MacDougall G D A. British and American Exports: A Study Suggested by the Theory of Comparative Costs. Economic Journal, 1951, 61:703.

麦克道格尔的检验结果显示，在25个行业或产品中，有20个行业或产品服从假设检验。在这20个行业或产品中，当美国的劳动生产率是英国的2倍以上时，两国相应的出口比例大于1，即美国这些行业或产品因具有比较优势而具有出口竞争力；当美国的劳动生产率与英国的劳动生产率之比小于2时，两国的出口之比小于1，表明美国的这些行业或产品因处于比较劣势而缺乏出口竞争力。这样，满足假设检验的商品占样本总量的80%，说明李嘉图的比较优势理论具有较大的经济解释能力。后来，巴拉萨（B. Balassa）运用1950年美、英两国的数据，斯特恩（R. Stern）运用1950年和1959年美、英两国的数据，采用相同的方法，对李嘉图的比较优势理论进行了检验，也证明了劳动生产率与出口之间存在明显的正相关关系，为李嘉图的比较优势理论提供了有力的证据。

经验证据对李嘉图的比较优势理论的支持，说明劳动生产率差异是决定现实贸易模式的一个重要因素，其他因素如需求因素、贸易障碍等，并不能破坏相对劳动生产率与出口比例之间的正相关关系。因而李嘉图的比较优势理论，即使到了今天，仍然是解释贸易起因和贸易模式的一个正确理论。

当然，李嘉图的比较优势理论也存在着明显的缺陷。这种缺陷主要表现在如下四个方面：一是李嘉图虽然正确地指出了劳动生产率差异是国际贸易的重要原因，但他并没有进一步解释造成劳动生产率差异的原因是什么；二是李嘉图的理论只考虑了一种生产要素——劳动对生产成本的影响，没有考虑其他生产要素在决定产品生产成本和价格方面的作用，李嘉图的这种观点只有在要素比例不变的生产中才能成立，而在很多产品的生产过程中，要素比例是可变的；三是李嘉图的理论假定成本不变，生产函数是线性的，因而推论出各国按照比较优势进行完全专业化的生产，而现实中，生产的机会成本也可能是可变的（成本递增或递减），因而各国按比较优势分工进行的专业化生产，也可能不是完全的；

附录2.1

四是李嘉图的理论没有考虑需求方面的影响,因而也就不能确定均衡的贸易价格或贸易条件。哈伯勒(G. Haberler)提出了以机会成本理论为基础的比较优势理论,赫克歇尔和俄林则用要素禀赋差异来解释比较优势产生的原因,从而丰富和发展了比较优势原理。

本章小结

1. 本章介绍了贸易理论从重商主义到亚当·斯密和李嘉图的发展。贸易理论试图回答的问题是:(1)贸易的基础和贸易的所得是什么?(2)贸易模式是什么?

2. 重商主义者认为,一国财富的多少是以其所拥有的金银货币的多少来衡量的,要增加一国的财富,就必须鼓励出口、限制进口,争取获得贸易顺差,因而主张政府管制贸易。

3. 亚当·斯密从自由资本主义的立场出发,批判了重商主义的财富观和贸易观,提出了国际贸易的绝对优势学说。在两个国家、生产两种商品、使用一种要素(劳动)的世界里,如果一国生产某种产品的劳动成本比另一国生产该种产品的劳动成本低,则这个国家生产这种产品具有绝对优势,而另一个国家生产这种产品则处于绝对劣势。当两个国家生产两种产品的绝对优势和绝对劣势刚好相反时,各国专业化生产和出口其具有绝对优势的产品,进口其处于绝对劣势的产品,则两个国家都能从贸易中获利,使两个国家消费两种商品的福利增加。然而,绝对优势理论只能解释当今国际贸易的一小部分。

4. 大卫·李嘉图提出比较优势原理,发展了亚当·斯密的贸易理论。李嘉图认为,在两个国家、生产两种商品、使用一种要素(劳动)的世界里,即使一国在两种商品生产上与另一国相比都处于绝对劣势,但只要它在两种商品生产上所处绝对劣势的程度不同,则它在劣势较小的商品生产方面具有比较优势,另一个国家则在另一种商品生产上具有比较优势,两国按照各自的比较优势参与国际分工和贸易,将都能从贸易中获利。

5. 麦克道格尔于1951年利用1937年美、英两国的25个行业或产品相对劳动生产率和对第三市场(世界其他国家)的出口比例数据,对李嘉图的比较优势理论进行了第一次经验检验,发现两国的相对劳动生产率与出口比例存在明显的正相关关系,说明李嘉图把劳动生产率差异作为产生贸易的重要原因这种观点,在很大程度上是正确的。但是,李嘉图的比较优势原理仍然存在明显的缺陷,需要不断发展和完善。

进一步阅读导引

1. 有关前古典重商主义者对国际贸易的观点,参见:

Newman P C, Gayer A D, Spencer M H. Source Readings in Economics Thought. New York: Norton, 1954: 24-53.

2. 有关亚当·斯密和李嘉图的国际贸易观点,参见:

①[英]亚当·斯密:《国民财富的性质和原因的研究》,郭大力、王亚南译,商务印书馆,1972年版.

②[英]李嘉图:《政治经济学及赋税原理》,王亚南译,商务印书馆,1976年版.

3. 有关李嘉图模型的经验检验,参见:

① MacDougall G D A. British and American Exports: A Study Suggested by the Theory of Comparative Costs. Economic Journal, 1951(12): 697-724.

② MacDougall G D A. British and American Exports: A Study Suggested by the Theory of Comparative Costs. Economic Journal, 1952(9): 487-521.

③ Balassa B. An Empirical Demonstration of Classical Comparative Cost Theory. Review of Economics and Statistics, 1963(8): 231-238.

④ Stern R M. British and American Productivity and Comparative Costs in International Trade. Oxford Economic Papers, 1962(10): 275-296.

思考题

1. 基本概念

绝对优势　比较优势　重商主义

2. 讨论与回答

(1)简述从重商主义的贸易理论到比较优势贸易理论的演变。

(2)请论述绝对优势理论与比较优势理论的差别。

(3) A、B两国生产X、Y两种商品的单位劳动成本如表2-6所示。

表2-6　两国生产两种商品的单位劳动成本(小时/件)

商品名称	A国	B国
X	2	3
Y	4	5

问：①生产 X 商品有绝对优势的为哪国？

②按照比较优势理论，A、B 两国应如何参与国际分工和贸易？③如果国际交换比价为 2 单位 X 交换 1 单位 Y，贸易利益在 A、B 两国间如何分配？

④如果 A、B 两国拥有的劳动量分别为 20 000 小时和 30 000 小时，试做出两国的生产可能性曲线。

⑤如果 A、B 两国的货币工资率分别为 $W_a=4$ 美元/小时，$W_b=2$ 英镑/小时，当英镑兑换美元的汇率 $R_{ab}=1.5$ 美元/英镑时，A、B 两国的贸易模式如何？

(4) 利用中、美贸易部门的劳动生产率和出口数据评述比较优势理论。

第三章
国际贸易的新古典理论

李嘉图在阐述比较利益时,是以劳动价值论为基础的,即劳动生产率或劳动成本的差异决定了比较利益的存在。但是,产品生产过程中所使用的生产要素不仅仅只有劳动,还有资本、技术等要素。因此,许多经济学家认为,单纯以劳动成本的差异为基础来分析比较利益,是不符合实际的,因而需要寻找新的分析方法。1936年,哈伯勒(G. Haberler)在《国际贸易理论》一书中,首次用机会成本理论解释了比较优势原理,为贸易理论的模型化做出了重要贡献。其后,勒纳(A. P. Lerner)、里昂惕夫、米德(J. E. Meade)、萨缪尔逊等人将一般均衡分析运用于国际贸易问题的研究,最终形成了国际贸易理论的标准模型。在这一章,我们将首先介绍国际贸易理论的一般均衡分析框架,然后讨论贸易商品相对价格或贸易条件(Terms of Trade)的决定问题。

第一节 生产可能性曲线与机会成本

一、生产可能性曲线及其推导

在开始讨论新古典国际贸易模型之前,有必要回顾一下微观经济学中广泛使用的两种工具:一是哈伯勒-维纳-勒纳-里昂惕夫产品转换曲线,又称为生产可能性曲线或生产可能性边界;二是艾奇沃思-鲍利盒形图。①

生产可能性曲线或产品转换曲线(又称转换曲线)表示在一定技术条件下,一国充分利用现有资源所能生产的各种商品的最大产量的各种不同组合。在一国生产两种商品

---

① 盒形图原先是由艾奇沃思和鲍利(A. L. Bowley)用于推导纯交换经济中两个消费者的契约曲线(Contract Curve)的,后由勒纳、斯托尔珀(W. Stolper)、萨缪尔逊应用于生产问题的研究。

(X 和 Y),使用两种要素(资本 K 和劳动 L)的情况下,其生产可能性曲线可以通过艾奇沃思——鲍利盒形图(图 3-1)推导出来。

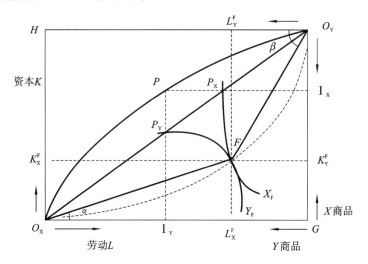

图 3-1　艾奇沃思-鲍利盒形图

在图 3-1 中,盒形图的两边分别代表某国所拥有的资本和劳动两种生产要素的总量,如 $O_XG=O_YH$ 为该国所拥有的劳动总量 L,$O_XH=O_YG$ 表示该国所拥有的资本总量 K。其对角线 O_XO_Y 的斜率,表示该国平均的资本劳动比率或要素禀赋比率 $k=K/L$,也称为要素丰富程度(factor abundance)。X 商品生产的等产量曲线与原点 O_X 相对应,Y 商品生产的等产量曲线与另一原点 O_Y 相对应。在所有资源都充分利用的条件下,生产的效率状态或生产的帕累托最优(Pareto Optimality),是指生产要素这样在 X 和 Y 两个生产部门配置,当一种商品的产量给定时,另一种商品的产量是最大的。也就是说,在生产的帕累托最优状态下,不可能通过改变固定数量生产要素的配置来增加一种商品的产量而又保证另一种商品产量不下降。可以用图示方法证明,当生产处于效率状态或帕累托最优时,X 和 Y 两种商品的等产量曲线必须相切,也就是说,X 和 Y 两个生产部门的边际技术替代率都等于要素的相对价格,即 $MTRS_X=MTRS_Y=w/r$,其中 w、r 分别为劳动工资率和资本利率。X 和 Y 两种商品生产的等产量曲线的切点的连线称为契约曲线①。契约曲线上任意一点,都表示该国的最优生产均衡点,如图 3-1 中的 F 点。该点的位置决定了两种要素在两个部门的配置。如果该国的生产在 F 点均衡,则 L_X^F 数量的劳动和 K_X^F 数量的资本配置给 X 部门,$L_Y^F=L-L_X^F$ 数量的劳动和 $K_Y^F=K-K_X^F$ 数量的资本配置给 Y 部门,两部门生产的要素比例或要素密集度(factor intensity),由各部门原点到 F 点连线的斜率给出,X 部门生产的要素密集度为 $k_X=\tan\alpha=K_X^F/L_X^F$,Y 部门生产的要素密集度为 $k_Y=\tan\beta=K_Y^F/L_Y^F$。

将契约曲线上的各点投射到 XOY 平面上,得到产品转换曲线。例如,图 3-1 中的 F 点为契约曲线上的一点,首先找到在 F 点相切的两条等产量曲线 X_F 和 Y_F 及其所代表的

---

① 这是借用艾奇沃思-鲍利关于纯交换经济中两个消费者相交换的契约曲线的说法。

产量,就能直接得到产品转换曲线上的一点 P,继续这一过程,就能把契约曲线上的每一点投射到 XOY 平面上,得到产品转换曲线(见图 3-2)。另一种做法是,以图 3-1 中的 G 点为原点,GO_Y 为 X 商品轴,GO_X 为 Y 商品轴,把契约曲线上的每一点投射到 XOY 平面上,得到产品转换曲线。值得注意的是,使用这种投射方法的条件是,两个生产部门都是规模收益不变的,即两个部门的生产函数都是一阶齐次生产函数。可以证明,在两部门规模收益不变的条件下,契约曲线和产品转换曲线将分别位于盒形图对角线 O_XO_Y 的两侧,而且产品转换曲线凹向其原点。当两部门生产函数为线性函数时,契约曲线与盒形图的对角线 O_XO_Y 重合,产品转换曲线也是一条与 O_XO_Y 重合的直线。

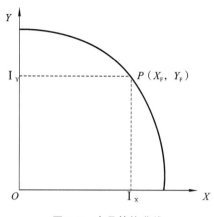

图 3-2 产品转换曲线

从原理上讲,生产可能性曲线(产品转换曲线)可以是凹向原点的,也可以是凸向原点的,还可以是一部分凹向原点,另一部分凸向原点的。

二、机会成本

机会成本是指在资源稀缺的条件下,一定量的资源用于最佳用途而放弃用于次佳用途时可能得到的收益。在生产可能性曲线的情况下,如果一国在生产可能性曲线的内点生产,表明存在资源闲置,此时,增加一种产品生产可以利用闲置资源,其机会成本为零。如果一国在生产可能性曲线的边界上生产,表明全部资源已充分利用,此时,要增加一种产品的生产,就必须以减少一定数量的另一种产品的生产为代价,这种代价就是机会成本。因此,在生产可能性曲线中,机会成本的概念与边际转换率的概念是一致的。

如果生产可能性曲线是一条直线,则曲线上任何一点的边际转换率都是一样的。因而,直线型的生产可能性曲线表示机会成本不变的生产可能性曲线,古典模型中的生产可能性曲线就是机会成本不变的[见图 3-3(a)]。

如果生产可能性曲线凹向原点[见图 3-3(b)],则随着某种产品生产量的增加,增加一个单位该种商品生产,所需放弃的另一种商品的生产量递增,即机会成本递增;换句话说,减少一定数量的某种商品生产,所能够增加的另一种商品生产量递减,即边际转换率递减。

如果生产可能性曲线凸向原点[见图 3-3(c)],则随着某种产品生产量的增加,增加一个单位该种商品的生产,所需放弃的另一种商品的生产量递减,即机会成本递减;换句话说,减少一定数量的某种商品生产,所能够增加的另一种商品生产量递增,即边际转换率递增。

机会成本不变、递增或递减,是与生产技术密切相关的。

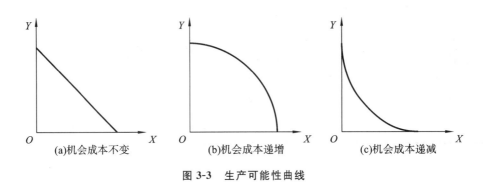

图 3-3 生产可能性曲线

第二节 社会无差异曲线

生产可能性曲线只是表明了一国商品的生产或供给情况,要了解一国生产和消费的一般均衡,还需要分析一国的消费需求方面。为了研究国际贸易对一国消费福利的影响,需要一种能衡量一个国家或整个社会的消费偏好和福利水平的工具,即通过个人消费无差异曲线来构造可以反映一个国家或整个社会的消费需求和福利水平的无差异曲线,称为社会无差异曲线,但这会遇到很多技术上的困难。例如,现实中的个人偏好各不相同,要把不同的个人偏好概括为集体的一致性偏好,根据阿罗(K. J. Arrow)的投票悖论或阿罗不可能性定律,几乎是不可能的。为了避免这个难题,必须对个人偏好加以限定,如假定所有个人偏好都是相同的,这样,集体偏好与个人偏好就保持一致了,社会无差异曲线与个人无差异曲线就具有相同的性质。再比如,在无差异曲线分析中,一般假定个人偏好是一致的,不会发生改变。但是,在研究国际贸易问题时,由于贸易会影响一国的收入分配,因此,贸易前后一国的收入分配很可能会发生大的变化,收入分配的变化无疑会影响消费偏好,致使贸易前后表示一国消费偏好或福利的无差异曲线不是同一组无差异曲线,从而贸易前后的两条不同无差异曲线会发生相交的情形。为了避免这样一个问题,可以利用补偿原则(Compensation Principle)。根据补偿原则,如果贸易中获利方的获利在完全补偿了损失方的损失之后,仍比贸易前有所收益,则该国(获利方)在贸易中是获利的。不论这种补偿是否实际发生(如通过向获利者征税来补贴受损者),这个原则都是成立的。

因此,通过对个人偏好加以限定或采取其他措施,就可以在一定程度上利用社会无差异曲线来分析贸易问题了。

第三节 贸易理论的标准模型

现在可以利用生产可能性曲线和社会无差异曲线这些工具来构造标准的国际贸易模型。首先介绍封闭经济条件下的国内均衡,探讨封闭均衡条件下的国内商品相对价格,以确定各国的比较优势;然后分析一国的开放经济均衡或贸易条件下的均衡,并分析贸易利益。下一节则集中讨论贸易商品的相对价格或贸易条件的决定问题。

一、封闭经济条件下的国内均衡与比较优势

与古典理论假定机会成本不变的生产可能性曲线不同,新古典理论通常假定机会成本递增的生产可能性曲线,以排除角点解(Corner Solution)出现的可能性。造成机会成本递增的现实原因是生产要素并非同质的,有些要素适合于生产某种商品,而另一些要素则适合于生产另一种商品,而且生产中所使用的要素比例是可变的。当某种商品生产的数量增加时,适合于生产这种商品的要素越来越少,因而必须利用不适合于生产这种商品的要素来增加这种商品的生产。如果造成生产要素的消耗增加,就会使机会成本增加。

在封闭经济条件下,决定一国经济生产与消费一般均衡的条件有以下三个。

(1)生产达到均衡,即生产者生产 X 和 Y 两种商品的边际转换率或机会成本等于商品的相对价格:$MRT = P_X/P_Y$。

(2)消费达到均衡,即消费者消费 X 和 Y 两种商品的边际替代率等于商品的相对价格:$MRS = P_X/P_Y$。

(3)市场出清,即两种商品的生产供给等于两种商品的消费需求:$X_C = X_P$,$Y_C = Y_P$。其中,下标 C 表示消费;下标 P 表示生产。

图 3-4 描述了 A、B 两国满足上述三个条件的封闭经济一般均衡状态。两国封闭经济一般均衡的解分别由各自的生产可能性曲线与社会无差异曲线的切点 A 和 A' 给出。在 A 和 A' 点,各国两种商品的生产等于两种商品的消费,实现自给自足。各国封闭经济均衡的商品相对价格,分别由其生产可能性曲线与社会无差异曲线公切线斜率的绝对值给出,它们分别为 $P_A = P_X^A/P_Y^A$ 和 $P_{A'} = P_X^B/P_Y^B$。这种均衡价格是用 Y 商品表示的 X 商品的相对价格,它由生产供给(生产可能性曲线)和消费需求(社会无差异曲线)共同决定。如果 $P_A < P_{A'}$,说明 A 国 X 商品用 Y 商品表示的价格低于 B 国 X 商品用 Y 商品表示的价格,A 国具有出口 X 商品的竞争优势(比较优势)。当 $P_A < P_{A'}$ 时,即 A 国 Y 商品用 X 商品表示的相对价格高于 B 国 Y 商品用 X 商品表示的相对价格,B 国具有出口 Y

商品的比较优势。

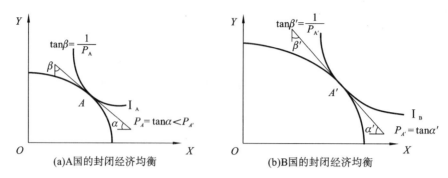

图 3-4　A、B 两国的封闭经济均衡

由此可见,比较优势的实质是两国封闭经济均衡条件下商品相对价格存在差异。在封闭经济均衡条件下,均衡的国内商品相对价格低的国家具有生产和出口这种商品的比较优势。当开放贸易时,价格低的国家就会有动机向价格高的国家出口这种商品,价格高的国家就会有动机向价格低的国家进口这种商品。因此,国际贸易的直接原因或动机,同样是国际价格差异,而引起国际贸易的深层原因,则是造成国际价格差异的因素。

二、开放经济条件下的一般均衡

由于两国之间同一种商品的相对价格存在差异,这表明两国存在不同的比较优势,因而导致互利的国际贸易发生。在开放经济条件下,两国将更多地生产自己具有比较优势的商品并出口这种商品,减少自己处于比较劣势的商品生产并进口这种商品。随着两国更专业地生产自己具有比较优势的商品,在机会成本递增的情况下,两国具有比较优势的商品生产的机会成本不断上升,直到两国同一种商品生产的机会成本相同,从而当同一种商品的相对价格在两国也相同时,这种专业化分工就会停止。这时,两国之间的贸易就在这一价格水平上达到均衡。通过互利贸易,两国的消费福利都比贸易前有所提高。

还是以 A、B 两国生产 X、Y 两种商品为例,用图形来说明 A、B 两国发生互利贸易的过程。从图 3-4 可以看出,在不存在贸易的条件下,A 国 X 商品的均衡相对价格 P_A 低于 B 国 X 商品的均衡相对价格 $P_{A'}$,故 A 国生产 X 商品有比较优势,B 国生产 Y 商品有比较优势。

在图 3-5 中,当 A、B 两国开放贸易时,A 国的生产均衡点沿其生产可能性曲线由 A 点向 B 点移动,更专业化地生产其具有比较优势的 X 商品,减少其处于比较劣势的 Y 商品生产;B 国的生产均衡点沿其生产可能性曲线由 A′点向 B′点移动,更专业化地生产其具有比较优势的 Y 商品,减少其处于比较劣势的 X 商品生产。由于机会成本递增,当 A 国 X 产品生产的数量增加时,其 X 商品生产的机会成本不断上升,X 商品的价格也不断上升;当 B 国 X 商品生产的数量减少时,其 X 商品生产的机会成本不断下降,X 商品的价格也不断下降。直到两国 X 商品(以 Y 商品表示)的相对价格相等,即 $P_B = P_{B'}$ 时,两国的专业化生产分别在 B 点和 B′点达到均衡。在两国的生产均衡点,边际转换率等于商品

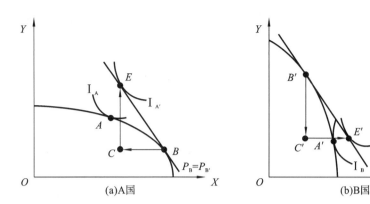

图 3-5 开放经济均衡

的相对价格,这与封闭经济的生产均衡相同,只不过这里的商品相对价格是世界市场的商品相对价格,即 $P_W = P_X^W / P_Y^W = P_B = P_{B'}$。

与此同时,A、B 两国国内的消费均衡点也因商品相对价格的变化或预算线(消费可能性曲线)的变化而分别由原来的 A 点和 A' 点(分别处于较低的社会无差异曲线 I_A 和 I_B 上)向 E 点和 E' 点(分别处于较高的社会无差异曲线 $I_{A'}$ 和 $I_{B'}$ 上)移动。在两国的消费均衡点,边际替代率等于商品的相对价格。同样,这里均衡的相对价格是世界市场的商品相对价格。在贸易发生的条件下,两国的消费均衡点都超出了两国各自的生产可能性曲线,说明国际贸易的发生,使得两国的消费选择范围扩大了。

由于贸易的存在,使各国消费打破了自给自足的格局。A 国 X 商品的超额供给 BC $= X_P^A - X_C^A$ 用于向 B 国出口,以满足 B 国 X 商品的超额需求 $C'E' = X_C^B - X_P^B$;B 国 Y 商品的超额供给 $B'C' = Y_P^B - Y_C^B$ 用于向 A 国出口,以满足 A 国 Y 商品的超额需求 $CE = Y_C^A - Y_P^A$。当 $X_P^A - X_C^A = X_C^B - X_P^B$(BC $=$ C$'$E$'$),$Y_P^B - Y_C^B = Y_C^A - Y_P^A$(B$'C'=$CE)时,两国贸易达到均衡,此时,两国 X 商品的相对价格相等,即 $P_B = P_{B'} = P_W$,这一价格即为两国均衡的贸易价格或贸易条件,也就是国际市场 X 与 Y 商品的相对价格。

由此可见,在开放经济条件下,由于比较利益的存在和贸易的发生,A、B 两国的国内生产和消费均衡,都因贸易因素的介入而发生了变化。两国发生互利贸易的结果,使两国商品的相对价格趋于一致。当两国贸易商品的相对价格相等时,两国贸易达到均衡,同时,两国国内生产和消费也在均衡的贸易商品相对价格下达到均衡。均衡的结果是,两国比贸易前更专业化地生产其具有比较优势的商品,减少其处于比较劣势的商品生产,资源在世界范围内发生向更有效率的生产部门的优化配置,从而使两国的消费福利都增加。

三、贸易利益及其分解

一国得自贸易的利益可以分解为两部分:交易所得和分工所得。

在图 3-6 中,A 点为 A 国封闭经济条件下的均衡点,P_A 为该国封闭经济条件下 X 商品的国内均衡价格,社会无差异曲线 I 为该国封闭经济条件下可以达到的最高福利水平。为了分析的方便,假定该国为一小国,它作为世界市场价格的接受者而参与国际贸易。如果 $P_A < P_W$，即 A 国 X 商品的国内均衡价格 P_A 低于世界市场 X 商品的相对价格 P_W，A 国生产 X 商品有比较优势。如果开放贸易，A 国将按世界市场价格 P_W 出口 X 商品。假定由于某种原因，A 国不能增加 X 商品的生产，但 A 国可以按照世界价格 P_W 参与国际贸易。这样，A 国在 A 点生产(生产点不变)，并按世界价格 P_W 参与国际贸易的结果，使 A 国在新的一点 T 实现消费均衡，T 点与原来的 A 点相比，处于更高的无差异曲线Ⅱ上，说明 A 国仅仅因为商品相对价格的改变就提高了消费福利，这种消费福利的增加，就称为得自交换的利益(因为生产并没有发生变化，只是因参与国际贸易而发生了交换价格的变化)。

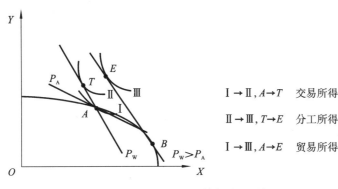

图 3-6　贸易利益：交易所得与分工所得

由于情况发生变化，假设 A 国可以通过资源再配置，增加 X 商品的生产，减少 Y 商品的生产，从而生产点由 A 点沿其生产可能性曲线向 B 点移动。在 B 点，A 国的生产按世界市场 X 商品的相对价格达到均衡(资源在世界市场价格的调节下达到最优配置)，而 A 国的消费则在 E 点(位于更高的社会无差异曲线Ⅲ上)达到均衡。与消费均衡点 T 点相比，消费均衡点 E 点的价格仍然是世界市场价格 P_W，价格或贸易条件并未发生改变，只是生产均衡点发生了由 A 点向 B 点的转移。与 A 点相比，A 国在 B 点更专业化地生产了其有比较优势的 X 商品，减少了其处于比较劣势的 Y 商品生产。这样，由 T 点向 E 点移动而增加的社会消费福利，完全来自专业化生产的利益，因而称为分工所得。

可见，一国得自贸易的利益，主要是由交换的利益和分工的利益构成的。

第四节　提供曲线与贸易的条件

贸易均衡的商品相对价格或贸易条件，决定着贸易利益在参与贸易的国家之间的分配。贸易均衡的商品相对价格或贸易条件的决定问题，是国际贸易理论的重要问题。这里将介绍贸易条件的概念和贸易均衡的商品相对价格或贸易条件决定的局部均衡分析方法,然后引入提供曲线的概念,并运用提供曲线这种一般均衡分析工具,探讨贸易均衡相对价格或贸易条件的决定问题。

一、贸易条件

一国的贸易条件是指一国出口某种商品价格与该国进口该商品价格的比值。在两个国家、生产两种商品的世界里,一国的出口正是其贸易伙伴的进口,一国的进口则正好是其贸易伙伴的出口,一国的贸易条件就刚好是其贸易伙伴的贸易条件的倒数。在两个国家、生产两种商品的世界里,贸易条件就是贸易商品的相对价格。这里对贸易条件和贸易商品的相对价格这两个概念不加区分。

在一个具有多种贸易商品(进出口商品都不止一种)的世界里,贸易条件一般定义为一国出口商品的价格指数与该国进口商品的价格指数之比,通常以百分数表示。这样定义的贸易条件通常称为商品贸易条件或纯易货贸易条件(The Net Barter Terms of Trade)。① 如果一国的贸易条件小于100%,称该国的贸易条件恶化,即现在一个单位的出口商品,与以前相比,只能交换较少的进口商品;如果一国的贸易条件大于100%,称该国的贸易条件改善,即现在一个单位的出口商品,与以前相比,能够交换更多的进口商品。

二、贸易均衡的相对价格或贸易条件的局部均衡分析

图 3-7 是通过局部均衡分析来确定贸易均衡的商品相对价格(或贸易条件)的示意图。图 3-7(a)和(c)中 D_X 和 S_X 曲线分别是 A、B 两国各自对于 X 商品的国内需求曲线和国内供给曲线。图 3-7(a)、(b)、(c)三图中的纵轴表示 X 商品的相对价格 P_X/P_Y(用 Y 商品表示的 X 商品的价格),横轴表示 X 商品的数量。

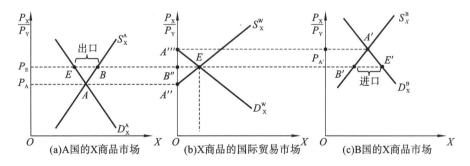

图 3-7 贸易均衡的相对价格:局部均衡分析

图 3-7(a)表示,在封闭经济条件下 A 国在 A 点达到 X 商品的生产和消费均衡,价格为 P_A。图 3-7(c)表示,在封闭经济条件下 B 国在 A' 点达到 X 商品的生产和消费均衡,价格为 $P_{A'}$。由于 $P_A < P_{A'}$,当两国开展贸易时,X 商品的相对价格介于 P_A 与 $P_{A'}$ 之间

---

① 关于其他的贸易条件概念,参见本书第十章国际贸易与经济发展中关于贸易条件的论述。

(假设两国都是大国)。当 X 商品的相对价格高于 P_A 时,A 国 X 商品的国内生产供给超过消费需求,开始出口 X 商品,X 商品的相对价格越高,A 国出口 X 商品数量越多[见图 3-7(b)中 S_X^W 曲线]。当 X 商品的相对价格低于 $P_{A'}$ 时,B 国 X 商品的消费需求超过生产供给,开始进口 X 商品,X 商品的相对价格越低,B 国进口需求越大[见图 3-7(b)中 D_X^W 曲线]。当 A 国对 X 商品的出口供给数量 BE 刚好等于 B 国对 X 商品的进口需求数量 $B'E'$ 时,两国的贸易达到均衡,此时的价格 P_E 即为贸易均衡的商品相对价格,或称两国均衡的贸易条件。

如果 X 商品的相对价格低于贸易均衡的 X 商品相对价格 P_E,则 B 国对 X 商品的进口需求会超过 A 国对 X 商品的出口供给,这种超额需求将引起 X 商品相对价格上升。如果 X 商品的相对价格高于贸易均衡的 X 商品相对价格 P_E,则 A 国对 X 商品的出口供给会超过 B 国对 X 商品的进口需求,这种超额供给迫使 X 商品相对价格下降。

三、提供曲线

提供曲线又称为相互需求曲线,它是在 20 世纪初由英国经济学家马歇尔和艾奇沃思共同提出的。从此之后,提供曲线方法就在国际经济学中得到了广泛的应用。

提供曲线表示在各种不同的贸易条件(或贸易商品相对价格)下,一国为换取一定数量的进口商品而愿意提供的出口商品数量的各种可能组合。因此,一国提供曲线上的某一点,表示在一定的贸易条件下,该国对其出口商品的供给数量和对其进口商品的需求数量。提供曲线与通常所说的供给曲线之间的差别是,提供曲线综合了供给和需求两方面的因素,它既是出口商品的供给曲线,又是进口商品的需求曲线。提供曲线可以在生产可能性曲线和社会无差异曲线的基础上推导出来。例如,A 国提供曲线的推导过程可以用图 3-8 来描述。

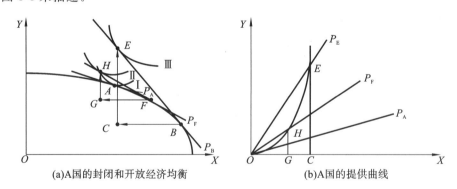

图 3-8　A 国提供曲线的推导

在图 3-8(a)中,A 国最初处于封闭经济均衡(自给自足)状态,此时均衡的 X 商品相对价格为 P_A,在这个价格水平下,A 国出口 X 商品和进口 Y 商品的数量为 0,对应于图 3-8(b)中的原点。当 X 商品的相对价格(贸易条件)上升为 P_F 时,A 国愿意提供数量为 FG 的出口商品 X,进口数量为 GH 的 Y 商品,在图 3-8(b)中对应于 A 国提供曲线上的 H 点。当 X 商品的相对价格(贸易条件)继续上升为 P_B 时,A 国出口 X 商品和进口 Y 商品的数量分别为 BC 和 CE,对应于提供曲线上的 E 点。当不断改变贸易条件时,就可以得到 A 国提供曲线上的一系列点,把这些点连线成光滑的曲线,即得到 A 国的提供曲线。

在图 3-8(b)中,A 国的提供曲线位于其自给自足价格线 P_A 与其进口商品轴 Y 轴之间,且凸向其出口商品轴 X 轴,凹向其进口商品轴 Y 轴。这表明,A 国在 X 商品生产上有比较优势,但要使 A 国增加 X 商品的出口数量,就必须提高 X 商品的相对价格(或贸易条件)P_X/P_Y。原因是,A 国生产 X 商品面临着机会成本递增的问题,A 国消费 Y 商品面临着边际效用递减的问题。

按照同样的方法,可以推导出在 Y 商品生产上有比较优势的 B 国的提供曲线(如图 3-9 所示)。

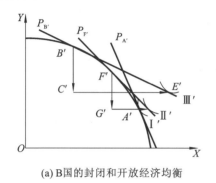 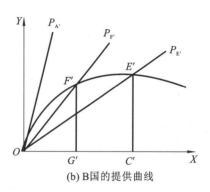

(a) B 国的封闭和开放经济均衡　　　　(b) B 国的提供曲线

图 3-9　B 国提供曲线的推导

由此可见,提供曲线是在一国生产、消费和贸易一般均衡条件下推论出来的,它代表一国生产、消费和贸易的一般均衡结果。因此,利用提供曲线的分析,就是一般均衡分析。

四、贸易均衡相对价格或贸易条件的一般均衡分析

有了在一般均衡条件下推导出来的 A、B 两国的提供曲线后,运用一般均衡分析方法,分析 A、B 两国均衡的贸易商品相对价格(或贸易条件)的决定,就变得非常简单了。因为提供曲线已经综合了各国在不同的商品相对价格(或贸易条件)下的一般均衡结果。

很容易发现,A、B 两国提供曲线的交点,决定两国贸易均衡时的商品相对价格(或贸易条件)和均衡的贸易量。也就是说,只有在两国提供曲线的交点所决定的商品相对价格水平上,两国的贸易才能达到平衡,在此之外的任何一种价格水平上,对两种商品的进口需求和出口供给数量都不会相等,这就对相对价格施加了一种促使其向均衡水平变动的压力。

如图 3-10 所示,A、B 两国的提供曲线在 E 点相交,OE 的连线即为均衡的 X 商品(以 Y 商品表示)的相对价格(贸易条件)线,该线的斜率即为均衡的相对价格(贸易条件)。在 E 点,对 A 国的提供曲线来说,表明 A 国愿意出口的 X 商品数量为 X_E,愿意进口的 Y 商品数量为 Y_E;对 B 国的提供曲线来说,表明 B 国愿意出口的 Y 商品数量为 Y_E,愿意进口的 X 商品数量为 X_E。在这个价格水平上,A 国 X 商品的出口供给等于 B 国 X 商品的进口需求;B 国 Y 商品的出口供给等于 A 国 Y 商品的进口需求,两国贸易达到平衡。如

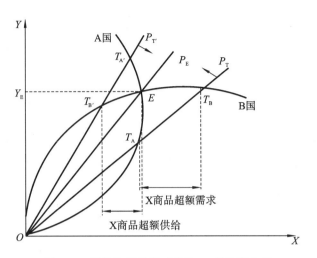

图 3-10 贸易均衡的相对价格：一般均衡分析

附录 3.1

果 X 商品的相对价格由 P_E 下降为 P_T，则 A 国愿意出口的 X 商品数量 X_{T_A} 小于 B 国愿意进口的 X 商品数量 X_{T_B}，即产生对 X 商品的超额需求，从而引起 X 商品的相对价格上升，直到等于均衡价格 P_E；如果 X 商品的相对价格由 P_E 上升为 $P_{T'}$，则 A 国对 X 商品的出口供给量为 $X_{T_{A'}}$，大于 B 国对 X 商品的进口需求量 $X_{T_{B'}}$，发生 X 商品的超额供给，从而引起 X 商品的相对价格下降，直到等于 P_E。

本章小结

本章运用微观经济学中的生产可能性曲线和无差异曲线这些分析工具，构造了新古典（标准）贸易模型。

1. 生产可能性曲线表示在现有技术条件下，一国充分利用现有资源进行最大化生产的各种产品组合，它可以通过生产的一般均衡的盒形图推导出来。生产可能性曲线上某一点切线斜率的绝对值，即为在该点生产时产品的边际转换率（MRT）或机会成本。

2. 机会成本是在资源稀缺的前提下，一定数量的资源用于最佳用途时，放弃的其用于次佳用途时可能得到的收益。在生产可能性曲线中，产品生产的机会成本是指在资源充分利用的条件下，为追加生产一个单位的该产品而放弃的另一种产品生产的数量。

3. 社会无差异曲线表示一个国家或社会达到一定的消费满足程度（或福利水平）所必须消费的各种商品的不同组合。社会无差异曲线具有与个人无差异曲线相同的性质。

4. 标准贸易模型是用生产可能性曲线和社会无差异曲线构造的。为了发现各国的比较优势，需要比较各国封闭经济均衡下的商品相对价格。如果两国同一种商品封闭经济均衡的相对价格存在差异,那么这两个国家就存在不同的比较优势。两国开放贸易后,按照各自的比较优势进行专业化生产和贸易,两国就都能从贸易中获得利益。这种贸易利益可以分解为得自交换的利益和得自专业化生产的利益两个部分。

5.贸易条件是指贸易商品的相对价格(在进出口商品都只有一种时)。如果进出口商品种类较多,则贸易条件等于一国出口商品的价格指数与进口商品的价格指数之比。

6.可以运用局部均衡分析和一般均衡分析两种方法来讨论贸易均衡的相对价格或贸易条件的决定问题。

7.提供曲线又称相互需求曲线。一国的提供曲线是指在不同的商品相对价格(贸易条件)下,一国为进口一定数量的某种商品而愿意提供的出口商品数量的不同组合。提供曲线通过一国生产、消费和贸易的一般均衡来推导,它综合了供给和需求两个方面的因素,因此,它不同于一般意义上的供给曲线,它既是出口供给曲线,又是进口需求曲线。两国提供曲线的交点决定两国贸易均衡的相对价格和均衡的贸易量。

进一步阅读导引

1.关于贸易所得的说明,参见:

① Samuelson P A. The Gains from International Trade. Canadian Journal of Economics and Political Science,1939:195-205.

② Ellis H S, Metzler L M. Readings in the Theory of International Trade. Homewood,1950:239-252.

2.关于生产理论、艾奇沃思盒形图与生产可能性曲线的介绍和评论,参见:

① Salvatore D. Microeconomics. 2nd ed. New York: Harper Collins,1994,ch. 6,ch. 16.

② Salvatore D. Microeconomic Theory. 3rd ed. New York: McGraw-Hill,1993,ch. 6,ch. 14.

3.关于提供曲线的著名文章,参见:

① Haberler G. The Theory of International Trade. London:W. Hodge and Co. ,1930,ch. 11.

② Viner J. Studies in the Theory of International Trade. New York:Harper and Brothers,1937,ch. 9.

③ Lerner A P. The Diagrammatic Representation of Demand Conditions in International Trade. Economica,1934: 319-334.

思考题

1. 基本概念

生产可能性曲线　机会成本　社会无差异曲线　标准贸易模型　贸易条件　提供曲线

2. 讨论与回答

(1) 试运用新古典标准贸易模型重述李嘉图的比较利益原理。

(2) 假定 A、B 两国具有相同的生产可能性曲线，试运用新古典标准贸易模型，解释在机会成本递增的条件下，A、B 两国发生互利贸易的可能性。

(3) 为什么在成本递增的条件下不会出现完全分工的情况？

(4) 提供曲线是如何决定贸易均衡的相对价格的？

(5) 假设世界上只有甲国和乙国，两个国家只生产两种产品：巧克力和香水。生产只需要劳动力一种要素。两国有劳动力和生产率的差异。甲国有 360 单位劳动力，每生产 1 单位巧克力需要 4 单位劳动投入，每生产 1 单位香水需要 6 单位劳动投入。乙国有 600 单位劳动力，每生产 1 单位巧克力需要 10 单位劳动投入，每生产 1 单位香水需要 12 单位劳动投入。

① 以香水计价，两国生产巧克力的机会成本是多少？

② 现在假设世界的需求有以下形式，巧克力需求/香水需求＝香水价格/巧克力价格。请试着画出世界相对需求曲线。

③ 请描述两国的贸易模式。

第四章
要素禀赋理论

比较优势产生的原因以及国际贸易对收入分配的影响,是国际贸易理论研究的两个重要问题。本章将从这两个方面来扩展贸易模型。首先,将讨论产生比较优势的原因。前面的分析已经表明,一种商品在两个国家之间具有不同的封闭经济均衡相对价格,反映了两个国家存在不同的比较优势,两国就有发生互利贸易的基础。下文将更深入地分析两国产生商品相对价格差异的原因。其次,将分析国际贸易对贸易双方要素收入的影响。

古典经济学家李嘉图和穆勒(J. S. Mill)虽然提出了国际贸易的上述两个重要问题,但他们并没有实际解决这两个问题。在古典经济学家眼中,劳动是生产的唯一要素,各国劳动生产率的差异是产生比较优势的原因,但他们并没有解释这种差异的原因。赫克歇尔和俄林在这方面做出了重要的贡献,他们提出的要素禀赋理论(factor endowment theory),研究了比较优势产生的基础以及国际贸易对两国要素收入的影响,因而发展了国际贸易理论。这里将通过介绍赫克歇尔-俄林的要素禀赋理论(简称 H-O 理论)来扩展贸易模型。首先介绍要素丰富和要素密集这两个重要概念,其次阐述要素禀赋理论的若干假设,在此基础上,介绍 H-O 理论的两个重要定理——H-O 定理(要素禀赋决定贸易模式的定理)和要素价格均等化定理(国际贸易对要素收入的影响),最后介绍对 H-O 理论的经验检验。

第一节 要素丰富和要素密集

H-O 理论是用要素丰富和要素密集这两个重要概念来说明的,因而,清晰准确地表述这两个重要概念,对于理解 H-O 理论非常重要。

一、要素丰富

有两种定义要素丰富的方法:一种是以实物单位定义(即用各国所有的资本和劳动的供给量或禀赋来衡量);另一种是用要素相对价格来定义(即用各国资本和劳动要素市场均衡的相对价格来定义)。

1. 实物单位定义方法

假设 A、B 两国各自拥有两种生产要素资本 K 和劳动 L 的总量分别为 TK_A、TK_B 和 TL_A、TL_B,则 A、B 两国平均的要素禀赋比例(资本劳动比例)分别为 $k_A = TK_A/TL_A$ 和 $k_B = TK_B/TL_B$。

如果 $k_A < k_B$,则表明 A 国与 B 国相比,资本相对稀缺而劳动相对丰富,即 A 国是资本相对稀缺而劳动相对丰富的国家;相反,B 国资本相对丰富而劳动相对稀缺,即 B 国是资本相对丰富而劳动相对稀缺的国家。简而言之,按实物衡量的要素丰富程度是用一国人均资本拥有量的多少来表示的。

2. 要素相对价格定义方法

假设 A、B 两国资本市场和劳动市场的均衡价格分别为 r_A、r_B 和 w_A、w_B,则 A、B 两国要素的相对价格分别为 $\omega_A = w_A/r_A$ 和 $\omega_B = w_B/r_B$。

如果 $\omega_A < \omega_B$,则说明以资本表示的劳动的价格(劳动对资本的相对价格)较低,说明 A 国劳动相对丰富而资本相对稀缺;相反,B 国资本相对丰富而劳动相对稀缺。

值得注意的是,用实物单位定义要素丰富程度,只考虑了要素供给(要素禀赋)方面,而没有考虑要素需求方面;而采用要素相对价格方法定义的要素丰富程度,则同时考虑了要素供给和要素需求两个方面的影响,比较全面。

二、要素密集

在一个生产两种商品(X 和 Y),使用两种要素(资本 K 和劳动 L)的世界里,生产 X 和 Y 两种商品的资本劳动比率分别为 $k_X = K_X/L_X$ 和 $k_Y = K_Y/L_Y$。当 $k_X < k_Y$ 时,称 X 部门的生产是劳动密集的,即 X 商品是劳动密集型商品;Y 部门的生产是资本密集的,即 Y 商品是资本密集型商品。简而言之,要素密集指的是不同商品生产过程中所使用的不同生产要素的相对比例(或相对密集程度)。

根据边际收益递减的原则,边际技术替代率递减,即当一个企业的生产沿等产量曲线向下移动(产量不变),即增加劳动 L 的使用而减少资本 K 的使用时,利用劳动来替代资本越来越困难。

在某一给定支出条件下达到了最大产量(既定成本下的产量最大化),或在某一给定的产量水平下达到了最小支出(既定产量下的成本最小化),则生产达到了最优,此时,等产量曲线与等成本曲线相切,边际技术替代率等于要素的相对价格,即 $MRTS = P_L/P_K = w/r = \omega$。图 4-1 表示生产最优的均衡过程。$E$ 点表示生产均衡点,连接原点 O 与均衡点 E 的直线的斜率 $\tan\beta$ 表示在该点生产时的要素密集度(或要素比例)$k = K_E/L_E = \tan\beta$。

根据以上关于最优生产的分析,当一个国家生产两种商品(X 和 Y),使用两种要素

(K 和 L)时,如果 X 商品是劳动密集型商品,Y 商品是资本密集型商品,则其最优生产均衡应如图 4-2 所示,$k_X < k_Y$。

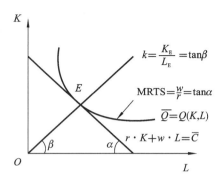

图 4-1 等产量曲线、等成本曲线与生产均衡

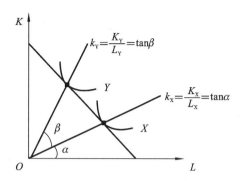

图 4-2 要素密集

三、要素丰富与生产可能性曲线

假设 A、B 两国使用两种要素生产两种商品。A 国劳动相对丰富,资本相对稀缺;B 国资本相对丰富,劳动相对稀缺。X 商品在两国都是劳动密集型商品;Y 商品在两国都是资本密集型商品。那么,A 国的生产可能性曲线将在 X 商品轴上扩展较宽,而在 Y 商品轴上扩展较窄;B 国的生产可能性曲线将在 X 商品轴上扩展较窄,而在 Y 商品轴上扩展较宽,如图 4-3 所示。因此,一国的要素禀赋决定着该国生产可能性曲线的形状和位置。

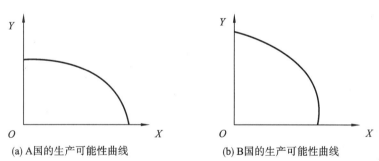

(a) A 国的生产可能性曲线　　　　(b) B 国的生产可能性曲线

图 4-3 要素禀赋与生产可能性曲线

第二节　要素禀赋理论的基本假设

理论假设是理论的重要组成部分。要素禀赋理论的结论,也是在一定的假定条件下

推论出来的。要素禀赋理论的假设如下。

(1)贸易中有两个国家(A 国和 B 国),生产两种商品(X 和 Y),使用两种生产要素(劳动 L 和资本 K),即 $2\times2\times2$ 模型。

这项假设的目的是用二维平面图形来解释要素禀赋理论。因此,它只是一个方法论的假定。根据数学知识,容易将 $2\times2\times2$ 模型进行推广,得出 $m\times n\times l$ 的模型(即多个国家、多种商品、多种要素的模型)。

(2)两个国家在生产中使用相同的技术。也就是说,技术在国家之间可以瞬间传播,不发生任何障碍。这项假设意味着,如果要素价格在两个国家是相同的,两国在生产同一种商品时就会使用相同数量的劳动和资本。由于要素价格存在国际差异,各国生产者将更多地使用低价格的要素,较少地使用高价格的要素,以降低生产成本。也就是说,在技术相同的条件下,不同的要素价格将导致生产中使用不同的要素比例。

但是,国家之间在生产技术方面是存在差异的,或者说,技术在国家之间的传播会有各种障碍并存在时滞。因此,放松这个假设,将导致基于技术差异的贸易理论的产生。

(3)在两个国家,X 商品都是劳动密集的,Y 商品都是资本密集的。在相同的要素价格下,在两个国家,X 商品生产的资本劳动比率(capital-labor ratio)都低于 Y 商品生产的资本劳动比率,即在两个国家不会发生要素密集度反向(factor intensity reversal)的情况。

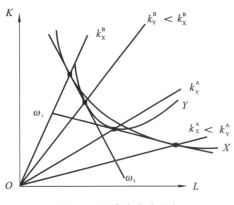

图 4-4 要素密集度反向

根据研究,当两种商品生产中的要素替代弹性差异过大时,就容易发生要素密集度颠倒的现象。例如,在图 4-4 中,假定 A、B 两国生产 X、Y 商品具有相同的等产量曲线 X 和 Y,如果 X 商品生产中要素的替代弹性较大,使得 X 商品生产的等产量曲线非常平坦,而 Y 商品生产中要素的替代弹性较小,使得 Y 商品生产的等产量曲线非常弯曲,这样,X 与 Y 两条等产量曲线有可能相交两次。如果 A 国的要素相对价格 $\omega_A = P_L^A/P_K^A$ 小于 B 国的要素相对价格 $\omega_B = P_L^B/P_K^B$,则 X 商品在 A 国是劳动密集的,而在 B 国则是资本密集的;Y 商品在 A 国是资本密集的,而在 B 国则是劳动密集的。实际上,要素密集度反向的情况在现实中是存在的,例如,在运动鞋方面,新百伦(New Balance)在缅因州有一家工厂,那里员工每小时的工资为 14 美元。一些员工操作电脑控制的设备,可使 20 个缝纫机头同时工作,而其他员工操作有摄像机引导的自动缝纫机,这就使得一个人可以干六个人的工作。这与亚洲为耐克(Nike)、锐步(Reebok)等其他运动厂商制造运动鞋的工厂有天壤之别,他们应用的是 20 世纪的老技术,支付每小时的工资不超过 1 美元。① 所以,同样是生产球鞋,这两种工厂要素密集度显然不同。

---

① Aaron Bernstein. Low-skilled Jobs:Do They Have to Move?. Business Week,2001:94-95.

在要素密集度反向的情况下,要素禀赋理论的结论就不成立了。因此,如果要素密集度反向的情况非常少,则可以接受不发生要素密集度反向的假设。根据国际经济学文献,关于要素密集度反向问题的第一个经验性研究是在 1962 年由明哈斯(B. S. Minhas)做出的。[1] 明哈斯发现,要素密集度反向的情况比较普遍,大约占其研究样本总数的 1/3。1964 年,里昂惕夫改正了明哈斯研究中导致偏差的一个重要因素,发现要素密集度反向在其所研究的样本中只占 8%,而且,如果除去生产中大量需要利用自然资源的两个产业,则要素密集度反向的情况只占 1%。[2] 波尔(D. P. S. Ball)在 1966 年所做的研究也证实了里昂惕夫关于要素密集度反向在现实世界中很少发生的结论。[3] 因此,在很大程度上可以接受两国生产中不发生要素密集度反向这一假设。

(4)在两个国家,两种商品的生产都是规模报酬不变的。这意味着,按同一比例增加生产某一商品的资本和劳动投入,则该产品的产量也按同一比例增加。

在经济学中,通常按齐次函数的形式来讨论规模收益问题。如果生产函数 $Q=F(K,L)$ 是齐次生产函数,则有

$$Q' = F(hK, hL) = h^{\alpha}F(K,L) = h^{\alpha}Q$$

式中 h——大于 1 的参数;

α——齐次函数的次数。

如果 $\alpha=0$,生产函数为零次齐次函数;如果 $\alpha=1$,生产函数为一次齐次函数;如果 $\alpha=2$,生产函数为二次齐次函数,等等。当 $\alpha<1$ 时,$h^{\alpha}<h$,生产的投入要素增加为原来的 h 倍,产出增加少于 h 倍,这时,生产函数所表达的是规模收益递减的技术;如果 $\alpha=1$,生产函数为一次齐次生产函数,投入要素增加为原来的 h 倍,产出也增加为原来的 h 倍,生产函数所表达的是规模收益不变的技术;如果 $\alpha>1$,则 $h^{\alpha}>h$,生产的投入要素增加为原来的 h 倍,产出增加多于原来的 h 倍,生产函数所表达的是一种规模收益递增的技术。因此,规模报酬不变的生产技术通常是由一次齐次生产函数表示的。根据欧拉定理(Euler's Theorem),如果生产是规模报酬不变的,当对每一生产要素按其边际生产力支付报酬时,则产出刚好被完全分配掉。例如,当 X 商品生产使用劳动和资本两种要素时,如果按劳动的边际产品 MPL 给劳动支付报酬,按资本的边际产品 MPK 给资本支付报酬,则欧拉定理的数学形式为

$$MPL \cdot L_X + MPK \cdot K_X = X$$

在现实中,生产的规模报酬存在递减、不变和递增等不同情况。假设规模报酬递增,则可以发展以规模报酬递增为基础的新贸易理论。

(5)两国在生产中均为不完全分工。这项假设的实质是,两个国家两种商品生产的机会成本是递增的,生产可能性曲线为凹向原点的曲线,这样就排除了角点解出现的可

---

[1] Minhas B S. The Homophypallagic Production Function, Factor Intensity Reversals and the Heckscher-Ohlin Theorem. Journal of Political Economy, 1962:138-156.

[2] Leontief W. An International Comparison of Factor Costs and Factor Use: A Review Article. American Economic Review, 1964:335-345.

[3] Ball D P S. Factor Intensity Reversals: An International Comparison of Factor Costs and Factor Use. Journal of Political Economy, 1966:77-80.

能性。如果机会成本不变(生产可能性曲线为一条直线)或机会成本递增(生产可能线曲线为凸向原点的曲线),就有可能出现角点解,即出现生产中一国完全分工生产一种商品的情况(另一种商品的生产量为 0)。现实生产中,机会成本可以是递减、不变或递增的。改变这项假设,也会对要素禀赋理论的结论产生重要影响。

(6)两国需求偏好相同,即两国社会无差异曲线的形状和位置完全相同。如果两国的商品相对价格相同,则两国消费 X 和 Y 两种商品的比例也相同,这就排除了需求偏好差异对商品相对价格(或比较优势)的影响,从而假定了商品相对价格差异(比较优势)产生的原因在于供给方面,而非需求方面。根据豪撒克(H. S. Houthakker)1957 年的研究[①],对食物、衣物、住房以及其他种类的商品需求的收入弹性,在各国都是非常相似的,因此,需求偏好方面的国际差异是很小的,或者说,需求偏好的差异还不至于大到完全抵消要素禀赋差异对商品相对价格的影响的程度。因此,假定各国需求偏好相同,基本上是可以接受的。

(7)在两个国家,两种商品市场与两种要素市场都是完全竞争的。这样,市场活动的参与者都是价格的接受者,在长期,商品价格将等于生产成本(利润为 0),生产要素的价格等于生产要素的边际产品价值。但现实中,大量的情况应是不完全竞争或垄断竞争。因此,放松这项假设,将导致以不完全竞争为基础的新贸易理论产生。

(8)在一国内,生产要素可以完全自由流动,在国家间,生产要素完全不能流动。这项假设使得国内生产要素在各部门取得相同的报酬,但在国家之间,如果没有商品贸易,就会存在要素报酬(要素价格)的差异。但实际上,国家之间是存在要素流动的(国际资本流动、国际劳动力流动等),国际要素流动在使商品相对价格和要素价格均等化方面,具有与国际贸易相同的影响。因此,国际要素流动只是国际贸易的替代手段。在存在国际要素流动的情况下,使各国商品价格与要素价格均等化的贸易量会减少,但并不否定要素禀赋理论的结论。

(9)没有运输成本、没有关税或影响国际自由贸易的其他贸易壁垒。这项假设表明,在没有运输成本和自由贸易的条件下,贸易中两国的专业化分工将一直进行到两国商品价格完全相等时才停止;如果存在运输成本和关税,则两国的商品价格差异将维持在不大于运输成本或关税的水平。因此,考虑运输成本和关税等贸易限制的影响,并不会改变贸易模式和贸易商品流向,而只是减少了贸易双方的贸易量和贸易利益。

(10)两国资源都得到充分利用,即两国的生产都在生产可能性曲线上进行,而不会在生产可能性曲线内进行。事实上,在发展中国家,生产要素闲置现象是比较严重的,这样,要素禀赋理论就不能正确解释贸易原因和预测贸易模式了,需要另一种贸易理论——剩余的出路理论,它最早由亚当·斯密提出,后由缅甸经济学家明特(H. Myint)重新概括,作为对发展中国家对外贸易的一种解释。[②]

(11)两个国家的贸易平衡,即两个国家都不存在贸易差额(顺差或逆差)。在不存

---

① Houthakker H S. An Internatonal Comparison of Household Expenditure Patterns. Econometrica,1957,10:532-551.
② 参见张培刚:《发展经济学教程》,北京:经济科学出版社,2001 年版。

对贸易的干预的情况下,各国的贸易差额会自动调节各国进出口贸易,使之自动恢复平衡。而且,由于大多数国家的贸易差额与其国内生产总值相比都不大,因而放弃贸易平衡这一假设,不会对要素禀赋理论的结论产生重大影响。

第三节　要素禀赋与 H-O 理论

1919 年,瑞典经济学家赫克歇尔的《国际贸易对收入分配的影响》对现代国际贸易理论做了一个概括性的说明。10 年后,他的学生俄林在此基础上做了进一步的研究,于 1933 年出版了《区际贸易与国际贸易》,系统地论述了国际贸易的要素禀赋理论,为国际贸易理论的发展做出了重要贡献。后人称要素禀赋理论为赫克歇尔-俄林理论(简称 H-O 理论)。

概括地说,H-O 理论由 4 个基本定理构成:一是要素禀赋决定贸易模式的定理,简称 H-O 定理(H-O theorem);二是要素价格均等化定理(factor-price equalization theorem),简称 H-O-S 定理;三是关于生产要素增长对一国贸易和生产模式影响的理论,简称雷布津斯基定理(Rybczynski theorem);四是关于国际贸易对一国收入分配影响的理论,简称 S-S 定理。这里首先介绍前两个定理,后两个定理则留待以后的章节加以介绍。

一、H-O 定理

在满足前述假设的条件下,可以这样来表述 H-O 定理:各国要素禀赋(factor endowment)的差异是各国具有比较优势的基本原因和决定因素。在开放贸易的条件下,每一个国家都应分工生产并出口密集使用该国相对丰富的要素生产的商品,进口密集使用该国相对稀缺的要素生产的商品。简而言之,各国应因要素禀赋制宜,参与国际分工和贸易。正因为 H-O 理论强调要素禀赋在决定比较优势和贸易模式中的关键性作用,因此人们称该理论为要素禀赋理论。

H-O 定理的一般均衡特性可以清楚地用图 4-5 来表达。在完全竞争条件下,在长期,生产者均衡的利润为 0,即生产成本等于商品价格,而生产成本是由生产技术(等产量曲线)和要素价格(等成本曲线)共同决定的。如果假定两国在生产中使用相同的技术,则两国生产成本的差异或商品价格差异(比较优势)产生的原因,就完全在于要素价格方面,而要素价格是由要素供给(要素禀赋)和要素需求共同决定的。如果假定两国的要素需求相同,则要素价格差异的原因就完全在于要素供给(要素禀赋)方面,从而在两国生产技术相同的情况下,商品价格差异(比较优势)产生的原因,就完全在于要素供给(要素禀赋)的差异。而要素需求作为对商品需求的派生需求(derived demand),是由需求偏好

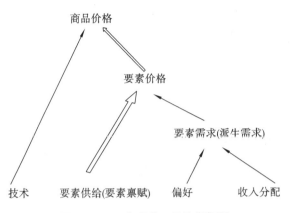

图 4-5 H-O 定理的一般均衡框架

和收入分配共同决定的,如果两国需求偏好和收入分配相同,则两国对商品的需求以及对要素的派生需求也相同,从而引起要素价格差异的原因就在于要素供给(要素禀赋)方面。

因此,在 H-O 理论的若干假设成立的条件下,图 4-5 中 H-O 定理的结论就是要素供给(要素禀赋)决定要素价格,要素价格决定商品价格,商品价格表现比较优势。

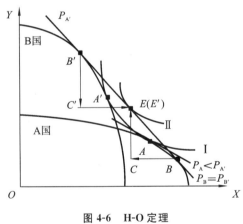

图 4-6 H-O 定理

同样,可以运用新古典标准贸易模型来说明 H-O 定理。在图 4-6 中,A、B 两国因要素禀赋差异而具有不同的生产可能性曲线。A 国劳动丰富,资本稀缺,其生产可能性曲线在劳动密集型商品轴 X 轴上扩展较宽,而在资本密集型商品轴 Y 轴上扩展较窄;B 国资本丰富,劳动稀缺,其生产可能性曲线在劳动密集型商品轴 X 轴上扩展较窄,在资本密集型商品轴 Y 轴上扩展较宽。用同一组社会无差异曲线表示两国具有相同的需求偏好。当无差异曲线 Ⅰ 分别与 A、B 两国的生产可能性曲线相切于 A 点和 A' 点时,就确立了 A、B 两国封闭均衡条件下的 X 商品相对价格 P_A 和 $P_{A'}$。由于 $P_A < P_{A'}$,说明 A 国在密集使用其相对丰富的劳动要素生产的劳动密集型商品上有比较优势,B 国在密集使用其相对丰富的资本要素生产的资本密集型商品上具有比较优势。根据比较优势原理,两国开放贸易后,A 国的生产点将沿其生产可能性曲线由 A 点向 B 点移动,更专业化地生产劳动密集的 X 商品,而减少资本密集的 Y 商品生产;B 国的生产点将沿其生产可能性曲线由 A' 点向 B' 点移动,更专业化地生产资本密集的 Y 商品,而减少劳动密集的 X 商品生产,这种专业化分工的过程直到 $P_B = P_{B'}$ 时达到均衡。此时,两国的消费都在更高的社会无差异曲线 Ⅱ 上达到均衡,均衡消费点分别为 E 和 E'。这样,A、B 两国均因按各自的要素禀赋决定的比较优势参与国际贸易而获得了利益。在这种分工和贸易格局达到均衡时,A 国出口 X 商品的数量 BC 等于 B 国进口 X 商品的数量 $C'E'$;B 国出

口 Y 商品的数量 $B'C'$ 等于 A 国进口 Y 商品的数量 CE,两国 X 商品的相对价格 P_X/P_Y 也相等,即 $P_B=P_{B'}$。

二、要素价格均等化定理

要素价格均等化定理实际上是 H-O 定理的一个推论。该定理先由赫克歇尔提出,俄林做了进一步阐述,后由萨缪尔逊进行了严格的证明[①],因此,要素价格相等化定理又称为赫克歇尔-俄林-萨缪尔逊定理(简称 H-O-S 定理)。在要素禀赋理论的假设条件下,国际贸易将使各国同质要素的相对价格和绝对价格趋于一致。各国按要素禀赋决定的比较优势参与国际分工和贸易,不仅使各国相同商品的价格趋于一致,而且使各国同质劳动得到相同的工资,同质资本得到相同的利息。这就是说,国际贸易就成了国际要素流动的替代手段。

从直观上看,A 国劳动丰富而资本稀缺,B 国资本丰富而劳动稀缺。在没有贸易的条件下,A 国劳动密集型商品 X 的相对价格低于 B 国,因为 A 国劳动工资率低,资本利息率高。当 A 国按其比较优势分工时,增加生产劳动密集型商品 X,减少资本密集型商品 Y 的生产;对劳动的相对需求上升而对资本的相对需求下降,劳动工资率提高,资本利息率下降。B 国发生的情况则正好相反,即 B 国增加资本密集型商品 Y 的生产,减少劳动密集型商品 X 的生产,结果 B 国对资本的相对需求增加,对劳动的相对需求减少,从而提高资本利息率,降低劳动工资率。这样,两国按各自要素禀赋决定的比较优势参与国际分工和贸易的结果,使得两国要素报酬的差距不断缩小,直至两国要素的相对报酬和绝对报酬完全相等,这种生产专业化的过程才会停止。因此,按要素禀赋决定的比较优势开展贸易的结果,必然使各国同质要素的相对价格和绝对价格趋于一致。下面对该定理予以推导。

1. 相对要素价格均等

在不发生要素密集度反向的情况下,根据 X(劳动密集型商品)和 Y(资本密集型商品)的等产量曲线和相对要素价格 $\omega=w/r$(等成本曲线)可以推导出,相对要素价格 ω 与生产中使用的要素比例 $k=K/L$ 存在着严格递增的一一对应关系(见图 4-7)。同样,在不发生要素密集度反向的情况下,根据等产量曲线与等成本曲线相切决定最优生产的原理,可以推导出,相对要素价格 $\omega=w/r$ 与商品相对价格 $p=P_X/P_Y$ 也存在严格递增的一一对应关系(见图 4-8)。结合图 4-7 与图 4-8 就得到萨缪尔逊-约翰逊图解(见图 4-9)。[②]

图 4-9 表明,当 A、B 两国按要素禀赋决定的比较优势参与国际分工和贸易时,A 国 X 商品的相对价格将上升,B 国 X 商品的相对价格将下降,直至两国 X 商品的相对价格等于 p^* 时,两国贸易达到平衡。同时,A 国要素的相对价格 ω_A 随 X 商品相对价格的上升而上升,而 B 国要素的相对价格 ω_B 下降。相对要素价格的变化也引起两国生产 X 和

[①] 关于要素价格均等化定理的最初证明,参见:Samuelson P A. International Trade and the Equalization of Factor Prices. Economic Journal,1948:165-184;Samuelson P A. International Factor-Price Equalization:Once Again. Economic Journal,1949:181-197.

[②] Johnson H G. Factor Endowments,International Trade and Factor Price. Manchester School of Economic and Social Strdies,1957,25:95-112.

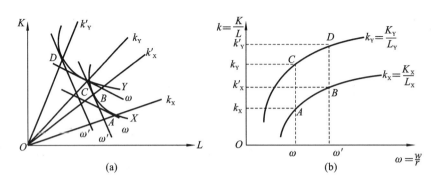

图 4-7　要素密集度与相对要素价格的关系

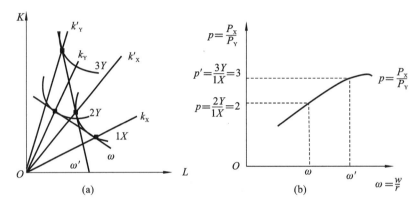

图 4-8　商品相对价格与相对要素价格的关系

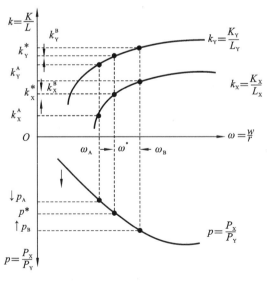

图 4-9　要素价格均等化：萨缪尔逊-约翰逊图解

Y商品的要素密集度发生变化,当两国要素的相对价格都等于ω^*时,两国生产两种商品的要素密集度也相等,即$k_X^A=k_X^B=k_X^*$,$k_Y^A=k_Y^B=k_Y^*$。

2. 绝对要素价格均等

根据欧拉定理,如果生产是规模报酬不变的,对每一种要素都根据其边际生产力支付报酬,则全部产出刚好分配完,利润为0。例如,对X商品,欧拉定理的数学形式为

$$MPL_X \cdot L_X + MPK_X \cdot K_X = X$$

两边同除以L_X得

$$MPL_X + MPK_X \cdot K_X/L_X = X/L_X$$

提取因子MPL_X得

$$MPL_X(1+MPK_X/MPL_X \cdot K_X/L_X) = X/L_X \tag{4-1}$$

当A、B两国达到贸易均衡时:

$$(MPK_X/MPL_X)_A = (P_X \cdot MPK_X/P_X \cdot MPL_X)_A = (r/w)_A = 1/\omega_A$$

$$(MPK_X/MPL_X)_B = (P_X \cdot MPK_X/P_X \cdot MPL_X)_B = (r/w)_B = 1/\omega_B$$

由于$\omega_A=\omega_B$(相对要素价格相等),故

$$(MPK_X/MPL_X)_A = (MPK_X/MPL_X)_B$$

当$\omega_A=\omega_B$时,有

$$(K_X/L_X)_A = (K_X/L_X)_B$$

即

$$k_A = k_B$$

由于两国生产X商品的技术相同,且规模收益不变,故两国达到贸易均衡时,生产X商品的平均劳动生产率也相等,即$(X/L_X)_A = (X/L_X)_B$①。因此,等式(4-1)成立时,等式(4-1)中的最后一项,即A、B两国生产X商品的边际劳动生产率MPL_X也必定相等,即

$$(MPL_X)_A = (MPL_X)_B \quad 或 \quad P_X(MPL_X)_A = P_X(MPL_X)_B$$

$$w_A = w_B$$

运用同样的方法,可以证明

$$r_A = r_B$$

因此,当两国达到贸易均衡时,两国同质劳动得到相同的工资率,同质资本得到相同的利息率,两国要素的绝对价格相等。但在现实中,各国同质要素的报酬并不一致。其原因是,H-O理论所依赖的一些假设条件大多是不成立的。例如,各国之间明显存在技术差异,且技术进步的速度不同;各国之间的运输成本和贸易壁垒(关税和非关税壁垒)也阻碍着各国商品相对价格的均等化;许多企业处于不完全竞争市场上,其运作大多是报酬递增的(而非规模报酬不变)。因此,国际贸易在现实中并没有使各国同质要素的报酬均等化。在这种情况下,可以说国际贸易缩小了同质要素收入的国际差异,而不是将差异完全消除。

---

① 设两国X商品的生产函数均为$X=F(K_X,L_X)$,由于规模报酬不变,故$X/L_X=F(K_X,L_X)/L_X=F(K_X/L_X,1)$,当两国$K_X/L_X$相同时,$X/L_X$也相同。

尽管国际贸易在缩小各国要素收益的绝对差异中发挥了重要作用，但是由于各国技术进步的速度不同，特别是发达国家资本雄厚，R&D投入高，人力资本积累水平高，技术创新能力强，技术进步速度快，与发展中国家技术进步的差异扩大，使劳动收入的差异进一步扩大，要素的价格差异均等化的关系变得不甚明显。

三、案例：要素禀赋与贸易结构

沙特阿拉伯是一个石油大国，石油资源丰富，在其领土范围内，已探明的石油储量为2615亿桶，约占全球总储量的25.2%。沙特阿拉伯现共有8座大型炼油厂，日提炼能力约158万桶，实际日产量为40万～150万桶，其中60%左右供国内消费，其余供出口。

沙特阿拉伯经济结构单一，石油是其经济发展的命脉，因此，对外贸易在其国民经济中举足轻重。石油收入占其国家财政收入的60%～80%，石油和石化产品出口占其出口总额的90%左右。进口中，机电设备、食品和交通工具所占比重最大。自20世纪70年代起，沙特阿拉伯用其丰厚的石油资金大力发展经济和改善人民生活，进行了多期五年发展规划，经过20年的努力，沙特阿拉伯从一个贫穷落后的国家变成一个举世闻名的现代化石油大国，而且成为中东最大的商品和承包劳务市场，并拥有大量的海外资产。依靠石油收入，沙特阿拉伯对外经济援助数量可观，共计向全世界70多个发展中国家提供了700亿美元的援助。

对石油的高度依赖，使沙特阿拉伯深受国际市场上石油价格波动的影响。20世纪70年代石油价格高涨，给沙特阿拉伯带来了可观的贸易收益，使其一跃成为世界人均高收入成员，而20世纪80年代以后的石油价格萎靡不振，也给其带来了巨大的不利影响。

大多数发展中国家的出口商品都与其要素禀赋密切关联。尼日利亚、印度尼西亚、墨西哥、肯尼亚、埃及、委内瑞拉等是世界石油的主要供给国，赞比亚、扎伊尔、智利是著名的铜出口国，哥伦比亚、坦桑尼亚、埃塞俄比亚、巴西、科特迪瓦、危地马拉是闻名的咖啡供应地。

马来西亚在1957年独立时，基本上是单一经济结构，橡胶出口占其出口收入的一半左右，占国内生产总值的近1/4。锡是其第二大出口品，占全部出口收入的10%～20%。独立后，马来西亚继续投资于初级产品出口，并在制成品出口上进行投资。结果，其出口逐步多样化，保持了快速的增长。

在非洲的科特迪瓦，为维持其咖啡出口，加强了投资，同时，象牙海岸还增加了对可可、木材和其他初级产品的投资，出口不断增长，国内居民生活水平也不断提高。

也有相反的例子。科特迪瓦的邻居加纳在1957年独立时，大概是非洲最富裕的国家。当时的加纳，同大多数发展中国家一样，经济结构单一，可可出口占其出口收入的60%。独立后，加纳将投资从出口基地急转到进口替代产业。结果，到20世纪80年代，可可的出口量仅为20世纪60年代的一半，而其他出口产品并没有弥补这一缺口。

第四节 H-O 理论的经验检验

一个理论模型的正确性必须通过经验检验才能得到证实。这里将首先介绍里昂惕夫对 H-O 理论的经验检验,即里昂惕夫之谜(Leontief Paradox),然后介绍对里昂惕夫之谜所做出的各种解释。

一、里昂惕夫之谜

里昂惕夫于 1951 年利用美国 1947 年的数据首次对 H-O 理论进行检验。由于美国是当时世界上资本最丰富的国家,里昂惕夫期望能得出美国出口资本密集型商品、进口劳动密集型商品的结论。

为了进行这一检验,里昂惕夫利用 1947 年美国的投入产出表计算了美国 1947 年每百万美元进口替代产品①和出口产品生产中的劳动和资本数量及其比率。他发现,美国进口替代产品生产的资本密集程度大约比美国出口产品生产的资本密集程度高出 30%(见表 4-1)。这一结果与 H-O 理论的预测完全相反,这就是著名的里昂惕夫之谜。

表 4-1 1947 年美国每百万美元出口产品和进口替代产品的资本劳动比率

项　　目	出　　口	进 口 替 代	进口/出口
里昂惕夫(1947 年投入需求,1947 年贸易)			
资本(美元)	2550780	3091339	
劳动力(年人工)	182	170	
资本/劳动力(美元/年人工)	14010	18180	1.30
里昂惕夫(1947 年投入需求,1951 年贸易)			
资本(美元)	2256800	2303400	
劳动力(年人工)	174	168	
资本/劳动力(美元/年人工)	12977	13726	1.06
资本/劳动力(不包括自然资源)			0.88
鲍德温(1958 年投入需求,1962 年贸易)			
资本(美元)	1876000	2132000	

---

① 里昂惕夫运用进口替代产品生产的数据,是因为美国进口产品(外国产品)的数据不全,而进口替代部门是与进口竞争的部门,如果不存在贸易障碍,二者应该在价格和成本上一致。

续表

项　　目	出　　口	进口替代	进口/出口
劳动力(年人工)	131	119	
资本/劳动力(美元/年人工)	14200	18000	1.27
资本/劳动力(除去自然资源)			1.04
资本/劳动力(除去自然资源和人力资本)			0.92

资料来源：Leontief(1951),Leontief(1956),Baldwin(1971),参见进一步阅读导引。

二、对里昂惕夫之谜的各种解释

里昂惕夫之谜提出之后,引起了强烈的反响。经济学家们纷纷发表文章,从各个不同的角度对里昂惕夫的检验结果进行解释和评论,探索里昂惕夫之谜产生的原因。例如,里昂惕夫本人认为,在1947年,美国工人的劳动生产率是外国工人的3倍,将美国的劳动数量乘以3,再与国内可用资本比较,美国实际上就变成一个劳动丰富的国家,检验结果与H—O理论就不存在矛盾了。但里昂惕夫的这一解释并未得到广泛接受,里昂惕夫后来也否定了这种解释。因为,假定美国的劳动生产率是国外的3倍,是以美国资本生产率与国外相同为前提的,如果假定美国的劳动生产率与国外相同,则其资本生产率也可能是国外的3倍,因此,这样的解释是缺乏说服力的。

还有学者试图从需求偏好差异对比较优势的影响方面来解释里昂惕夫之谜产生的原因。这种解释认为,美国的需求偏好强烈地偏向于资本密集型商品方面,从而引致对资本要素的过度需求,导致美国资本要素的相对价格较高以及资本密集型商品的相对价格较高,从而美国因需求偏好的影响而变成资本相对稀缺的国家,因而它应该出口劳动密集型商品。但这一解释也未能得到广泛的承认。因为根据豪撒克1957年的研究,世界各国家庭对各类商品需求的收入弹性是非常相近的,因而各国需求偏好相似是一项广为人们所接受的假设。

对于"里昂惕夫之谜"已有各种样式的解释：
- 美国的技术与外国不同。
- 里昂惕夫只考虑资本与劳动,忽略了土地。
- 1947年的数据可能不正常,因为第二次世界大战刚刚结束。
- 美国不像H-O模型所假设的那样从事自由贸易。

迪尔多夫(Deardorff,1984a)较完整地总结了上述研究,一般的结论是"里昂惕夫悖论"在某些情况下依旧存在。更多的人或者对检验方法、统计方法和统计资料的处理提出不同的意见,或者回过头来对H-O理论本身进行重新研究和探索。其中比较具有代表性的观点有如下诸种。

1.检验方法存在问题

利默(Leamer,1980)第一个从真正意义上,对于上述悖论进行了批判,并认为上述检验方式存在缺陷。换句话说,即使H-O模型正确,检验方法的错误也可能产生"悖论"。

所以,利默提出的检验依赖于 H-O 模型的"要素含量"模式,其由瓦尼可(Vanek,1968)提出,通常称为"赫克歇尔-俄林-瓦尼可(HOV)模型"。① 利用这一思路,利默将检验思路转化为比较出口与消费中所蕴含的要素含量,如果一国出口品中所蕴含的资本大于消费品中的资本,则该国资本服务的进出口为正。此时,若该国资本是丰富的,那么 H-O 理论就成立。如表 4-2 所示,从资本劳动比中可以看出,美国 1947 年生产中包含的资本大于消费中的资本,说明美国出口资本含量较高的产品,而进口劳动含量高的产品,这与 H-O 原理一致,所以在利默(Leamer,1980)看来,根本没有悖论。

表 4-2 利默对于里昂惕夫理论的验证

项 目	生 产	消 费
资本(十亿美元)	327	305
劳动(百万人每年)	47	45
资本/劳动力(美元/人)	6949	6737

注:数据来源于 Leamer(1980);该数据同样运用 1947 年美国的数据进行检验。

2. 统计方法和资料处理问题

有人认为,里昂惕夫检验的年代 1947 年距离第二次世界大战太近,因而数据资料缺乏代表性。为此,里昂惕夫在 1956 年重新运用美国 1947 年的投入产出表和 1951 年的贸易数据,对 H-O 理论进行了检验,发现美国进口替代部门的资本密集程度仍然比出口部门高出 6%(见表 4-1),因而里昂惕夫之谜仍然存在。

另外,利默(Leamer,1980)的检验告诉我们,检验 HOV 需要三组数据:贸易、要素禀赋和生产技术。但在早期,由于统计手段限制,许多研究只是用两类数据,这些检验被称为"HOV 的局部检验"(Leamer,1980;Baldwin,1971;Leamer,1984)。例如:利默在 1980 年和 1984 年发表的文章中认为,在一个多要素的世界里,应当比较生产和消费中的资本劳动比例,而不是比较进出口的资本劳动比例。按照比较生产和消费中的资本劳动比例的方法,运用 1947 年美国的数据,鲍德温进行重新检验,发现美国生产中的资本劳动比例远远大于消费中的资本劳动比例,说明美国的生产仍然是资本密集的。1981 年斯特恩(R. M. Stern)和马斯库斯(K. E. Maskus)用 1972 年的数据所作的研究,以及 1990 年萨尔瓦多(D. Salvatore)和巴拉扎什(R. Barazesh)用 1958—1981 年的数据所做的研究,都证实了这一结论。1987 年,鲍温(H. P. Bowen)、利默和斯维考斯卡斯(L. Sveikauskas)使用 1967 年 27 个国家、12 种要素和多种商品的贸易、要素投入需求和要素禀赋的剖面数据进行考察,发现 H-O 模型只在 50% 左右的情况下是成立的。

随着数据完善,同时使用三类数据的检验成为可能,这类检验被称为"HOV 的完全检验",代表性的研究者有特雷弗勒、戴维斯和温斯坦(Trefler,1993,1995;Davis 和 Weinstein,2001a)。例如,Trefler(1995)的文章发现,现实经济中发生的贸易量要小于 HOV 理论的预测量,所以一部分贸易"消失"了,HOV 并不成立。由此催生了引力模型在国际贸易理论中的应用,即地理距离限制了贸易两国的双边贸易。

---

① 而本章第三节所介绍的模型,则被称为 HOS 模型。

表 4-3 H-O 模型的检验

研 究 者	使用的数据		
	贸易	技术	要素禀赋
HOV 的局部检验			
里昂惕夫(Leontief,1953)	是	美国	否
利默(Leamer,1980)	是	美国	否
鲍德温(Baldwin,1971)	是	美国	否
利默(Leamer,1984)	是	否	是
HOV 的完全检验			
鲍温、利默和斯维考卡斯(Bowen,Leamer and Sveikauskas,1987)	是	美国	是
特雷弗勒(Trefler,1993)	是	美国	是
特雷弗勒(Trefler,1995)	是	美国	是
戴维斯和温斯坦(Davis and Weinstein,2001a)	是	许多国家	是

注:技术一列中,"美国"代表假定所有国家的技术相同,并使用美国的技术为标准,来衡量各国的生产技术。

3. 自然资源、人力资本和技术的影响

经验检验与 H-O 理论预测产生偏差的更一般原因是,里昂惕夫所使用的是两要素 H-O 模型,忽略了自然资源(如土壤、矿藏、森林和水资源等)、人力资本以及知识和技术对贸易模式的影响。

如果一种商品是自然资源密集型的,将其按两要素模型划分为资本密集型商品或劳动密集型商品,就会发生要素密集度反向,从而违背了 H-O 理论的假设,当然不能得出正确的结论。例如,粮食生产是土地密集型的生产,如果按两要素模型划分,在美国,粮食生产将是资本密集型的,而在大多数发展中国家则是劳动密集型的。因此,在对 H-O 理论进行检验时,就应当从贸易产品中除去自然资源密集型产品。这样做的结果,就会使产生里昂惕夫之谜的可能性降低。在表 4-1 中,1956 年里昂惕夫所做的重新检验,在除去自然资源密集型产品后,美国进口替代部门的资本密集程度比出口部门低 12%,里昂惕夫之谜消除。而在 1971 年鲍德温所做的检验中,如果除去自然资源密集型产品,则美国进口替代部门的资本密集程度只比出口部门高出 4%(比原来的 27% 有很大程度的降低),但里昂惕夫之谜仍然存在,说明消除自然资源对贸易模式的影响,并不能完全排除产生里昂惕夫之谜的可能性。

为此,经济学家们进一步探讨了人力资本因素对贸易模式的可能影响。人力资本是指劳动者所具有的能提高其劳动生产率的教育程度、工作培训、健康状况等一系列性状的总称。人力资本也是需要通过投资来积累的,因此也应该加到实物资本上,这才构成全部资本。也就是说,计算一国的资本劳动比率时,应该把人力资本与实物资本加在一起,再与劳动力进行对比,才能得出正确的结果。

在无数基于人力资本对 H-O 理论的经验检验中,最重要的要算克拉维斯(I. B. Kravis)、基辛(D. B. Keesing)、肯仑(P. Kenen)和鲍德温的研究了。克拉维斯的研究表明,1947 年和 1951 年美国出口产业的工资水平要比美国进口竞争产业的工资水平高出 15%,说明美国出口产业与进口替代产业相比,具有较高的劳动生产率和较多的人力资本。基辛则指出,1957 年美国出口产品的技能密集程度要比其他 9 个国家出口产品的技能密集程度高,这表明美国拥有最训练有素的劳动力,与其他国家相比,美国的劳动力包括了更多的人力资本。肯仑的研究估算了美国出口商品和进口替代商品中的人力资本含量,并把其加到实物资本需求中,重新计算了美国 1947 年出口商品和进口替代商品的资本劳动比率,发现美国出口商品是资本密集的(包括实物资本和人力资本),进口替代部门是劳动密集的,里昂惕夫之谜消失。在 1971 年鲍德温的研究中(见表 4-1),他发现,仅仅消除自然资源的影响,还不能使里昂惕夫之谜完全消失,但如果把人力资本加到实物资本之上,重新计算的结果是,美国出口部门的资本劳动比率比进口替代部门高出 8%,里昂惕夫之谜才得以完全消除。

与人力资本相关的另一个因素是知识和技术对劳动生产率和贸易模式的影响。值得注意的是,知识的积累和技术的进步,同样是大量投资(即 R&D 投入)的结果。

4. 关税和其他贸易壁垒的影响

H-O 理论是以完全自由贸易为假设条件的,而现实中存在着大量的关税和非关税的贸易壁垒。这些贸易壁垒的存在,无疑会严重扭曲贸易模式。有些研究表明,美国的贸易政策是限制高技术(一般是资本密集型)产品出口,阻碍劳动密集型产品进口。如克拉维斯 1954 年的研究发现,美国受贸易保护最严密的产业是技术相对落后的劳动密集型产业,如纺织业和制鞋业等,以保护美国非熟练和半熟练劳工集团的利益(在竞选压力下)。

5. 生产要素密集度反向问题

H-O 理论假设 A、B 两国不存在要素密集度反向,但现实中,要素密集度反向问题是存在的。当存在要素密集度反向时,H-O 理论的结论就不能成立了。这也是产生里昂惕夫之谜的一个重要原因。

除了以上介绍的关于里昂惕夫之谜产生原因的各种解释之外,对 H-O 理论其他假设的经验分析,也会导致对 H-O 理论的修正和新贸易理论的产生。下一章要介绍的各种新贸易理论,都是在对里昂惕夫之谜产生原因的探讨中不断发展起来的。

附录 4.1

本章小结

1. 比较优势产生的原因及国际贸易对收入分配的影响,是国际贸易理论研究的两个重要问题。这一章通过对要素禀赋理论的介绍,集中探讨了这两个问题。

2. 要素丰富和要素密集是要素禀赋理论的两个重要概念。要素丰富有两种定义方法。一是实物定义方法,在两个国家、两种要素的情况下,它是以一国的人均资本量或平均资本劳动比率来定义的。如果 A 国的人均资本量 k_A 小于 B 国的人均资本量 k_B,称 A 国劳动丰富而资本稀缺,B 国资本丰富而劳动稀缺。二是要素相对价格定义方法,它是以比较 A、B 两国的相对要素价格来定义要素丰富程度的。如果 A 国的要素相对价格 ω_A 低于 B 国的要素相对价格 ω_B,称 A 国劳动丰富而资本稀缺,B 国资本丰富而劳动稀缺。值得注意的是,实物定义方法只考虑了要素供给方面即要素禀赋,它只有在两国要素需求相同时才是正确的。价格定义方法则考虑了要素供给和要素需求两个方面的共同影响。要素密集是以生产中某种要素使用的相对密集程度来衡量的。在两种商品、两种要素的情况下,商品生产的要素密集程度可以用其生产的资本劳动比率来衡量。如果 X 商品生产的资本劳动比率小于 Y 商品生产的资本劳动比率,称 X 为劳动密集型商品,Y 为资本密集型商品。值得注意的是,要素丰富和要素密集的概念,都是一个相对数的概念,而非绝对数的概念。

3. 要素禀赋理论是建立在一系列假设基础上的。放松要素禀赋理论与实际不相符合的某些假设,将导致新的贸易理论的产生。

4. 要素禀赋理论由 4 个基本定理构成,一是要素禀赋决定贸易模式的定理(H-O 定理);二是要素价格均等化定理(H-O-S 定理);三是关于要素增长对一国生产和贸易影响的定理(Rybczynski 定理);四是关于国际贸易对收入分配影响的定理(S-S 定理)。本章主要介绍了前两个定理,在以后的章节中,将介绍后两个定理。

5. 里昂惕夫之谜是指里昂惕夫首次对 H-O 理论进行经验检验的结果与 H-O 理论预测的贸易模式相悖的状况。对里昂惕夫之谜产生的原因,经济学界有很多不同的解释,这些解释对国际贸易理论的发展,产生了很大的推动作用。

进一步阅读导引

1. 关于赫克歇尔-俄林理论的原始资料,参见:

①Heckscher E F. The Effect of Foreign Trade on the Distribution of Income. Economisk Tidskrift,1919:497-512.

②Ellis H S, Metzler L M. Readings in the Theory of International Trade. Homewood:Irwin,1950:272-300.

③Ohlin B. Interregional and International Trade. Cambridge:Harvard Univeristy Press,1933.

2. 关于要素价格均等化定理的最初证明,参见:

①Samuelson P A. International Trade and the Eaqualization of Factor Prices. Econormic Journal,1948:165-184.

②Samuelson P A. International Factor-price Equalization Once Again. Economic Journal,1949:181-197.

3. 关于国际贸易对收入分配的影响,参见:

①Stolper W F, Samuelson P A. Protection and Real Wages. Review of Economic Studies,1941:58-73.

4. 关于H-O理论的综合与评述,参见:

①Jones R W. Factor Proportions and the Heckscher-Ohlin Therem. Review of Economic Studices,1956:1-10.

②Johnson H G. Factor Endowments,International Trade and Factor Prices. Manchester School of Economic and Social Studies,1957:270-283.

③Lancaster K. The Heckscher-Ohlin Trade Model:A Geometric Treatment. Economica,1957:78-89.

④Bhagwati J N. The Pure Theory of International Trade:A Survey. Economic Journal,1964:1-84.

⑤Chipman J S. A Survey of the Theory of International Trade. Econometrica,1965:477-519,685-760.

5. 关于特定要素模型,参见:

①Jones R W. A Three-Factor Model in Theory,Trade and History//Bhagwati J N,et al. Trade,Balance of Payments,and Growth:Essays in Honor of Charles P. Kindleberger. Amsterdam:North-Holland,1971:3-22.

②Mussa M. Tariffs and the Distribution of Income:The Importance of Factor Specificity,Substitutability,and Intensity in the Short and Long Run. Journal of Political Economy,1974:1191-1203.

③Neary J P. Short-Run Capital Specificity and the Pure Theory of International Trade. Economic Journal, 1978: 488-510.

6. 关于多国消费者偏好的相似性,参见:

① Houthakker H. An International Comparison of Household Expenditure Patterns. Econometrica, 1957: 532-551.

② Salvatore D. Microeconomics. 2nd ed. Now York: Harper Collins, 1994, ch. 3.

7. 关于贸易理论经验检验的评述,参见:

① Deardorff A. Testing Trade Theories and Predicting Trade Flows//Jones R W, Kenen P B. Handbook of International Economics, Vol. 1. Amsterdam: North-Holland, 1984:467-517.

8. 关于里昂惕夫之谜及其解释,参见:

①Leontief W. Domestic Production and Foreign Trade: The American Capital Position Re-examined. Economia Internationale, 1954:3-32.

②Leontief W. Factor Proportions and the Structure of American Trade: Further Theoretical and Empirical Analysis. Review of Economics and Statistics, 1956:386-407.

③ Kravis I B. Wages and Foreign Trade. Review of Economics and Statistics, 1956:14-30.

④Keesing D B. Labor Skills and Comparative Adantage. Americal Economic Review, 1966:249-258.

⑤Kenen P. Natrue, Capital and Trade. Journal of Political Economy, 1965:437-460.

⑥Baldwin R E. Determinants of the Commodity Structure of U. S. Trade. American Economic Review, 1971:126-146.

⑦Branson W H, Monoyios N. Fatctor Inputs in U. S. Trade. Journal of International Economics, 1977:111-131.

⑧ Leamer E E. The Leontief Paradox Reconsidered. Journal of Political Economy, 1980:495-503.

⑨Stern R M, Maskus K E. Determinants of the Structure of U. S. Foreign Trade. Journal of International Economics, 1981:207-224.

⑩ Leamer E E. Sources of International Comparative Advantage. Cambridge: MIT Press, 1984.

⑪Bowen H P,Leamer E E,Sveikauskas L. Multicountry, Multifactor Tests of the Factor Abundance Theory. American Economic Review,1987:791-809.

⑫Salvatore D,Barazesh R. The Factor Content of U. S. Foreign Trade and the Heckscher-Ohlin Theory. International Trade Journal,1990:147-181.

⑬Leamer E E. Factor-Supply Difference as a Source of Comparative Advantage. American Economic Review, 1993: 436-439.

9. 关于要素密集度反向的研究,参见:

①Michaely M. Factor Proportions in International Trade: Comment on the State of the Theory. Kyklis,1964:529-550.

②Arrow K,Chenery H B,Minhas B, et al. Capital-Labor Substitution and Economic Efficiency. Review of Economics and Statistics,1961:228-232. 在该文中,他们提出了著名的不变弹性生产函数(Constant Elasticity of Substitution Production Function,简称 CES 生产函数)。

③ Minhas B S. The Homophypallagic Production Function,Factor Intensity Reversals and the Heckscher-Ohlin Theorem. Journal of Political Economy,1962:138-156.

④ Leontief W. An International Comparison of Factor Costs and Factor Use: A Review Article. American Economic Review,1964:335-345.

⑤Ball D P S. Factor Intensity Reversals:An International Comparison of Factor Costs and Factor Use. Journal of Political Economy,1966:77-80.

10. 关于 HOV 模型的解释与应用,参见:

①Feenstra R C. Advanced International Trade: Theory and Evidence. 2nd ed. Princeton: Princeton University Press, 2016,chapter 2-3.

②Trefler D. The Structure of Factor Content Predictions. Journal of International Economics,2010,82(3):195-207.

③Baldwin R E, Hilton R S. A Technique for Indicating Comparative Costs and Predicting Changes in Trade Ratios. Review of Economics and Statistics,1984,64:105-110.

思考题

1. 基本概念

要素丰富　要素密集　H-O定理　要素密集度反向　H-O-V模型与H-O-S模型

2. 讨论与回答

(1) 要素禀赋理论的假设条件有哪些?

(2) 试述H-O理论的主要内容。

(3) 什么是里昂惕夫之谜?对里昂惕夫之谜有哪些不同解释?

(4) 简要论述国际贸易学对于H-O-V模型的实证,以及相应的检验结果分析。

(5) 有人说,世界上最贫穷的国家不能出口任何商品,因为他们没有丰富的要素,无论是资本、土地还是人口在该国都很稀少,请对这种说法进行评述。

第五章 新贸易理论

H-O理论存在着两个问题:一是对H-O理论进行经验检验的结果,产生了里昂惕夫之谜;二是H-O理论赖以建立的某些假设明显不符合新的国际贸易事实,使得运用H-O理论解释现实贸易现象时发生困难。例如,H-O理论无法解释第二次世界大战之后,资源禀赋相似的发达国家之间贸易量快速增长的现象。里昂惕夫之谜的提出和H-O理论解释现实贸易现象的困难,促使经济学家们从新的角度探讨国际贸易产生的原因和贸易模式等问题,从而提出了一系列不同于H-O理论的新的贸易理论,如技术差距理论、产品生命周期理论、重叠需求理论、递增收益理论、不完全竞争理论等。但到目前为止,这些理论并没有形成一种统一的模式。本章将重点介绍几种与H-O理论不同的新贸易理论。

第一节 技术差距、技术变化与国际贸易

在H-O理论中,各国使用相同技术的假定与各国实际上的技术和技术进步存在明显差异是相矛盾的。发达国家物质资本和人力资本雄厚,R&D投入强度大,技术创新能力强,技术先进,技术进步的速度快,因此,发达国家在技术上有明显优势。技术差距理论和产品生命周期理论,就是把技术作为独立于劳动和资本的影响国际贸易的第三种生产要素,探讨技术差距或技术变动对国际贸易的影响的理论。由于技术变动包含了时间因素,因而有人把技术差距理论和产品生命周期理论看成是对H-O理论的动态扩展。[①]

一、技术差距与国际贸易

最早注意到H-O理论不能解释工业品贸易,从而提出技术在解释贸易模式中的重

---

① Salvatore D. International Economics. 5th ed. Prentice-Hall International, Inc., 1995.

要性的是克拉维斯(I. Kravis)。克拉维斯1956年发表的《可获得性以及影响贸易商品构成的其他因素》一文表明,使一国能够出口技术先进的产品的关键因素,是该国与其贸易伙伴相比,具有技术上的优势。[①] 他认为,从本质上说,每个国家将出口其企业家能够开发出来的商品。例如,如果一个国家有廉价的劳动力生产袖珍计算器,但缺乏创新者、企业家、熟练劳动来开发这种计算器,则这种产品的生产和出口将不会发生。克拉维斯的这种可获得性分析方法受到了波斯纳(M. V. Posner)和胡佛鲍尔(G. C. Hufbauer)等人的重视。波斯纳1961年发表的《国际贸易与技术变化》提出了国际贸易的技术差距模型。[②] 波斯纳认为,工业化国家之间的工业品贸易,有很大一部分实际上是以技术差距的存在为基础进行的。他通过引入模仿时滞的概念来解释国家之间发生贸易的可能性。

在创新国和模仿国的两国模型中,创新国研究开发力量雄厚,通过大量的R&D投入,创新国研发新产品成功后,在模仿国掌握这种技术之前,创新国具有技术领先优势,创新国可以向其他国家出口这种技术领先的产品。随着专利权的转让、技术合作、对外投资或国际贸易的发展,创新国的领先技术流传到国外,模仿国开始利用自己的低劳动成本优势,自行生产这种产品并减少进口。创新国逐渐失去该产品的出口市场,因技术差距而产生的国际贸易量逐渐缩小。随着时间的推移,新技术最终被模仿国掌握,技术差距消失,以技术差距为基础的贸易也随之消失。在这个推理过程中,波斯纳把从技术差距产生到由技术差距引起的国际贸易终止的时间差距称为模仿时滞(见图5-1),即创新国(A国)从创新成功并生产一种新产品开始,到模仿国(B国)完全掌握这种新产品的生产技术,生产达到一定的规模,能满足国内需要,不需要再进口这种商品时为止的这个时间间隔。模仿时滞可分为反应时滞和掌握时滞两个阶段,其中反应时滞的初期称为需求时滞。需求时滞是指从创新国开始生产新产品,到模仿国开始进口这种新产品(创新国开始出口这种新产品)的时间间隔;反应时滞是指从创新国开始生产新产品,到模仿国开始模仿其技术生产这种新产品的时间间隔;掌握时滞是指模仿国开始生产创新国创新的新产品,到生产能满足国内需求,并开始出口这种新产品的时间间隔。反应时滞的长短,主要取决于企业家的创新、风险意识和规模经济、关税、运输成本、国外市场容量及居民收入水平高低等因素。如果创新国在扩大新产品生产中能够获得较多的规模收益,运输成本较低,进口国进口关税率较低,进出口国市场容量和居民收入水平差距较小,就有利于创新国保持出口优势,延长反应时滞;否则这种优势就容易失去,反应时滞就将缩短。掌握时滞的长度主要取决于技术模仿国吸收新技术能力的大小。模仿国吸收新技术能力大,则掌握时滞短。需求时滞的长度则主要取决于两国收入水平差距和市场容量差距,差距越小,则需求时滞越短。

对于技术差距理论,曾有两项重要的经验研究:一是哥登·道格拉斯(Gordon Douglas)在1963年所进行的研究,他运用模仿时滞的概念解释了美国电影业的出口模

---

① Kravis I B. Availability and Other Influences on the Commodity Composition of Trade. Journal of Political Economy,1956:143-155.

② Posner M V. International Trade and Technical Change. Oxford Economic Papers,1961:323-341.

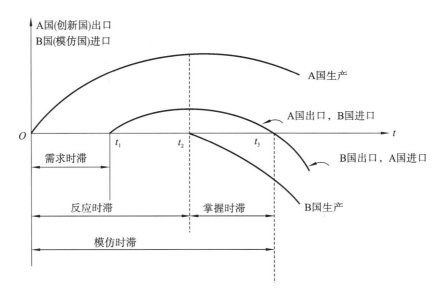

图 5-1 技术差距与国际贸易

式。① 美国在电影业的领先地位,就使它在相关的话剧、彩色电影和宽银幕电影等方面,也保持着领先的地位,从而使美国具有出口这些产品的技术优势。当这些技术变得极为普遍时,美国在这些产品上的贸易量和贸易流向就难以决定了。

另一项经验研究,是 1966 年盖瑞·胡佛鲍尔利用模仿时滞的概念,解释了合成材料产业的贸易模式。② 研究发现,一个国家在合成材料出口市场的份额,可以用该国的模仿时滞和市场规模来解释。按照各国的模仿时滞对国家进行排序时,模仿时滞短的国家最新引进新合成材料技术,并开始生产和向模仿时滞长的国家出口,随着技术的传播,模仿时滞长的国家也开始生产这种合成材料,并逐步取代模仿时滞短的国家的出口地位。

实证研究支持了技术差距论的观点,即技术是解释国家贸易模式的最重要的因素。虽然技术差距理论说明了技术差距的存在是产生国际贸易的重要原因,但没有进一步解释国际贸易流向的转变及其原因。在技术差距理论基础上发展起来的产品生命周期理论,正好弥补了技术差距理论的这一缺陷。

二、产品生命周期与国际贸易

产品生命周期理论最先是由弗农于 1966 年提出的③,后经威尔斯(Louis T. Wells)进一步发展并应用于市场营销学中④。

产品生命周期理论认为,由于技术的创新和扩散,制成品和生物一样,也具有一个生

---

① Douglas G K. Product Variation and International Trade in Motion Pictures. Cambridge:MIT,1963.

② Hufbauer G C. Synthetic Materials and the Theory of international Trade. Cambridge:Harvard University Press,1966.

③ Vernon R. International Investment and International Trade in the Product Cycle. Quarterly Journal of Ecomnics,1966:190-207.

④ Wells L T. A Product Life Cycle for International Trade. Journal of Marketing,1968:1-6.

命周期。制成品的生命周期可以大致划分为5个阶段：①引入期；②成长期；③成熟期；④销售下降期；⑤衰亡期。在产品生命周期的不同阶段,各国在国际贸易中的地位是不同的。下面采用威尔斯的图解法来介绍产品生命周期与贸易的关系(见图5-2)。

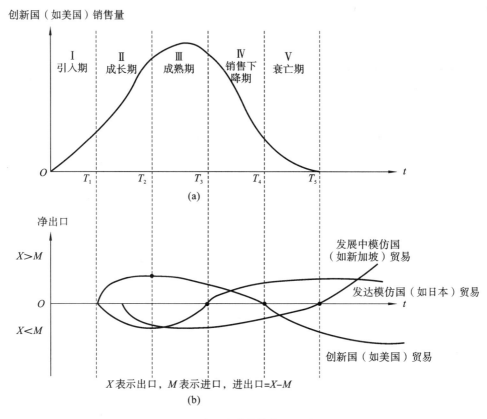

图5-2 产品生命周期与国际贸易

图5-2(a)表示创新国(如美国)某种产品销售量随时间变化的情况,图5-2(b)表示创新国(如美国)、发达模仿国(如日本)以及发展中模仿国(如新加坡)的净出口随时间变化的情况。在产品生命周期的第一阶段,即引入期,发达国家(如美国)的某个企业创新一种产品,开始生产并投放国内市场,满足国内高收入阶层的特殊需求。在这一阶段,需要投入大量的研究开发费用和熟练劳动进行生产,生产技术尚不确定,产量较低,没有规模经济利益,成本较高,但厂商在新产品的世界市场上拥有实际的技术垄断优势。

随着时间的推移,企业生产逐步增长,国外需求逐步增加,企业逐步取得生产的规模经济,并开始向国外出口这种新产品,产品生命周期进入成长期,创新国的生产和出口迅速增长。随着产品生产技术的成熟和标准化以及海外市场的扩展,创新国的生产达到适度规模,新产品进入成熟期。在这一阶段,生产技术已经扩散到国外,外国厂商开始模仿生产新产品,且生产者数量不断增加,竞争加剧。由于生产技术已趋成熟,产品逐步标准化,创新国的技术垄断优势逐步丧失,R&D及熟练劳动要素的重要性已经降低,产品由知识技术密集型向资本密集型转变(生产技术已逐步固化到资本设备中),经营管理水平和销售技巧成为比较优势的重要决定因素。在这一阶段,一般发达国家都有这种产品生产的比较优势,发达模仿国(如日本)的进口替代生产使创新国的出口下降。当发达模仿国的生产达到相当规模,能够充分满足本国需要之后,便开始向发展中国家市场出口,展开与创新国的竞争,使创新国的生产和出口进一步下降,进入产品生命周期的第四阶段,即销售下降期。当创新国完全丧失比较优势而变为净进口者时,产品在创新国进入衰亡期。在这一阶段,不但 R&D 和人力资本要素不再重要,甚至资本要素也不太重要了,低工资和非熟练劳动成为比较优势的重要条件,具有一定工业基础的发展中国家对该产品进口替代生产的发展,最终使其成为该产品市场的净出口者,产品由资本密集型向非熟练劳动密集型转变。

因此,在产品生命周期的不同阶段,随着技术的传播和扩散,新产品逐渐由知识技术密集型向资本密集型,再向劳动密集型转变,从而决定产品生产优势的因素,也逐渐由技术垄断优势向低劳动成本优势转变,从而使不同国家在贸易中的地位不断发生变化。产品生命周期理论是把动态的比较成本理论与要素禀赋理论、新要素理论(技术要素的引入,如技术差距理论)结合起来的一种理论。它运用动态分析方法,从技术创新和技术传播的角度,分析了国际贸易的基础和贸易格局的动态扩展。这一理论发展至今,与国际投资、技术转让等结合起来,对解释国际贸易、国际投资、国际技术转移等,都有重要的影响,还有的经济学家(如日本经济学家在此基础上提出"雁形发展理论")利用该理论来解释落后国家的赶超发展过程。

三、案例:袖珍计算器

袖珍计算器是由 Sunlock Comptometer 公司于 1961 年率先发明的。起初,该产品的形式就是一个相当大的塑料盒子配上一个小型屏幕和数字键,并很快以近 1000 美元的价格投放市场。与滑尺(当时为高中生和大学生所广泛使用)相比,袖珍计算器更为精确,并且较机械计算器和计算机等功能相似的产品便于携带,但此时袖珍计算器只有四项功能:加、减、乘、除。这种产品形式延续了几年,到 1970 年,几家美国公司和日本公司陆续进入袖珍计算机市场,这些公司包括德州仪器、康柏和日本的卡西欧。日趋激烈的竞争迫使价格下降到 400 美元,并且体积越来越小,能运行更多的数学运算。接下来的几年里,又有一些企业进入该市场。其中的部分企业开始在新加坡和中国台湾等地区设厂,利用廉价的劳动力装配自己的计算器,然后再把这些计算器运往美国。技术的稳步提高在完善产品的同时却使价格不断下跌。到 20 世纪 70 年代中期,袖珍计算器的售价通常在 10~20 美元,有时甚至更低。进入 20 世纪 70 年代后期,袖珍计算器已经达到产品生命周期的标准化生产阶段,产品技术在整个产业趋于普及,价格(成本)竞争成为最重要的制胜因素,产品差异化得到了广泛运用。不到 20 年,袖珍计算器就已经完成了其国际产品生命周期。

第二节 重叠需求理论

新古典标准贸易模型指出,国际贸易产生的原因在于商品相对价格的国际差异,而国际商品相对价格差距产生的原因在于各国供给(生产可能性曲线)和需求(社会无差异曲线)的差异。H-O理论假定国家之间不存在需求差异,且各国具有相同的规模收益不变生产技术,国际商品相对价格差异(比较优势)产生的原因在于各国的要素禀赋差异,从而强调了生产供给差异对国际贸易的影响。1961年,瑞典经济学家林德(S. B. Linder)的《论贸易与转换》另辟蹊径,从需求方面探讨了国际贸易产生的原因,提出重叠需求理论。[1]

林德认为,要素禀赋理论只能解释初级产品之间的贸易,通常这些产品是自然资源密集型的,而不能解释制成品之间的贸易。国际制成品贸易的发生,往往是先由国内市场建立起生产的规模经济和国际竞争力,而后再向国外市场拓展。林德是从一国潜在贸易的概念出发进行其理论推论的。他把潜在贸易分为潜在出口和潜在进口。潜在出口是由国内需求决定的,更准确地说,使一种产品成为潜在出口产品的必要条件(但非充分条件)是该产品必须是国内消费品或投资品(资本品),即产品存在国内需求,这种国内需求通常被商人们称为国内市场支持。同样,潜在进口也是由国内需求决定的,正是对某种产品国内需求的存在,才使得该种产品的进口成为可能。因而,当一国的潜在出口产品(或其中的一部分)与另一国的潜在进口产品(或其中的一部分)在范围上一致时,两国之间就会发生贸易。两个国家的需求结构的相似性越大,两国之间存在的潜在贸易就越大,这就是林德的重叠需求理论的基本结论。由于该理论强调需求结构的相似性对贸易的影响,因而有时也被称为需求相似理论。由于人均收入与商品需求之间存在很强的相关关系(需求的收入弹性),因而,需求的相似性也可以用人均收入水平的相似性来代替。重叠需求理论也可以表述为:两国人均收入水平越相似,则其需求结构的相似性越大,从而两国发生贸易的可能性也就越大。

什么力量引起需求结构相似的两国发生实际贸易呢?原因是,当企业家将其产品向国际市场扩展时,由于产品差异性的存在,"几乎无限范围的产品差异性——实际的或广告的产品差异——的存在,与看起来毫无限制的购买者特质(风格)相结合,使得本质上相同的产品的国际贸易得以繁荣起来"。[2]

---

[1] Linder S B. An Essay on Trade and Transformation. New York:John Wiley and Sons,1961.

[2] Linder S B. An Essay on Trade and Transformation. New York:John Wiley and Sons,1961.

如果两国存在人均收入差别,从而两国存在需求结构的差别,则两国需求的重叠部分将减少,潜在贸易量减少,真实贸易发生的可能性降低。重叠需求理论强调需求的相似性产生国际贸易,与新古典标准贸易模型强调纯需求差异性引起贸易的结论完全相反。

值得注意的是,随着一国经济的增长,该国人均收入和需求结构会发生变化,其结果是,该国的潜在贸易的范围和模式就会发生逐渐的和可以预测的变化。例如,中国曾经是家用电器的进口者,改革开放以后,随着经济的增长和发展,国内人均收入的迅速增长推动了家电产品市场的迅速增长,中国家电制造业迅速取得规模经济利益,从而使中国成为家电产品的净出口者。现实中产品差异性的存在和消费者对差异性产品不同嗜好的存在,促进了真实贸易的发生。与此相对应,现实中也存在限制真实贸易发生的因素,如距离远近(不仅通过运输成本,而且通过对远距离市场知识的不完备性阻碍贸易)、关税和非关税壁垒等,都可能成为现实贸易的制约因素,从而减少现实的贸易量。

第三节 收益递增与国际贸易

H-O理论是以规模收益不变为假定前提的。在现实中,存在着三种类型的生产,即规模收益递增、规模收益不变和规模收益递减。一般认为,引起规模收益递增的因素至少有如下几项:①专业化分工。随着生产规模的扩大(因市场扩大),专业化分工将加深,从而导致劳动生产率的提高。②更有效率的设备。大规模生产使更有效率、更专业化的设备的利用成为可能,而这类设备在小规模生产中的运用是不经济的。③投入物的单位成本降低。大规模生产使生产者能大规模雇用生产要素,从而有可能从生产要素供应者那里获得"数量折扣"的利益,降低投入物的单位成本。④副产品的利用。在某些产业,大规模生产能使在小规模生产情况下作为废弃物的副产品的利用成为可能,从而通过副产品的利用来降低主要产品的生产成本。⑤辅助设备的开发。在某些情况下,一个厂商的大规模生产引起其他厂商开发辅助设备(如运输、供电、供水、供气、通信、金融等),从而使大规模生产厂商节约成本,精干生产,提高效率等。因此,现实中,规模收益递增的生产是完全可能存在的。

为了说明规模收益递增的存在对国际贸易的影响,假定两个国家(A和B)生产两种商品(X和Y)具有完全相同的生产技术(两国生产可能性曲线相同),两个国家对两种商品的消费具有完全相同的偏好(两国社会无差异曲线相同),但两国在X和Y两种商品生产中具有规模经济。在这种条件下,两国是否有可能发生互利贸易呢?

如图5-3所示,A、B两国生产可能性曲线均用同一条曲线BAB'表示。生产可能性曲线凸向原点,表示两国生产 X 和 Y 两种商品存在规模收益递增(机会成本递减,从而使平均成本递减)。A、B 两国的同一组无差异曲线用Ⅰ和Ⅱ表示。其中,Ⅱ比Ⅰ离原点更远,因而代表较高的消费满意程度或福利水平。在封闭经济条件下,A、B 两国的生产和消费在同一点达到一般均衡(图 5-3 中 A 点与 A' 点重合),均衡的 X 商品相对价格在两国相等,即 $P_A = P_{A'}$。由于两国同种商品不存在相对价格差异,因而按传统的比较优势理论,两国将不会发生贸易。

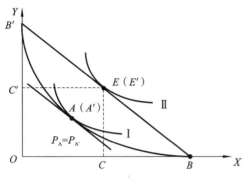

图 5-3 规模收益递增与国际贸易

A、B 两国开放贸易,且由于某种偶然因素或历史原因的影响,A 国由均衡点 A 沿生产可能性曲线向下偏离均衡点,即增加 X 商品的生产,减少 Y 商品的生产;B 国由均衡点 A' 沿生产可能性曲线向上偏离均衡点,即增加 Y 商品的生产,减少 X 商品的生产。在两国生产 X 和 Y 存在规模经济的条件下,A 国 X 商品生产的成本下降,Y 商品生产的成本上升,或 X 商品的机会成本递减,其相对价格下降;B 国 X 商品生产的成本上升,Y 商品生产的成本下降,或 X 商品的机会成本(因 X 商品生产的减少)递增,其相对价格上升。这样,A、B 两国 X 商品的相对价格(以及 Y 商品的相对价格)就发生了差异,因而两国也就具有了不同的比较优势。按照比较优势原理,A 国将进一步沿生产可能性曲线向下移动其生产点,直到在 B 点完全专业化生产 X 商品,取得 X 商品生产的最大的规模经济利益;B 国将进一步沿生产可能性曲线向上移动其生产点,直到在 B' 点完全专业化生产 Y 商品,以取得 Y 商品生产的最大的规模经济利益。当两国按 BB' 直线斜率的绝对值表示的价格进行贸易时,两国的消费在更高的无差异曲线Ⅱ上达到均衡,此时 BB' 代表的相对价格线(国际交换价格线)与两国的无差异曲线Ⅱ相切,两国消费均衡点 E 与 E' 重合,A 国出口 X 商品的数量 BC 等于 B 国进口 X 商品的数量 $E'C'$,B 国出口 Y 商品的数量 $B'C'$ 等于 A 国进口 Y 商品的数量 EC,两国贸易也达到均衡。

由此可见,在两国要素禀赋、需求偏好、技术等影响贸易的因素完全相同的情况下,仅仅由于规模经济的存在,两国会发生互利的贸易。也就是说,规模经济也是引起国际贸易的一个独立因素,这就是规模经济贸易理论的基本结论。规模经济理论虽然解释了为什么规模经济的存在是引起互利贸易的一个独立因素,但无法根据规模经济理论来预测贸易模式。

此外,如果规模经济在很高的产量水平上仍然存在,一国少数几个企业或一个企业就会占有某种商品的整个市场,从而导致寡头垄断或完全垄断,这种市场结构变化对国际贸易的影响将在下一节探讨。规模经济或规模报酬递增与外部经济是有区别的两个概念。前者是指企业的产量提高时,企业生产的平均成本下降,即规模经济或规模报酬递增是存在于企业内部的,因而又称为内部经济或内部规模经济。后者则是指当整个产业的产量(因企业数量的增加)扩大时(企业外部的因素),该产业各个企业的平均生产成本下降,因而有时也称为外部规模经济或范围经济。还有一种情况,当一个国家某个产业的累积产量扩大时,该产业各企业的平均成本下降,通常被称为动态的外部经济,该产业随累积产量增加而呈下降趋势的平均成本曲线,通常被称为学习曲线。关于外部经济及动态外部经济与国际贸易的关系将在本章的附录中讨论。

第四节 市场结构与国际贸易

传统贸易理论(包括比较优势理论和要素禀赋理论)的基本假定是:①完全竞争;②国际贸易商品是完全同质的,且在不同国家也是如此。因而,传统贸易理论所讨论的国际贸易只有产业之间的贸易,即传统贸易理论只考虑了不同产业间产品的交换。也就是说,根据传统贸易理论,一国不可能同时出口和进口相同的商品。因而,传统理论不能解释当今世界普遍存在的产业内贸易现象。产业内贸易,也称为水平贸易或双向贸易,是指一国同时出口和进口属于同一产业的商品。例如,中国同时出口和进口服装、皮鞋、彩色电视机以及其他家用电器,等等。在当今世界,这种现象不是偶然的例外,而是一种普遍现象。同样,随意地观察就可以发现:①与完全竞争市场不同的垄断竞争以及寡头市场的存在并不是一种例外,而是一种常态;②产品的差异性比产品同质性更为普遍;③产业内贸易是国际贸易的一个重要组成部分,对发达国家之间的贸易来说,产业内贸易也许是其国际贸易中更大的一部分。为了探讨与上述三个特征相关的国际贸易现象,就需要放弃完全竞争和同质产品这两个传统贸易理论的基本假定,把产业组织理论的研究方法运用到国际贸易的研究中,形成新的贸易理论。因此,新贸易理论的显著特点是讨论制成品之间的贸易,正像克鲁格曼(P. R. Krugman)所指出的那样:"传统贸易理论认为世界贸易完全是发生在类似于小麦这类商品之间的,而新贸易理论则认为,世界贸易在很大程度上是发生在类似于航空器这类产品之间的。"①在这个意义上,这一章所介绍的所有理论,都是讨论制成品贸易的理论,都属于新贸易理论。新贸易理论的另一个显著特点是,讨论差异性产品的产业内贸易现象。因此,本章所介绍的贸易理论,都是用于解释产业内贸易的新贸易理论。

为了方便讨论,先介绍两个术语:一个是产品的垂直差异;另一个是产品的水平差异。产品的垂直差异是指仅由产品的质量不同而产生的差异。在产品存在垂直差异的情况下,消费者相对于低质量的商品更偏好于高质量的商品。假定对产品质量存在一种可接受的统一的评价标准,在一定的预算约束下,消费者对不同质量商品的需求是与消费者的收入水平相关的,高收入水平的消费者需求高质量的商品(假定商品价格与商品

---

① Krugman P R. Rethinking International Trade. Cambridge:MIT Press,1990.

质量正相关)。产品的水平差异则指相同质量的商品因特征不同(真实的或假定的)而产生的差异。在产品存在水平差异的情况下,不同消费者对商品的特征有不同的评价(不同的人喜欢不同的颜色、式样等)。一般而言,消费者喜欢多样性(即使喜欢红色的消费者,也会购买各种不同颜色的产品,而不会购买完全相同颜色的各种产品)。因此,人们对具有不同特征的商品的需求,是与人们喜欢多样性(或与人们对商品特征具有不同的主观评价)相关的。按照巴克尔(J. Barker)的多样性假说,消费者喜欢多样性,"随着实际收入的增加,购买者有能力购买更多种类的产品;由于更大数量的额外品种来自国外而非国内,因而,随着收入的增加,进口需求的份额将增加。如果考虑全部进口的话,随着实际人均收入的增加,进口需求的增加将快于实际人均收入的增加"①。巴克尔认为,人们购买商品,并不是要购买商品本身,而是购买包含在商品中的各种特征。这样,消费者无差异曲线的变量就应该是商品的特征而非商品本身。因此,在一定预算约束下,消费者的最优选择应该由消费者预算线与以商品特征为变量的消费者无差异曲线来决定。这样,在一定收入预算约束下,消费者总是喜欢消费更多的商品特征,即喜欢多样性。

本节首先介绍产业内贸易的早期解释,其次介绍完全竞争条件下的产业内贸易理论——新 H-O 理论,再次介绍垄断竞争条件下的产业内贸易理论,最后介绍寡头条件下的产业内贸易理论。

一、产业内贸易的早期解释

产业内贸易是指同时出口和进口属于同一产业的产品,它指在产业内而非产业之间的产品交换。国际贸易商品通常根据标准国际贸易分类(SITC)系统划分为不同类型。这种分类(按 1974 年修订本)把国际贸易商品分为 10 大类(以第一位数字表示,从 0 到 9)、63 章(以第一和第二位数字表示)、233 组(以第一至第三位数字表示)、786 分组(以第一至第四位数字表示)和 1924 个基本项目(以第一至第五位数字表示)。除前 5 位数字以外,各国为了进一步细分商品类型,可以增加分类数字的位数(实际应用中最大的分类数字位数为 7 位),并自由选择商品描述和商品范围。在国际贸易统计中,习惯上把 0~4 类产品称为初级产品,5~9 类产品称为制成品。这 10 大类产品分别如下。

第 0 类:食品及主要供食用的活动物。
第 1 类:饮料及烟类。
第 2 类:燃料以外的非食用粗原料。
第 3 类:矿物原料、润滑油及有关原料。
第 4 类:动植物油脂及油脂。
第 5 类:未列品、化学品及有关产品。
第 6 类:主要按原料分类的制成品。
第 7 类:机械及运输设备。
第 8 类:杂项制品。

---

① Barker J. International Trade and Economic Growth: An Alternative to the Neoclassical Approach. Cambridge Journal of Economics,1977:153-172.

第 9 类：未分类的其他商品。

很显然，分类数字所包含的位数越多，分类就越细，所定义的同类商品就越准确。如果考虑前 2 位分类数字，发现存在产业内贸易现象，这并不奇怪，因为前 2 位数字所定义的商品是相当广泛的，包含了很多不同质的商品。但如果观察到前 7 位数字定义的商品之间发生了双向贸易，就不得不研究这种现象了。

巴拉萨（B. Balassa）曾经对产业内贸易现象做过统计研究[1]，并提出测量产业内贸易重要性程度的指标——产业内贸易指数（IIT），其公式如下：

$$\text{IIT}_i = \frac{|X_i - M_i|}{X_i + M_i} \tag{5-1}$$

式中　IIT_i——第 i 产业的产业内贸易指数；

X_i、M_i——第 i 产业的出口额和进口额。

如果 $X_i = M_i$，表示一国在第 i 产业的进出口平衡，即该国在第 i 产业只有产业内贸易，没有产业之间的贸易，此时，$\text{IIT}_i = 0$；如果 $X_i = 0$ 或 $M_i = 0$（即该国在第 i 产业只有出口或只有进口，或第 i 产业的产品与其他产业的产品发生贸易），则 $\text{IIT}_i = 1$。

从直观上看，这样定义的产业内贸易指数越大，产业内贸易越不重要，这与人们的习惯认识不一致。因此，格鲁贝尔（H. G. Grubel）和劳艾德（P. J. Lloyd）于 1975 年在其合著的《产业内贸易：差异性产品国际贸易的理论与度量》[2]中系统研究了产业内贸易的理论和实践，并提出了测量产业内贸易指数的 G-L 公式：

$$\text{IIT}_i = 1 - \frac{|X_i - M_i|}{X_i + M_i} \tag{5-2}$$

式(5-2)与式(5-1)的唯一区别是增加了数字 1，并用它减去巴拉萨指数，这样就使得产业内贸易指数的大小与产业内贸易的重要性程度一致。除此之外，他们还提出了测量全部产业内贸易指数的公式：

$$\text{IIT}_i = 1 - \frac{\sum_{i=1}^{n}|X_i - M_i|}{\sum_{i=1}^{n}(X_i + M_i)} \tag{5-3}$$

运用产业内贸易指数公式，格鲁贝尔和劳艾德计算 1967 年 10 个工业化国家不同产业的产业内贸易指数时发现，对于原油、润滑油产业，10 个国家产业内贸易指数的加权平均数为 30%，而对于与之相关的化学工业，10 个国家产业内贸易指数的加权平均值为 0.66，这表明，越是自然资源密集的产品，其产业内贸易指数越小，产业内贸易的重要性越小，产业间贸易的重要性越大；而随着加工程度的加深，产业内贸易指数增大，产业内贸易的重要性增加。同时，他们还计算了 1958 年、1964 年和 1967 年这 10 个工业化国家所有产业的产业内贸易指数的加权平均数，分别为 0.36、0.42 和 0.48，即随着时间的推

---

[1] Balassa B. Trade Creation and Trade Diversion in the European Common Market. Economic Journal，1967：1-21.

[2] Grubel H G, Lloyd P J. Intra-industry Trade：The Theory and Measurement of International Trade in Differentiated Products. London：Macmillan，1975.

移,这10个国家产业内贸易指数逐渐增大,产业内贸易的重要性增加。1990年,沃纳(S. Vona)对这10个工业化国家产业内贸易指数的最近估计,也证实了这一结论。这说明,随着经济发展水平的提高,产业内贸易指数增大,产业内贸易的重要性增加(见表5-1)。

但是,使用产业内贸易指数衡量产业内贸易的重要性程度,存在一个严重的缺陷:对产业的分类越粗略(如SITC分类中,分类数字的位数较少),计算出来的产业内贸易指数就越大;对产业的分类越细致,计算出来的产业内贸易指数就越小。所以,在使用产业内贸易指数进行比较研究时,必须采用相同的产业分类标准,才能得出正确的结论。

表5-1 10个经合组织成员国制成品贸易的产业内贸易指数(%)

国　家	1970年	1980年	1987年
美国	45.4	52.5	51.4
日本	23.6	23.6	22.2
德国	58.9	67.1	65.5
法国	65.5	71.6	72.3
意大利	54.2	53.8	55.3
加拿大	44.8	47.0	55.7
荷兰	56.0	62.6	64.0
比利时	57.8	64.7	66.7
英国	57.8	66.8	68.8
西班牙	25.8	45.2	56.4
平均	49.0	55.5	57.8

资料来源:Vona S. Intra-industry Trade: A statistical Artefact or a Real Phenomenon. Banca Naz. Lavoro Quart. Rev., 1990.

从理论的观点看,研究产业内贸易现象,有必要区分同一产业的相同产品和不同产品的产业内贸易两种情况。

就同一产业相同产品的产业内贸易而言,最古老的解释是运输成本。第二种解释是由格鲁贝尔和劳艾德提出的周期性贸易说,包括季节因素和需求状况变化,前者如水果、蔬菜等的贸易,后者如电力需求的峰值差异,这些都与不同国家处于地球的不同纬度导致季节气候和工作时间存在差异有关。第三种解释是港口贸易或再出口贸易。第四种解释是政府干预的影响,如A、B两国达成自由贸易区协定,A国对自由贸易区外的关税较低,而B国较高,则A国可以从C国进口某种产品,同时又向B国出口这种产品。

就同一产业差异性产品的产业内贸易而言,一旦放弃传统理论的产品同质性假定,在SITC分类中被看成相同类别的产品,对消费者来说就是差别产品了,这样一来,产业内贸易就必然发生。本章介绍的大多数理论都是用于解释这种类型的产业内贸易的。

二、完全竞争与新 H-O 理论

新 H-O 理论又称新要素比例理论,是 1981 年由法尔斐(R. E. Falvey)提出的[①]。他假定:①每个产业不再生产单一的同质产品,而是生产质量不同的差异化产品,每种质量的产品都由许多企业生产;②存量资本也是不同质的,它由不同部门的特定资本设备所构成,资本因其特定性不能在不同部门流动,但可以在同一部门不同质量的产品生产之间流动,劳动是同质的,因而可以在不同部门流动。

为了简单起见,法尔斐的分析被限定在单一产业中,即他的分析是在局部均衡的框架下进行的。该部门拥有一定数量的特定资本,其报酬 r 调整到保证该部门的资本充分就业,劳动以当前的工资率 w 雇用。考虑产业部门生产质量连续变化的产品(为数学处理的方便),且使用规模报酬不变的技术。现在的问题是如何定义产品的质量。为此,法尔斐引入一个数量指数 α,较大的 α 值对应于较高的产品质量,同时假定,较高质量商品的生产要求每一劳动配备较多数量的资本,即随产品质量的提高,生产中的资本劳动比率也应提高。假定两国生产技术相同,即一个单位 α 质量的商品生产要求投入一个单位的劳动和 α 个单位的资本,在完全竞争的假定条件下,α 质量的商品的价格就应当等于其单位生产成本。这样,A、B 两国具有 α 质量的同一商品的价格就可表示为

$$P_A(\alpha) = w_A + \alpha \cdot r_A \tag{5-4}$$

$$P_B(\alpha) = w_B + \alpha \cdot r_B \tag{5-5}$$

式中,$P_A(\alpha)$、$P_B(\alpha)$ 分别表示 α 质量的商品在 A、B 两国的价格;w_A、r_A、w_B、r_B 分别表示 A、B 两国劳动和资本的报酬。

如果 $w_A < w_B$,则 $r_A > r_B$,$\omega_A = w_A/r_A < \omega_B = w_B/r_B$,即 A 国劳动丰富而资本稀缺,B 国资本丰富而劳动稀缺。因为在 $w_A < w_B$ 的条件下,如果 $r_A < r_B$,则由式(5-4)和式(5-5)可得,$P_A(\alpha) < P_B(\alpha)$,从而任意质量的商品都应由 A 国生产。如果假定了 $r_A > r_B$,则 A、B 两国各生产一部分质量不同的商品。假定当 $\alpha = \alpha_0$ 时,两国的价格相等,由式(5-4)和式(5-5)可得

$$\alpha_0 = (w_B - w_A)/(r_A - r_B) > 0 \tag{5-6}$$

$$P_A(\alpha) - P_B(\alpha) = (w_A - w_B) + \alpha(r_A - r_B) \tag{5-7}$$

由式(5-6)得

$$r_A - r_B = (w_B - w_A)/\alpha_0 = -(w_A - w_B)/\alpha_0 \tag{5-8}$$

将式(5-8)代入式(5-7),整理得

$$P_A(\alpha) - P_B(\alpha) = (\alpha_0 - \alpha) \cdot (w_A - w_B)/\alpha_0 \tag{5-9}$$

由于假定 $w_A < w_B$,当 $\alpha_0 < \alpha$ 时,有 $P_A(\alpha) > P_B(\alpha)$;当 $\alpha_0 > \alpha$ 时,有 $P_A(\alpha) < P_B(\alpha)$。也就是说,劳动丰富的 A 国生产质量较低的商品价格较低,具有比较优势;资本丰富的 B 国生产质量较高的商品价格较低,具有比较优势。这种分工格局可用图 5-4 表示。当 A、B 两国开展贸易时,A 国专业化生产并出口较低质量的产品($\alpha < \alpha_0$),B 国专业化生产并

[①] Falvey R E. Commercial Policy and Intra-industry Trade. Journal of International Economics,1981,11:495-511.

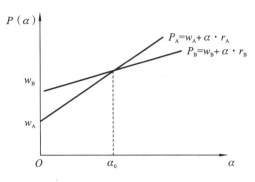

图 5-4 产品的垂直差异与国际贸易

出口较高质量的产品($\alpha > \alpha_0$),这样一来,两国就发生了在同一产业不同质量产品之间的产业内贸易。由于假定高质量的商品生产中使用的资本劳动比率较高,即为资本密集型商品,低质量的商品生产中使用的资本劳动比率较低,即为劳动密集型商品,这样,所得到的结论就完全与 H-O 理论的预测相一致了。

三、垄断竞争与国际贸易

由于产品差异的存在,每个企业就像一个垄断者那样可以选择自己的销售价格,并最大化利润。如果企业具有进出行业的自由,当该产业内的企业能够获取垄断利润时,就会有新的企业进入该行业供应类似的产品,与现有的企业展开竞争,从而使该行业内企业的利润下降;当现有企业发生亏损时,就会有企业退出该行业,从而使该行业内企业的利润上升。企业的自由进出,使得该行业内的企业获得正常水平的利润,这一过程也使该行业存在众多小型的垄断企业,使市场表现出既有垄断又有竞争的特征。

关于为什么消费者需求差异化的商品,有两种解释:一种是由斯彭斯(A. M. Spence)以及迪克西特(A. K. Dixit)和斯蒂格利茨(J. E. Stiglitz)提出的斯彭斯-迪克西特-斯蒂格利茨偏好(简称 S-D-S 偏好)理论[1][2];另一种是由兰卡斯特(K. Lancaster)提出的兰卡斯特需求理论[3]。根据 S-D-S 偏好理论,人们对多样性的追求隐含地表现为人们需求的无差异曲线凸向原点。偏好的凸性表明,与单调的商品消费相比,多样化的商品组合能给人们带来更高的消费满足程度。在其他情况不变的条件下,人们消费的满足程度随其消费商品种类的增加而增加。因而,每一个消费者都会对现存的各类差异化商品有需求。这种 S-D-S 偏好曾被克鲁格曼在其多篇著作中用于构造其基于垄断竞争的差异性产品国际贸易理论,由于这种模型与张伯伦(E. H. Chamberlin)的原始模型非常相近,因而通常被人们称为新张伯伦垄断竞争模型。

兰卡斯特的分析是从假定消费者对商品的需求并不是需求商品本身,而是从包含在商品中的特征开始的。他认为,人们对商品的需求是一种间接需求或引申需求,它是从对包含在商品中的特征的需求引申出来的,这种需求取决于人们对商品特征的偏好,以及人们对这些特征如何被包含在商品中的技术特性的偏好。因此,不同消费者对同一商品的不同个人反应,就被看成是对包含在商品中的特征(所有消费者对这些特征都以相同的方式感知)偏好的结果。在兰卡斯特看来,在总体层次上对一种差异性产品的各种

---

[1] Spence A M. Product Selection, Fixed Costs, and Monopolistic Competition. Review of Economic Studies, 1976, 43: 215-235.

[2] Dixit A K, Stiglitz J E. Monopolistic Competition and Optimum Product Diversity. American Eonomic Review, 1977, 67: 297-308.

[3] Lancaster K. Intra-industry Trade Under Perfect Monopolsitic Competition. Journal of International Economics, 1980, 10: 151-175.

类型的需求,并不要求在个体层次上也存在,事实上,只要每个(或每群)消费者具有不同的偏好,从而对差异性产品的不同种类有需求,就能在总体上构成对差异性产品的全部种类的需求。由于兰卡斯特的这种分析方法的直觉来自霍特林(H. Hoteling)的垄断竞争理论,因而也被称为新霍特林垄断竞争模型。兰卡斯特的这种商品-特性分析方法比S-D-S偏好更高级且更富于变化性,将其运用于分析垄断竞争条件下的国际贸易(特别是产业内贸易)问题,能够得到与S-D-S偏好相同的结果。

解释了消费者为什么需求差异化商品之后,就可以介绍克鲁格曼的基于垄断竞争的贸易理论了。为了分析问题简单起见,先从一个一体化的世界经济开始,然后再把它分成两个国家[按萨缪尔逊的说法,它由一个精灵将这个一体化世界分成两个国家,因此被经济学家们称为"萨缪尔逊精灵"(Samuelson's Angel)]。开始时,整个世界经济作为一个封闭经济,生产两种商品 A 和 B,其中 A 为差异化商品,比如说制成品,B 为同质商品,比如说食品。A 商品产业存在规模收益递增和垄断竞争,B 商品产业则存在规模收益不变和完全竞争。两个产业都使用同质劳动和同质资本作为生产要素,两种要素都充分利用且可以在两个部门之间自由流动。给定一组要素价格和商品价格,则可以决定两种要素在两个部门的配置。

考虑图 5-5,盒形图的两边分别代表一体化世界经济的资本总量 $\overline{K}$ 和劳动总量 $\overline{L}$。点 Q,即向量 $\boldsymbol{OQ}$ 的终点,给出了资源在一体化经济的 A 部门中的配置,即 A 部门雇用 OK_A 量的资本和 OL_A 量的劳动;同样,点 Q',即向量 $\boldsymbol{OQ}'$ 的终点,给出了资源在一体化经济的 B 部门中的配置,即 B 部门雇用 OK_B 量的资本和 OL_B 量的劳动。在这里,事实上假定了 A 是资本密集型商品,B 是劳动密集型商品,但这并不重要。

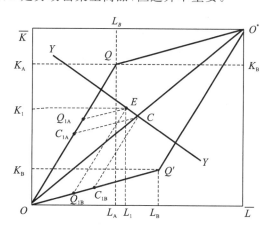

图 5-5 垄断竞争与国际贸易

资料来源:Krugman P R. Rethinking International Trade. Cambridge:MIT Press,1990.

由于两种要素均充分利用,即 $OK_A + OK_B = O\overline{K}$,$OL_A + OL_B = O\overline{L}$,因此,$OK_B = K_A\overline{K} = O^*K_B$,$OL_B = L_A\overline{L} = O^*L_B$。这样,$O^*Q = OQ'$,即向量 $\boldsymbol{O^*Q}$ 与向量 $\boldsymbol{OQ'}$ 有相同的长度和斜率;同样,$OQ = O^*Q'$,即向量 $\boldsymbol{OQ}$ 与向量 $\boldsymbol{O^*Q'}$ 有相同的长度和斜率,四边形 OQO^*Q' 为平行四边形。

下面假定一体化的世界经济被"萨缪尔逊精灵"分为两个国家,即国家 1 和国家 2,它们在消费者偏好、技术和市场结构上都与一体化的世界经济完全相同,商品价格和要素价格也与一体化的世界经济相同,唯一的区别在于要素禀赋方面。假定1国的要素禀赋由原点 O 开始,2国的要素禀赋从原点 O^* 开始, $\bar{K}$ 和 $\bar{L}$ 在两国的分配可由盒形图中的一点来表示,比如说 E 点,这样1国赋有 OK_1 量的资本和 OL_1 量的劳动,其余则赋予2国。

由于假定商品价格和要素价格与一体化的世界经济相同,因而1国将以与一体化的世界经济相同的技术生产两种商品,如它将以 OQ 表示的资本劳动比生产 A,以 OQ' 表示的资本劳动比生产 B,其盒形图为 OK_1EL_1,像在一体化的世界经济中一样,可以得到平行四边形 $OQ_{1A}EQ_{1B}$ 来决定1国要素在 A、B 两部门的配置(其中, OQ_{1A} 平行于 EQ_{1B}, OQ_{1B} 平行于 EQ_{1A})。

现在过点 E 作一条直线 YY,使其斜率等于相对要素价格 $\omega = P_L/P_K = w/r$。由于国民收入与要素的总报酬相等,又与国民总产品相等,因而直线 YY 上任意一点所表示的1国的国民收入都与 E 点相同。如果从 O^* 点来看直线 YY,则2国的国民收入也是固定不变的。因此, OC/OO^* 就是1国的国民收入占世界收入(产出)的比例。

从两国具有完全相同的需求这一初始假定出发,可以得出两国对商品需求的比例以及两国对包含于商品中的要素需求的比例都是相同的。这样,消费点就应该落在 OO^* 这条对角线上。当所有收入都用于消费时, C 点应为 OO^* 线与 YY 线的交点。为了决定1国在 C 点消费 A、B 两种商品的组合,过 C 点作平行四边形 $OC_{1A}CC_{1B}$(其中, CC_{1A} 平行于 OC_{1B}, CC_{1B} 平行于 OC_{1A}),则1国消费 OC_{1A} 数量的 A 商品和 OC_{1B} 数量的 B 商品。由于 $OC_{1A} < OQ_{1A}$,1国为 A 商品的净出口者(Net Exporter);而 $OC_{1B} > OQ_{1B}$,1国为 B 商品的进口者。这样就得出结论,资本相对丰富的 A 国①,出口资本密集型商品 A,进口劳动密集型商品 B。这与 H-O 理论的结论完全相同(因而这种盒形图分析方法也能用于解释 H-O 理论)。但这里的结论比 H-O 理论的结论更丰富,它除了说明1国以净出口 A 商品换取 B 商品的进口(产业之间的贸易)以外,还能说明 A 商品在1国和2国的相互进出口(产业内贸易)。图 5-5 中1国 A 商品的出口是指净出口,即1国出口的 A 商品大于其进口的 A 商品。

由于生产差异性产品 A 时存在规模收益递增,为了取得规模收益递增的利益,任何一个国家都不能生产 A 产品的全部种类,但每个国家的消费者都对 A 产品的全部种类有需求,因此,每一个国家都要向对方进口自己没有生产的某些类型的 A 产品,以满足国内的需求,从而使两国发生了 A 产品的双向贸易(或产业内贸易)。通过产业内贸易,一方面使消费者能消费更多种类的 A 产品,导致消费福利增加;另一方面又能使两国都取得规模收益递增的利益,降低生产成本和消费者消费商品的价格,这就是得自产业内贸易的利益。

值得注意的是,正因为制成品生产存在规模经济,因而保护主义政策有利于国内厂商取得规模经济的利益,从而成为保护主义的一个重要论点,但这种做法无疑会引起对方的报复措施,其结果可能反而会减少社会福利。

---

① 在图 5-5 中, OE 的斜率大于 O^*E,说明1国资本相对丰富,2国劳动相对丰富。

四、寡头竞争与国际贸易

垄断竞争市场上企业的数量足够多,没有哪个企业能通过自己的决策影响其他企业的决策,而在寡头市场上,企业的数量极其有限,企业之间会发生战略上的相互依存,每一个企业的决策都会对其他企业的决策产生影响。寡头企业可以串谋(隐蔽的或公开的),也可能相互不合作。当不合作时,其相互作用取决于如下几个因素:企业的决策变量(价格或产量)、企业推测变量的性质(即各企业做出关于其他企业对其价格或数量变化的反应假定)、产品的特殊性以及市场的性质(市场是否是分割的)等。因此,不可能给出关于寡头对国际贸易影响的一般分析模型。下面将根据产品类型来介绍几种寡头垄断条件下的贸易模型。

1. 同质商品:相互倾销模型

寡头市场下同质商品的国际贸易有两种研究方法:一是马库森(J. R. Makusen)的一体化市场研究方法[①];另一种是布兰德(J. Brander)和克鲁格曼的分割市场研究方法[②]。在这里将介绍后一种方法,这种方法又称为相互倾销模型(Reciprcal Dumping Model)。

考虑最简单的双头垄断情形。1 国和 2 国各有一个厂商,二者都生产相同的同质商品。假定决策变量为产量,二者都必须决定在国内生产的全部产量如何在国内外两个市场销售,运输成本假定完全由生产者承担且具有对称性,即 1 国企业的产品销往 2 国市场的运输成本等于 2 国企业的产品销往 1 国市场的运输成本。为了使模型进一步简化,假定两国生产技术相同,生产成本相同且边际成本不变,需求函数也相同。同时假定两个市场是分割的,这样任何一个企业都可以在国内和国外两个市场按不同价格销售其产品(即可以实行国际价格歧视)。由于产品是同质的,因此在任何一个市场,国内外生产的产品将按相同的价格销售。

企业之间的战略性相互作用按古诺假设模型化,即每个厂商在假定另一个厂商供给数量不变的条件下选择其决策变量——产量——来最大化自己的利润。与传统的古诺双头垄断模型唯一不同的是,这里所讨论的两个企业都在两个不同的市场活动。如果以 $q_{ij}(i,j=1,2)$ 表示企业 i 向 j 市场供应的数量,则企业 1 选择 q_{11} 和 q_{12} 以最大化自己的利润,并假定在做出这种选择时,企业 2 的供应量 q_{21} 和 q_{22} 不变;同样,企业 2 在选择 q_{21} 和 q_{22} 以最大化自己的利润时,假定企业 1 的 q_{11} 和 q_{12} 不变。在计算自己的利润时,每个企业都要考虑其销往国外市场的运输成本。

运用古诺双头垄断的反应曲线或最优反应函数来分析国际贸易问题时,有两组反应曲线,每个市场有一组,其中 R_{ij} 表示企业 i 在 j 市场的反应曲线。在图 5-6 中,画出了两组反应曲线,为简单起见,假定反应曲线为直线,而且假定它们是可分的,即一个企业在给定市场的反应曲线只取决于该企业和其竞争对手在该市场的供应量,而与其他市场的

[①] Makusen J R. Trade and Gains from Trade with Imperfect Competieion. Journal of International Economics,1981,11:531-551.

[②] Brander J, Krugman P R. A "Reciprocal Dumping" Model of International Trade. Journal of International Economics,1983,15:313-321.

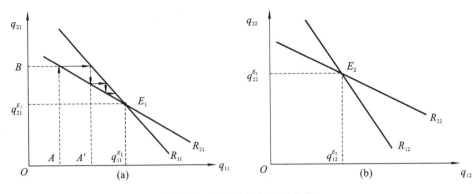

图 5-6 反应曲线与国际贸易

供应量无关。例如,R_{11} 在 q_{22} 和 q_{12} 变动时并不发生移动,这种非常方便的性质是与假定边际成本不变相关的。

现在可以证明,均衡点在两个市场都是稳定的。例如,考虑市场1,从任一起始点出发,假定国内企业1在国内市场1供应 OA 数量,则国外企业按其反应曲线 R_{21} 将供应 OB 数量;给定国外企业供应 OB 数量,则国内企业按其反应曲线 R_{11} 将供应 OA' 数量,如此等等。这样,动态路径显然最终收敛到 E_1 点(两个企业在同一市场反应曲线的交点)。同样的推理过程也可以应用于对市场2的分析。

假定两个市场的规模相同,两个企业的生产成本相同,运输成本相同,则两个均衡解是对称的,即 $q_{11}^{E_1} = q_{22}^{E_2}$,$q_{12}^{E_2} = q_{21}^{E_1}$,而且,由于运输成本的存在,使得 $q_{ii} > q_{ji}$,即在任何一个市场,由国内企业供应的份额大于由国外企业供应的份额。

这种寡头之间相互作用的产业内贸易表现为一种相互倾销。从均衡的对称性这一特点出发,可以发现,两个市场的总供应量是相同的,而且由于假定两国的需求函数相同,因而两个市场的价格也是相同的。那么,由于运输成本的存在,则每个企业出口的离岸价格(FOB 价格),必定低于其在国内市场价格,从而表现为一种相互倾销。

根据这一模型可以推论,当一国对进口商品实施关税或其他限制措施时,国外企业在国内市场的份额就会下降,而国内企业的销售份额则会上升,这样,国内市场的总规模将缩小,价格上升。如果新的企业能够自由进入该市场,则由于征收进口关税减少国外企业出口的利润,使国外企业离开这个市场,国内企业的市场份额增加,盈利增加,从而吸引国内新的企业加入竞争,引起国内价格下降。这一分析表明,保护主义措施可能增加一国福利。

2. 垂直差异产品

垂直差异产品是指质量不同的产品。在新 H-O 理论中,假定产品质量是资本密集度的增函数,在这里,假定 R&D 支出使企业能够生产更好的产品。当高额的固定成本支出如 R&D 支出成为产品质量改进的负担时,能够取得盈利的企业数量就有限了,这就必然导致寡头垄断,这种相对于变动成本而言,固定成本较高的情况,通常被称为自然寡头垄断。

在需求方面,假定消费者具有相同的偏好,但收入水平不同,高收入者愿意支付较高的价格购买高质量的商品。这样,市场就以相当简单的方式细分化,高质量的商品供应被收入水平超过一定临界水平的消费者购买,而低质量的商品则被收入水平低于某一临界水平的消费者购买,如此等等。但就整个市场而言,存在对各种不同质量商品的需求。

现在从一个封闭经济出发来展开论述。为简单起见,假定两个国家大小相同,每个国家生产不同质量的同类产品的企业的最大数量为 B,且每个企业只生产一种质量的产品(以取得规模经济)。当两国开放贸易时,在由两国市场构成的统一市场上,最多也只能存在 B 种不同质量的商品或 B 个企业,从而有些企业(B 个企业)将通过价格竞争被排除出这个统一的市场(这里假定企业之间的相互作用不是古诺型的数量反应,而是伯特兰-艾奇沃思型的价格反应)。这样,通过两国不同质量产品的产业内贸易,消费者支付的价格降低(得益于生产的规模收益递增),但消费者仍能购买到 B 种不同质量的产品。

如果两个国家收入分配不同,则两国对不同质量商品需求的种类会发生差异,因而两国开放贸易形成统一市场时,对不同质量商品需求的种类会比两国收入分配相同时要多,从而消费者的选择更多样化,有利于提高消费福利水平,同时也因为每个国家的企业都由面对国内市场生产转向面对统一的国际市场生产,能取得规模经济的利益,同时通过竞争又能降低消费者支付的价格。

3. 水平差异产品

考虑一个生产两种商品 A 和 B 的经济系统,其中 A 为同质商品,生产的规模报酬不变,B 为水平差异商品,生产的规模报酬递增。A 产品市场为完全竞争市场,B 产品市场为寡头竞争市场。B 部门的企业首先选择生产 B 产品的种类(假定每个企业只生产一种 B 产品),然后再决定价格。更准确地说,由于企业选择一种 B 产品的生产需要承担固定成本(因资产的专用性),因此,它在决定产出和价格之前,必须首先选择生产何种 B 产品。也就是说,企业进入一种 B 产品的生产与决定产出和价格的决策是分离的。这与林德关于"生产一般先是满足国内市场的需求,然后再向国外市场扩展"的观点是一致的。

这里,假定寡头企业之间的相互作用是通过价格决策发生的。更准确地说,当一个企业想要做出降价决策时,假定其他企业不改变价格,而当它考虑提高价格时,假定其竞争对手将降低价格。

对差异性产品的需求主要是对产品特征的引申需求(采用兰卡斯特的分析方法)。这里假定当产品价格不高于某个临界价格水平时,消费者对这种差异产品有需求,而当价格高于这个临界水平时,消费者只需求同质产品。

下面分析两国开放贸易时的短期影响和长期影响。这种影响取决于开放贸易前后两国存在的企业数量。由于影响的种类繁多,因此在分析时必须采用类型学的分析方法(Taxonomic Approach)。一些学者进行这种分析的结果表明,在有些情况下,自由贸易对一个国家来说并不是最好的政策,相反,对差异性产品的进口征收关税,有利于改善一国福利。[①]

---

① Eaton J, Kierzkowski H. Oligopolistic Competition, Product Variety and International Trade//Kierzkowski H. Monopolistic Competition and International Trade. Oxford:Oxford University Press,1984:69-83.

为了证明这一结论,假定贸易前 2 国不生产差异性产品 B(比如,由于其价格高于临界价格,使得该国消费者对 B 商品没有需求,而将全部收入用于消费同质产品 A),1 国的消费者对同质产品 A 和差异性产品 B(但只由一个企业生产一种类型的 B 产品)都有需求,比如因为 1 国消费 B 商品的临界价格高于 2 国消费 B 商品的临界价格。这里只考虑短期情况,因此假定生产情况不变。当两国开放贸易时,1 国 B 产品的生产者将试图通过降低价格在 2 国销售 B 产品,但由于假定不存在价格歧视(即假定两个市场是一体化的),该生产者也必须在本国(1 国)市场降低价格。这样,1 国的消费者就能获得降价的好处,而生产者则因取得规模经济而增加利润。

那么,对 2 国又会产生什么影响呢?由于 1 国生产 B 产品的企业的垄断地位(2 国不存在生产 B 产品的企业),使得该企业可以对 2 国消费者制定这样的价格,在这个价格下,2 国的消费仅消费同质 A 商品与同时消费 A 商品和进口的 B 商品无差异,这样,这种贸易并不能使 2 国获得利益,这一结论与传统理论的结论不同。在这种情况下,如果 2 国对进口的 B 产品征收关税,则 1 国 B 产品的生产者为了获取更大的利益,就必须降低价格在 2 国销售 B 产品,但保证完税价格(即出口价格+关税)不变,即 2 国消费者个人的价格不变,如果 2 国政府将所征收的关税补贴给国内消费者,则 2 国的消费福利增加。这说明在寡头垄断条件下,关税或其他保护有利于增加一国的福利。

五、产业内贸易案例:1964 年北美汽车贸易协定

1965 年以前,加拿大和美国的关税保护使加拿大成为一个汽车基本自给自足的国家,进口不多,出口也少得可怜。加拿大的汽车工业被美国汽车工业的几个大厂商控制。这些厂商发现,在加拿大大量建立分散的生产体系比支付关税要划算。因此,加拿大的汽车工业实质上是美国汽车工业的缩版,大约为美国汽车工业规模的 1/10。

但是,这些美国厂商在加拿大的子公司也发现小规模带来的种种不利。一部分原因是在加拿大的分厂比其在美国的分厂要小,但重要的原因可能是美国的工厂更加"专一"——集中精力生产单一型号的汽车或配件,而加拿大的工厂则不得不生产各种各样的产品,以致工厂不得不经常停产,以实现从一个产品项目向另一个的转换,不得不保持较多的库存,不得不少采用专业化的机器设备等。这样,加拿大汽车工业的劳动生产率比美国的要低大约 30%。为了消除这些问题,美国和加拿大政府通过努力在 1964 年同意建立一个汽车自由贸易区(附有一些限制条件)。这一举措使汽车厂商得以重组生产,这些厂商在加拿大的各子公司大力削减其产品种类。例如,通用汽车削减了其在加拿大生产的汽车型号的一半,但是,加拿大的总体生产及就业水平并没改变。加拿大一方面从美国进口自己不再生产的汽车型号,另一方面向美国出口加拿大仍生产的汽车型号。在自由贸易前的 1962 年,加拿大出口了价值 1600 万美元的汽车产品,然而却进口了 5.19 亿美元的汽车产品。但是到 1968 年,这两个数字已分别成为 24 亿美元和 29 亿美元。换而言之,加拿大的进口和出口均大幅度增长。到 20 世纪 70 年代初,加拿大汽车工业的生产效率已可与美国的同行相媲美。

第五节 新新贸易理论

一、异质性企业理论

至20世纪90年代,已有的贸易理论更多地以宏观视角,聚焦于国家与国家之间、地区与地区之间乃至产业与产业之间的贸易行为,往往默认出口企业具有同质性。但这一假定却无法解释为什么会有出口企业与非出口企业之分。基于这样的质疑,贸易学者们试图从企业的沉没成本、研发投入、创新能力、规模差异等视角予以解释,最终形成了"新新贸易理论"。

Bernard和Jensen(1995,1997)较早地提出企业生产率异质性的假说,即出口企业是否较非出口企业的生产率水平更高。随后的研究(Bernard,Eaton,Jensen和Kortum,2004)以美国1992年制造业普查数据,进一步证实了这一猜想,且发现在行业内,出口企业仅占少数,大多数仍是内销企业。Bernard等(2007)的研究以2002年美国工业普查数据,发现出口企业在创造就业机会、货物运量、劳动力附加值、全要素生产率(TFP)、平均工资、人均资本劳动比、技术劳动比等7个方面较非出口企业有明显的优势,由此也充分论证了企业在诸多方面存在异质性。

2003年,Melitz的文章 *The Impact of Trade on Intra-Industry Reallocations and Aggregate Industry Productivity* 发表于 *Econometrica*,文章建立了一个以企业生产率异质性为基础的动态模型,解释和刻画了企业基于生产率水平差异的出口自选择行为,为新新贸易理论奠定了理论基础。新新贸易理论的出现使贸易经济学家的研究视角由宏观的国家-产业层面转向了微观企业层面,既为国际贸易的研究提供了新的方法与范式,也使得国际贸易理论获得了新的微观基础和新的视角。新新贸易理论也具有丰富的政策意涵,一方面,对于落后的国家和地区来讲,通过积极参与国际国内分工,提高对外开放水平,能够充分发挥竞争效应,提升行业生产率水平。另一方面,在不提高单个企业生产率水平的情况下,一国仍然可以通过贸易和开放来提高一个产业甚至全国的生产率水平。

当然,新新贸易理论在中国的实际应用中遭到了不小的质疑,部分学者发现加工贸易的大量出口导致了我国出口企业的生产率要低于非出口企业,并由此提出了"企业出口生产率悖论"(李春顶,2010)。国内的相关研究从诸如出口固定成本(李军、刘海云,2015;邱斌、闫志俊,2015)、单位贸易成本(盛丹,2013;汤二子等,2014)、国内市场分割(张艳等,2014)等视角对"悖论"进行了理论分析与实证检验。相关的研究打破了新新贸易理论对于企业在生产率层面唯一异质性的教条式认识,拓展了新新贸易理论的单一生产率异质企业模型,并可以根据产业、行业乃至贸易类型等实际情形构建企业多重异质性模型,从而使得理论模型与现实情境、研究框架与实证数据更加契合,客观上增强了新新贸易理论的现实解释力。

二、贸易二元边际

贸易的增长始终是国际贸易理论所关注的重要议题,不同的贸易理论对于贸易增长的源泉以及如何定义贸易的增长有着不同解读。古典和新古典贸易理论强调国际贸易的比较优势,认为贸易的增长就是出口产品数量的增长,而新新贸易理论创造性地引入了消费者的多样性偏好,使得出口产品种类的增长也成为考量贸易增长的重要指标。

Feenstra(1994)较早地关注到贸易增长边际(Margin of Trade)的解构问题,并试图进行模型化处理。Hummels 和 Klenow(2005)最早将出口的扩张区分为二元边际:将相同产品出口数量的增长定义为内涵边际(又称集约边际,Intensive Margin);将新出口产品种类的增长定义为外延边际(又称扩展边际,Extensive Margin)。

然而对于当前全球产业分工复杂化与以企业为核心的国际贸易新格局,传统理论只能单一地回答贸易现象的个别方面,缺乏全面的解释。以 Melitz 模型(2003)为基础的新新贸易理论,开拓了贸易增长理论的新前沿,也使出口的二元边际得以置于统一框架下予以分解,Bernard 等(2009)以美国贸易扩张为例的实证研究,可以视作这一议题在计量方法上的突破。从微观角度考察贸易总体的动态是极其必要的,而对宏观的贸易总量进行微观层面的二元边际结构性分解为深刻把握贸易增长的结构和性质提供了有效的工具和方法。

贸易增长的二元边际在不同的研究层面有着不同的划分方式。除了前文已经介绍过的产品层面的划分,在企业层面上,内涵边际被界定为"既有企业出口额的增长",外延边际被界定为"出口企业数量的增加"(Bernard 和 Jensen,2004;Anderson,2007);在市场层面上,内涵边际可视为在已有出口市场内出口额的增长,而外延边际可视为新出口市场的开拓(Amurgo-Pacheco 和 Pierola,2008);在国家层面上,内涵边际指已经参与出口的国家的出口增长,而外延边际是指参与国际贸易的国家数量的增长,或者新建立的贸易关系的数量增加(Felbermayr 和 Kohler,2006;Helpman et al.,2008)。

基于二元边际划分方式的多样性,其相关测度与指标也有多种,主要的测度方法包括以 HS 编码或 SITC 编码为基础的产品种类划分,测算一国出口的外延边际,以及 Amity 和 Freund(2007)将一国相对于基期的总贸易增长率进行的分解测度。而主要的测算指标,包括 Feenstra 指数(Feenstra,1994)、FR 指数(Funke 和 Ruhwedel,2001)以及 HK 指数(Hummels 和 Klenow,2005)。

将贸易的扩张进行二元边际的分野,在理论上是对已有贸易理论的深层拓展与进一步解构。在现实中,则有助于认识和判断国际贸易长期以来的变化趋势,分析宏观经济波动对贸易总量以及贸易模式的不同影响,以及深入剖析企业面临外部冲击时的生产决策和出口决策。

三、外商直接投资

引入异质企业的垄断竞争模型可以拓展到 FDI 的研究。Helpman 等(2004)拓展了 Melitz 模型,考虑跨国公司如何建立海外分公司,即企业是以出口还是 FDI 的形式实现国际化。Helpman 等(2004)的研究表明企业究竟是选择出口还是 FDI 是由企业的生产率预先决定的。在国际化方式的选择上,生产率最高的企业会选择 FDI,次高的会选择出口,而生产率低于出口临界生产率的,不会参与国际化。新的异质企业分析假设国内市场和国际市场的固定成本不同,企业生产率水平也存在差异。出口的沉淀成本除了市场调研、建立分销网络、做广告的成本外,还包括运输成本。FDI 的固定成本则是在国内建立分厂的两倍。FDI 的固定成本大于出口的成本,虽然 FDI 没有运输成本,但是固定成本要高得多。企业生产率差异使得企业可以进行自我选择。只有生产率最高的企业才会成为跨国公司,生产率处于中等水平的企业出口,而生产率较低的企业只在国内市场销售。

四、公司内部交易

传统贸易理论对企业的边界几乎是不涉及的,现有的企业理论仅限于部分分析并且忽视了公司内贸易的国际维度。以 Antras 为代表的学者提出的异质性企业贸易理论将产业组织理论和契约理论的概念融入贸易模型在企业的全球化生产这一研究领域做出了重大理论突破。

Antras(2005)提出了一个关于企业边界的不完全契约产权模型来研究公司内贸易。在其所建的跨国公司产权模型中,国与国之间的要素价格不存在差别,均衡时会出现跨国公司,其公司内贸易与目前国际贸易的现状相吻合。Antras 模型界定了跨国公司的边界和生产的国际定位,并能够预测企业内贸易的类型。该模型强调资本密集度和剩余索取权的配置在企业国际化过程决策中的作用,并据此对公司内贸易类型进行了验证。

企业内生边界模型中,最终产品的制造商控制着总部服务,中间品的供货企业控制着中间品的生产质量和数量,不同产业部门的生产率水平差异和不同产业部门的技术和组织形式差异对国际贸易、FDI 和企业的组织选择产生影响。模型中,设有两个国家,南方国家和北方国家,最终产品的生产企业位于北方国家。企业根据生产率水平差异分四种类型:在北方生产中间投入品的企业(不从事投入品的国际贸易),在南方生产中间投入品的企业(从事 FDI 和公司内贸易),在北方进行外包的企业(不从事投入品的国际贸易),在南方进行外包的企业(以市场交易方式进口投入品)。生产率最低的企业在北方外包而生产率最高的企业通过 FDI 形式在南方内包。上述四种企业组织形式的普遍程度取决于南方和北方的工资差距、中间投入品的贸易成本、同一产业内部生产率水平的差异程度、议价能力的分布、所有权优势的大小(在两个国家会有不同)和总部服务的密集程度等。相对而言,在生产率水平差异较大而总部密集度较低的产业中,更多的最终产品制造商依赖于进口中间投入品;而在生产率水平差异较大而密度较高的产业中,更多的最终产品制造商一体化。生产率差异较大的产业中主要依赖进口投入品在总部密集度高的产业中一体化现象更为普遍。一个产业部门的总部密集度越高,就越不会进口中间投入品。模型也可以解释南北差距不断加大和中间品贸易成本不断降低的影响,从而解释了现有的国际贸易和国际投资。

此外,Antras 和 Helpman(2004)认为不同企业的生产率水平会使企业选择不同的所有权结构和供应商位置,契约制度对企业组织形式的选择起着重要的作用。被不同供应商提供的中间投入品的相对重要程度是企业决定自己制造或者购买(一体化或外包)的关键因素,企业要想通过一体化来实现自己的利润最大化则需要为最终品厂商提供中间品的投入要充分地密集。更有趣的是,不同中间品投入的契约度在一体化抉择中扮演着重要的角色。被最终产品厂商提供的中间投入品的契约改善有助于外包,而被供应商提供的中间投入品的改善有助于一体化。

五、全球价值链与增加值贸易

全球贸易与投资壁垒的降低使得国际分工体系向片段化(Fragmentation)的方向转变,由此产生了以国际生产分割、外包、企业内贸易等新型贸易方式为主导的全球价值链分工体系。在这种大背景下,研究产品价值链如何进行全球生产布局成了学界所讨论的重点。

学界首先应用一个国家的投入产出表对出口贸易进行分解。Hummels(2001)将一国的出口分解为本国价值增值以及国外价值增值,由此构建了 VS(vertical specialisation)指数。该指数利用国外中间品投入与总产出的比值作为基准,并用该比值与出口额的乘积反映一国出口中所包含的国外增加值。在此基础上,Hummels(2001)还构建了 VS1(Vertical Specialization 1)指数,并加入了通过第三国流入进口国的国外增加值。Daudin(2011)则将第三国的范围扩大至所有国家,并构建了 VS1*(Vertical Specialization 1*)指数,进而完善了 VS 指数。但是,上述方法的问题在于其假设加工贸易与一般贸易的投入产出结构一致。实际上,由于加工贸易享受了较多税收减免,因此其利用进口中间品进行生产的模式与一般生产和一般贸易存在一定的差异。Koopman(2012)对此将投入产出分解为四个部分:本国中间品投入用于一般贸易和本地市场(DD),本国中间品投入用于加工贸易(DP),进口中间品用于一般贸易和本地市场(MD)和进口中间品用于加工贸易(MP)。并应用最优化原理对计算值与实际值之间的偏差进行了修正。在此基础上,Koopman 计算了加工贸易和一般贸易各自所包含的国外增加值和国内增加值。且随着服务业贸易的发展,刘维林(2015)进一步在 Koopman(2012)的基础上引入了服务业贸易的分解,由此丰富了全球价值链领域内服务业贸易价值增值的分解方法。

Kee Tang(2016)则以 Koopman(2012)为基础,考虑了企业出口额中国内中间品中的国外增加值(5%~10%)、国外中间品中的国内增加值(1%左右)以及资本折旧,进而计算了 2002—2005 年中国出口企业的增加值比率,从而完善了出口增加值在微观领域的测度方法。

随着国际投入产出表编制的日趋完善,Johnson 和 Noguera(2012a)利用国际投入产出表构建了 VAX(the value-added to gross-value ratio of exports)指数,该指数剔除了国内投入品中的国外增加值,并考虑了两国贸易的间接增加值。值得一提的是,VAX 指数与 VS 值相反，其越大则出口的本国增加值越多。在此基础上，Johnson(2012b)发现各国平均 VAX 指数在 1970—2010 年下降了 1/3，且这种下降可以用全球外包数量的增长来解释。近些年来，Koopman、王直和魏尚等人始终致力于应用国际投入产出表以分解各个国家的出口增加值。其中 Wang 等(2013)进一步将出口增加值分解为被国外吸收的国内价值增值、被本国吸收的国内价值增值、国外增加值和重复计算四个部分，并将此四个部分细致划分为包括国内增加值和国外增加值的八个部分，由此发展出的中间品贸易的前后向价值链关联指标。Koopman，Wang 和 Wei(2014)则将 VAX 指数与 Hummels 构建的指数两种计算方法绑定在一起，形成了更为完善的测算体系，且在计算方法上更加细致，并对重复计算项进行了较为细致的分解。

第六节 电子商务与国际贸易

全球电子商务的大格局是我国企业开展跨境电子商务的大背景。2013 年全球互联网用户已占世界总人口的 1/3，有近 10 亿人进行网上购物，主要产品是服装及配饰、书籍和旅游订票。2013 年全球 B2C 电子商务交易额达到 1.3 万亿美元，同比增长 18.3%，已经占到全球零售总额的 5%。根据 Forrester Research 的数据，B2B 电子商务交易总额是 B2C 电子商务交易总额的两倍以上。从地区分布来看，全球电子商务具有以下两个特征。

1. 传统强国仍居主导地位

电子商务市场规模约占全球的 1/3，北美地区互联网用户占总人口的比重最高。Forrester Research 在 2012 年预测，到 2013 年底，美国 B2B 电子商务交易总额将达到 5590 亿美元，B2C 电子商务交易总额将在 2700 亿至 3000 亿美元。美国人网上购买最多的物品是书籍、电影票、音乐制品、服装及配饰，网络购物已占零售总额的 7%左右。美国移动电商增长很快，2011—2016 年美国电子商务交易额的平均增长率在 7.2%左右。欧盟电子商务市场规模与美国大体相当。2012 年欧洲 B2C 电子商务市场交易金额 3117.2 亿欧元。其中，欧盟 2765 亿欧元，占欧洲的 88.7%(英国 961.9 亿欧元，德国 500 亿欧元，法国 450 亿欧元，西班牙 129.7 亿欧元，英国、德国和法国三国占到欧洲电子商务市场交易总额的 61%)。在日本，Rakuten.co.jp、Amazon.co.jp 和 Nissen.co.jp 是占主导地位的网上购物平台，服装和食品都是日本 B2C 电子商务最热门的产品类别。人们也越来越多地使用智能手机进行网络购物，2012 年日本的移动电子商务交易金额占电子商务交易总额的 1/4，2013—2016 年，日本每年 B2C 电子商务交易金额增长率都在 10%以上。

附录 5.1

2. 新兴市场快速增长

欧洲地区电子商务按增长率排名的前五位国家中,土耳其为 75%,希腊为 61%,乌克兰为 41%,匈牙利为 35%,罗马尼亚为 33%。南欧和东欧的国家是欧洲电子商务增长最快的国家。南欧地区 2012 年交易金额 3240 亿欧元,增速 29.3%,占欧洲电子商务市场的 10.4%;东欧地区 2012 年交易金额 1340 亿欧元,增速 32.6%,占欧洲电子商务市场的 4%,主要由俄罗斯带动。俄罗斯电子商务市场交易金额从 2011 年的 76 亿欧元增加到 2012 年的 103 亿欧元,年增长率为 35.5%。根据阿里巴巴的研究数据,俄罗斯 2015 年电子商务市场总额超过 300 亿美元。亚太地区 B2C 电子商务一直在快速增长,且仍然是潜力最大的地区。在韩国,B2C 电子商务占零售总额的比重已经达到 6%,主导电子商务的平台是 market.co.kr 和 11st.co.kr,主要消费是旅游服务、服装和时尚类产品。在澳大利亚,2012 年有超过 80% 的人使用互联网,超过 50% 的人进行网购,到 2016 年之前网上销售的增长率都在 19.8% 左右。在印度,互联网消费者于 2012 年达到 1.5 亿人,2015 年达到 3.8 亿人,并且有 3900 万人使用电子商务。2007—2011 年电子商务交易额增长率达到创纪录的 54.6%,5 年交易规模总额达到 100 亿美元,2012 年交易规模为 40 亿美元,其中 B2C 和 C2C 市场规模增速最为明显,但在线零售业只占整个零售业的 0.1%,远远低于中国的 2.9% 和美国的 7%,增长潜力巨大。2011—2016 年印度电子商务交易额平均增长率高达 30.6%,2010—2020 年的平均增长率达到 40%。

本章小结

1. 本章主要介绍了几种与 H-O 理论不同的新贸易理论。新贸易理论主要用于解释工业品之间的产业内贸易,这类贸易产生的原因大多在于人们需求的多样化与生产的规模收益递增所产生的生产专业化之间的矛盾。因此,这类理论通常假定产品是差异化的而非同质的,市场是不完全竞争的而非完全竞争的,生产技术是规模收益递增的而非规模收益不变的,等等。这就与 H-O 理论的假设和结论不同。由于现实世界存在两种贸易现象,一种是主要由要素禀赋差异引起的产业间贸易现象,另一种则主要是由差异性产品的规模生产引起的产业内贸易现象。要解释这两种贸易现象,就需要两种不同的贸易理论。H-O 理论能够很好地解释由要素禀赋差异引起的产业间贸易现象,但无法说明同一产业的双向贸易或产业内贸易;各种新贸易理论则从不同角度解释了由差异化产品的规模生产引起的产业内贸易现象,但无法解释由要素禀赋差异引起的产业间贸易现象。因此,H-O 理论与新贸易理论并不能相互取代;相反,它们应该互为补充,共同用于解释当今社会的贸易现象。

2. 与 H-O 理论假定技术不存在国际差异不同,技术差距贸易理论和产品生命周期理论强调了技术差异及其变动对国际贸易的影响,从时间动态上扩展了 H-O 理论。

3. 重叠需求理论从需求相似性的角度,解释了制成品(差异性产品)的产业内贸易现象,得出了与传统理论不同的结论。

4. 规模收益递增贸易理论在抽象的模型中,论证了规模收益递增可以作为产生互利贸易的一个独立因素。

5. 在市场结构与国际贸易部分,介绍了另外几种产业内贸易模型,包括完全竞争市场条件下的新 H-O 理论、垄断竞争条件下的贸易模型以及三种不同的寡头竞争条件下的贸易模型。在分析中得出推论,在不完全竞争条件下,保护贸易措施有时能够提高一国的福利水平,这与传统的自由贸易理论的结论完全不同。

进一步阅读导引

1. 关于技术差距和产品生命周期理论,参见:

① Posner M V. International Trade and Technical Change. Oxford Economic Papers,1961:323-341.

② Vernon R. International Investment and International Trade in the Product Cycle. Quarterly Journal of Economics,1966:197-207.

③ Porter M E. The Competitive Advantage of Nations. New York:The Free Press,1990.

2. 关于重叠需求理论,参见:

① Linder S B. An Essay on Trade and Transformation. New York:Wiley,1961.

3. 关于规模经济理论,参见:

① Helpman E. Increasing Returns,Imperfect Markets,and Trade Theory//Jones R W,Kenen P B. Handbook of International Economics,Vol. 1. Amsterdam:North-Holland,1984:325-365.

② Helpman H,Krugman P R. Market Structure and Foreign Trade. Cambridge:MIT Press,1985.

4. 关于产业内贸易,参见:

①Balassa B. Trade Creation and Trade Diversion in the European Common Market. Economic Journal,1967:1-21.

②Grubel H G, Lloyd P J. Intra-industry Trade: The Theory and Measurement of International Trade in Differentiated Products. London: Macmillan, 1975.

③Krugman P R. Scale Economies, Product Differentiation, and the Patterns of Trade. American Economic Review, 1980: 950-959.

④Lancaster K. Intra-industry Trade Under Perfect Monopolistic Competition. Journal of International Economics, 1980: 151-175.

5. 关于新新贸易理论,参见:

①Melitz M J, Redding S J. Heterogeneous Firms and Trade//Handbook of International Economics, Vol. 4. 2014, chapter1-chapter2.

②Melitz M J. The Impact of Trade on Intra-industry Reallocations and Aggregate Industry Productivity. Econometrica, 2003.

6. 关于全球价值链,参见:

①Antràs P, Chor D. Organizing the Global Value Chain. Econometrica, 2013, 81(6): 2127-2204.

②Koopman R, Wang Z, Wei S J. Estimating Domestic Content in Exports When Processing Trade Is Pervasive. Journal of Development Economics, 2012, 99(1): 178-189.

③Koopman R, Wang Z, Wei S J. Tracing Value-added and Double Counting in Gross Exports. American Economic Review, 2014, 104(2): 459-494.

思考题

1. 基本概念

技术差距理论　产品生命周期理论　重叠需求理论　产业内贸易指数

2. 讨论与回答

(1) 为什么规模收益递增能够引起互利贸易?

(2) 试举例说明不同市场结构下产业内贸易的理论有哪些。

(3) 为什么 H-O 理论与新新贸易理论是互补的?

(4) 论述克鲁格曼规模报酬递增模型的主要结论。

(5) 为什么生产率较高的企业出口,而生产率较低的企业只能在国内生产? 查阅相关文献,说说为什么中国存在"出口生产率悖论"。

(6) 出口增加值的核算与分解有哪些最新的研究成果? 得出了怎样的结论?

第六章
国际贸易与经济增长

除了基于技术差距与产品生命周期的贸易理论在本质上是动态的以外,迄今为止所讨论的贸易理论,差不多都是静态的理论。也就是说,给定一国的要素禀赋、技术和偏好后,就可以决定该国的比较优势和贸易所得了。然而,事实上,要素禀赋会随时间而改变,技术也会随时间推移而发生进步,偏好也会随时间而变化。结果,各国的比较优势也会随时间而改变。但是,在真正的动态模型中讨论国际贸易和经济增长的相互关系是极为复杂的。因此,本章运用比较静态的分析方法,讨论经济增长对贸易的影响,特别是不同形式的经济增长对贸易量、贸易模式、贸易条件以及福利的影响,而关于贸易对增长和发展的影响,将留待以后的章节讨论。

首先介绍小国的经济增长对贸易的影响,其次介绍大国的经济增长对贸易的影响,再次讨论要素增长型的经济增长对国际贸易的影响,最后探讨由技术进步引起的经济增长对国际贸易的影响。

第一节 小国的经济增长和贸易

小国的经济增长不会导致该国贸易条件的改变,即小国的经济增长没有贸易条件效应。由于某种产品的进出口量与国内供求量有关,因而,可以通过分析经济增长对国内供求量变化的影响来分析经济增长对贸易的影响。在这里,将采用约翰逊的分类方法。[1]

一、经济增长的消费效应分类

就经济增长的消费效应而言,在假定商品相对价格不变的条件下,所关心的问题是,

---

[1] Johnson H G. Economic Development and International Trade. National ekonomisk Tidsskrift,1959:253-272.

对可进口商品[①]需求的增长是大于、等于还是小于国民收入的增长(这里国民收入以实际收入衡量,即可以用任一种商品来衡量)。也就是说,经济增长是使一国减少自给程度、保持自给程度不变还是增加自给程度。很显然,在不考虑增长的生产效应的情况下,如果增长的结果,使得对可进口商品的需求增长超过国民收入的增长,则这种增长必然会增加贸易量,因而将其定义为顺贸易偏向的消费增长;相反,如果增长的结果,使得对可进口商品的需求增长小于国民收入的增长,则这种增长被称为逆贸易偏向的消费增长;如果增长的结果,使得对可进口商品需求的增长等于国民收入的增长,则这种增长被称为中性的消费增长。此外,还有超顺贸易偏向的消费增长和超逆贸易偏向的消费增长两种情况。前者是指不仅可进口商品的需求增长在比例上超过国民收入的增长,而且在绝对量上也超过国民收入的增长;后者则指在国民收入增长时,可进口商品需求不仅不增长,反而还减少。

上面所讨论的消费增长对贸易量影响的 5 种情况可以用图 6-1 说明。在图 6-1 中,小国经济增长前的消费预算线(其斜率等于国际交换比率或国际商品相对价格)或等国民收入线为 HG,它表示经济增长之前该国的国民收入的价值,OH 为该国以可进口商品 M 表示的实际收入,OG 为该国以可出口商品 X 表示的实际收入。如果经济增长之前该国在 C 点消费(由预算线与该国社会无差异曲线的切点决定),则该国可进口商品消费的数量为 OD。经济增长的结果使该国预算线平行向外扩张到 $G'H'$ 位置(因为小国经济增长不影响国际交换比价),以可进口商品衡量,该国经济增长率 $g_Y = HH'/OH$。如果经济增长后的消费点为 C',则可进口商品的消费量为 OD',经济增长后可进口商品需求的增长率 $g_d = OD'/OD$。如果 $g_d > g_Y$,则增长是顺贸易偏向的(位于图 6-1 中 $G'H'$ 直线的 P 段);如果 $g_d < g_Y$,则增长是逆贸易偏向的,消费点位于图 6-1 中 $G'H'$ 直线的 A 段;如果 $g_d = g_Y$,则增长是中性的,消费点位于图 6-1 中 $G'H'$ 直线上的 N 点;如果 $g_d > g_Y$,且 $D'D > H'H$,则增长是超顺贸易偏向的,消费点位于图 6-1 中 $G'H'$ 直线的 UP 段;如果 $g_d < g_Y$,且 $OD' < OD$,则增长是超逆贸易偏向的,消费点位于图 6-1 中 $G'H'$ 直线的 UA 段。

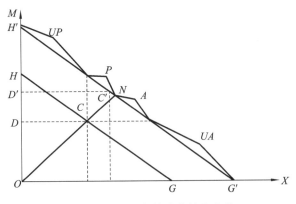

图 6-1 经济增长的消费效应分类

---

① 国内生产处于比较劣势,但有替代进口的生产存在,即该国生产并没有完全专业化于出口商品生产,说明生产中存在机会成本递增。

二、经济增长的生产效应分类

采用类似的分类方法讨论由经济增长引起的生产增长对贸易的影响。考虑国民收入增长 g_Y 与进口商品生产增长 g_S 之间的关系。在价格不变的条件下,小国可进口商品生产的增长趋向于增加一国经济的自给程度,从而减少贸易量。在图 6-2 中,GH 和 $G'H'$ 分别表示经济增长前后小国的等国民收入线,假定经济增长之前该国在 Q 点生产(由国民收入线即国际商品相对价格线与该国生产可能性曲线的切点决定),其可进口商品生产的产量为 OS,经济增长之后该国在 Q' 点生产,可进口商品生产的产量为 OS'。这样,国民收入(按可进口商品衡量的实际收入)增长率为 $g_Y = HH'/OH$,可进口商品生产增长率为 $g_S = SS'/OS$。如果 $g_Y = g_S$,生产点位于 $G'H'$ 直线上的 N 点,称为中性的生产增长,它不改变一国经济的自给程度;如果 $g_S < g_Y$,生产点位于 $G'H'$ 直线的 P 段,称为顺贸易偏向的生产增长,它使一国经济的自给程度下降;如果 $g_S > g_Y$,生产点位于 $G'H'$ 直线的 A 段,称为逆贸易偏向的生产增长,它使一国经济的自给程度提高;如果 $g_S > g_Y$,且 $S'S > H'H$,生产点位于 $G'H'$ 直线的 UA 段,称为超逆贸易偏向的生产增长;如果 $g_S < g_Y$,且 $OS' < OS$,生产点位于 $G'H'$ 直线的 UP 段,称为超顺贸易偏向的生产增长。

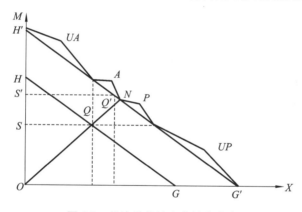

图 6-2 经济增长的生产效应分类

三、经济增长的贸易量效应(或总效应)

事实上,可进口商品需求增长与国民收入增长的关系,以及可进口商品生产增长与国民收入增长的关系,可以分别用可进口商品需求的收入弹性和可进口商品供给(生产)的收入弹性来表示,即

$$\eta_{dY} = \frac{\Delta M_d / M_d}{\Delta Y / Y} \tag{6-1}$$

$$\eta_{sY} = \frac{\Delta M_s / M_s}{\Delta Y / Y} \tag{6-2}$$

式中,η_{dY} 和 η_{sY} 分别为可进口商品的需求收入弹性和供给(生产)收入弹性;M_d 和 M_s 分别为可进口商品的需求量和供给(生产)量;ΔM_d 和 ΔM_s 分别为可进口商品需求增长量和供给(生产)增长量;Y 和 ΔY 分别为国民收入和国民收入增量。

如果用图 6-1 和图 6-2 中的各线段表示,则有

$$\eta_{dY} = \frac{D'D/OD}{H'H/OH} = \frac{D'D/OD}{G'G/OG}$$

$$\eta_{sY} = \frac{S'S/OS}{H'H/OH} = \frac{S'S/OS}{G'G/OG}$$

如果以 $\Delta M_d/\Delta Y$ 定义可进口商品的边际消费倾向 μ_{dY},以 M_d/Y 定义可进口商品的平均消费倾向 α_{dY},则由式(6-1)可得

$$\eta_{dY} = \frac{\Delta M_d/\Delta Y}{M_d/Y} = \frac{\mu_{dY}}{\alpha_{dY}} \tag{6-3}$$

同样,可进口商品供给(生产)的收入弹性 η_{sY} 也可定义为可进口商品的边际生产倾向 μ_{sY} 与平均生产倾向 α_{sY} 之比,即

$$\eta_{sY} = \frac{\Delta M_s/\Delta Y}{M_s/Y} = \frac{\mu_{sY}}{\alpha_{sY}} \tag{6-4}$$

这样,增长的消费效应和生产效应的分类可以定义如下。

1. 消费效应

中性 $\eta_{dY}=1$;顺贸易 $\eta_{dY}>1$;逆贸易 $\eta_{dY}<1$;超顺贸易 $\mu_{dY}=1$;超逆贸易 $\mu_{dY}<0$。

2. 生产效应

中性 $\eta_{sY}=1$;顺贸易 $\eta_{sY}<1$;逆贸易 $\eta_{sY}>1$;超顺贸易 $\mu_{sY}<0$;超逆贸易 $\mu_{sY}>1$。

根据增长的消费效应和生产效应的分类,可以得到增长对贸易量影响的各种组合,共 25 种(5×5),列于表 6-1 中。

表 6-1 经济增长的贸易效应

生产效应	消费效应				
	中性 N	顺贸易 P	超顺贸易 UP	逆贸易 A	超逆贸易 UA
中性 N	N	P	P 或 UP	A 或 UA	UA
顺贸易 P	P	P	P 或 UP	非 UP	UA
超顺贸易 UP	P 或 UP	P 或 UP	UP	非 UA	不确定
逆贸易 A	A 或 UA	非 UP	非 UA	A 或 UA	UA
超逆贸易 UA	UA	UA	不确定	UA	UA

事实上,如果用 g_d、g_s、g_m 和 g_Y 分别表示可进口商品的需求增长率、可进口商品的国内生产增长率(供给增长率)、进口需求增长率以及国民收入增长率,则

$$g_m = g_Y + \frac{M_d}{M_d - M_s}(g_d - g_Y) - \frac{M_s}{M_d - M_s}(g_s - g_Y) \tag{6-5}$$

因为经济增长前可进口商品的进口需求量为可进口商品的国内需求量与可进口商品国内生产量(供应量)的差额(即国内超额需求)$(M_d - M_s)$,经济增长后,国内需求增加为 $(1+g_d)M_d$,国内生产增加为 $(1+g_s)M_s$,进口需求增加为 $(1+g_m)(M_d-M_s)$,则应有

$$(1+g_m)(M_d - M_s) = (1+g_d)M_d - (1+g_s)M_s$$

$$g_m = \frac{M_d}{M_d - M_s} g_d - \frac{M_s}{M_d - M_s} g_s$$

$$= \frac{M_d}{M_d - M_s}(g_d - g_Y + g_Y) - \frac{M_s}{M_d - M_s}(g_s - g_Y + g_Y)$$

$$= g_Y + \frac{M_d}{M_d - M_s}(g_d - g_Y) - \frac{M_s}{M_d - M_s}(g_s - g_Y)$$

因此

$$g_m - g_Y = \frac{M_d}{M_d - M_s}(g_d - g_Y) - \frac{M_s}{M_d - M_s}(g_s - g_Y) \tag{6-6}$$

如果 $g_m = g_Y$，称经济增长的总效应是中性的；如果 $g_m > g_Y$，称经济增长的总效应是顺贸易的；如果 $g_m < g_Y$，称经济增长的总效应是逆贸易的；如果 $g_m < 0$，称经济增长的总效应是超逆贸易的；如果 $g_m(M_d - M_s) > \Delta Y$（$\Delta Y$ 为以可进口商品表示的实际收入），则称经济增长的总数应是超顺贸易的。

第二节 大国的经济增长和贸易

大国经济增长的结果除了产生贸易量效应以外，还会通过贸易量的变化影响世界市场的价格，大国的经济增长会产生贸易条件效应。本节首先探讨大国的不同增长类型对贸易条件的影响，其次介绍大国经济增长的福利效应的分解，最后讨论大国可能发生的不幸增长或贫困化增长。

一、大国增长与贸易条件

假定世界由两个大国组成，其提供曲线分别以 G_1 和 G_2 表示（见图6-3）。经济增长之前，两国的贸易在两国提供曲线的交点 E 点均衡，两国的贸易条件为 R（即 OE 直线斜率的绝对值）。现在，假定1国发生不同类型的经济增长，而2国不发生经济增长，则两国的贸易条件将如何变化呢？

按照上一节关于经济增长对贸易量影响的5种类型，除了超逆贸易的经济增长（$g_m < 0$）以外，在其他情况下，都有 $g_m > 0$。也就是说，1国只有在超逆贸易增长的情况下，才减少对2国的进口需求，从而改善1国的贸易条件，而在其他情况下，1国对

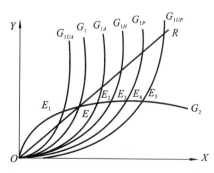

图6-3 大国不同类型的增长与贸易条件变化

2国的进口需求,都会有不同程度的增长,从而使1国的贸易条件下降。1国贸易条件在逆贸易增长情况下下降较少,在超顺贸易增长情况下下降最多(见图6-3中各种增长类型所对应的1国提供曲线)。

如果与1国大小相同的2国发生与1国类型相同,且程度相同的经济增长,则可以预见,在两国发生同等程度的超逆贸易增长的情况下,两国的贸易条件不变,但贸易量减少;在两国发生同等程度的逆贸易、中性、顺贸易以及超顺贸易经济增长的情况下,两国贸易条件不变,但贸易量增加的幅度则依次加大。如果两国增长的类型及增长的程度不同,则两国贸易条件会发生极为复杂的各种不同变化。对于贸易条件的各种变化,读者可以自行分析。

二、大国增长的福利影响

如果不考虑增长的原因和类型,只要增长在不变价格条件下增加一国的贸易量,那么它就倾向于使该国的贸易条件恶化;相反,如果增长在不变价格下减少一国的贸易量,则它倾向于使该国的贸易条件改善。这就是增长的贸易条件效应。其中使贸易条件上升的效应称为正的贸易条件效应,而使贸易条件下降的效应称为负的贸易条件效应。

如果一国总产出 Y 的增长伴随着人均产量(或人均收入)的增长,称这种效应为正的财富效应;相反,如果总产出的增长伴随着人均产出的下降,称这种效应为负的财富效应。简而言之,把总产出增长所引起的人均产出变化称为增长的财富效应。

如果可以将经济增长区分为要素增长和技术进步两种类型,则可以推论,如果仅因劳动力增长引起经济总量增长,则由于边际收益递减的作用,该国人均产出(或人均收入)将下降,即这种类型的增长将造成负的财富效应。在资本增加和技术进步引起经济总量增长的情况下,劳动的边际生产率将提高,该国人均产出(或人均收入)将上升,即这种类型的增长将带来正的财富效应。正因为如此,一国经济的合意增长,应该建立在资本积累和技术进步(从而不断提高劳动生产率)的基础上,以获得增长的正的财富效应。

由此可见,大国的增长会产生两种影响福利的效应:一是增长的财富效应;另一则是增长的贸易条件效应。只要这两种效应的总和大于0,则大国增长就导致该国福利水平的增加,增长是合意的;如果这两种效应的总和小于0,则大国的增长就导致该国福利水平的下降,增长就是不合意的,也称为不幸的增长或贫困化增长。

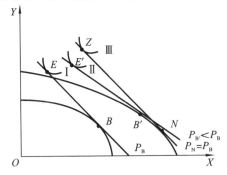

图6-4 大国增长:财富效应与贸易条件效应

下面用图6-4来说明大国增长的福利影响及将其分解为财富效应和贸易条件效应的情况。

在图6-4中,大国 A 增长之前在 B 点生产,贸易条件为 P_B,在 E 点消费。假定大国 A 发生经济增长,增长的结果使其贸易条件下降为 $P_{B'}$,此时,该国在 B' 点生产,在 E' 点消费。由图6-4可以看出,大国增长的总福利效应为正,增长的结果使该国消费福利由较低无差异曲线Ⅰ上的 E 点上升到较高无差异曲线Ⅱ上的 E' 点,这种福利的增加就是大国增长的总福利效应。这种总效应分解为增长的财富效应和增长的贸易条件效应。假定大国 A 增长后贸易条件不变,则该国应在 N 点生产,Z 点消费,此时 $P_N = P_B$,Z 点位于更高的一条无差异曲线Ⅲ上,大国在贸易条件不变的情况下,由于增长而发生的福利水平由无差异曲线Ⅰ上的 E 点向无差异曲线Ⅲ上的 Z 点上升的情况,称为大国增长的财富效应(这里财富效应为正)。但实际上,大国的这种增长引起了该国贸易条件由 P_B 下降到 $P_{B'}(P_{B'} < P_B)$,因此,该国在贸易条件下降后,实际上在 B' 点生产,E' 点消费,消费福利因贸易条件的下降而从无差异曲线Ⅲ上的 Z 点下降为无差异曲线Ⅱ上的 E' 点,这种福利的下降即为该国增长的贸易条件效应(这里贸易条件效应为负)。显然,增长的正的财富效应超过了负的贸易条件效应,使得该国增长的总福利效应仍然为正。这个例子说明了一个问题,即如果发展中国家因出口增长引起整体经济增长,尽管其贸易条件恶化,但只要增长的正的财富效应超过负的贸易条件效应,那么,这种增长方式就不失为发展中国家的一种可选择的增长方式。

三、不幸的增长

从上面关于增长的福利效应的分析,可以推论,即使大国增长的财富效应为正,但如果大国增长的结果使其贸易条件急剧恶化,增长的负的贸易条件效应超过正的财富效应,则大国增长的总福利效应为负,这种情况被巴格瓦蒂(J. Bhagwati)称为不幸的增长。①

如图 6-5 所示,A 国增长前的贸易条件为 P_B,该国在 B 点生产,E 点消费,但经济增长之后由于贸易条件急剧下降,该国在新的贸易条件 $P_{B'}(P_{B'} < P_B)$ 下,在 B' 点生产,在 E' 点消费,E' 点与 E 点相比,位于较低的无差异曲线上,说明该国增长后发生福利的净下降。

不难发现,在下述情况下,大国 A 更有可能发生不幸的增长:①大国 A 仅因劳动力增长引起经济总量增长;②增长使 A 国的出口在贸易条件不变时大大增加,从而倾向于使 A 国的贸易条件恶化;③世界其他国家对 A 国出口商品需求的收入弹性非常低,或因其他原因(如贸易障碍等)减弱了对 A 国出口商品的需求,使得 A 国的贸易条件大大恶化;④A 国经济的出口依存度很高,以致贸易条件恶化时极易造成国家净福利下降。

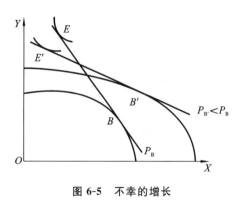

图 6-5 不幸的增长

---

① 不幸的增长最早由艾奇沃思指出,后由巴格瓦蒂再次发现。参见:Edgeworth F Y. The Theory of International Values,Ⅰ,Ⅱ,Ⅲ. Economic Journal,1894,4:35-50,424-443,606-638;Bhagwati J. Immiserizing Growth: A Geometrical Note. Review of Economic Studies,1958,25:201-205.

第三节 要素增长与国际贸易

通常认为,影响经济增长的因素包括要素增长、要素质量改进或技术进步(人力资本增长、知识技术进步)、结构变化以及制度创新等。其中,结构变化通常是由资本积累和技术进步推动的,而制度创新则是通过影响资本积累和技术进步而发生对增长的作用的。因此,本节和下一节从要素增长和技术进步两个方面讨论经济增长对贸易的影响。

一、要素增长和生产可能性曲线

通常,一国人口和劳动力的数量会随时间而增加。同样,通过利用部分资源来生产资本品(直接在国内生产或通过进口间接生产),一国的资本存量将增加。这样,随着生产要素的增加,即使在技术不变的条件下,一国生产产品和提供服务的能力也将增加,从而表现为该国生产可能性曲线向外扩张。

由劳动和资本增长导致生产可能性曲线向外扩张的形状和程度取决于劳动和资本增长的比率。如果劳动和资本两要素增长的比率相同,则生产可能性曲线将按两要素增长的比率在各个方向上同时向外扩张,如果从原点引一条射线与新旧两条生产可能性曲线分别相交于 B 点和 B' 点,则这两点切线的斜率相同,图 6-6(a)所示。这便是平衡增长的情况。

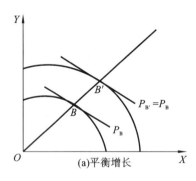
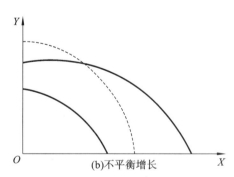

图 6-6 要素增长与生产可能性曲线

如果仅是劳动增长,资本不增长,则生产可能性曲线在劳动密集型商品(如图 6-6 中的 X 商品)轴上扩展较多,而在资本密集型商品(如图 6-6 中 Y 商品)轴上扩展较少[见图 6-6(b)中实线表示的扩展后的生产可能性曲线];如果仅有资本要素增加,劳动要素不增加,则情形刚好相反[见图 6-6(b)中虚线表示的扩展后的生产可能性曲线]。这两种情况都是不平衡增长。很显然,只要资本和劳动两要素增长的程度不同,增长就是不平衡的。

值得指出的是，当劳动与资本以相同比率增长，两种商品生产的规模收益不变，要素生产率及要素报酬在增长前后都不变时，如果该国劳动参与率（即劳动力占总人口的比重）也不变，则增长前后该国人均实际收入和福利水平也将保持不变。如果仅有劳动增长（或劳动增长快于资本增长），则资本劳动比率下降（资本浅化），劳动生产率将因边际收益递减而下降，从而劳动报酬和人均收入都下降；如果仅有资本增长（或资本增长快于劳动增长），则资本劳动比率上升（资本深化），劳动生产率将上升，从而劳动报酬和人均收入都将上升。

二、雷布津斯基定理

在 H-O 理论的假设条件成立的情况下，雷布津斯基探讨了要素增长对国际贸易的影响[1]，提出了雷布津斯基定理（Rybczynski Theorem）。根据这一定理，在商品价格和要素价格不变的条件下（小国的增长不影响国际价格），如果一种生产要素增加（给定另一种要素不变），将引起密集使用该要素的商品生产增加，而另一种商品的生产则减少。也就是说，在价格不变的条件下，如果一国劳动力增加而资本不变，则引起劳动密集型商品生产增加，而资本密集型商品生产减少。

图 6-7 直观地说明了劳动力增加（从而劳动增长）后，在价格不变的条件下，一国增加劳动密集型商品 X 的生产，减少资本密集型商品 Y 的生产的情况。原因是，由于假定商品相对价格不变，所以要素价格也必然保持不变，从而生产两种商品的资本劳动比率也应保持不变（因为技术不变）。为了保证增长的劳动能够充分就业，就必然要求有资本与之结合，在资本不增加的情况下，只有从资本密集型商品生产的减少中才能释放出足够的资本与新增的劳动相结合，从而保证劳动能充分就业。这就证明了资本密集型商品生产必然减少。新增加的劳动以及从资本密集型商品生产减少中释放出来的劳动，与释放出来的资本结合，按较低的资本劳动比例，生产劳动密集型商品，从而劳动密集型商品生产增加。在规模报酬不变的条件下，显然，劳动密集型商品生产增加的幅度将超过劳动要素增加的幅度。

下面用盒形图的方法对雷布津斯基定理进行简单证明。

在图 6-8 中，$O_A G O_B H$ 表示经济增长前的盒形图，其中 $O_A H$ 表示 A 国的资本总量，$O_A G$ 表示该国的劳动总量，$O_A E O_B$ 为该国生产的契约曲线（效率轨迹）。给定商品相对价格，可以得到初始均衡点 E。由于直线 $O_A E$ 的斜率 $ED/O_A D$ 小于直线 $O_B E$ 的斜率 $EF/O_B F$，故 A 为劳动密集型商品，B 为资本密集型商品。现在假定劳动的数量由 $O_A G$ 增加到 $O_A G'$，新的均衡点为 E'，位于新的契约曲线 $O_A E' O'_B$ 上。当商品价格和要素价格不变时，边际替代率也应不变，从而 A、B 两种商品在新均衡点 E' 的公切线的斜率也与原均衡点 E 相同，当 A、B 两种商品生产的规模收益不变时，新旧均衡点生产 A、B 两种商品的资本劳动比率也应分别相等，即 $O'_B E' // O_B E$，$O_A E' // O_A E$（即 E' 在 $O_A E$ 的延长线上）。由于 $O_A E' > O_A E$，$O'_B E' < O_B E$，根据等产量曲线的性质，显然有 A 商品（劳动密集型商品）产量随劳动要素的增长而增加，资本密集型商品 B 的产量减少的结论。

---

[1] Rybczynski T M. Factor Endowment and Relative Commodity Prices. Economica，1955，22：336-341.

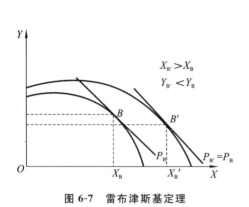

图 6-7 雷布津斯基定理

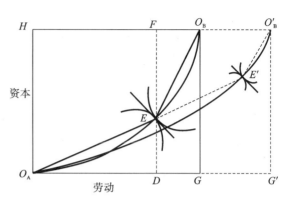

图 6-8 雷布津斯基定理的证明

第四节 技术进步与国际贸易

一、技术进步的类型

就研究目的而言,使用希克斯(J. Hicks)的技术进步定义和分类方法是最为恰当的。根据希克斯的定义[①],技术进步可以划分为中性的、资本节约型的(也称为劳动使用型的)、劳动节约型的(也称为资本使用型的)三种类型。中性的技术进步是指,在资本劳动比率不变的条件下,中性的技术进步使得资本的边际生产率和劳动的边际生产率按相同的比率增长,即不发生劳动和资本的相互替代。资本节约型(劳动使用型)的技术进步是指,在资本劳动比例不变的条件下,资本节约型(劳动使用型)的技术进步使得劳动的边际生产率增长超过了资本的边际生产率增长,即发生劳动对资本的替代。劳动节约型(资本使用型)的技术进步是指,在资本劳动比率不变的条件下,劳动节约型(资本使用型)的技术进步使得资本的边际生产率增长超过了劳动的边际生产率增长,即发生资本对劳动的替代。

二、技术进步与生产可能性曲线

像生产要素的增长一样,技术进步由于提高了要素的生产率,使得一定数量的生产要素能够生产出更多的产品,因而扩大了一国的生产可能性,使一国生产可能性曲线向外扩张。生产可能性曲线向外扩张的情况和种类,取决于各部门技术进步的情况和种

---

① Hicks J. The Theory of Wages. 2nd ed. London:Macmillan,1963.

类。在2个部门(劳动密集型部门和资本密集型部门)和3种类型的技术进步(中性的、劳动节约型的、资本节约型的)的情况下,生产可能性曲线向外扩张的情况如何确定的问题,将变得极为复杂。这里仅以中性的技术进步为例,说明技术进步与生产可能性曲线向外扩张的关系,非中性的技术进步的情况,有兴趣的读者可以参阅中高级的国际经济学教材。

当两种商品生产中发生同等程度的中性的技术进步时,一国生产可能性曲线将在各个方向上均匀地向外扩张,这与生产要素平衡增长时的效果相同,即由原点引一射线与新旧两条生产可能性曲线相交时,两个交点的切线的斜率相同。

当仅有一个部门发生中性的技术进步时,发生技术进步的部门产出增加,而未发生技术进步的部门产出不变,其生产可能性曲线向外扩张的情况如图6-9所示。

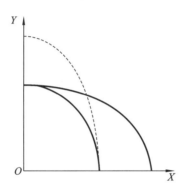

图6-9 仅有一个部门发生中性的技术进步时的生产可能性曲线

三、技术进步对贸易条件的影响

根据分析,技术进步对贸易条件的影响可以概括为如下几点。①

(1)某一部门中性的技术进步引起该部门产品相对价格下降。如果该部门的产品是可出口产品,这种价格下降将导致贸易条件下降;如果该部门的产品是可进口产品,这种价格下降将导致贸易条件改善。

附录6.1

(2)资本密集型部门的资本节约型技术进步,以及劳动密集型部门的劳动节约型技术进步,具有非常明确的影响,这种影响在本质上与第一条相同,即创新部门生产的商品的相对价格将下降。如果创新部门是出口部门,则导致贸易条件的恶化;如果创新部门是进口部门,则导致贸易条件改善。

附录6.2

(3)劳动密集型部门的资本节约型技术进步,以及资本密集型部门的劳动节约型技术进步,具有非常不确定的影响,它可能导致创新部门生

---

① Gandolfo G. International Economics, Vol. 1. 2nd ed. Berlin: Springer-Verlag, 1994: 193-194.

产的商品的相对价格上升或下降,从而它对贸易条件的影响也是不确定的。

值得指出的是,由技术进步引起经济增长,其财富效应必然为正,因而,一旦确定技术进步引起正的贸易条件效应后,就可以肯定,技术进步导致合意的增长。但如果技术进步引起一国贸易条件恶化,就有可能引起不幸的增长。

本章小结

1. 本章主要从比较静态的角度,探讨了经济增长对贸易量、贸易条件和福利的影响。

2. 小国的增长不引起小国贸易条件的改变,而只影响小国的贸易量。小国的增长对贸易量的影响可采用约翰逊分类方法进行分析。

3. 大国的增长不仅影响贸易量的变化,而且影响贸易条件的改变,因此大国增长对大国福利的总效应可以分解为财富效应和贸易条件效应两部分。当大国增长的净福利效应为负时,大国就产生了不幸的增长。

4. 经济增长按其原因可以区分为生产要素增长和技术进步。小国一种生产要素增长时,会使得密集使用该要素生产的产品增长,而另一种产品的生产减少,这就是雷布津斯基定理的结论。

5. 技术进步可按希克斯的分类方法划分为中性的、劳动节约型的和资本节约型的三种类型。在两部门发生不同类型、不同程度的技术进步的条件下,大国贸易条件会发生复杂的变化,从而对大国福利产生不同的影响。

进一步阅读导引

1. 关于经济增长对贸易量的影响的各种类型,参见:

①Johnson H G. Economic Development and International Trade. National ekonomisk Tidsskrift,1959,97:253-273.

②Johnson H G. Money, Trade and Economic Growth. London:Allen & Unwin,1962.

③Bhagwati J N. Immiserizing Growth:A Geometrical Note. Review of Economic Studies,1958,25:201-205.

④Acemoğlu D, Ventura J. The World Income Distribution. Quarterly Journal of Economics,2002,117(2):659-694.

⑤Debaere P. Relative Factor Abundance and Trade. Journal of Political Economy,2003,111(3):589-610.

2. 关于不幸的增长,参见:

Bhgwati J. Immiserizing Gronth:A Geometrical Note. Review of Econmic Studies,1958,25:201-205.

3.关于要素增长和雷布津斯基定理,参见:

Rybczynski T M. Factor Endowment and Relative Commodity Prices. Economica,1955,22(4):336-341.

4.关于希克斯技术进步,参见:

Hicks J R. The Theory of Wages. London:Macmillan 1932,ch. 6.

5.关于技术进步与国际贸易,参见:

Gandolfo G. International Economics,Vol. 1. 2nd ed. Berlin:Springer-Verlag,1994.

1.基本概念

贸易条件　中性技术进步　劳动节约型技术进步　资本节约型技术进步

2.讨论与回答

(1)如何分析经济增长对贸易的影响?

(2)什么是雷布津斯基定理?

(3)大国增长有哪两种效应?一国在什么条件下会发生不幸的增长?

(4)如何解释"东亚奇迹"?

(5)简述技术进步对贸易的影响。

第二篇

国际贸易政策

第七章
关税和非关税壁垒

在第一篇中介绍的贸易理论,都是在自由贸易的条件下,讨论贸易的原因、贸易的模式以及贸易利益及其分配的,而事实上,所有的国家都会对国际贸易采取一些限制措施,包括关税和非关税措施。由于这些限制措施与一国的贸易或商业有关,因而通常被称为贸易或商业政策。在这一篇中,将集中讨论关税和其他措施对贸易以及福利的影响。

历史上最重要的一类贸易壁垒就是关税。在第一次世界大战之前,关于贸易限制事实上存在两条普遍接受的原则:一是为保护目的而设置的贸易障碍应以关税为限,而不应有其他贸易壁垒;二是不应对不同出口供应采取歧视性商业政策,也就是说,对从不同国家进口的商品,应征收同样水平的关税率。但是在两次世界大战之间,特别是在大萧条期间,这两条原则同时被打破了。特别是最近几十年以来,各种非关税壁垒大量涌现,各种优惠贸易协定不断订立,经济区域化和经济一体化两种趋势并存。因此,国际经济学关于贸易政策的分析,就不能像过去那样仅限于关税问题,而必须扩展到非关税措施以及国际贸易协定等方面。在这一篇中,首先在第七章介绍贸易的关税和非关税壁垒,然后在第八章讨论贸易保护的依据,第九章介绍经济一体化与多边贸易体制,第十章讨论国际贸易与经济发展的关系,第十一章则讨论国际要素流动问题。

第一节　关　税

关税是一国政府从自身的经济利益出发,依据本国的海关法和海关税则,对通过其关境的进出口商品所征收的税赋。

一、关税的种类

一般来说,可按如下几种标准对关税进行分类。

1. 按征收关税目的分类

按征收关税的目的,可以分为财政关税、保护关税、自由关税和社会关税。

(1)财政关税是指以增加国家财政收入为主要目的而征收的关税。征收关税的最初目的主要是获得财政收入。在经济不够发达时,其他税源有限,而关税征收简便,因而财政关税便成为一国财政收入的重要组成部分。例如,1805年,美国联邦政府财政收入中,关税收入占90%~95%。但随着经济的发展,关税作为财政收入的作用逐渐减弱。目前,发达国家的关税仅占其财政收入的2%~3%。19世纪保护主义兴起以后,财政关税逐步被保护关税所取代。

(2)保护关税是指以发展本国产业为主要目的而征收的关税。在保护关税情况下,税率的确定应以最有效地保护国内产业发展为目的。通常,税率越高,对国内产业的保护程度也越高。当关税完全消除了国内外商品的价格差异时,国外商品就不能进口,这时的关税率被称为禁止关税率。

(3)自由关税是指以低关税或免税等措施促进国际贸易的自由发展,它是自由贸易政策的重要组成部分。第二次世界大战以后,经过关贸总协定的多轮谈判,现在已成立世界贸易组织(WTO,简称世贸组织),其主要目标就是通过多边谈判削减关税和其他贸易壁垒,促进贸易自由化和各国经济发展。

(4)社会关税是指通过对不同种类的商品制定不同的税率,以达到调节国民收入分配和稳定社会的目的。社会关税以保障人民的基本生活需求、社会稳定和税负合理负担为其政策目标,对国内无法保证供应的生活必需品(例如粮食)进口予以低关税或免税待遇,而对奢侈品进口课以重税。

2. 按课税对象分类

按课税对象可分为进口税、出口税和过境税。

(1)进口税是海关对本国进口商品征收的关税。进口税是保护关税的主要手段,通常所说的关税壁垒,实际上指的是进口关税。各国为了有效保护国内产业,通常对不同加工程度的商品征收不同的税率,工业制成品税率最高,半制成品次之,原料等初级产品税率最低,这种现象被称为关税升级,即关税率随加工程度加深而逐步提高。此外,进口税按税率高低可分为普通税率、最惠国税率和普惠制税率等多种情况。

(2)出口税是海关对本国出口到国外的商品征收的关税。19世纪中叶以后,西欧各国奉行自由贸易政策,发现征收出口税不利于本国产品出口,因而逐步停征出口税,甚至实行出口补贴。目前,各国只对限制出口的原材料、高技术产品等征收出口税,有时也通过征收出口税来改善本国贸易条件。

(3)过境税也叫转口税、通过税,是指对由他国出口通过本国关境运往另一国的货物所征收的关税。重商主义时代,该税种曾盛极一时。19世纪中叶以后,随着交通运输业的迅速发展,各国为争夺运输货源,纷纷停征了过境税。

3. 按差别待遇分类

按差别待遇可分为进口附加税、差价税、普通关税和优惠关税。

(1)进口附加税是指一国除对进口商品征收一般进口税外,还往往为了某些目的临时加征额外的关税。进口附加税通常是一种临时性的特定措施,因而又称特别关税。其主要目的有：应付国际收支危机,维持进出口平衡；防止外国产品低价倾销；对某个国家实行歧视或报复等。这类进口附加税主要有反倾销税、反补贴税、紧急关税、惩罚关税和报复关税等。

①反倾销税是指对实行倾销的进口货物所征收的一种临时性进口附加税。征收反倾销税的目的在于抵制商品倾销,保护本国产品的国内市场。因此,反倾销税税额一般按倾销差额征收,以抵销低价倾销商品价格与该商品正常价格之间的差额。

②反补贴税又称反津贴税、抵销税或补偿税,是指进口国为了抵销某种进口商品在生产、制造、加工、买卖、输出过程中所接受的直接或间接的任何奖金或补贴而征收的一种进口附加税。征收反补贴税的目的在于提高进口商品的国内价格,以抵销其所享受的补贴金额,削弱其竞争力,使其不能因享受补贴而在进口国的市场进行低价竞争或倾销。

③紧急关税是为消除外国商品在短期内大量进口对国内同类商品生产造成重大损害或产生重大威胁而征收的一种进口附加税。当短期内外国商品大量涌入时,一般正常的关税已难以起到有效的保护作用,而必须借助税率较高的特别关税来限制进口,保护国内生产。紧急关税是一种临时措施,一旦紧急情况缓解,就应当撤销,否则将招致别国的关税报复。

④惩罚关税是指出口国某商品出口违反了与进口国之间的协议,或未按进口国海关的规定办理手续时,由进口国海关对该进口商品征收的一种临时性进口附加税。这种特别关税具有惩罚或罚款的性质。此外,惩罚关税有时还被用作贸易谈判的威慑手段。

⑤报复关税是指一国为报复他国对本国商品、船舶、企业、投资或知识产权等方面的不公正待遇,对从该国进口的商品所课征的进口附加税。

（2）差价税又称差额税,是当本国生产的某种商品的国内价格高于同类进口商品的价格时,为削弱进口商品的竞争力,保护本国生产和国内市场,按国内价格与进口价格之间的差额征收的关税。差价税没有固定的税率和税额,而是随国内外价差的变动而变动,因此也被称为滑动关税。

（3）普通关税是指不附加任何优惠条件的关税,适用于没有贸易协定的国家的进口商品,税率一般较高。

（4）优惠关税包括最惠国关税、普惠税和特惠税。

①最惠国关税（简称 MFN 关税）是签订含有最惠国待遇条款的贸易协定的国家间相互实行的关税,事实上它是一种正常贸易关系关税,其税率低于普通关税,但高于普惠税。

②普惠税（简称 GSP 关税）是根据联合国贸易和发展会议决议,于 1971 年 7 月 1 日起,由发达国家作为优惠提供国,对发展中国家或地区出口的制成品和半成品给予普遍的、非歧视的、非互惠的优惠关税待遇。但由于普惠制的实施包括给惠产品范围、受惠国家和地区、给惠商品的关税削减幅度、例外条款或特殊保护措施、预定限额、毕业条款、原产地规则以及给惠有效期等多方面的限制,因此普惠制实施 30 多年来虽然起到了一定的作用,但并没有达到建立普惠制的预期目标。

③特惠税是指特定国家之间签订协定,规定相互或由一方提供对进口商品给予特别优惠的关税,其税率比最惠国关税低,也低于普惠制税率,1932 年建立的英联邦特惠制

(旧称帝国特惠制)就是特惠制的著名例子。

4.按征税方法分类

按征税方法可分为从量税、从价税、复合税和选择税。

(1)从量税(Specific Duties)是按照商品的实物单位(重量、数量、容量、长度、面积等)为标准计征的关税。征收从量税手续简便,不受价格变动的影响。当价格上升时,税额不变,会造成保护效果下降;当价格降低时,则能使保护效果上升。

(2)从价税(Ad Valorem Duties)是按照进口商品的价格为标准计征的关税,其税率表现为货物价格的百分率。计征从价税的关键是确定完税价格(Dutiable Value),作为计征关税的依据,手续较为复杂。从价税的保护效果不随价格变化,税负也较从量税公平,故被各国广泛采用。

(3)复合税是指对进口商品同时征收从量税和从价税,可以以征收从量税为主,再加征从价税;也可以以征收从价税为主,再加征从量税。复合税等于从量税额与从价税额之和。

(4)选择税是指对进口商品同时订有从价税和从量税两种税率,征收时选择其中一种计税方法征收关税,往往选择保护程度较高的一种征收,具有一定的灵活性。

此外,作为关税征收依据的海关税则按一定的分类标准列明征收关税的商品和适用的关税率。如果一种商品适用一种税率,称为单式税则或一栏税则;如果同一种商品区别不同情况(数量或原产国家、地区)采用不同税率,则为复式税则或多栏税则。我国目前采用二栏税则,美国、加拿大等采用三栏税则,欧盟等国实行四栏税则。

二、关税的效应:局部均衡分析

由于进口关税是关税保护的最重要手段,而从价关税又是进口关税的最普遍形式,因而关于关税效应的分析,将主要采用从价税的形式来分析进口关税的影响。

进口关税的影响可以采用局部均衡和一般均衡两种方法来分析。首先采用局部均衡方法进行分析,在下一小节再讨论进口关税的一般均衡效应。

为了简单起见,先分析小国征收进口关税的局部均衡效应。如图7-1(a)所示,小国A国内市场X商品(可进口商品)的需求曲线为D,国内生产供给曲线为S,世界市场X

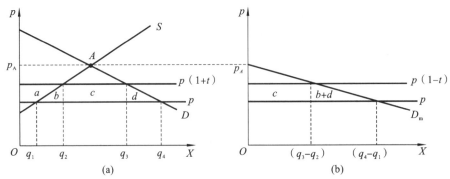

图7-1 关税效应的局部均衡分析:小国情况

商品的价格为 p（低于国内封闭条件下的均衡价格 p_A）。在不征收关税的情况下，A 国国内消费者和生产者面对的 X 商品价格为 p，国内生产量为 q_1，需求量为 q_4，进口量为 (q_4-q_1)。现在，假定 A 国按从价税率 t 对进口的 X 商品征收关税，则会产生如下影响：

①价格效应。征收进口关税后使国内消费者和生产者面对的价格由 p 上升到 $p(1+t)$。

②消费效应。征收关税后由于价格上升，使得国内消费由 q_4 减少到 q_3，消费量减少 (q_4-q_3)。

③生产效应或保护效应。征收关税后由于价格上升，使得国内生产由 q_1 增加到 q_2，生产量增加 (q_2-q_1)。

④进口效应或贸易效应。国内消费减少和国内生产增加的结果，使得进口减少 $(q_4-q_3)+(q_2-q_1)$，即由原来进口 (q_4-q_3) 减少到现在只进口 (q_3-q_2)。

⑤财政收入效应。由于对每一单位进口产品征收 pt 数额的关税，使关税收入增加 $pt(q_3-q_2)$。

⑥再分配效应。征收关税后由于价格上升，使消费者每购买一个单位的商品多支出 pt 的货币，从而购买 q_3 数量的商品时，多支出 ptq_3 数量的货币。其中，ptq_2 转移给生产者，这部分称为关税的补贴等值，另一部分 $pt(q_3-q_2)$ 则形成政府的关税收入。由此可见，关税的征收与国内消费税有相同的效果，只不过在关税情况下，把国内消费税情况下政府税收收入的一部分 ptq_2 转移给了生产者，从而发生了收入由消费者向生产者的再分配。

如果从福利的角度，即从消费者剩余和生产者剩余的角度来分析，小国征收进口关税是会发生福利损失的，这种损失称为关税的社会成本。假定货币的边际效用不变，我们来分析小国征收关税的福利影响和关税的社会成本。

在图 7-1(a) 中，可以看到，由于征收关税使价格上升，消费者剩余减少 $(a+b+c+d)$，生产者剩余增加 a，政府关税收入增加 c，征收关税的净福利损失为 $(a+b+c+d)-(a+c)=b+d$。也就是说，征收关税使消费者剩余的一部分 $(a+c)$ 转移给生产者 (a) 和政府 (c)，但却发生了 $(b+d)$ 的福利净损失，这就是小国征收关税的社会成本。其中，b 被称为关税保护的生产成本，它是由关税导致资源的错误配置而产生的。因为在资源充分利用的条件下，关税保护使国内进口替代部门的生产增加，必然使国内其他部门的资源向该部门转移，这种资源的再配置被认为是缺乏效率的，因为进口替代部门相对来讲是缺乏效率的。值得指出的是，如果资源没有充分利用，就不会发生这类保护的生产成本，相反会引起关税保护的效应。另一部分 d 被称为关税保护的消费成本，它是由关税导致国内消费品相对价格扭曲而产生的。

分析保护成本的另一种方法是运用图 7-1(b) 所示的超额需求曲线来分析。在图 7-1(b) 中，D_m 为 A 国的超额需求曲线，是由图 7-1(a) 推导出来的，在不征收关税的情况下，进口量为 (q_4-q_1)，征收关税以后，由于价格上升，进口量减少到 (q_3-q_2)。图 7-1(b) 中矩形 c 的面积为关税收入，三角形 $(b+d)$ 的面积即为关税保护的社会成本。

事实上，关税保护的成本比上面分析的还要大。它还应该包括管理成本和资源移置成本。为了征收关税，一国必须设立一种特定的管理结构（如海关、边境巡逻等），从而必须承担相应的成本,这项成本必须从关税收入中扣除掉,因而政府的关税收入实际上比矩形 c 所表示的收入要少。关税的征收也引起国内进口替代生产的增加,而在资源充分利用的条件下,这需要将其他部门的资源向受保护的部门转移,由于资源专用性的存在,这种资源的移置,不可避免地会造成一定的损失,这就是资源移置成本。

如果征收进口关税的是一个大国,则进口关税除产生上述影响以外,还会造成贸易条件效应。因为大国征收关税时,由于减少了对进口商品的需求,从而造成进口商品的价格下降(对整个国家而言),导致人国贸易条件改善。如图 7-2 所示,假定人国征收进口关税的结果,使世界市场价格由 p 下降为 p'。征收关税前,该国内消费者和生产者面对的价格为 p,国内生产数量为 q_1,消费数量为 q_4,进口数量为 (q_4-q_1)。征收关税之后,世界市场价格下降为 p'(该国的进口价格下降为 p'),国内生产者和消费者面对的价格为 $p'(1+t)$,国内生产数量由 q_1 增加到 q_2,国内消费数量由 q_4 减少到 q_3,进口数量减少为 (q_3-q_2)。从福利上看,消费者剩余减少 $(a+b+c+d)$,生产者剩余增加 a,政府关税收入增加 $(c+e)$,其中,c 为国内消费者转移的收入,e 为国外出口者因价格下降转移到国内的收入。因此,大国征收关税的净效应为 $[a+(c+e)]-(a+b+c+d)=e-(b+d)$。如果 $e>(b+d)$,则大国征收进口关税产生福利的净增加。由此可见,大国有可能征收一个正的最优关税以最大化大国的福利;而在小国,征收关税会发生净损失,因而小国的最优关税率为 0。

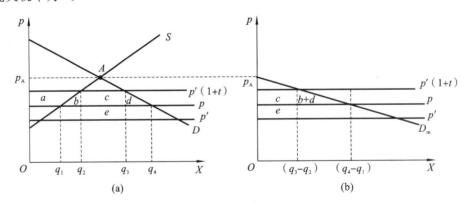

图 7-2 关税效应的局部均衡分析:大国情况

三、关税的效应:一般均衡分析

首先分析小国征收进口关税的一般均衡影响。在图 7-3(a)中,小国 A 出口 Y 商品,进口 X 商品。对 X 商品征收进口关税前,国内生产者和消费者面对的 X 商品相对价格为 p,A 国在 B 点生产,E 点消费。对 X 商品征收进口关税以后,国内生产者和消费者面对的 X 商品相对价格上升为 $p(1+t)$,但 A 国作为整体,其进口价格不变[在图 7-3(b)中,世界其他国家的提供曲线为一条直线 p]。由于 X 商品相对价格上升,国内生产均衡点由 B 点沿生产可能性曲线转移到 B' 点,出口商品 Y 的生产减少,进口商品 X 的生产增加。过新的生产点 B' 作价格线 p 得到 A 国整体的等国民收入线,当全部国民收入用于消费时,A 国的消费点应落在这条收入线上。国内消费者究竟在这条收入线上的哪一点消费,应由消费者个人面对的 X 商品相对价格 $p(1+t)$ 与消费者消费 X 商品的边际替代率相等来决定。假定政府将所有关税收入 $pt(q_3-q_2)$ 返还给消费者,则消费者预算线[斜率为 $p(1+t)$]向右上方平移一个关税量到图 7-3(a)中的虚线位置,两条虚线的交点即为新的均衡消费点 E' 点。

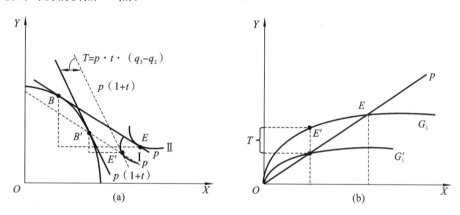

图 7-3 关税效应的一般均衡分析:小国情况

可以将小国征收进口关税的一般均衡效应总结如下。

生产效应或保护效应表现为征收关税后生产点由 B 点向 B' 点移动,国内进口替代商品 X 的生产增加,出口商品 Y 的生产减少,这种资源转移的效率损失由过 B' 点的虚线与生产可能性曲线相交(而非相切)表示,即 X 商品生产的机会成本高于 X 商品在世界市场的相对价格,表明国内生产是无效率的。

消费效应表现为征收关税后消费点由较高的无差异曲线Ⅱ上的 E 点向较低的无差异曲线Ⅰ上的 E' 点移动,可进口商品 X 的消费减少,消费损失表现为消费福利下降。

贸易效应由进口效应和出口效应共同构成。在图 7-3(b)中,由于对 X 商品征收进口关税,使 A 国的提供曲线由征收关税前的 G_1 位置向征收关税后的 G'_1 位置转动,使得 A 国 X 商品的进口和 Y 商品的出口同时减少。

财政收入效应可以通过比较以要素成本表示的国民产品价值与以关税后商品的国内价格表示的总量消费支出的差额来决定。事实上,征收关税以后,总量消费支出超过国民产品价值的部分就是关税收入。因为关税后消费者的总支出 D 可以表示为

$$D = p_X(1+t) \cdot X_C + p_Y \cdot Y_C \tag{7-1}$$

式中,$p_X(1+t)$ 和 p_Y 分别为 X 和 Y 商品在关税后的国内消费者价格;X_C 和 Y_C 分别为关税后消费者消费两种商品的数量。

同样,关税后的国民产品价值可以表示为

$$Y = p_X(1+t)X_p + p_Y \cdot Y_p \tag{7-2}$$

式中,X_p 和 Y_p 分别为关税后 X 和 Y 商品的国内生产量。

这样,总消费支出与国民产品价值的差额 $(D-Y)$ 可表示为

$$D - Y = [p_X(X_C - X_p) + p_Y(Y_C - Y_p)] + p_X(1+t)(X_C - X_p) \tag{7-3}$$

根据瓦尔拉斯定理,在国内生产和消费一般均衡条件下,应有

$$p_X(X_C - X_p) + p_Y(Y_C - Y_p) = 0$$

从而
$$D - Y = p_X(1+t) \cdot (X_C - X_p) = X\text{商品的进口税额}$$

进口关税的再一种效应是收入分配效应。根据斯托尔珀(W. F. Stolper)和萨缪尔逊的研究[1],当某种商品的相对价格上升时(例如由于征收进口关税使进口商品的相对价格上升),生产该种商品所密集使用的生产要素的报酬将上升。这一结论,通常被称为斯托尔珀-萨缪尔逊定理(简称 S-S 定理,它是 H-O 理论的第四个定理)。在例子中,资本丰富的 A 国对进口的劳动密集型商品 X 征收关税,使 X 商品的相对价格上升,从而 A 国生产 X 商品所密集使用的要素——劳动的报酬将上升。产生这种情况的原因是,由于 A 国对进口的 X 商品征收关税,使 X 商品的相对价格 P_X/P_Y 上升,该国将增加 X 商品的生产,减少 Y 商品的生产。由于 Y 商品生产的减少释放出较多的资本和较少的劳动,而 X 商品生产的增加需要较多的劳动和较少的资本($k_X < k_Y$),为了使生产要素能够充分利用,相对要素价格 $\omega = w/r$ 就会上升,引起两部门资本对劳动的替代,从而使两部门的资本劳动比率同时上升,结果两部门的边际劳动生产率(劳动的边际产品)都因为资本劳动比率提高而上升。在要素市场均衡时,两部门的实际工资也上升。这就从直观上解释了 S-S 定理。

如果大国对进口商品征收关税,就会使进口商品的相对价格降低,从而改善大国的贸易条件。对此,可以运用提供曲线来加以分析。如图 7-4 所示,G_1 和 G_2 分别为征收进口关税前大国 1 和大国 2(世界其他国家)的提供曲线,均衡点为 E,均衡的贸易条件为 T_E。如果大国 1 对其进口的 X 商品征收关税,则大国 1 的提供曲线向其进口商品轴 X 转动一个关税量,新的均衡点为 E_1,均衡的贸易条件为 T_{E_1},表明 1 国进口商品的价格相对于出口商品的价格下降,1 国的贸易条件改善,从而产生有利的贸易条件效应。这说明大国可以通过征收正的最优关税来改善其福利状况,但这一结论只有在其他国家对此不做出反应时才成立。如果其他国家做出反应,则会导致关税战,从而各国竞相征收最优关税的结果,只能使贸易量最终收缩到 0,使各国福利水平下降到自由贸易条件下的福利水平以下(如图 7-5 所示)。

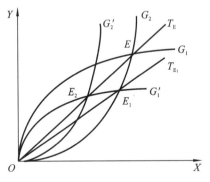

图 7-4 关税效应的一般均衡分析:大国情况

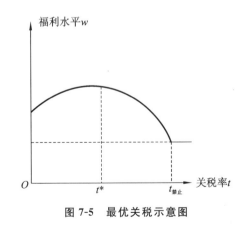

图 7-5 最优关税示意图

---

[1] Stolper W F, Samuelson P A. Protection and Real Wage. Review of Economic Studies, 1941, 9:50-73.

四、关税保护的效果:有效保护率

到目前为止,所讨论的只是最终商品的名义关税。为了分析关税保护的实际效果,有必要引入有效保护率(ERP)的概念。所谓有效保护率,是指关税对国内增加值(从而对国内就业)的保护程度。有效保护率是用征收进口关税后国内增加值的增加程度来度量的。如果某种商品征收关税前的国内增加值为 V,征收关税后国内增加值为 V',则有效保护率为 $\text{ERP}=(V'-V)/V$。

为了讨论有效保护率与名义保护率(名义关税率) t 之间的关系,做出如下简化的假定:A 国进口某种商品的价格为 p,国内进口替代生产该商品所需进口的某种原材料占该商品价格的比重为 α_i,在不征收关税的情况下,国内进口替代生产一个单位该商品的增加值 $V=p-p\alpha_i=p(1-\alpha_i)$。如果该国对进口该商品征收税率为 t 的从价税,对进口原材料征收税率为 t_i 的从价税,则征收关税以后,国内进口替代部门生产该商品的增加值为 $V'=p(1+t)-p\alpha_i(1+t_i)=p(1-\alpha_i)+p(t-\alpha_i t_i)$,这样,征收进口关税的有效保护率为

$$\text{ERP} = \frac{V'-V}{V} = \frac{p(1-\alpha_i)+p(t-\alpha_i t_i)-p(1-\alpha_i)}{p(1-\alpha_i)}$$

$$= \frac{t-\alpha_i t_i}{1-\alpha_i} = t + \frac{\alpha_i}{1-\alpha_i}(t-t_i)$$

由于 $\alpha_i/(1-\alpha_i)>0$,所以,当 $t>t_i$ 时,可以得到 $\text{ERP}>t$。这一结果有明确的政策含义:随着加工程度的加深,进口关税率相应提高,这种阶梯形的关税结构将有利于提高一国关税的保护效果。这种有效保护理论可以很好地用于解释关税结构中的关税升级现象。

如果进口替代生产中所使用的进口原材料不止一种,容易将有效保护率的公式推广为

$$\text{ERP} = (t - \sum \alpha_i t_i)/(1-\sum \alpha_i)$$

值得指出的是,这里只是从局部均衡的角度分析了有效保持率的问题。要得出关于有效保护率的完整结论,还必须在一般均衡的框架下进行分析。有兴趣的读者可以参阅中高级的国际经济学教材。

第二节 非关税壁垒

除关税以外,理论上和现实中还存在着大量的贸易限制措施,这些措施往往被统称

为非关税壁垒,其中最重要的要算进口配额限制了。因此,在这一节,先介绍进口配额及其影响,然后介绍其他非关税措施。

一、进口配额

配额是对国际贸易的直接数量限制。进口配额是一国政府对一定时期内(通常为一年)进口的某些商品从数量或金额上所制定的限额。在规定的期限内,配额以内的货物可以进口,超过配额则不准进口,或者要征收较高的进口关税。

进口配额按限制的严格程度可分为绝对配额和关税配额两种形式。前者超过配额后一概禁止进口,后者则指在配额内的进口享受低关税或免税待遇,超过配额的进口则征收高关税。

进口配额还可以按照实施方式不同,分为全球配额、国别配额和进口商配额三种形式。全球配额只对某种商品的进口给出一个总的限额,对来自任何国家或地区的商品一律适用。在国别配额下,则不仅规定一定时期内某种商品进口的总限额,同时还将这个总限额分解到各个出口国家和地区。在按国别配额进口时,进口商必须提供进口商品的原产地证明书。与全球配额不同的是,国别配额具有很强的选择性和歧视性,能方便一国贯彻国别政策和作为贸易谈判的筹码。进口商配额则将一定时期某种商品进口的总限额分配给国内若干个进口商去实施,从而有利于加强对某些商品进口的控制。

国别配额按决定的方式不同,又可进一步划分为自主配额或单边配额和协议配额或双边配额。前者是指由进口国自主地、单方面强制地规定在一定时期内从某个国家或地区进口某种商品的配额,而不需征求出口国的意见。后者是由进口和出口双方国家的政府或民间团体之间通过协议来确定配额。

进口配额的局部均衡效应,可以采用类似于关税的方法进行分析。

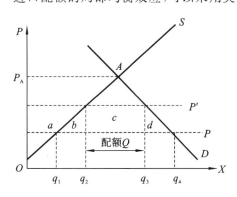

图 7-6 进口配额的局部均衡效应:小国情况

如图 7-6 所示,假定小国 A 在封闭经济条件下 X 商品的国内均衡价格 P_A 高于世界市场价格 P,在自由贸易条件下,该国生产 q_1 数量的 X 商品,消费 q_4 数量的 X 商品,进口 (q_4-q_1) 数量的 X 商品。如果该国对 X 商品实施配额限制(绝对配额),制定 X 商品的进口配额为 $Q(Q<q_4-q_1)$,则由于国内 X 商品供不应求而使其价格上升,直至价格为 P' 时,供求才重新达到平衡。此时,国内生产 X 商品的数量由 q_1 增加到 q_2,国内消费 X 商品的数量由 q_4 减少到 q_3,国内进口被控制在配额的水平上,即 $Q=q_3-q_2$。这些影响都与等值的关税 $t_Q=(P'-P)/P$ 相同(t_Q 即为配额的关税等值)。

但是,进口配额和等价的进口关税在政府收入方面是存在差别的。由于配额这项强制性数量限制措施的实施,便产生了国内外商品价格差异$(P'-P)$,从而产生了配额的租 $c=(P'-P)Q$。显然,对配额的分配实际上就是对配额产生的租这项利益的分配,因为谁获得进口配额,谁就可以因为拥有配额这项进口的垄断权力而获得垄断利润。因此,在配额随意分配的情况下,潜在进口者便可能花费大量的精力来游说甚至贿赂配额分配官员,以获得进口许可,从而产生寻租行为,对此,克鲁格(A. O. Krueger)曾做出透彻的分析①。在这种情况下,配额的租归配额分配官员和获得配额的进口商占有。如果配额公开拍卖,在完全竞争的条件下,政府将获得全部配额的租,这将与等价的关税收入完全相同,但这只是一种理论上的可能性,在现实中是很难做到的。

除了政府收入这项差别以外,进口配额与等价的关税还有如下几点差别。

(1)进口配额与等价的关税在影响上的等价性取决于国内外市场完全竞争的存在。如果不满足完全竞争的条件,进口配额与等价的关税的影响很不相同。例如,如果外国出口者不是在完全竞争市场经营的,当本国对进口产品征收关税时,外国出口商以降低价格的方式增加出口,而在进口配额的情况下,外国出口商不能通过降低价格来增加对实施进口配额的国家的出口。由此可见,进口配额能比进口关税更严格地限制进口,从而能更有效地保护国内生产和国内市场。

(2)进口配额与等价的关税的另外一个区别是,进口配额对实施配额管制的国家的国内市场结构有重要的影响。进口配额能将潜在的垄断转化成现实的垄断,使得国内工业能完全消除国外产业的竞争。假定国内存在一个潜在的垄断产业,在关税的情况下,该产业不能将价格提高到高于世界价格加上关税的水平,否则,其销售量将下降到 0,而在进口配额的情况下,由于进口量被限定在一个固定的水平上,因而国内产业可以将其价格提高而不会面临销售额下降的威胁,从而使潜在的垄断转化为现实的垄断。

(3)在关税的情况下,要想将进口量限制在一个愿望的水平上,就必须清楚地知道国内进口替代商品的供求弹性,而这在现实中几乎是不可能做到的,但在进口配额的情况下,则一定能将某种商品的进口限制在愿望的水平上(即配额的水平上)。

二、其他非关税壁垒与新保护主义

老保护主义的典型工具是关税和无差别的进口配额(全球配额)。过去几十年来,在 GATT 的框架下,通过多边谈判,大大地削减了传统的贸易壁垒。然而,与老的保护主义的削弱平行发展的是,最近二三十年来,各种新的保护主义措施层出不穷,它们主要表现为各种花样翻新的非关税壁垒。这些非关税壁垒以其灵活性、有效性、隐蔽性和歧视性等特点,取代了传统的关税和无差别的配额措施,而成为新贸易保持主义的主要手段。据统计,OECD 国家进口受到非关税壁垒影响的比重由 1966 年的 25% 上升到 1986 年的 48%,可见其增长之迅速。② 新保护主义措施迅速增长的原因在于:

(1)GATT(或 WTO)的成员已经达成协议,不再使用歧视性的关税和进口数量限制措施,而使用新保护主义的措施,则不会有打破 GATT(或 WTO)规则之嫌。

---

① Krueger A O. The Political Economy of the Rent-Seeking Society. American Economic Review,1974,64:291-303.

② Laird S, Yeats A. Trends in Non-Tariff Barriers of Developed Countries:1966—1986. Weltwirtschaftliches Archive,1990,126:299-325.

(2)新保护主义措施在政治上更易于实施。传统的关税或配额措施的实施,需要通过立法过程或高度透明的行政程序,而新保护主义措施的实施,可以通过高度保密的协商过程来实现。

(3)游说政府的一些利益集团发现,寻求不需要立法程序或透明的行政程序的新保护主义措施的保护,比起老保护主义措施来更为便利。

以下重点讨论自愿限制出口和补贴两种新保护主义措施,其他措施只做简要介绍。

1. 自愿限制出口

自愿限制出口(VER)是出口国家与进口国家达成的一项协议,在这项协议下,出口国"自愿"减少对进口国的出口。这项措施的另一个名称是有秩序的市场安排。自愿限制出口对出口国来说,是对进口国可能实施的关税或配额措施的一个替代选择。

由于 VER 对进口国来说像进口配额一样也是一种进口的数量限制,只不过在形式上是通过出口国"自愿"实施的,因而更具有隐蔽性。因此,在局部均衡的框架下,对于小国来说,可以采用与分析进口配额相同的方法来分析 VER 对进口国的影响。VER 对进口国国内价格和产出的影响,与在进口配额情况下基本相同。

VER 与进口配额最大的不同之处在于,配额的租$(P'-P)Q$归谁所有。在进口配额的情况下,配额的租归进口国所有(在配额公开拍卖时,形成进口国政府的收入;在配额随意分配时,配额的租在配额分配官员和获得配额的进口商之间分配,并在进口国产生寻租和腐败行为);在 VER 情况下,配额的租归出口国所有(在配额公开拍卖时,形成出口国的政府收入;在配额随意分配时,配额的租在配额分配官员和获得配额的出口商之间分配,并在出口国产生寻租和腐败行为)。VER 与进口配额的另一个很大的不同之处在于,受 VER 限制的出口商品市场会变成垄断市场。事实上,卡特尔化可能是实施 VER 的一个结果。因为当出口国政府对某种出口商品实施 VER 时,出口国政府如果让该产业的厂商来做出配额分配安排,这些厂商就会相互勾结,形成一个垄断的卡特尔,先决定总产出和价格,然后向各厂商分配产出和出口份额,以获得最大的垄断利润。

此外,VER 与进口配额的另一个不同之处在于,进口配额可以应用于多个国家、多个出口商,而 VER 通常选择应用于少数几个国家甚至一个国家、少数几个出口商甚至一个出口商。正因为 VER 限制的范围较小,因而不在限制范围的国家或厂商的出口就没有受到限制。这样,VER 对进口国而言,对进口的限制就不如进口配额那么严格和有效。

2. 补贴

补贴既可以应用于出口部门,也可以应用于进口部门。对于应用于出口部门的补贴而言,既可以是出口补贴的形式(只对国内生产者产出的出口部分给予补贴),也可以是生产补贴的形式(对国内生产者的全部产出给予补贴)。

首先考察出口补贴的情况。在图 7-7 中,D 和 S 表示国内局部均衡的需求曲线和供给曲线。在自由贸易情况下,如果世界市场价格为 P,在小国的情况下,国内价格也为 P(假定不存在运输成本),国内消费 q_2,国内生产 q_3,出口(q_3-q_2)。现在假定对国内出口者出口的产品按价值给予 t_s 的从价补贴,每个出口产品的补贴额为 Pt_s,在不发生出口产品再进口的情况下,则出口产品的国内价格将上升至$P(1+t_s)$,国内消费由q_2减少到q_1,国内生产由q_3增加到q_4,出口由(q_3-q_2)增加到(q_4-q_1)。生产者得到总数为$(b+c+d)=Pt_s(q_4-q_1)$的出口补贴,消费者剩余减少$(a+b)$,生产者剩余增加$(a+b+c)$,政府补贴支出增加$(b+c+d)$,因而补贴的福利净损失为$(a+b)+(b+c+d)-(a+b+c)=b+d$。其中,$b$为消费扭曲损失,$d$为生产效率损失。

生产补贴的情况也可以用图7-7来分析。所不同的是,由于生产补贴是对出口生产者全部产出的补贴,因而生产补贴的结果使生产者的供给曲线向右下方移动到S'的位置,且在出口厂商的产量水平为q_4时,单位产品的补贴额为Pt_s,但政府的补贴支出增加为Pt_sq_4,国内价格也保持(在世界价格水平P上)不变。国内消费不变(仍为q_2),但国内生产因补贴导致供给曲线右移而增加为q_4,出口增加为(q_4-q_2)。很显然,在生产补贴的情况下,由于不发生价格扭曲,因而不发生消费扭曲,消费者剩余不发生变化。生产者剩余增加$(a+b+c)$,政府补贴支出增加$(a+b+c+d)$,生产补贴的福利净损失为d。由此可见,生产补贴比出口补贴优越。

最后考察对国内进口替代部门进行生产补贴的情况。与对出口部门的生产补贴一样,对国内进口替代部门的生产补贴也使国内生产者的供给曲线向右下方移动到S'位置(如图7-8所示)。补贴的影响是国内价格不变(在小国的情况下),仍然等于世界市场价格,因而生产补贴不改变消费,不发生消费扭曲。但因为补贴使生产者得到较高的价格(等于消费者支付的价格加上生产补贴),因而国内生产由q_1增加到q_2,进口减少到(q_3-q_2),政府补贴支出Pt_sq_2[由$(a+b)$的面积表示],生产者剩余增加a,补贴的净损失只有生产效率损失(图7-8中b的面积)。

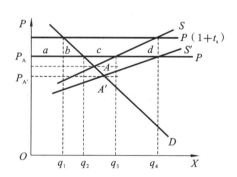

图7-7 出口部门出口补贴和生产补贴的效应

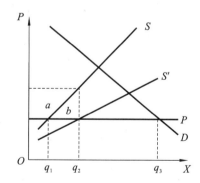

图7-8 国内进口替代部门生产补贴的影响

3. 国际卡特尔

国际卡特尔是指处在不同国家生产同类产品的一群企业达成协议,限制它们之间在市场、价格、销售条件等方面的竞争,从而形成一个该产品生产的垄断集团的情况。国际卡特尔通过限制产量和出口来控制国际商品价格,从而获得垄断利润。

4. 倾销

倾销是一种国际价格歧视现象,它是指生产者在国外以低于国内的价格销售产品。倾销是一种追求利润最大化的方式,即生产者通过在国内外市场以不同价格销售商品,使其总利润最大化。通常可以将倾销分为三种类型：偶然性倾销、持续性倾销和掠夺性倾销。

偶然性倾销是指当生产者因计划不当或没有预测到需求的变化而产生难以销售的存货时，为了避免在国内低价销售存货而可能产生的对国内市场的不利影响，偶然地在国外低价销售过剩存货的现象。

持续性倾销是指在国内拥有一定垄断力量的厂商，为了实现总利润最大化，而在国内外两个分割的市场实行价格歧视的现象。这种情况可以按照国内垄断者实行价格歧视的理论进行类似的分析。由于价格歧视垄断者最大化利润的方法，是使其边际成本等于不同市场的边际收益。当不同市场的需求弹性不同时，垄断者就可以在弹性低的市场高价销售商品，而在弹性低的市场低价销售商品，从而实现总利润的最大化。在存在国内外两个分割市场的情况下，由于国外市场与国内市场相比供应厂商较多，竞争性强，因而需求弹性大，按照垄断价格歧视理论，就必然产生国际价格歧视，形成持续性倾销。

掠夺性倾销是指生产者为了挤跨国外竞争者，首先低价在国外销售商品，为此遭受损失也在所不惜。一旦国外竞争者被挤出市场后，再抬高价格，通过垄断高价获取的垄断利润来弥补初期的损失。

很显然，偶然性倾销和掠夺性倾销破坏了进口国的市场秩序，因而对进口国是极为有害的，而持续性倾销则使进口国的消费者享受低价消费商品的利益，但会使进口国的就业受到不利的影响。因此，倾销的存在是进口国实施非关税壁垒的一个重要原因。

5. 其他非关税措施

(1) 技术、安全、健康及其他管制。不同国家在技术、安全、健康以及其他方面，具有不同的管制规定，这些规定本身就是对国际贸易的一种限制。因为国外生产者为了满足进口国对进口商品的这些规定，就必然会产生额外的成本，从而削弱了出口生产者的竞争优势。此外，进口国还可以通过各种复杂的认证程序，或通过拖延认证等手段，减少或限制从一定国家进口的一定商品。

(2) 歧视性政府采购。政府通常是商品和服务的大量采购者。各国政府为了保护国内生产和就业，通常制定优先采购本国商品的法律法规。此外，各国政府还会采取一系列技术性措施限制国外供应者对本国公共部门的商品供应。

(3) 国家垄断贸易。在一些国家，政府通过直接参与国际贸易来垄断进出口贸易。由于政府的主要目标不在于通过贸易获取利润，而在于实现政府目标，因而不可避免地会对贸易产生限制。

(4) 保证金要求。通过要求进口者向中央银行或商业银行等预交一定数量的保证金（按其进口价值的比例无息存入银行一定期限）来增加进口者的成本，从而削弱进口商品的竞争力。

(5) 限制性援助。发达国家对发展中国家的援助通常附带有严格的限制条件，即要求受援国利用援助国提供的援助，购买援助国的产品，这种情况实际上类似于出口补贴。

(6)边境税调整。进口关税类似于消费税,是一种间接税,其影响与消费税相同。因而,如果进口关税高于国内进口替代产品的消费税,或者向出口生产者的税收返还超过国外征收的进口关税,就会产生对进口的限制或对出口的鼓励作用。

(7)出口禁运。禁运是指出口国政府为了实现一定的对外政策或国别政策,不允许向特定的国家出口特定的商品。例如,发达国家通常禁止向敌国(实际的或潜在的)出口高技术产品,或通过生活必需品的禁运达到干预他国内政的目的。

当然,关于非关税壁垒的措施还可以列举很多。不过它们的共同目的还是在于鼓励出口和限制进口,达到这一目的所采用的手段是非关税的。

附录7.1

本章小结

1. 本章集中介绍了几种限制贸易的关税和非关税措施及其对一国贸易和福利的影响。

2. 关税是对进出该国关境的商品所征收的税赋。关税按照不同的标准划分成不同类型。

3. 关税的效应可以采用局部均衡和一般均衡两种方法进行分析。

4. 斯托尔珀-萨缪尔逊定理认为,当某一商品的相对价格因某种原因而提高时(如征收进口关税使进口商品价格提高),会使生产该商品所密集使用的要素的报酬上升。

5. 关税保护的效果可以用有效保护率来衡量,表示征收关税对国内增加值增加的程度。

6. 非关税壁垒是指除关税以外的其他限制贸易的措施,其中最重要的有进口配额、自愿限制出口、补贴等。可以采用局部均衡分析的方法,对这些非关税措施的影响进行分析。

进一步阅读导引

1. 关于贸易政策和关税方面的理论,参见:

①Corden W M. The Theory of Protection. Oxford:Oxford University Press,1971.

②Corden W M. Trade Policy and Economic Welfare. Oxford:Oxford University Press,1974.

③Johnson H G. Aspects of the Theory of Tariff. London:Allen & Unwin,1974.

④Bhagwati J N. Immiserizing Growth:A Geometrical Note. Review of Economic Studies,1958,25:201-205.

⑤Bhagwati J N. On the Equibalance of Tariff and Quotas//Baldwin R E,et al. Trade,Growth and the Balance of Payments:Essays in Honor of Gottfried Haberler. Chicago:Rand McNally,1965:53-67.

2.关于斯托尔珀-萨缪尔逊定理,参见:

①Stolper W F, Samuelson P A. Protection and Real Wages. Review of Economic Studies,1941:58-73.

②Sodersten B,Vind K. Tariffs and Trade in General Equilibrium. American Economic Review,1968:394-408.

3.关于最优关税,参见:

①Lerner A P. The Symmetry Between Import and Export Taxes. Economica,1936:306-313.

②Scitovsky T. A Reconsideration of the Theory of Tariffs. Review of Economic Studies,1942(2):89-110.

4.关于关税结构理论,参见:

①Balassa B. Tariff Protection in Industrial Countries:An Evaluation. Journal of Political Economy,1965:573-594.

②Balassa B. The Structure of Protection in Developing Countries. Baltimore:Johns Hopkins University Press,1971.

5.关于关税、配额和其他非关税壁垒的讨论,参见:

①Bhagwati J N. On the Equibalance of Tariff and Quotas//Baldwin R E,et al. Trade,Growth and the Balance of Payments:Essays in Honor of Gottfried Haberler. Chicago:Rand McNally,1965:53-67.

②Eithier W J. On Dumping. Journal of Political Economy,1982:487-506.

③Bhagwati J N. Protectionism. Cambridge:MIT Press,1988.

思考题

1.基本概念

关税　配额　自愿限制出口　非关税壁垒　有效保护率

2.讨论与回答

(1)关税可以怎样分类?

(2)试运用局部均衡方法分析小国进口关税的影响。

(3)配额可以怎样分类?

(4)试运用局部均衡方法分析小国进口配额的影响,并与等价的进口关税的影响进行比较。

(5)试比较自愿限制出口与进口配额对进口国的不同影响。

(6)试运用局部均衡方法分析出口部门的出口补贴和生产补贴的影响。

(7)若汽车的世界价格为8000,成本为6000,一国对于进口企业征收25%的关税,此时的有效保护率是多少?

(8)假设每辆汽车的投入成本是8000,投入需要进口品,世界价格是10000,如果一国对于汽车征收50%的关税,对投入品征收20%的关税,此时有效保护率是多少?

第八章 贸易保护的依据

自由贸易和保护贸易的争论有着悠久的历史,不过绝大多数关于保护贸易的辩护都经不起严格的推敲。例如,一种观点认为,贸易限制是为了保护国内劳动力不受国外廉价劳动力的冲击,这种观点显然是错误的。还有一种观点认为,在国内存在失业的情况下,奖励出口、限制进口是国内总需求政策的一部分,因而,按照凯恩斯主义的观点,保持贸易收支顺差,不仅能在理论上扩大本国的有效需求,而且能以乘数的形式增加总收入,从而扩大就业,减少失业。这种观点只有在没有别国反响的情况下才能成立。但现实中存在贸易保护主义,说明保护主义有其存在的合理性,理论上也有不少有影响的论据支持贸易保护主义。这些理论观点大致上可以分为两类:一类是从一国整体利益出发,认为在某些情况下,贸易保护可以提高本国现在或未来的福利,如最优关税论、幼稚产业论、战略产业论等;另一类则从收入再分配的角度出发,把贸易政策的制定看成是利益集团院外活动的结果,这类观点通常被称为保护主义的政治经济学。

第一节 最优关税论

前一章已经分析过,大国征收进口关税可以改善本国的贸易条件,这意味着,关税有可能提高本国的福利水平。也就是说,实施贸易保护有可能获得比自由条件下更多的利益,这正是最优关税论的核心思想。

一、供求弹性与关税承担

在大国情况下,关税是由国内消费者和外国出口商共同负担的,双方承担关税的份额,取决于外国出口商产品的供给弹性和进口国对该产品的需求弹性。如图 8-1 所示,假定 S、D 为 A 国国内 X 商品的供给曲线和需求曲线(为简单起见,假定供求曲线均为直线),S_f和S_{f+t}分别为自由贸易和征收从价进口关税(税率为t)时国外对A国的出口供给曲线(也假定为直线)。由于A国是一个大国,因此国外出口供给价格随A国进口的增加而上升。在自由贸易条件下,A国国内X商品的生产量为q_1,消费量为q_4,进口量为(q_4-q_1),价格为P_4(等于国外出口供给价格)。当A国对X商品征收税率为t的从价税时,A国国内X商品生产量为q_2,消费量为q_3,进口量为(q_3-q_2),价格为国外出口供给价格P_3加上关税P_3t,即$P_3(1+t)$。显然,当A国对X商品的进口征收关税时,由于进口量减少,使得国外出口供给价格由P_4下降到P_3,而国内消费者支付的价格则由P_4上升为$P_3(1+t)$。也就是说,单位进口产品的关税额P_3t,由国内消费者承担$[P_3(1+t)-P_4]$,而由外国出口者承担(P_4-P_3)。

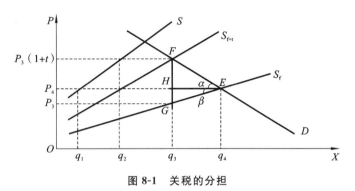

图8-1 关税的分担

为了分析关税在国内消费者与外国出口供应者之间的分担情况,假定国内需求曲线D的斜率为$-a(a>0)$,外国出口供应曲线S_f的斜率为$c(c>0)$,则在直角三角形EGH中,有

$$\tan\beta = c = \frac{GH}{EH} = \frac{p_4-p_3}{q_4-q_3}$$

$$p_4 - p_3 = c(q_4-q_3)$$

同样,在直角三角形EFH中,有

$$\tan\alpha = a = \frac{FH}{EH} = \frac{p_3(1+t)-p_4}{q_4-q_3} = \frac{p_3 t}{q_4-q_3} - \frac{p_4-p_3}{q_4-q_3} = \frac{p_3 t}{q_4-q_3} - c$$

即

$$p_3 t = (a+c)(q_4-q_3)$$

这样,外国出口供给者承担的关税份额为

$$\frac{GH}{EG} = \frac{p_4-p_3}{p_3 t} = \frac{c}{a+c}$$

进口国消费者承担的关税份额为

$$\frac{FH}{FG} = 1 - \frac{GH}{FG} = 1 - \frac{c}{a+c} = \frac{a}{a+c}$$

由于在需求量为q_3时,进口国的需求弹性为

$$e_d = \frac{p_3(1+t)}{a q_3}$$

$$a = \frac{p_3(1+t)}{e_d q_3}$$

外国出口供应者在供给量为 q_3 时,供给弹性为

$$e_s = \frac{p_3}{c q_3}$$

$$c = \frac{p_3}{e_s q_3}$$

这样,进口国消费者和外国出口供给者承担的关税份额分别为

$$\frac{FH}{FG} = \frac{a}{a+c} = \frac{\frac{1}{e_d}\frac{p_3(1+t)}{q_3}}{\frac{1}{e_d}\frac{p_3(1+t)}{q_3} + \frac{1}{e_s}\frac{p_3}{q_3}} = \frac{(1+t)e_s}{e_d + (1+t)e_s}$$

$$\frac{GH}{FG} = 1 - \frac{FH}{FG} = \frac{e_d}{e_d + (1+t)e_s}$$

由此可见,外国出口供应者的供给弹性 e_s 越大,进口国消费者承担的关税份额就越大,特别是,当 $e_s \to \infty$ 时,进口国消费者将承担全部进口关税,此时 A 国为一小国,A 国的进口对外国出口供应者无足轻重,或外国出口供应者对 A 国的市场没有依赖性。当外国出口供应者对 A 国市场的依赖性增大时,e_s 将减小。进口国消费者对进口国商品的需求弹性 e_d 越大,外国出口供给者所承担的关税份额就越高,特别是当 $e_d \to \infty$ 时,外国出口供应者将承担全部进口关税,此时 A 国是一个大国,且外国出口供应者规模很小,以至于 A 国进口对外国没有依赖性。当外国供应者规模很大,A 国的消费对其出口供给有很大程度的依赖性,且该产品缺乏相近的替代品时,e_d 将会减小。

二、最优关税

最优关税是这样一种关税,它使得一国贸易条件的改善相对于其贸易量减少的负面影响的净所得最大化,即以自由贸易为起点,当一国提高关税率时,由于贸易条件改善的正面影响超过贸易量下降的负面影响,其福利逐渐增加到最大值(最优关税),然后,当关税率超过最优关税时,因贸易量减少的负面影响超过贸易条件改善的正面影响,使该国的福利水平又逐渐下降,当关税率上升到禁止关税水平时,该国福利降到自给自足的福利水平。在自给自足时,由于不能获得自由贸易的利益,其福利水平将低于自由贸易时的福利水平。因此,在不存在别国报复的情况下,大国征收最优关税时的福利水平最高,自给自足时的福利水平最低,自由贸易时的福利水平介于二者之间。

三、关税战

最优关税论虽然指出贸易保护可能使一国获得比自由贸易时更多的利益,但这种利益的获得是以其贸易伙伴利益的减少为代价的。因为一国征收最优关税改善了自己的贸易条件,但却同时恶化了其贸易伙伴的贸易条件(在两个国家两种商品的情况下,两国的贸易条件互为倒数)。这种"以邻为壑"的做法,自然会招致受害一方的报复。如果受害的一方也是大国,也征收最优关税来改善自己的贸易条件。两国多次报复征收最优关

税的结果,将导致关税战的爆发,最终使两国停止贸易,回到各自的自给自足状态,从而使两国福利都下降到自由贸易时的福利水平以下。因此,最优关税论作为支持保护贸易的论点,也是有问题的。

第二节 幼稚产业论

最优关税论强调贸易保护增加当前的利益。有时贸易保护(关税或其他贸易壁垒)虽然在短期造成本国的福利损失,但在长期则可带来潜在的利益。只要未来获得的利益足以补偿保护期间所遭受的损失,那么贸易保护对一国来说就是值得采取的政策。幼稚产业论就是一种着眼于未来利益的贸易保护理论。幼稚产业的观点最早是由独立后的美国财政部第一任部长汉密尔顿于1791年提出的,但真正引起人们注意的则是德国历史学派经济学家李斯特(Friedrich List)在1841年出版的《政治经济学的国民体系》中的论述。按照幼稚产业论的观点,处于婴儿期的国内产业是不可能与国外成熟的产业平等竞争的,因此,对国内幼稚产业实施关税保护,给它一定的时间让它成长,使其能够与国外产业平等竞争后,再取消保护,这对发展一国的生产力是极为重要的。由此可见,幼稚产业论的观点指出了落后国家保护国内幼稚产业的必要性。

一、幼稚产业的含义

所谓幼稚产业,是指处于创建期或成长阶段、尚未成熟的产业,这种产业具有潜在的优势,如果对其实行暂时性的保护,它便可以迅速成长起来而获得现实的优势,从而在取消保护的情况下也能与国外成熟的产业平等竞争,这种产业就被称为幼稚产业。

二、幼稚产业的判定标准

幼稚产业保护论通常是以尚未实现的潜在的内部规模经济或外部经济的存在为前提的。因此,在判断一个产业是否为幼稚产业时,必须比较该产业现在与未来的发展。关于幼稚产业的判断,历史上有很多学者提出过各种不同的判断标准,其中最主要的有如下三种。

1. 穆勒标准

根据穆勒标准,当某一产业规模较小时,其平均生产成本高于国际市场价格,如果听任自由竞争,该产业必然因亏损而得不到发展。如果政府给予一段时间的保护,该产业就能发展壮大,充分实现规模经济,平均生产成本得以降低,使该产业最终能够完全面对自由竞争,并获得利润,这样的产业就可以作为幼稚产业来加以扶持。

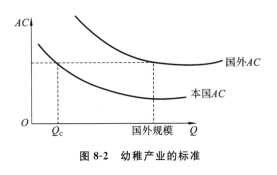

图 8-2 幼稚产业的标准

穆勒标准的实质是,本国产业的平均成本曲线位于国外同类产业的平均成本曲线之下(如图 8-2 所示),说明本国产业与国外同类产业相比具有潜在的优势。只是因为与国外已经成熟并达到一定规模的产业相比,本国产业的规模还太小,还处于幼稚阶段,因而其平均生产成本还高于国外同类产业,如果对其加以保护,让它充分发展,当其规模超过某一临界规模水平时(如图 8-2 中的 Q_C),其平均生产成本就会下降到低于国外同类产业的平均成本水平,从而取得现实的竞争优势。

2. 巴斯塔布尔标准

巴斯塔布尔(C. F. Bastable)认为,穆勒标准还比较宽泛,也就是说,符合穆勒标准的产业,不一定都能作为幼稚产业来加以扶持。在他看来,判断一个产业是否属于幼稚产业,除了看它是否具有潜在的竞争优势以外,还要计算该产业经过保护发展以后所可能获得的预期利润的贴现值,看它是否超过保护期间所可能发生的损失的贴现值。也就是说,要用项目投资的方法来分析保护的成本和保护后可能带来的未来收益,如果未来的收益超过保护的成本,这样的产业才能作为幼稚产业来加以扶持;否则,如果未来的收益不能弥补保护期间的损失,这种保护就是得不偿失的。

3. 肯普标准

与前两个标准强调内部经济的实现不同,肯普标准强调外部经济在判断幼稚产业中的作用。肯普认为,在不存在外部经济的情况下,厂商个人的投资成本和投资收益与社会成本和社会收益不会发生差异,厂商个人的最优投资决策与社会的最优决策具有一致性,在这种情况下,政府不必干预厂商的私人决策。对于符合穆勒和巴斯塔布标准的产业,不一定都要作为幼稚产业来加以保护。但如果存在外部经济,情况就不同了。此时私人投资的边际收益会低于社会的边际收益,导致私人投资不足,产业难以充分发展以实现外部经济,在这种情况下,政府的保护就成为必要了。因此,肯普是把具有潜在外部经济的产业作为幼稚产业判断的标准,这就与穆勒和巴斯塔布尔以规模经济为基础的判断标准有明显的不同。

三、幼稚产业保护的实际困难

幼稚产业论的观点虽然在理论上有其正确性,但在实际执行中会有许多困难,这些限制条件的存在,大大降低了幼稚产业论在支持贸易保护方面的说服力。

第一,幼稚产业论显然只适用于资本市场不能发挥其适当功能的发展中国家,而不适用于资本市场功能完善的发达国家。

第二,在现实中,当产业还没有充分发展时,很难准确判断哪一个产业符合幼稚产业的标准。例如,就穆勒标准而言,在产业没有充分发展时,如何确定产业的平均成本曲线的走势,是一个需要大量信息的工作,这在巴斯塔布尔标准下,困难还会增大,更不用说肯普标准了。而实践经验证明，如果一旦对某产业实施了保护措施，要想取消保护，就会遭到既得利益者的反对，既得利益者会通过各种方式影响政治决策过程，以维持该产业受保护的现状。

第三，如果能够正确选择幼稚产业，则采用什么政策保护该幼稚产业，也是一个颇有争议的问题。从经济理论上看，生产补贴不改变商品相对价格，从而不会发生消费扭曲，保护的成本较低；关税保护则会改变商品的相对价格，使生产和消费两方面都发生扭曲，保护的成本较高。因此在理论上，生产补贴比关税保护更为优越。不仅如此，生产补贴需要政府支出，当政府财政受到赤字压力时，就容易做出取消保护的选择，使保护符合短暂性的要求；而在关税保护情况下，政府不仅不需要支出，而且还会取得关税收入，因而也就没有动力令其改变保护的现状，从而容易使保护持续下去。但在现实执行中，由于发展中国家政府财政普遍比较紧张，因而都偏向于保护成本更高的关税保护，这样就容易造成保护的永久性和国内产业生存和发展对保护的依赖性。而且实践结果还证明，受关税保护发展起来的产业，普遍缺乏效率，难以取得现实的竞争优势。

四、幼稚产业保护案例：中国客车产业的保护

1. 我国客车产业是幼稚产业

我国的客车产业从根本上来说是一个弱势产业。很多企业只能自主生产中低档客车，市面上能见到的所谓的国产高档客车，其实很大一部分是国内企业通过将进口零部件组装而成的。国内企业的自主创新能力、自主研发能力和国外差距甚大，高档电喷发动机、整体底盘及悬挂系统、车内电子记录系统等核心高端技术还基本不能自主生产，而需要进口。

到底我国的客车产业是不是一个幼稚产业？依照本书有关幼稚产业的定义和判定标准，我国的客车产业是幼稚产业。

第一，客车产业属于汽车产业的一部分，但是它的生产和小汽车又有很大区别，其潜在优势十分明显。首先，需求量大。不论是城市客车还是长途客车及旅游车，需求量都在不断上升，近几年的需求增长量已经超过了小轿车和货车；加上国家大力提倡公共交通出行，因此有理由相信，客车的未来需求只会继续上升，而不会下降。其次，所有客车生产需要的要素资源国内都能满足，特别是钢材、橡胶等的要素丰裕度和要素密集度均排名靠前。因此，在未来可以预见的一段时间内，客车产业会同小汽车产业一样，成为国内一大支柱产业，最终成为成熟产业。

第二，国内客车企业生产的产品，在国际市场上，特别是在东南亚、中亚和非洲市场上占有越来越多的份额，在欧洲，我们也可以看见一些高档中国客车。我们有理由相信，随着世界经济一体化的深入，世界市场上的中国客车会占有一席之地，打破欧美客车行业对世界客车行业的垄断优势。

第三，根据对我国最大的客车企业——郑州宇通客车股份有限公司的考察看，2006年该公司旗下的郑州宇通、兰州宇通两家公司的销售额超过了100亿元人民币，然而单车成本却比2005年有所下降。除此之外，从北京京华客车公司、成都客车股份有限公司了解到，相比于两年前，企业2007年的同一车型的整车生产成本处于下降状态。由于以

上三家企业分布在我国中部、东部和西部,有较好的代表性,因而放之于中国客车市场,说明客车制造业确实有成本递减趋势。

第四,目前国内的客车企业间的竞争白热化,企业合作兼并的"大鱼吃小鱼"现象不断发生,说明我国客车行业正处于良性发展中。外资的注入和外国技术的引进也在一定程度上激发了本国生产者学习、模仿的热情,最终在促进客车产业健康、快速地向成熟产业的发展过程中起到了不小的正面作用。

综合以上观点,我们得出结论:在现阶段,我国的客车产业的确是一个尚需保护的幼稚产业。

2. 关税及有效保护分析

表 8-1 所示是我国 2006 年部分进口产品的关税税率。

表 8-1　2006 年我国部分产品进口关税税率(％)

商品名称	优惠税税率	普通税税率	商品名称	优惠税税率	普通税税率
机坪客车	4	90	大型客车用车轮及其零件、附件	15	70
30 座及以上大型客车	25	90	安全气囊	14.3	100
20～29 座客车	25	230	自动防抱死系统(ABS)	14.3	100
19 座以下客车	25	230	大型客车离合器及其附件	10	70
大型客车底盘	20	70	大型客车转向盘、转向柱	10	70
大型客车用车身(含驾驶室)	14.3	70	大型客车其他零件、附件	25	70
大型客车用制动器及其零件、附件	10	70	汽车用片簧及簧片	10	50
大型客车用变速箱	10	70	钢铁*	≤10	≤40
30 座及以上大型客车用非驱动桥及其零件、附件	15	70	橡胶轮胎**	17.5	50
30 座及以上大型客车用悬挂减震系统	10	100	机车用发动机	6	11

资料来源:中国进出口数据网(http://www.jkck.com)。

注:* 表示钢铁产业制成品较多,且大部分产品优惠税税率在 2％～6％,普通税税率在 6％～20％。

** 表示这里的橡胶轮胎的关税税率值取的是平均值。

由表 8-1 可以明显地看出,除了悬挂减震系统、安全气囊、自动防抱死系统(ABS)的普通税税率比客车整车的税率高外,其他的零、附件及原料产品的税率均比整车税率低。进一步通过"投入产出表"的计算结果得知,我国整个汽车行业的有效保护率在 50％左右,排在参与排名的 22 个部门中的第一名。可以看出,我国政府对于整个汽车行业的保护是较强的。但是如果仅从有效保护率的角度分析,我国政府对于客车行业的保护较小汽车行业的保护力度弱,因为小汽车整车的进口关税税率较客车整车进口关税税率高 3 个百分点,而大部分的轿车零、附件关税税率和客车零、附件关税税率基本一致。

纵向的对比表明,1987年交通运输行业的有效保护率为28%,到1996年,交通运输行业的有效保护率最高,达到了137.8%。后经过10年的税率结构调整,特别是加入WTO后的大幅度削减关税,客车行业的保护有所降低,一方面反映了我国政府对加入世贸组织有关关税问题的承诺得到了执行;另一方面也能看出,经过10年高关税下的幼稚产业保护,我国汽车(特别是客车行业)确实取得了一些进步,这也是关税结构理论为什么能取得各国政府广泛认同的原因。它指导不少国家的政府,特别是亚非拉等发展中国家的政府对其幼稚产业进行了有效的保护,使关税结构理论成为国际贸易中的一条基本准则。这就是关税结构理论的意义之一。

从国内客车生产工艺上也可看出,关税保护后,我国客车行业整体技术有了明显进步。20世纪90年代初,我国客车生产普遍都是低技术含量的,一般的入口都是3~4级踏步,乘客上下车跟爬楼梯似的;安装的前置柴油发动机,功率小、噪声大,等等。通过关税保护和与外资厂商合资办厂,国内客车产业通过引进外国零部件,制造工艺有了很大改善。大部分厂商都能生产达到欧洲Ⅲ号甚至以上标准的后置柴油、CNG发动机客车;城市客车入口踏步也普遍为小三级或二级踏步、一级踏步;低地板、低入口车辆,装有残疾人设施的无障碍客车也频频出现在街头。中国客车整体实力的增强也吸引来了世界顶级客车企业:郑州宇通牵手德国MAN,扬州亚星联合德国奔驰,上海、西安客车联姻瑞士沃尔沃,四川旅行车公司与日本丰田合作,等等。外资的到来不仅解决了国内企业融资的难题,更重要的是帮助国内企业充分利用低关税的零部件加工生产,进一步提高了生产技术,增强了"中国制造"的客车在世界客车市场上的销售份额,直接和外国顶级客车的竞争,也使中国客车全方位地提高了自己的性价比。

从理论上讨论,关税结构理论的政策含义有二:①应该对最终产品征收高关税,而对原料征收低关税;②由于一国政府很难预料到进口的哪些原料会在国内继续加工,因而不少国家都对原料征收一定的关税,而不是采取零关税的做法。但是,这样做又会降低其出口产品的竞争力,因此,很多国家政府对于本国的出口产品采取了特殊政策,比如出口退税措施。

必须注意到,在第二部分的有关推导中,使用了一些假设,如生产技术不变性、贸易价格不变性等,特别是假设"所有商品及要素的价格是固定不变的",这就意味着我们的分析是建立在"小国"经济的基础之上的。这里所说的"小国",指的是一国进出口商品总额占世界进出口商品总额的份额很小,以至于如果该国政府对进口商品征收一定的关税后,只能对该商品在国内的销售价格产生影响,而不会对国际自由贸易中的该种商品价格产生任何影响。因此,严格地说,有效保护率的分析并不完全适合我国,因为无论从商品进出口额还是从价格影响上看,我国都不是经济学意义上的"小国"。但是,这并不妨碍我们使用有效保护率的思想来分析问题,因为通过对客车行业的分析,我们发现该原则在我国依然适用,并且通过实践该原则,我国客车行业也从中获取了不少好处。

最后还需要指出的是,发展中国家在运用有效保护率理论保护其国内行业时会面临两难困境:一方面,如果发展中国家对进口商品征收关税以保护国内的某一产业,那发达国家势必会立即以"贸易保护"的理由向WTO等国际组织提起诉讼,或者发达国家对来自该国的进口产品施以极高税率的报复性关税,以达到迫使该发展中国家政府停止对该国已经实行了保护的产业的保护措施的目的;另一方面,如果该国不对任何进口产品征收关税,也不进行其他贸易保护措施(如进口配额),那么,该国的国内弱势产业势必得不到任何保护,该国也不可能培育出一个能在国际市场上竞争的成熟产业。所以,在现实的世界经济生活中,有效保护率理论的应用受到了多方面的限制,特别是在这个以大国经济为主的世界中,欧美等发达市场经济国家制定的贸易经济制度必然会更加注重保护欧美等国的利益。故而,有效保护率理论实际上是有很多局限的。

第三节 战略性贸易政策

战略性贸易政策是20世纪80年代在新贸易理论基础上提出的一种新的贸易政策理论,它是建立在不完全竞争市场理论基础上的一种政策分析,可以适用于发达国家对其战略性产业发展的保护。这种政策观点之所以被冠以"战略性"的"标签",是因为它主要是针对寡头市场结构提出来的。在寡头市场结构下,政府对贸易活动进行干预的目的是改变市场结构或环境,以提高本国企业的国际竞争力。根据战略性贸易政策的观点,一个国家可以通过暂时性的保护、补贴、税收优惠和政府与工业部门的合作计划等措施,在被认为对该国整体经济发展有较大带动作用和外部经济的领域创造领先优势。由于这些高科技产业有很高的风险,要求大规模的R&D投入创造技术领先优势,也要求进行大规模的生产形成规模优势,而当其成功发展之后,又有较大的外部经济效果,开辟整体国民经济增长和发展的未来前景。因此,政府应当对这些产业实施保护和支持,以促进其尽快发展。

在战略性贸易政策中,有两种政策主张受到较为广泛的关注:一是由布兰德(J. Brander)和斯潘塞(B. Spencer)提出的战略性出口政策,包括战略性R&D补贴和战略性出口补贴两种模型[1][2];二是由克鲁格曼提出的进口保护以促进出口的政策,也称为"保护性出口促进"战略(简称PEP)[3]。在这里,主要介绍布兰德和斯潘塞的模型,克鲁格曼的模型则留待第十章作为发展中国家的贸易战略来介绍。

---

[1] Spencer B J, Brander J S. International R&D Rivalry and Industrial Strategy. Review of Economic Studies, 1983,50:707-722.

[2] Brander J S, Spencer B J. Export Subsidies and Market Share Rivalry. Journal of International Economics, 1985,18:82-100.

[3] Krugman P R. Import Protection as Export Promotion:International Competition in the Presence of Oligopoly and Economies of Scale//Kierzkowski H. Monopolistic Competition and International Trade. Oxford:Oxford University Press,1984:180-193.

一、R&D 补贴与国际贸易

用一个简单的博弈模型来解释 R&D 补贴对国际贸易的影响。假定波音和空中客车都决定是否生产一种新型飞机,还假定由于开发这种新型飞机成本巨大,单个的生产者必须占领整个世界市场才能赚取利润(比如 1 亿美元)。如果两家公司同时生产这种飞机,则各损失 1000 万美元,两个厂商的策略及支付(盈利或亏损)情况如表 8-2 所示。如果波音生产而空中客车不生产,则波音赚取 1 亿美元利润,空中客车不赚不亏;如果波音不生产而只有空中客车生产,则空中客车赚取 1 亿美元利润,波音不赚不亏;如果两家都生产,则两家均亏损 1000 万美元;如果两家都不生产,则两家都不赚不亏。

表 8-2 两个厂商的竞争战略与支付矩阵(100 万美元)

波音	空中客车	
	生产	不生产
生产	−10,−10	100,0
不生产	0,100	0,0

假定由于某种原因,波音首先进入该市场,赚取了 1 亿美元利润,则空中客车被排挤在市场之外,因为在波音选择生产的条件下,如果空中客车再进入这个市场,两家都会亏损 1000 万美元,因而,在没有政府补贴的情况下,先进入该市场的企业具有先动优势。现在假定欧盟决定给空中客车 1500 万美元 R&D 补贴,上面的支付矩阵就发生了改变,空中客车在波音选择生产的条件下进入该市场,仍能获得 500 万美元(1500−1000)的利润,这样,空中客车就有动机进入该市场,波音公司则损失 1000 万美元。如果波音得不到美国政府的补贴,它将退出该市场,结果,空中客车最终占领了整个世界市场,在不需要进一步补贴的情况下,也能赚取 1 亿美元。

由于波音公司退出该市场,会增加美国的失业,美国政府可能会报复性地给波音公司以补贴,以保证波音公司能继续生产这种飞机,以保护该行业的就业。这样就会形成国家之间的补贴竞争,其结果是导致两国福利水平的下降。

二、战略性出口补贴

在不完全竞争条件下,出口补贴的效应将与上一章分析的小国情形完全不同。如果市场结构是寡头垄断的,则出口补贴能提高本国企业在国际市场上的份额,从而使本国企业获得大规模生产的利益和更多的超额利润。当新增的利润能够抵销出口补贴的成本时,实行出口补贴就能增加本国福利。下面就用简单的双头垄断模型来说明出口补贴的效果。

假定世界市场上只有分别属于 H 国(本国)和 F 国(外国)的两个企业生产和销售某种同质产品,即该产品的世界市场是一种双头垄断市场。同时假定两个厂商的决策变量为产量(或销售量),运用第五章介绍的相互倾销模型来讨论这个问题。

在图 8-3 中，横轴表示 H 国厂商在世界市场的销售量，纵轴表示 F 国厂商在世界市场的销售量；R_H 和 R_F 分别为 H 国和 F 国厂商的反应曲线。在两国都没有出口补贴的情况下，两国厂商反应曲线的交点 E 即为古诺均衡点。对应于 E 点，H 国、F 国在世界市场的销售量分别为 q_H^0 和 q_F^0。在这一点，两个厂商都不愿意再改变其产量（销售量）选择。均衡时，每个厂商都获得一部分超额利润，其多少取决于每个厂商的市场份额，即市场份额大、销售量大的厂商获得的超额利润就多。

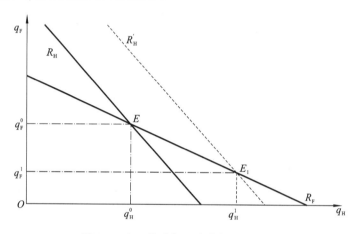

图 8-3 出口补贴与双头垄断下的贸易

现在假定 H 国的厂商通过游说政府，从政府那里获得了出口补贴，则 H 国厂商出口产品的实际成本将低于其边际成本，两者之间的差额等于单位产品的补贴金额。此时，H 国的厂商就会增加其产量和销售量，从而导致价格下降，边际收益下降。当边际收益的下降等于因补贴而发生的边际成本的下降时，H 国厂商的产量和价格达到了最优均衡水平。对于 F 国的厂商来说，由于没有得到政府的出口补贴，价格下降使得其边际收益下降的结果是，F 国的厂商不得不通过削减产量来降低边际成本，同时也促使价格回升，减少其利润损失。

事实上，两国厂商的这一博弈过程表现为：H 国政府对其厂商提供出口补贴后，使 H 国厂商的反应曲线向右移动到 R_H' 的位置，R_H' 与 R_F 的交点 E_1 决定了两个厂商新的古诺均衡。在这个新的均衡点上，H 国的产量和销售量由 q_H^0 增加到 q_H^1，F 国的产量和销售量由 q_F^0 减少到 q_F^1。政府出口补贴的结果改变了原来的均衡结构，使均衡向有利于本国厂商的方向转移。如果出口补贴使本国厂商增加的利润超过补贴的成本，这种补贴就会增加本国的福利，本国的贸易保护政策就优于自由贸易政策。

H 国市场份额和利润的增加，是以 F 国市场份额和利润的减少为代价的，从而 H 国福利的增加是以 F 国福利的减少为代价的，这就不可避免地会招致 F 国的报复。如果 F 国政府也给其企业提供出口补贴，就会形成两国政府之间的补贴战，从而在世界市场不能扩大的情况下，使两国的福利都下降。

第四节 次优理论与贸易保护

关于次优理论的想法,首先是由维纳(J. Viner)于1950年在研究关税同盟问题时提出来的[1]。维纳认为,关税同盟的成立,在不改变与其他国家贸易壁垒的条件下,使关税同盟内部的贸易自由化,这应当是现实情况向最优条件的一个靠近,但关税同盟的成立却有可能增加也有可能减少其成员国和世界其他各国的福利(因为关税同盟既可能产生贸易创造效应,又可能产生贸易转向效应)。这说明,当福利最大化或帕累托最优的条件不能全部满足时,那么尽可能满足比较多的条件也不一定能够产生福利的增加,这就是次优理论的基本原理。但关于次优理论的论述,在维纳的著作中还是相当模糊的。1955年,米德(J. E. Meade)在研究关税同盟理论和贸易政策时发展了这一理论,并提出了次优理论的直观解释方法[2][3]。

在图8-4中,假定一个人想到达一群山的最高点C点,在走向这个最高点的过程中,这个人必须爬一系列的小山然后下山,这个人在达到预定目标的过程中并不总是在向上走,而是有时向上走,有时向下走,因而在接近目标的过程中,从高度上来讲,有时在接近预定的高度目标,有时却在偏离预定的高度目标。而且,由于最高的山峰被不同高度的小山峰所环绕,在这个人爬上一座山以后,有可能必须要爬另一座较矮的山,因而在这个人接近目标的运动过程中,并不是每一次都向更高的高度前进。例如,这个人在到达了A点所达到的高度后,还必须下山,然后再到达B点所达到的高度。显然B点的高度小于A点的高度。进一步假定这个人到达B点之后,如果面临一个不可逾越的峡谷D,这个人就只得返回A点,选择这群山的次高点A作为目的地。这就是对次优理论基本原理的一个形象说明。

1956年,利普西(R. G. Lipsey)和兰卡斯特(K. Lancaster)将次优理论原理进行了一般的推广。[4] 他们认为,当由于市场扭曲或其他原因使得帕累托最优的条件无法充分满足时,次优理论的目的是要找到第二优的情况。这一理论的基本原理是,一旦帕累托最优的一个或多个条件未被满足时,满足帕累托最优的其他所有条件,并不一定带来次优的结果。这一原理的必然推论是,用未被满足的帕累托最优的一个条件去替代未被满足的帕累托最优的另一个条件,其结果是造成福利的改善还是恶化,是不确定的。这一原

---

[1] Viner J. The Customs Union Issue. New York:Carnegie Endowment for International Peace,1950.
[2] Meade J E. The Theory of Customs Unions. Amsterdam:North-Holland,1955.
[3] Meade J E. The Theory of International Economic Policy,Vol. 2:Trade and Welfare. Oxford:Oxford University Press,1955.
[4] Lipsey R G,Lancaster K. The General Theory of Second Best. Review of Economic Studies,1956,24:11-32.

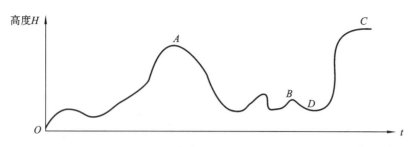

图 8-4　次优理论原理示意图

理的另一个必然推论是,如果未被满足的帕累托最优条件不止一个,则多消除一个未被满足的帕累托最优条件(即让其中一个或几个未被满足的帕累托条件得到满足,而非让其全部满足)并不一定能带来次优的结果。相反,在帕累托最优的一个或多个条件未被满足时,再增加一个或几个未被满足的帕累托最优条件,也不一定使结果变得更坏。换句话说,在世界存在非竞争性的情况下(如扭曲和各种对自由贸易的限制),消除这些限制中的一个或几个而非全部,并不一定能带来情况的改善;同样,再多增加一种或几种限制,也不一定会造成情况的恶化,相反,或许还能引起情况的改进,尽管它可能达到的只是一种次优。

根据次优理论原理,由于现实世界存在着各种扭曲,如垄断因素、外部性、信息不完善和信息不对称等,使得帕累托最优的所有条件不能完全满足,自由贸易的结果,往往导致一国朝着错误的专业化分工方向发展,从而导致资源的错误配置,而贸易的限制,则可能有利于减少或消除商品市场和要素市场的价格扭曲,矫正资源的错误配置。从这个意义上说,自由贸易不一定自动改善一国的福利,有时反而会引起一国福利水平的下降;相反,保护贸易也不一定导致一国福利状况的恶化,有时反而会引起一国福利的改善。因此,次优理论就从理论上为贸易保护找到了依据。

第五节　贸易保护的非经济动机

除了经济的动机以外,有些贸易保护的提倡者还提出了贸易保护的非经济动机。其中得到最为广泛引用的有如下三种:

第一是国防动机。在 17 世纪时,英国的重商主义者就曾以此为论据来主张政府对国内造船工业实施保护。他们认为,为了使战时能迅速制造军舰,必须时刻保持国内造船业的强盛与繁荣。按照他们的观点,一旦发生战争,国际贸易就会减少甚至中断,因此一国必须保证一定的战略性物品的国内生产(即使这种国内生产在和平时期比起进口来显得昂贵),以保证国内供应,而不能寄希望于敌人的怜悯。

第二是所谓的国家荣誉动机。能够在国内生产一定的商品,就像赢得奥林匹克金牌一样,是国家的一种荣誉或骄傲。因此,国家对于这种产品的国内生产,要不惜成本地加以保护。

第三是对外政策。一国通常运用对外援助、关税、出口禁运等措施,来实现某种政治利益。

很显然,如果将国防、国家荣誉、对外政策目标等因素,作为一国的社会福利函数的变量来考虑,并让这些因素具有高于一般经济福利的重要性,则对与这些目标实现有关的产业实施贸易保护,就有利于提高更广义上的国民福利。

第六节 贸易保护主义的政治经济学

前面所探讨的贸易保护的依据,有一个共同的特点,那就是假定政府在制定政策的过程中,是以实现本国整体福利的最大化为其目标的。也就是说,政府在决定是否采取保护或采取什么措施进行保护时,考虑的是这种政策能否改善本国的整体福利。但是,根据这种规范分析所得出的结论,往往不能很好地说明现实中的贸易保护主义。比如,幼稚产业论主要只是保护有潜力的新兴产业,但在发达国家,受保护的往往是一些目前相对落后的成熟产业或夕阳产业。再比如,在某些情况下,如果要实施保护,最佳的选择是对国内生产实行补贴,而不是征收进口关税,更不应该利用配额等非关税措施。但在现实中,政府在选择保护措施时,通常更偏好于非关税壁垒。这些现象说明,已有的贸易保护理论或观点,已不能很好地解释实际现象,而需要发展一些新的理论。

自20世纪80年代起,越来越多的经济学家把公共选择理论的一些思想和方法,应用于贸易政策问题的研究中,从实证的角度对现实中的贸易现象进行解释,这就形成了所谓的贸易政策或保护主义的政治经济学。贸易政策或保护主义的政治经济学的基本思想:任何一项经济政策都可能会影响到一国的收入分配格局,因而不同社会阶层或利益集团对此会有不同的反应,受益的一方自然会支持这项政策,而受损的一方则会反对这项政策,各种力量交织在一起,最终决定政策的制定或选择。

有的经济学家还从政策市场的供求关系和成本效益的角度,分析了政策制定过程。[1][2][3] 当对民主的政治决策过程进行观察时,发现存在一种关于保护的政治市场,这

---

[1] Brock W A, Magee S P. The Economics of Special Interest Politics:The Case of the Tariff. American Economic Review,1978,68:246-250.

[2] Baldwin R E. The Political Economy of Protectionism//Bhgwati J N. Import Competition and Response. Chicago:Chicago University Press,1982:263-286.

[3] Frey B S. Internatinal Political Economics. Oxford:Basil Blackwell,1984.

个市场上存在着对保护政策的需求和供给。对保护政策的需求来自特定的投票者群体、企业和相关利益集团,而供给则来自政治家和政府官员。从需求方面来看,能够从保护主义政策中获利的经济活动者将投入一定的资源去影响政治决策,使决策结果对自己有利。如果以关税率的高低来衡量不同的保护政策,则可以用成本效益的方法来分析对贸易政策的需求。

如图 8-5 所示,横轴以关税率 t 表示不同的贸易政策①,纵轴以货币来衡量游说的成本 C 和利益 B。假定游说的成本服从边际成本递增的规律,即 OC 曲线向上倾斜且斜率递增,游说的利益服从边际收益递减规律,即 OB 曲线向上倾斜且斜率递减。这样,当边际成本等于边际收益时,就决定了对最优保护率 t^* 的需求以及该利益集团的最优游说成本和利益。

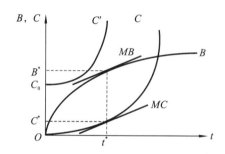

图 8-5 最优游说成本与贸易政策需求

图 8-5 还可以用于说明另外一种情况。例如,当存在一个很高的游说初始成本 C_0 时,可能使得游说成本处处高于游说的收益(如图 8-5 中 C_0C' 曲线与 OB 曲线没有交点),游说活动总是无效的。游说的初始成本的存在,说明受贸易政策影响的利益群体很难组织起来(如存在"搭便车"的心理),或者不存在现成的可利用的组织(没有代表该利益群体的现成组织)去开展游说活动。这种情况的存在,就可以解释为什么受到保护的总是有组织的群体的利益、少数人的利益,而受到损害的却是缺乏组织的、大多数人的利益这种现象。

从保护政策的供给方面来看,保护主义措施是由一国的政治家和政府官员决定的。每个政府都有其意识形态目标(其中包括对自由贸易或保护贸易的倾向性态度),同时也有一些其他目标(其中包括对重新当选的需要和愿望)。由于寻求贸易保护的利益群体通常比反对贸易保护的利益群体更有组织性,因而前者比后者具有更大的游说力量,包括为竞选提供资助。因而,政府总是倾向于给寻求贸易保护的利益集团以更大程度的关注。而且,政府还因为预算和国际收支的限制,期望通过贸易限制来缓解预算赤字(收取

---

① 因为不同贸易政策都可以按其对商品价格的影响计算一个等价关税。例如,假定某商品的国际价格水平为 P_W,如果一项贸易政策使该商品国内价格水平 P_d 高于 P_W,则这项贸易政策按从价税计算的等值关税为 $t_E = \dfrac{P_d - P_W}{P_W}$。

关税)或国际收支赤字(奖出限入)。从官僚个人角度来看,非关税限制措施的实施无疑是一个设租的过程,有了这些限制措施,就会引起相关利益团体的寻租行为,从而为官僚们自己聚敛财富创造了机会。因此,从供给方面分析,政府和官员都有提供贸易限制政策的动机。实际的贸易政策和措施,就是这样在供求双方的相互作用下决定的。

附录8.1

附录8.2

本章小结

1. 本章从国家整体福利和特殊利益集团的利益两个方面,探讨了贸易保护的原因。从国家整体福利的改善方面支持贸易保护主义的观点有最优关税论、幼稚产业论、战略性贸易政策论、非经济动机论和次优理论等,而从特殊利益集团对政策制定过程的影响方面分析贸易保护的原因,这种理论被称为保护主义的政治经济学。

2. 最优关税论从大国征收关税有利于改善大国的贸易条件(在不存在别国报复的条件下),从而有利于大国当前福利水平提高的角度,论证了贸易保护的必要性。但大国征收最优关税的利益,是以其他国家的利益损失为代价的,因而必然会招致别国的报复。在存在别国报复的情况下,大国征收关税不仅不会增加本国福利,而且还有可能降低本国的福利水平。

3. 幼稚产业论从幼稚产业的角度为落后国家的贸易保护政策提供了依据,但实施幼稚产业保护政策,存在着一系列具体困难:一是正确选择幼稚产业的困难;二是采用何种保护政策更为有利,即政策选择上的困难;三是受保护的企业的生存和发展对保护会产生依赖性,从而难以取消保护措施。

4. 战略性贸易政策理论从外部经济和不完全竞争市场的角度,论证了对关键性(战略性)产业实施保护的必要性。但实施战略性贸易政策,在有国外反响的情况下,也不一定能使本国整体福利增加,而实际上只是通过损害多数人的利益去保护少数人的利益。

5. 贸易保护的非经济动机中比较著名的有国防、国家荣誉和对外政策等动机,把这些非经济因素作为一国社会福利函数的优先变量考虑时,贸易保护能提高一国整体福利水平。

6. 次优理论从普遍存在的市场扭曲的角度,论证了贸易保护可能成为矫正扭曲的手段。

7. 贸易保护主义的政治经济学从政治市场的供求分析的角度,探讨了贸易政策的决策过程,从而解释了现实中的贸易保护现象。

进一步阅读导引

1. 关于最优关税理论，参见：

①Lerner A P. The Symmetry Between Import and Export Taxes. Economica,1936:306-313.

② Scitovsky T. A Reconsideration of the Theory of Tariffs. Review of Economic Studies,1942,2:89-110.

2. 关于保护幼稚产业的观点，参见：

Myint H. Infant-Industry Arguments for Assistance to Industries in the Setting of Dynamic Trade Theory//Harrod R F, Hagre T D. International Trade Theory in a Developing World. London:Macmillan,1963:173-194.

3. 关于战略性贸易政策，参见：

① Brander J A, Spencer B. Export Subsidies and International Market Share Rivalry. Journal of International Economics,1985:83-100.

②Grossman G M, Richardson J D. Strategic Trade Policy:A Survey of Issues and Early Analysis//Special Papers in International Economics, No. 15. Princeton:Princeton University Press,1985.

③ Krugman P R. Strategic Trade Policy and the New International Economics. Cambridge:MIT Press,1986.

④ Helpman H, Krugman P R. Trade Policy and Market Structrue. Cambridge:MIT Press,1989.

4. 关于国内扭曲的理论，参见：

①Bhagwati J N, Ramaswami V K. Domestic Distortions, Tariffs, and the Theory of Optimal Subsidy. Journal of Political Economy,1963:44-50.

② Johnson H G. Optimal Trade Intervention in the Presence of Domestic Distortions//Baldwin R E, et al. Trade, Growth and the Balance of Payments:Essays in Honor of Gottfried Harberler. Chicago:Rand McNally,1965:3-34.

③Bhagwati J N. The Generalized Theory of Distortions and Welfare//Bhagwati J N, et al. Trade,Balance of Payments and Growth. Amsterdam:Noth-Holland,1971:69-90.

5. 关于次优理论，参见：

① Viner J. The Customs Union Issue. New York:The Carnegic Endowment for International Peace,1953.

②Meade J. The Theory of International Economic Policy, Vol. 2: Trade and Welfare. Oxford: Oxford University Press, 1955.

③Lipsey R G, Lancaster K. The General Theory of Second Best. Review of Economic Studies, 1956, 24: 11-32.

6. 关于保护主义的政治经济学,参见:

①Brock W A, Magee S P. The Economics of Special Interest Politics: The Case of the Tariff, American Economic Review, 1978, 68: 246-250.

②Baldwin R E. The Political Economy of Protectionism//Bhagwati J N. Import Competition and Response. Chicago: Chicago University Press, 1982: 263-286.

③Frey B S. International Political Economics. Oxford: Basil Blackwell, 1984.

1. 基本概念

幼稚产业　战略性贸易政策　次优理论　保护主义的政治经济学

2. 讨论与回答

(1) 试用局部均衡方法分析大国进口关税在国内消费者与国外出口商之间的分担情况。

(2) 幼稚产业的判断标准有哪些?

(3) 贸易保护的非经济动机有哪些?

(4) 分别列举支持贸易自由化和贸易保护主义的理由,并简要说明其中的逻辑。

第九章
经济一体化与多边贸易体制

　　虽然贸易保护在某些情况下可能会增加一国的福利,但贸易保护对世界整体的福利是一种损害。那么,怎么样才能消除贸易壁垒,实现自由贸易呢?很显然,在别的国家都实行保护贸易的情况下,某一个国家单方面实行自由贸易,必然使其福利遭受损害。因此,寄希望于各个国家自觉采取单边的贸易自由化是行不通的。为了世界整体福利的改善和世界经济的发展,各国必须达成共识,一起采取行动,才能最终实现自由贸易。第二次世界大战之后,世界经济出现了两个重要的发展趋势:一是在全球多边贸易体制的推动下,多边贸易自由化所涉及的范围和领域不断扩大和深化,这种趋势通常被称为经济全球化;二是以有差别的优惠性贸易协议或安排为宗旨的区域经济一体化。根据博弈论的观点,博弈的参与者越多,达成合作协议就越困难,博弈的参与者越少,则越容易达成合作的协议。因此,与经济的全球化发展相比,区域经济一体化的发展势头更猛。但是,区域经济一体化虽然实现了局部的贸易自由,却使区域之间的贸易摩擦增大。本章概要地介绍世界经济的这两大发展趋势。首先介绍经济一体化的各种形式,然后以关税同盟为例,分析关税同盟的各种效应,最后介绍多边贸易体制的发展进程,包括关贸总协定的各轮谈判及世界贸易组织的基本情况。

第一节 经济一体化的形式

　　经济一体化是指两个或两个以上的国家或经济体通过达成某种协议所建立起来的经济合作组织。经济一体化按其程度不同可分为五种形式:特惠贸易协定、自由贸易区、关税同盟、共同市场和经济联盟。

一、特惠贸易协定

　　特惠贸易协定是指参加协定的成员国之间在进行贸易时,相互提供比与非成员国进行贸易时更低的贸易壁垒(关税的和非关税的)，但成员国仍保留实施对非成员国贸易的关税和其他限制的完全自由。特惠贸易协定是最松散的一种经济一体化形式，其典型的例子是由英联邦及其成员国以及大英帝国的前殖民地于1932年建立的英联邦优惠计划。

资料链接　印度与智利签订特惠贸易协定

2005年11月，印度和智利签订了特惠贸易协定，两国的经济合作迈出了重要的一步。根据特惠贸易协定的规定，印度向智利出口的296种产品的关税将削减50%。同时，智利向印度出口的266种产品的关税削减10%～50%。

经过4轮谈判，印度和智利最终签订了特惠贸易协定，这4轮谈判的两轮在新德里举行，两轮在圣地亚哥举行。该项特惠贸易协定将使印度向智利出口的91%的产品和从智利进口的98%的产品受益。

印度从该项特惠贸易协定中受益的产品包括汽车、纺织品、化学品、药品、工程和农业机械。智利向印度出口的受益产品包括新闻纸、碘酒、鱼粉、木板和厚木板以及大马哈鱼。该项特惠贸易协定将在两国批准之后开始实施。

在过去的几年中，印度和智利的双边贸易快速增长。2004年，印度和智利的双边贸易额达5.25亿美元，智利向印度出口增长了90%，达到4.25亿美元，印度向智利的出口达到1亿美元。智利驻印度大使表示，智利同印度之间为贸易顺差，但是印度向智利出口的产品更加多样化，超过1000种产品。印度和智利两国之间也在进行自由贸易协定的可行性研究。自由贸易协定将对两国的双边贸易产生重要而积极的影响，并将使两国受益。

二、自由贸易区

自由贸易区是指两个或两个以上的国家或行政上独立的经济体之间通过达成协议，相互取消商品贸易的关税和其他障碍，实行自由贸易，但仍保留各成员对非成员的贸易障碍的一种经济一体化形式，自由贸易区最典型的例子是英国、奥地利、丹麦、挪威、葡萄牙、瑞典、瑞士于1960年形成的欧洲自由贸易联盟(EFTA)，以及1993年由美国、加拿大、墨西哥之间达成的北美自由贸易协定(NAFTA)。

自由贸易区的一个重要特征是成员之间相互取消关税和其他贸易壁垒，实行商品的自由贸易，但成员之间仍保留各自对非成员的贸易壁垒。这样，由于各成员对非成员的商品进口具有不同的关税和贸易限制，因而有可能发生这样一种情况，即来自非成员的商品先从关税或其他壁垒较低的成员进入自由贸易区，再进入关税和其他贸易壁垒较高的成员，从而使这些国家的对外贸易政策失效。为了解决这一问题，通常采取"原产地规则"来限制。所谓原产地产品,是指成品价值的50%以上是由自由贸易区各成员生产的,这样的产品才称为成员的产品,享受在成员之间自由贸易的待遇。

资料链接　北美自由贸易区

北美自由贸易区(North America Free Trade Area)包括加拿大、墨西哥和加勒比海诸国在内的北美共同市场。1980年,美国总统里根就提出建立北美自由贸易区的设想。20世纪80年代中期以后,美国在国际经济中的优势地位逐渐丧失,而日本的实力在急剧增强,欧洲统一大市场在迅速发展。美国和加拿大为了加强北美地区的竞争能力和各自经济发展的需要,从1986年开始谈判签订《自由贸易协定》,作为建立北美自由贸易区的第一步。经过漫长的谈判历程,1988年1月2日,美、加两国正式签订《美加自由贸易协定》,建立美加自由贸易区,1989年1月1日正式生效。按照这个协定,两国将在10年内分三次取消一切关税,大幅度降低非关税壁垒。美国还同墨西哥签署了《自由贸易协议大纲》,并就两国贸易自由化的细节问题进行谈判。此外,美国还以加勒比海诸国不采取损害美国利益的措施为条件单方面对它们提供地区性特惠待遇,这在美国历史上还是第一次。1993年8月13日,美国、加拿大和墨西哥同时宣布,三国已就北美自由贸易协定的劳务和环境附加条约达成协议,从而为三国通向北美自由贸易道路扫清了障碍。北美自由贸易区建立后,有利于形成一个包括贸易、投资、金融和劳动力流动的一体化共同市场,从而把北美地区的经济合作推向一个新的发展阶段。

三、关税同盟

关税同盟是指在自由贸易区的基础上,所有成员国统一对非成员国实行的进口关税或其他贸易政策措施。因此,关税同盟与自由贸易区的不同之处在于,关税同盟除了在成员国之间实行商品自由贸易以外,还统一成员国对非成员国的关税和其他贸易政策,各成员国将其制定关税和其他贸易政策的权利让渡给了关税同盟组织,从而失去了各成员国制定这些政策的自主性。因此,关税同盟比自由贸易区对成员国有更大的约束力。关税同盟的著名例子是创建初期的欧洲联盟或称欧洲共同市场,它于1957年由联邦德国、法国、意大利、比利时、荷兰和卢森堡在签订《罗马条约》的基础上组成。

从经济一体化的角度看,关税同盟也具有某种局限性。随着成员国之间相互取消关税,各成员国的市场完全暴露在其他成员国的厂商竞争之下。各成员国为了保护本国某些产业,需要采取更加隐蔽的措施,如非关税壁垒。尽管关税同盟成立之初已经明确规定了取消非关税壁垒,然而,由于对非关税壁垒没有一个统一的判断标准,因此,关税同盟有着鼓励成员国实行非关税壁垒的倾向。同时,关税同盟只解决了成员国之间边境上的商品自由流动问题,当某一成员国的商品进入另一成员国国境后,各种国内限制仍然构成了自由贸易的障碍。因此有人提出,解决这一问题的最好办法是向共同市场迈进。

四、共同市场

共同市场是指成员国之间不仅实现了自由贸易,建立了共同的对外关税和其他贸易政策,而且还实现了服务、资本和劳动等要素的自由流动。它是比自由贸易区和关税同盟更高一级的经济一体化形式。1993年1月1日,欧洲联盟正式成立了共同市场。

共同市场的特点是,成员国之间不仅实现了商品的自由贸易,实行了统一的对外关税和其他贸易政策,而且实现了生产要素和服务的自由流动。为了实现这些自由流动,各成员国之间要实施统一的技术标准、统一的间接税制度,并且协调各成员国之间同一产品的课税率,协调金融市场的管理法规,以及实现成员国之间学历的相互承认等。

共同市场的建立需要成员国让渡多方面的权利,主要包括进口关税的制定权、非关税壁垒特别是技术标准的制定权、国内间接税的调整权、干预资本流动的权力等。这些权利的让渡,表明一国政府干预经济的权力被削弱,而经济一体化组织干预经济的权力在增强。然而,由于各国经济客观上存在差别,统一的干预政策往往难以奏效,所以超国家的一体化组织干预经济的实际能力仍然有限。

五、经济联盟

经济联盟是指成员国之间不但废除贸易壁垒,统一对外贸易政策,允许生产要素自由流动,而且在协调的基础上,各成员国采取统一的经济政策,包括财政政策、货币政策和汇率政策。当汇率政策的协调达到一定程度,以致建立了成员国共同使用的货币或统一货币时,这种经济联盟又称为经济货币联盟。欧洲联盟目前已进入经济货币联盟阶段(统一的货币——欧元已经发行并于2002年1月1日进入流通)。

经济联盟不仅意味着各成员国必须让渡建立共同市场所需要让渡的权利,更重要的是,成员国还必须让渡使用宏观经济政策干预本国经济运行的权利,包括让渡干预内部经济平衡的财政政策和货币政策运用的权利,以及让渡干预外部经济平衡的汇率政策运用的权利。这些政策制定和运用权的让渡,有利于联盟内部形成自由竞争的市场经济。

经济联盟对经济制度和政策的统一要求,必然要求成员国在政治制度和法律制度上也要协调一致,从而进一步实现完全的经济一体化。其结果是,一体化组织类似于一个国家,成为一个准政府组织。欧洲联盟正逐步建立和完善这些机构,如欧洲议会、欧洲法庭、欧洲中央银行,以及处理各种内部和对外关系事务的机构等。

第二节 关税同盟理论

关税同盟是经济一体化的一种典型形式,除最惠贸易协定和自由贸易区外,其他经济一体化形式都是在关税同盟基础上发展而来的。因此,关于关税同盟的经济影响的分析,大都适用于其他经济一体化形式。关税同盟的经济影响,通常被分为静态效应和动态效应两个方面,本节对关税同盟理论的讨论,主要从这两个方面进行论述。

一、关税同盟的静态效应

关税同盟的重要特点是"对内自由、对外保护"。因此,关税同盟在扩大同盟内各成员之间贸易的同时,也可能减少同盟成员与非成员之间的贸易。1950年,维纳(J. Viner)在首次研究关税同盟理论时,明确区分了关税同盟的这两种不同影响,并分别将其称为贸易创造和贸易转向。①

1. 关税同盟的贸易创造效应

关税同盟静态的、局部均衡效应,主要是根据贸易创造和贸易转向来衡量的。所谓关税同盟的贸易创造,是指关税同盟成立之后,由于同盟成员国之间相互取消关税和其他贸易壁垒、实行自由贸易,而产生的一个同盟成员国低效率(高成本)的国内生产,被另一个(一些)同盟成员国的高效率(低成本)生产所取代,从而产生的同盟成员国之间贸易扩大,以及由此而引起的福利增加。

关税同盟的贸易创造效应可以用图9-1来说明。在图9-1中,D_H和S_H分别表示A国国内X商品的需求曲线和供给曲线。假定A国为一小国,S_f为B国对A国的出口供给曲线,价格为P_f。当A国对从B国进口的X商品征收税率为t的从价税时,A国国内X商品的价格为$P_f(1+t)$,国内消费者和生产者面对的国外供给曲线为S_{f+t}。此时,国内X商品的生产量为X_2,消费量为X_3,进口量为(X_3-X_2)。现在假定A、B两国形成关税同盟,A国取消从B国进口X商品的关税,则A国国内X商品的价格为P_f,国内生产者和消费者面对的国外供给曲线为S_f。此时,A国国内生产量由X_2减少到X_1,消费量由X_3增加到X_4,进口量由(X_3-X_2)增加到(X_4-X_1)。不仅如此,由于形成关税同盟后,A国取消了进口关税,国内X商品价格下降的结果,使消费者剩余增加$(a+b+c+d)$,生产者剩余减少a,政府关税收入减少c,其结果使A国福利净增加$(b+d)$。其中,b为关税同盟贸易创造的生产效应,d为关税同盟贸易创造的消费效应。② 这样,从贸易量的影响来看,形成关税同盟之后贸易量的扩大等于A国国内生产的减少和国内消费的增加;从福利影响来看,形成关税同盟之后,由于取消了关税,使A国免除了因征收关税而产生的生产效率损失b和消费扭曲损失d,从而增加了A国的福利。

2. 关税同盟的贸易转向效应

所谓关税同盟的贸易转向,是指形成关税同盟之后,由于取消了同盟成员国之间的关税,但保留了对非同盟成员国的关税,从而发生同盟成员国的高成本生产取代非同盟

---

① Viner J. The Customs Union Issue. New York:Carnegie Endowent for International Peace,1950.
② 维纳在1950年首次提出关税同盟理论时,只考虑了关税同盟贸易创造的生产效应,1955年米德发展了关税同盟理论,并首次提出考虑关税同盟的消费效应,约翰逊1958年的研究则增添了两个三角形的面积,来测度关税同盟的福利影响。参见:Viner J. The Customs Union Issue. New York:Carnegie Endowent for Internatonal Peace,1950;Meade J. The Theory of Customs Unions. Amsterdam:North-Holland,1955;Johnson H G. The Gains from Freer Trade With Europe:An Estimate. Manchester School of Economics and Social Studies,1958:247-255.

成员国的低成本生产,即在差别待遇的影响下,某一同盟成员国把原来向非成员国的低成本进口转向同盟成员国的高成本进口,以及由此而产生的进口成本增加的损失。

关税同盟的贸易转向效应,也可以运用局部均衡的方法进行分析。如图 9-2 所示,S_H 和 D_H 为 A 国国内 X 商品的供给曲线和需求曲线,S_B 和 S_C 分别为自由贸易条件下 B、C 两国对 A 国的出口供给曲线(假定 A 国为一小国,因而价格 P_B、P_C 保持不变)。由于 $P_B > P_C$,显然,当 A 国对来自 B 国和 C 国的 X 商品都征收税率为 t 的从价关税时,$P_B(1+t) > P_C(1+t)$,C 国的商品在 A 国的市场上更有竞争力,因而 A 国应向 C 国进口 X 商品,A 国国内生产者和消费者面对的 X 商品的国外供给曲线为 S_{C+t},价格为 $P_C(1+t)$。在这个价格水平上,A 国 X 商品的国内生产量为 X_2,消费量为 X_3,从 C 国进口 X 商品的数量为 $(X_3 - X_2)$。

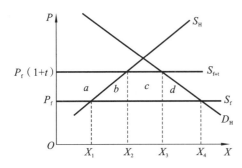

图 9-1 关税同盟的贸易创造效应

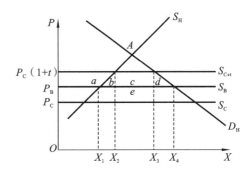

图 9-2 关税同盟的贸易转向效应

现在假定 A、B 两国形成关税同盟,C 国不参加关税同盟。由于 A 国对从 B 国进口的 X 商品不征收关税,但保留对从 C 国进口 X 商品的关税,则 B 国 X 商品在 A 国国内的价格 P_B 低于 C 国 X 商品在 A 国国内的价格 $P_C(1+t)$,B 国的 X 商品在 A 国更有竞争力,从而 A 国应从同盟成员国 B 国进口 X 商品。此时,A 国国内 X 商品的价格为 P_B,国内消费者和生产者面对的国外供给曲线为 S_B,A 国国内 X 商品的生产量为 X_1,消费量为 X_4,从 B 国进口 X 商品的数量为 $(X_4 - X_1)$。其中,$(X_3 - X_2)$ 数量的进口是由 C 国转向 B 国的,这部分即为从贸易量上来看的关税同盟的贸易转向效应,而从 B 国进口的另一部分则属于贸易创造效应(等于 A 国生产的减少和消费的增加)。

再从福利影响来分析,A、B 两国形成关税同盟后,A 国消费者剩余增加 $(a+b+c+d)$,生产者剩余减少 a,政府关税收入减少 $(c+e)$,净福利影响为 $(b+d)-e$。其中,$(b+d)$ 为关税同盟的贸易创造效应,e 为关税同盟的贸易转向效应[e 等于 A 国贸易转向后所发生的进口成本的增加,即 $e = (P_B - P_C)(X_3 - X_2)$]。

由此可见,贸易转向的关税同盟既产生了贸易转向效应,也产生了贸易创造效应,这两种相反力量的作用,既可能增加也可能减少各成员国的福利,而非成员国的福利肯定是减少了;而贸易创造的关税同盟只导致贸易创造,因而肯定会增加各成员国的福利,同时通过其外溢影响,也会使非成员国的福利增加。因此,形成关税同盟,实现局部区域的贸易自由化,在不改变对非成员国的贸易壁垒的条件下,应该说是使整个世界贸易向自由贸易迈进了一步,但它对世界福利的影响是不确定的,它可能增加也可能减少世界福利。贸易创造的关税同盟肯定会增加世界的福利,而贸易转向的关税同盟对世界福利的影响则是不确定的。这样,关税同盟就是次优理论的一个典型例证,维纳首次提出次优理论的想法,也是在他研究关税同盟问题时产生的。

3. 关税同盟导致福利增加的条件

显然,关税同盟越是倾向于贸易创造,越有利于增加各成员国和世界各国的福利;相反,关税同盟越是倾向于贸易转向,则越不利于各成员国和世界其他国家福利的改善。因此,导致福利增加的关税同盟是那些更有可能产生贸易创造的关税同盟。根据不完全的研究,在下述情况下,关税同盟更可能产生贸易创造,因而更有可能增加福利。①②

(1)关税同盟成员国之间在形成同盟之前的贸易壁垒越高,形成关税同盟之后越有可能产生贸易创造效应。例如,在形成关税同盟之前,如果 A 国对从 B 国和 C 国进口的商品都征收禁止关税,则 A 国与 B 国形成关税同盟之后,所产生的静态效应一定是贸易创造效应,而不会是贸易转向效应。

(2)关税同盟成员国与世界上其他国家的贸易壁垒越低,形成关税同盟之后,越不容易产生代价高昂的贸易转向效应。例如,如果自由贸易条件下 A 国向 B 国和 C 国进口 X 商品的价格分别为 P_B 和 P_C(假定 $P_B > P_C$),当 A 国与 B 国形成关税同盟之后,如果从 C 国进口的 X 商品征收的关税率 t 低于 $(P_B - P_C)/P_C$,则形成关税同盟之后就不会产生贸易转向效应。在 $t > (P_B - P_C)/P_C$ 时,t 比 $(P_B - P_C)/P_C$ 高得越多,贸易转向效应就越严重;t 与 $(P_B - P_C)/P_C$ 越接近,贸易转向的效应就越小,贸易创造效应就越大。

(3)参加关税同盟的国家数越多,高效率的生产落在同盟内的概率就越大,从而越不容易产生贸易转向效应。例如,当关税同盟包括世界上所有国家时,则低成本生产一定落在关税同盟内部,从而绝对不会发生贸易转向。

(4)关税同盟成员国之间经济的竞争性越大,互补性越小,越容易产生贸易创造,越不容易发生贸易转向。例如,欧盟是资源禀赋相似的发达国家之间形成的关税同盟,产品之间的竞争性较强,因而产生贸易创造的可能性较大;而北美自由贸易区,特别是美国与墨西哥,经济的互补性较强,容易发生贸易转向效应。

(5)关税同盟成员国之间距离越近,运输成本就越低,越有利于产生贸易创造。

(6)形成关税同盟之前,潜在成员国之间的贸易和经济交往越密切,形成关税同盟之后,就越有利于产生贸易创造,越不容易发生贸易转向。

4. 关税同盟的其他静态效应

除了贸易创造和贸易转向外,形成关税同盟还会产生其他的静态福利效应。第一,行政管理费用的节约。形成关税同盟之后,各成员国的海关人员、边境巡逻人员将减少,从而节约成员国的行政管理费用开支。第二,贸易转向的关税同盟倾向于减少对同盟外的商品进口需求和出口供给,从而有利于改善同盟整体的贸易条件;而对于贸易创造的关税同盟,由于可能存在外溢效应,因而很难判断其对同盟外的商品进口需求和出口供给的变动趋势。但一般而言,由于同盟的建立会导致同盟整体的实际收入增加,从而可

---

① Salvatore D. International Economics. 5th ed. Prentice-Hall International, Inc., 1995:305-306.
② Gandolfo G. International Economics, Vol. 1. 2nd ed. Berlin:Springer-Verlag, 1994:150-152.

能会增加从同盟外的进口需求,导致同盟整体贸易条件的下降。但就某个同盟成员国而言,贸易条件在形成关税同盟之后会如何变化,则取决于各成员国的具体情况。第三,任何一个关税同盟,都是以整体参与国际贸易谈判的,因而较之各个成员国独立行动而言,无疑具有更大的讨价还价能力。例如,欧盟总是作为一个整体参与 GATT(或 WTO)多边贸易谈判的,从而提高了其在这一多边组织中的重要性。

二、关税同盟的动态效应

关税同盟除了上面所讨论的静态效应以外,它还会产生一些重要的动态效应。研究表明,关税同盟的动态利益是其静态利益的 5~6 倍。① 因此,获得关税同盟的动态利益是成立关税同盟的重要原因。关税同盟的动态利益主要来自竞争的加强、规模经济、刺激投资以及资源在更大范围内的优化配置。

(1)关税同盟最大的动态利益来自竞争的加强。关税同盟的建立,消除了成员国之间原来的贸易壁垒,提高了同盟内部市场的竞争性,动摇了各成员国原来存在的垄断和寡头企业的垄断地位,从而促使各企业创新技术、提高效率,以避免被其他成员国的企业淘汰出局。

(2)建立关税同盟可能产生的第二种动态利益是市场扩大而带来的规模经济。关税同盟的成立,使各成员国狭小的国内市场一体化为同盟整体的大市场。市场的扩大使专业化的规模生产成为可能,从而有利于企业实现规模生产和规模经济的利益。同时,市场的扩大也使各行业通过需求联系相互促进,从而产生外部经济利益。

(3)建立关税同盟可能产生的第三种动态利益是刺激投资的发展。这包括两个方面:一是同盟内的各企业为了能在更加激烈的竞争中立于不败之地,同时取得规模生产的利益,必须大量投资,形成技术优势和规模优势;二是同盟外的企业为了绕开关税同盟对外部的关税和其他贸易壁垒,与同盟内部的企业在同盟内部市场上展开平等竞争,就必须发展对同盟内的直接投资。

(4)关税同盟成立后,市场的统一必然促进生产要素在同盟内部的自由流动,从而使生产要素最优配置的范围超越了各成员国的限制。劳动力的自由流动,有利于人尽其才,增加就业机会,同时也会促进知识、技术、企业家精神等在成员国之间的交流和传播,从而有利于知识、技术和管理的发展。自然资源和资本的流动,有利于做到物尽其用、财尽其利,降低要素闲置和利用效率低下的可能性,有利于各种生产资源的最佳配置和最优利用。

然而,需要指出的是,为获得关税同盟的静态利益和动态利益而加入关税同盟,仅仅是一种次优的选择。按照自由贸易理论的观点,最好的选择应该是世界经济一体化或全球经济一体化,这正是多边贸易体制努力的方向。

---

① Salvatore D. Internatioal Economics. 5th ed. Prentice-Hall International,Inc.,1995:308.

第三节 多边贸易体制

区域经济一体化的发展虽然促进了区域内经济贸易的自由化,但根据次优理论原理,它至多只能是一种次优选择,在某些情况下,还会阻碍世界整体经济的发展和世界福利的改善。第二次世界大战以后,各国为了重建国际经济和贸易秩序,促进世界经济的发展,希望建立一个调整各国经济和贸易关系的组织和制度框架,以便各国能在比较宽松的环境下开展国际经济交往和贸易。经过循序渐进的方式,在签订多边贸易协定的基础上,经过多年的不懈努力,终于在1995年1月1日成立了世界贸易组织(WTO),使之同世界银行以及国际货币基金组织(IMF)一起,成为调节世界经济贸易关系的三大支柱。本节首先介绍关贸总协定及其各轮谈判的基本情况,然后介绍WTO的基本情况,最后介绍中国与GATT及WTO关系的基本情况。

一、关贸总协定

1. 关贸总协定的产生

关税和贸易总协定是调整各国关税和贸易关系的多边国际协定。由于GATT特殊的签订背景及其多年的运行特点,使它成为带有制度性和组织性的多边贸易协定。

早在第二次世界大战结束之前,美国和英国在商讨建立战后国际经济新秩序时,就曾设想建立国际贸易秩序。他们认为,20世纪20年代中期以后,各国相继实行的以邻为壑的贸易政策,是导致1929—1933年经济大萧条的重要原因之一。甚至有人认为,国与国之间封闭市场,是第二次世界大战爆发的原因之一。在他们看来,比较宽松的国际贸易环境,是世界和平的重要保证。因此,他们倡导建立一个国际贸易组织,在一种组织和制度框架下协调各国的经济和贸易关系。

1945年12月6日,美国政府单方面提出《扩大世界贸易和增加就业的建议》,主张在这个建议基础上制定国际贸易宪章,以重建国际贸易秩序。美国在提出这个建议的同时,照会各国政府,提出召开世界贸易和就业大会,在美国提出的方案的基础上,进行多边谈判,实施关税减让。经过讨论,包括中国在内的23个国家的代表签字的《国际贸易组织宪章》产生了。其宗旨是"通过促进国际贸易的发展,稳定生产和就业,鼓励落后地区的经济发展,为在世界范围内提高生活水平做出贡献"。

为了做好贯彻《国际贸易组织宪章》的准备工作,23个国家的代表在日内瓦进行关税减让谈判,并将此内容的贯彻与《国际贸易组织宪章》今后的执行相联系,签订了一个临时性的文件或协议。一旦《国际贸易组织宪章》被各国国会正式批准,这个临时性协议就完成了它的历史使命。在这 23 个国家中,澳大利亚、比利时、加拿大、法国、卢森堡、荷兰、英国和美国于 1947 年 10 月 30 日签署了《关贸总协定临时议定书》,中国等 15 个国家也相继在临时议定书上签了字,成为关贸总协定的创始国。

最初的关贸总协定是临时性或过渡性的协议,只有《国际贸易组织宪章》才是建立国际贸易组织的基石。但是,1950 年,美国突然宣布不打算寻求国会批准《哈瓦那宪章》,使国际贸易组织的建立就此夭折。由于各国仍然希望有一个比较自由的贸易环境,在经临时协定缔约国讨论并修改之后,决定继续执行临时议定书。因而,GATT 也就"临时"执行了 47 年之久,直到 1995 年 1 月 1 日才被世界贸易组织所代替。

虽然 GATT 是临时性协定,但它一直作为协调多边贸易与关税关系的对缔约国具有约束力的文件而发挥作用,并且它类似于一个组织,安排缔约国之间旨在追求贸易自由化的谈判,因而在 1947 年以后的 47 年中,GATT 对形成一个比较自由的国际贸易环境做出了很大贡献。

2. GATT 的宗旨和基本原则

GATT 是以贸易自由化为基本目标的。因此,其宗旨和原则总体上是以推进贸易自由化为内容的。当然,考虑到一些实际情况,GATT 也接受了现实中的许多例外情况。

1) GATT 的宗旨

GATT 明确指出,缔约国政府认为在处理它们的贸易和经济事务关系方面,应以提高生活水平,保证充分就业,保证实际收入和有效需求的巨大增长,扩大世界资源的充分利用及发展生产和交换为目的,并期望通过达成互惠互利的贸易协议,促进进口关税和其他贸易障碍的大幅度削减,取消国际贸易中的歧视待遇。

由此可见,GATT 的基本目的是,通过达成互惠贸易协议削减关税,实行公平贸易以实现下述目标:①提高生活水平;②提高就业水平;③保证实际收入和有效需求的巨大增长;④扩大世界资源的充分利用;⑤发展商品的生产和交换。因此,GATT 积极倡导自由化的倾向是十分明显的。

2) GATT 的基本原则

GATT 规定了 8 个方面的原则,即自由贸易原则、非歧视原则、关税减让原则、一般禁止数量限制原则、公平贸易原则、自我保护原则、透明度原则和磋商调解原则。

GATT 的内容中处处体现着以市场为基础开展自由贸易的原则。它规定,GATT 的缔约国应该是市场经济国家,并以市场经济的竞争为基础开展自由贸易。

非歧视原则是 GATT 的重要原则。它规定缔约国之间的贸易要平等互惠,避免歧视和差别待遇。它主要包括两个方面的内容:一是最惠国待遇;二是国民待遇。最惠国待遇是指缔约国一方现在和将来给予任何第三个缔约国的一切贸易特权、优惠和豁免,也应同样无条件地给予其他缔约方。这里的使用范围包括:①一切与进出口货物有关的关税和费用;②与进出口货物有关的国际支付转账所征收的关税及费用;③征收上述关税和费用的办法;④进出口的规章手续;⑤与进出口货物有关的国内税和国内规章制度方面的国民待遇等。国民待遇是指缔约国一方保证缔约国另一方的公民、企业、船舶及产品在本国境内享受与本国公民、企业、船舶及产品同等的待遇。

关税减让原则主要包括:①关税保护原则,GATT 规定,缔约国只能用关税作为保护国内工业的唯一手段,而不能用关税以外的其他办法来保护;②关税减让原则,GATT 规定,在确定关税作为唯一手段的基础上,各缔约国要逐步降低本国的关税水平;③关税稳定原则,GATT 规定,各国确定关税水平之后,不能无故重新提高关税。

就一般地取消数量限制而言,GATT 反对以关税以外的办法保护本国经济,但它只是一般原则,实际上也有一些例外。GATT 从实际出发,允许某些国家采取关税以外的保护措施。

GATT 提倡缔约国之间进行公平、平等和互惠的贸易,反对不公平贸易或人为地干预贸易,改变自由竞争的基本格局。因此,GATT 反对倾销和补贴。

在自我保护方面,GATT 指出,各国如果因为加入 GATT、执行 GATT 的各项条款和原则而给它们带来损失,可以实施自我保护。这主要指三种情况:①保护幼稚工业,GATT 允许发展中国家对某些幼稚工业实施保护,以利于其经济发展;②保障条款,GATT 规定,当一缔约国承担了 GATT 的义务而导致某一产品进口激增时,受到严重伤害或威胁的国内同类产品的生产者,可以要求政府采取紧急措施,撤销或修改已承诺的进口减让;③利用 GATT 中规定的各种例外条款,这些条款包括国际收支平衡例外、关税同盟和自由贸易区例外、安全例外等。

关于透明度原则,GATT 要求各国凡应公布的贸易条例,应该提前予以公布。GATT 明确规定,缔约国海关对产品的分类、税费、进出口限制及影响进出口贸易、销售、分配、运输、保险、仓储、检验、展览、加工的法律,一般引用的司法判断及行政决定,都应迅速予以公布,以便各国政府和贸易商熟悉它们,但要以不泄漏国家机密为前提。

关于磋商调解原则,GATT 规定,一旦缔约国之间发生争端,首先应在 GATT 范围内由当事国双方进行磋商。如果磋商不能解决问题,则应交由专门的工作组解决,并向 GATT 理事会报告。如果理事会做出的决定有一方拒绝执行,理事会可以授权另一方实施报复。

3. GATT 的多边贸易谈判

自 GATT 签字以来,在其组织下曾进行了 8 轮多边贸易谈判。就谈判所解决的主要问题而言,GATT 多边贸易谈判大致可分为三个阶段,即以进口关税减让为主阶段、以非关税壁垒谈判为主阶段和一揽子解决多边贸易体制问题阶段。

1)以关税减让为主阶段

在 GATT 的安排下,以关税减让为目的的谈判共进行了 6 轮。

第一轮谈判是从 1947 年 4—10 月在瑞士日内瓦进行的,23 个缔约国参加了该轮谈判,就 45000 项商品达成双边关税减让协议 123 项,使占当时资本主义国家进口总值 54% 的商品平均降低关税 35%,影响世界贸易额近 100 亿美元,GATT 也随谈判的成功和临时适用协定的签订而临时生效。

第二轮谈判于 1949 年 4—10 月在法国安纳西举行,有 33 个国家参加了谈判,总计达成双边关税减让协议 147 项,增加关税减让商品 5000 多项,使占应税进口总值 5.6% 的商品平均降低关税 35%。

第三轮谈判于 1950 年 10 月至 1951 年 4 月在英国托尔基举行,有 39 个国家参加了该轮谈判,达成关税减让协议 150 项,又增加了关税减让商品 8700 项,使占应税进口总值 11.7% 的商品平均降低关税 26%。

第四轮谈判于 1956 年 1—5 月在瑞士日内瓦举行,有 28 个国家参加了该轮谈判,达成近 3000 项商品的关税减让协议,但涉及的贸易额仅为 25 亿美元,使占应税进口总值 16% 的商品平均降低关税 15%。

第五轮谈判于 1960 年 9 月至 1962 年 7 月在瑞士日内瓦举行,共有 45 个国家参加。因为根据 1958 年美国贸易协定法,当时美国副国务卿道格拉斯·狄龙建议发动该轮谈判,因而命名为"狄龙回合"。该轮谈判达成约 4400 项商品的关税减让协议,涉及 49 亿美元的贸易额,使占应税进口总值 20% 的商品平均降低关税 20%。

第六轮谈判于 1964 年 5 月至 1967 年 6 月在瑞士日内瓦举行,共有 54 个国家参加。该轮谈判是由当时的美国总统肯尼迪根据 1962 年美国贸易扩大法提议举行的,因而被命名为"肯尼迪回合"。该轮谈判除了就所有商品的关税减让进行谈判外,还首次将非关税壁垒的减让纳入了谈判议题。通过该轮谈判,使分别列入各国税则的关税减让商品项目共计达 60000 多项,工业品进口关税税率一律平均削减 35%,影响了 400 亿美元的贸易额,制定了第一个反倾销协议,为发展中国家新增加了贸易与发展部分,开创了波兰作为"中央计划经济国家"参加 GATT 多边贸易谈判的先例。

2) 以非关税壁垒谈判为主阶段

以消除非关税壁垒为主的 GATT 谈判是 1973 年 9 月至 1979 年 4 月在瑞士日内瓦举行的第七轮谈判,有 99 个国家参加了该轮谈判。它是在日本东京举行的部长级会议上发动的,故又称为"东京回合"。这次谈判的主要议题有两项:一是采用最一般的原则指导关税谈判;二是减少和消除非关税壁垒。通过这次谈判,达成了一揽子关税减让协议,涉及 3000 多亿美元的贸易额,规定用 8 年时间使世界 9 个主要工业品市场上制成品的加权平均关税从 7% 降到 4.7%,减让总值相当于进口关税水平降低 35%;达成了多项非关税壁垒协议和守则,涉及补贴与反补贴措施、贸易的技术性壁垒(产品标准)、政府采购、海关估价、进口许可证程序、修订肯尼迪回合的反倾销守则等;通过了给予发展中国家优惠待遇的"授权条款"。

3) 一揽子解决多边贸易体制问题阶段

GATT 第八轮谈判是 1986 年 9 月在乌拉圭的埃斯特角城举行的 GATT 部长级会议上发动的,旨在全面改革多边贸易体制,也称为"乌拉圭回合",先后共有 125 个国家和地区派代表参加了谈判。参加谈判的各国部长们达成了总体的政治承诺,共有两大部分:①货物贸易谈判,其目标是促成国际贸易的进一步自由化,加强 GATT 的作用,改善多边贸易体制,增强 GATT 对不断变化的国际经济环境的适应性,鼓励合作,以促进世界经济增长,加强成员间的经济政策联系;②概述了服务贸易规则新框架的目标,这些承诺的具体谈判事宜包括市场准入、贸易竞争规则、新领域的议题和贸易体制程序的议题等 4 类,15 项议题即关税问题、非关税壁垒、热带产品问题、自然资源产品、纺织品和服装、农业、GATT 条款、保障条款、多边贸易谈判协议和安排、补贴和反补贴措施、争议的解决、与贸易有关的知识产权、与贸易有关的投资措施、GATT 体系的作用及服务贸易。通过这次谈判,达成了涉及 21 项内容的 45 个协议,减税商品涉及的贸易额高达 1.2 万亿美元,减税幅度近 40%,近 20 个产品部类实行了零关税;农产品的非关税措施全部关税化,并进行约束和减让,纺织品的歧视性配额在 10 年内取消;非关税壁垒受到严格规范;涉及服务贸易、与贸易有关的知识产权、与贸易有关的投资措施等三个新的领域的谈判取得成功;建立世界贸易组织,取代 GATT。

4) GATT 多边贸易谈判的主要成就

尽管 GATT 在执行过程中遇到多方面的困难,但是在它的组织下,从 1947 年到 1994 年近 47 年间所取得的成就是十分显著的。

首先,通过 GATT 组织的 8 轮谈判,各缔约国的进口关税水平都有明显的下降。发达国家的平均关税从 1947 年的 40% 左右下降到 4% 左右,发展中国家的平均关税也下降到 13% 左右,保证了第二次世界大战后的国际贸易能够在一个比较自由的贸易环境下展开。据统计,1913—1938 年,世界贸易的年平均增长率仅为 0.7%,而 1948—1973 年,世界贸易的年平均增长率达 7.8%;1950 年世界贸易总额仅 603 亿美元,而 1994 年世界贸易总额已高达 5 万多亿美元,年平均增长 6%,为各国经济增长创造了良好的条件。

其次,GATT 创造了良好的国际贸易秩序。尽管 GATT 还不是真正意义上的世界贸易组织或国际贸易体系,但是,它的存在使国际贸易能够有一个比较公认的法律或规章制度,从而能够规范国际贸易朝着自由化的正确方向发展。

最后,作为具有组织性的协定,GATT 的吸引力越来越大。由于 GATT 在很大程度上符合世界上大多数国家自身的经济利益,而且这种利益大于由此带来的损失,所以它的吸引力逐渐增加,使 GATT 的缔约方由最初的 23 个增加到 1994 年底的 128 个。

二、世界贸易组织

世界贸易组织(WTO,其机构设在瑞士日内瓦)是约束各成员之间贸易规范和贸易政策的国际贸易组织。WTO 的各种协定是国际贸易制度运行和各成员贸易政策制定的法律基础。它继承了 GATT 的主要原则,但比 GATT 约束的范围更广泛,是一个真正意义上的国际贸易组织。

1. WTO 与 WTO 协定

WTO 与 WTO 协定的形成是 GATT"乌拉圭回合"多边贸易谈判的一项意外的重大成果。

当 1986 年"乌拉圭回合"多边贸易谈判开始时,其中的 15 个议题中并不包括建立 WTO 的议题,只是设立了一个关于修改和完善 GATT 体制职能的谈判小组,但是在新议题中已涉及货物贸易以外的问题,如服务贸易、知识产权保护、与贸易有关的投资措施等。面对这些非货物贸易的重要议题,很难在 GATT 的旧框架下进行谈判,而有必要创立一个正式的国际贸易组织。因此,1990 年初,当时担任欧共体主席的意大利首先提出了建立一个多边贸易组织的倡议。这个倡议后来以欧盟 12 个成员国的名义正式提出,并得到了美国、加拿大等主要西方大国的支持,1991 年 12 月形成了一份《关于建立多边贸易组织的协定草案》,并成为同年底《邓克尔最后案文》的一部分。经过 2 年的修改和完善,最终于 1993 年 12 月 15 日"乌拉圭回合"结束时,根据美国的动议,把"多边贸易组织"(MTO)改名为"世界贸易组织"(WTO)。WTO 协定于 1994 年 4 月 15 日在摩洛哥的马拉喀什部长级会议上获得通过,WTO 协定连同其 4 个附件,加上《部长会议宣言》及决定,共同构成了"乌拉圭回合"多边贸易谈判的一揽子成果,并采取"单一整体"义务和无保留例外接受的形式,由104个参加方政府代表签署,其中包括中国政府代表。

根据WTO协定,WTO的宗旨是:协定的成员方认识到,在发展贸易和经济关系方面,应当按照提高生活水平,保证充分就业,大幅度稳定提高实际收入和有效需求,扩大生产和货物与服务贸易的观点,为着持续发展的目的,以扩大对世界资源的充分利用,寻求对环境的保持和维护,并根据它们各自需要和不同经济发展水平的情况,加强采取相应的措施。

WTO协定由正文16个条款和4个附件组成。正文只是就WTO的组织结构、决策过程、成员资格、接受、加入和生效等程序,作了原则性规定,并未涉及规范和管理多边贸易关系的实质性规定。实质性规定都体现在4个附件中,这4个附件包括13个多边货物贸易协议。附件1包括:①货物贸易协定;②服务贸易总协定及其附录;③与贸易有关的知识产权;④与贸易有关的投资措施。附件2是关于处理贸易争端规则和程序的备忘录。附件3是关于贸易政策评审机制协议。附件4是关于4个多种贸易协议,即关于民用航空器协议、关于政府采购协议、关于国际牛奶乳制品协议和关于牛肉协议。

2. WTO的基本原则

WTO适用的基本原则主要来自1994年GATT、服务贸易总协定(GATS)以及历次GATT多边谈判特别是"乌拉圭回合"谈判达成的一系列协定。它由若干规则和一些规则的例外所组成,主要有:无歧视待遇原则,贸易自由化原则,透明度原则,市场准入原则,公正、平等处理贸易争端原则,给予发展中国家和最不发达国家优惠待遇原则等。

1) 无歧视待遇原则

这是总协定最基本的原则之一,无条件地适用于所有缔约方。它要求一缔约方给予其他缔约方以平等待遇。该原则体现在总协定的最惠国待遇条款和国民待遇条款中。

2) 贸易自由化原则

贸易自由化是关贸总协定的一个极其重要的原则,也是一个根本性的原则。所谓贸易自由化原则,从本质上来说,就是限制和取消一切妨碍和阻止国际贸易开展与进行的障碍,包括法律、法规、政策和措施等。总协定的这一原则,在其进行的8轮多边贸易谈判以及在与贸易保护主义的斗争中,不断得到加强和更广泛的发展。总协定的贸易自由化从根本上来说,是通过削减关税、弱化关税壁垒以及取消和限制形形色色的非关税壁垒措施来实现的。因此,这一原则又是通过关税减让原则、互惠原则以及取消非关税壁垒原则(如一般取消数量限制原则)等来实现的。

(1) 关税减让原则。关税减让以互惠互利为基础,旨在降低进出口关税的总体水平,尤其是降低阻碍商品进口的高关税,由此促进国际贸易的发展。

关税与贸易总协定成立之初,国际贸易领域里的最大障碍就是高关税壁垒。因此,关贸总协定的主要任务就是通过多边关税减让谈判来消除关税壁垒。关税减让原则就自然作为历次多边贸易谈判中必须适用的重要原则。因高关税、关税升级、减税范围和幅度,以及敏感性产品或部门与农产品对关税减让的逃避等诸多问题的存在,关税议题仍是国际贸易领域中人们最重视的课题之一,关税减让原则仍将在相当长的时期内发挥作用。

关税减让原则也有一些例外。例如,纺织品、鞋类等敏感性产品或部门与部分农产品对关税减让的逃避;缔约方在遇到某些特殊情况(如因大量进口而造成国内产业遭受严重损害),可引用关贸总协定中的"免责条款"撤回已做出的关税减让;发展中国家根据自身的实际情况(如国际收支严重不平衡)以及关贸总协定第四部分作为其法律依据而提出的非对等、更优惠的待遇,包括关税减让,可视为合法合理的例外。

(2)互惠原则。互惠是利益或特权的相互或相应让与,是两国之间确立商务关系的一个基础。在国际贸易中,互惠是指两国互相给予对方以贸易上的优惠待遇。互惠原则是关贸总协定最为重要的原则之一。它有两方面的意义:一方面明确了各缔约方在关税谈判中相互之间应采取的基本立场;另一方面从关贸总协定以往的几轮谈判来看,互惠原则是谈判的基础,其作用也正是在互惠互利的基础上实现的。

(3)一般取消数量限制原则。数量限制多指禁止或限制进口数额的措施,其形式有配额、进口许可、自动出口约束和禁止等。

关贸总协定自创始起即提出一般取消数量限制原则。关贸总协定第11条阐明:任何缔约方除征收捐税或其他费用以外,不得设立或维持配额、进出口许可证或其他措施以限制或禁止其他缔约方领土的产品的输入,或向其他缔约方领土输出或销售出口产品。

但这一原则也有一定的例外。这些特定的例外主要是:缔约方为了稳定本国农产品市场,可以对农、渔产品的进口实行数量上的限制;为了保障本国的对外金融地位,维持国际收支平衡,可以在短期内对进口数量加以合法限制;发展中国家为了进一步发展经济,加快某类特定工业的建立,可采用政府援助形式的数量限制;对尚有经济、贸易和金融结构方面现实问题的缔约方,允许其为国际收支目的实施数量限制。

一般取消数量限制原则还要求在实施允许使用的数量限制时,应非歧视地实施数量限制,总协定的第13条对此做出了规定。

3)透明度原则

透明度是关贸总协定和世贸组织三个主要目标(即贸易自由化、透明度和稳定性)之一。透明度原则是指有关成员方政府实施有关过境货物流动的法律和规章时,必须予以公布,使各贸易伙伴了解其内容。

关贸总协定所要求的透明度是有一定范围的。关贸总协定第10条透明度原则并不要求缔约方公开那些会妨碍法令的贯彻执行,会违反公共利益,或会损害某一企业的正当商业利益的机密资料。也就是说,关贸总协定允许各缔约方对某些机密不予以公开。服务贸易总协定中也有类似规定。

在"乌拉圭回合"谈判以后,透明度原则已成为各缔约方在有形商品贸易、技术贸易和服务贸易中所应遵守的一项基本原则,它涉及贸易的所有领域。

4)市场准入原则

所谓市场准入,是指一国允许外国的货物、劳务与资本参与国内市场的程度。市场准入原则旨在通过增强各国对外贸易体制的透明度,减少和取消关税、数量限制和其他各种强制性限制市场进入的非关税壁垒,以及通过各国对开放本国特定市场所做出的具体承诺,切实改善各缔约方市场准入的条件,使各国在一定的期限内逐步放宽市场开放的领域,加深市场开放的程度,从而达到促进世界贸易的增长,保证各国的商品、资本和服务可以在世界市场上公平、自由竞争的目的。

在货物贸易领域,市场准入原则几乎体现在所有"乌拉圭回合"最终文件的有关协议中,包括关税的减让、各种非关税壁垒的约束和取消,以及长期游离于多边规则之外的纺织品和服装及农产品贸易领域。在服务贸易领域,市场准入原则的实施对各缔约方而言不是一般性义务,而是具体承诺的义务,只适用于成员方所承诺开放的部门。虽然获得对外开放服务市场的具体承诺是一个极其艰难的过程,但市场准入原则的确立已形成了一个可以逐步开放市场的机制,其影响将持续于今后长期谈判的过程中。

5)公正、平等处理贸易争端原则

关贸总协定对于解决各国间的贸易争端做出了规定,并且在"乌拉圭回合"等回合会议的修改补充下,其争端解决办法越来越朝着公正、平等的方向发展,形成了新成立的世界贸易组织的争端解决机制。世贸组织争端解决机制的公正、平等原则主要体现在以下几个方面:实行调解制度、建立上诉机构、从全体一致通过机制到全体一致否决机制的转变、对发展中国家及最不发达国家的特殊规定及世界贸易组织的道义压力。

6)给予发展中国家和最不发达国家优惠待遇原则

在世贸组织成员方中,发展中国家占了2/3以上。随着发展中国家在关贸总协定和世贸组织中的地位与作用的日益加强,同时在发展中国家为建立国际经济新秩序努力的影响下,关贸总协定和世贸组织势必会更多地考虑发展中国家的利益,同时,也给予了发展中国家差别的和更加优惠的待遇。

这一原则的内容是指那些收入低、工业化水平较低的发展中国家所实施的关税制度可以有更大的弹性,不必对发达国家给予对等的贸易减让,允许进行有限的出口补贴、有限在发展中国家之间而不对发达国家进行相互关税减让等。发展中国家可享受普遍优惠制待遇是最突出的体现。

3. 世界贸易组织的职能和机构

根据世贸组织协定第3条的规定,世贸组织的职能是:为该协定和各多边贸易协议的执行、管理、运作和进一步目标的实现提供方便并提供框架,为该协定及其附件有关各成员方的多边贸易关系谈判提供场所,为在部长级会议决定下谈判结果的执行提供框架,为该协定附件2有关争端处理规则和程序谅解书进行管理,以及对贸易政策评审机构进行管理。此外,为在全球性的经济决策方面形成较大的协调,世贸组织还应和国际货币基金组织和世界银行及其附属机构进行适当的合作。

为履行以上职能,世贸组织设有部长级会议。这个会议包括所有参加方的代表,每两年召开一次。其任务是评审和监督世贸组织协定及其附件协议和必要执行职能的决策活动,在适当时候发动进一步的多边贸易谈判,并决定成员间的谈判和结果的执行。该会议对多边贸易协定的任何事务具有决策权。

世贸组织还设有一个包括所有成员方的总理事会。总理事会是世贸组织的核心机构,其任务是履行世贸组织的职能,在部长级会议休会期间代为执行各项职能。总理事会下设三个专门理事会,即货物贸易理事会、服务贸易理事会和知识产权理事会,它们在总理事会的指导下进行工作。

在部长级会议下设有一个贸易与发展委员会,一个国际收支限制委员会和一个预算、财务和管理委员会,分别履行该协定和各多边贸易协议赋予的各种职能。

根据世贸组织协定第 6 条规定,世贸组织常设一个秘书处,由部长级会议任命一名总干事任秘书处首长。秘书处负责处理世贸组织的日常事务,为各个常设及非常设机构提供秘书服务,本身没有决策权。总干事和秘书处完全具有国际性质,在履行义务方面,不应接受任何政府的指示。

在各多边贸易委员会下还可视工作需要设立各种工作组和专门小组。工作组和专门小组是在出现重大问题需要处理时成立的,对某一具体问题进行调查研究,完成任务后即解散。

世界贸易组织的机构如图 9-3 所示。

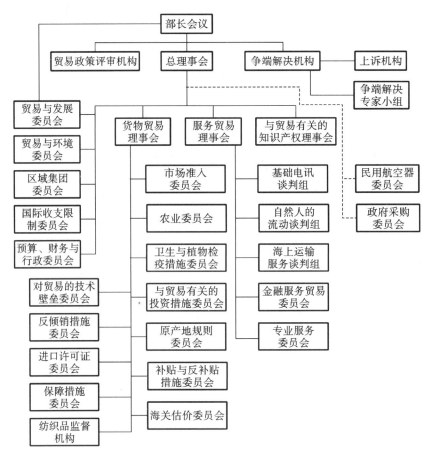

图 9-3 世界贸易组织机构

3. 世界贸易组织体制的特点

(1)管理范围扩大。关贸总协定的管理范围狭窄单一,其规则只涉及货物贸易,且农产品和纺织品都是作为例外处理的。世界贸易组织体制的构成,除了有在原来的关贸总协定基础上发展而来的 1994 年 GATT 文本外,还增加了经过"乌拉圭回合"修改和新制定的规则,例如"东京回合"的五个守则、装运前检验协议、原产地规则协议、与贸易相关的投资措施协议、与贸易相关的知识产权协议和服务贸易总协定等。

（2）体制统一。关贸总协定体制由两层结构组成：一层是总协定文本和前七轮多边贸易谈判达成的关税减让表；另一层是多种纤维协议和九个东京回合守则。多种纤维协议采用背离总协定的管理方法，东京回合守则采取自由选择参加方法，这样就导致缔约方在总协定体制内权利和义务的不平衡，还导致关贸总协定体制本身的分化。世界贸易组织体制所管理的协议，除政府采购协议、牛肉协议、民用航空器贸易协议、国际奶制品协议等四个"东京回合"守则外，其他协议必须一揽子参加，确保了世界贸易组织体制的统一性。

（3）法律健全。关贸总协定的组织机构和法律基础都不健全。世界贸易组织的体制不但把总协定临时适用变为正式适用，而且建立了一整套组织机构。这样，世贸组织将与其他国际组织在法律上处于平等地位。作为正式国际组织，它享有特权和豁免权，是国际法主体。由于它不是联合国专门机构，也不隶属于联合国体系，因此可避免联合国的各种影响，比较符合发达国家特别是贸易大国的愿望。

（4）完善了争端解决机制。关贸总协定是唯一有争端解决机制的准国际组织，但该机制不够健全。"乌拉圭回合"中建立起来的综合争端解决机制健全了各种程序，特别是加强了对实施裁决的监督。为确保世界贸易组织规则的严格遵守和世界贸易组织体制的正常运作，综合争端解决机制适用该体制所管理的一切协议和决定。

（5）建立了贸易政策审议机制。为了监督缔约方是否严格维护关贸总协定秩序，许多国家要求通过"乌拉圭回合"建立贸易政策审议机制的协议。该协议从1989年4月12日临时生效后试行的结果表明，贸易政策审议机制不但能促进各国政策的透明度，而且有利于改善缔约方之间的贸易关系。

（6）加强了全球经济决策的协调。世界贸易组织决定加强其与国际货币基金组织和世界银行之间的联系，这有助于它们在全球经济决策过程中加强协调，以使政策和行动更加和谐一致，发挥更大的作用。

三、中国与世界贸易组织

1. 中国与关贸总协定、世界贸易组织

中国是关贸总协定23个原始缔约国之一，并参加了总协定第一轮和第二轮关税减让谈判。新中国成立以后，台湾当局继续留在总协定内，但已无法控制整个中国的对外贸易。由于不甘心让大陆享受到从关贸总协定谈判中获得的关税减让，1950年台湾当局非法以中国名义退出总协定。1965年，台湾当局又非法取得关贸总协定的观察员资格，直到1971年中国恢复在联合国的合法席位，关贸总协定取消了台湾当局的所谓观察员身份。

当时由于对关贸总协定的情况不够了解以及国内实行高度集中的计划经济，加之对外贸易在中国国民经济发展中的作用不大，因此，中国政府未在关贸总协定问题上作过任何表态，与关贸总协定的关系长期中断。

1978年党的十一届三中全会以后，我国参加了关贸总协定主持下的一系列活动。1980年8月，中国代表出席了国际贸易组织临时委员会执委会会议，参加了选举总干事的投票。1981年,中国代表列席了关贸总协定纺织品委员会主持的第三个国际纺织品贸易协议的谈判。1983年,中国政府签署了该协议,并成为关贸总协定纺织品委员会的正式成员。1982年,中国获准以观察员身份参加总协定活动。1984年中国又被授予关贸总协定"特殊观察员"身份,并被允许参加关贸总协定理事会及其下属机构的会议。

1986年7月,中国正式提出了恢复关贸总协定缔约国地位的申请,同时阐明了"以恢复方式参加关贸总协定,而非重新加入;以关税减让作为承诺条件,而非承担具体进口义务;以发展中国家地位享受相应待遇,并承担与我国经济和贸易发展水平相适应的义务"等三项重返关贸总协定的原则。1987年2月,中国向关贸总协定正式递交了《中国对外贸易制度备忘录》,关贸总协定随即成立了中国问题工作组,但直到1994年12月举行的工作组第19次会议,仍未能达成中国复关的协议。

中国于1994年4月在马拉喀什召开的关贸总协定部长级会议上签署了《乌拉圭回合多边贸易谈判结果最后法案》,但仍未能成为世界贸易组织的创始成员。1995年1月1日,《建立世界贸易组织马拉喀什协议》正式生效。不久,"中国关贸总协定缔约方地位工作组"更名为"中国加入世贸组织工作组"。1999年11月15日,中美两国在北京就中国加入世贸组织达成了双边协议。2000年5月19日,中国和欧盟在布鲁塞尔也达成了双边协议。在中国与美、欧两个重要世贸成员达成双边协议的推动下,中国相继与其他世贸成员达成了双边协议。到2000年底,除墨西哥以外,中国已经与所有提出与中国进行谈判要求的世贸成员达成了双边协议。2000年5月和9月,美国国会众议院和参议院分别通过了给予中国永久正常贸易关系的H. R. 4444号法案。该法案终止了原《杰克逊-瓦尼克修正案》对中国的适用,从而有效确立了美国与中国的永久性正常贸易关系。2000年10月,美国总统克林顿签署了该法案,从而使该法案成为法律。永久性正常贸易关系的确立为美国和中国之间适用世贸组织协议扫清了法律障碍。2001年6月9日和6月20日,中国分别与美国、欧盟就中国加入世贸组织的所有遗留问题达成全面共识。2001年6月到7月,中国加入世贸组织工作组又在日内瓦召开了第16次和17次会议。会议在中国与美国和欧盟新近达成的共识基础上,就中国入世的多边法律文件的具体内容进行讨论,并基本完成了这些多边法律文件的起草工作。2001年9月中旬,在日内瓦召开中国加入世贸组织工作组第18次会议。2001年12月21日,中国加入WTO。

2. 加入WTO给我国带来深远影响

从政治上考虑,加入世贸组织将大大增强中国在世界事务,特别是国际贸易方面的发言权和主动权。我国在成为世贸组织正式缔约国后,可以参与各个议题的谈判,与其他缔约方平等地参与有关规则的制定、修改和发展及体制建设,以维护我国在世界贸易中的地位和合法权益,并在建立国际经济新秩序、维护第三世界国家利益等方面发挥更大的作用,同时还能通过世贸组织的"讲台"宣传我国的改革开放政策,积极发展和世界各国的经济合作、贸易和技术交流。

在对外贸易方面,有利于中国在世界贸易组织中参与制定对国际贸易起重要作用的法规,从而受益于世贸组织的多边贸易体制。加入世贸组织后,中国可以享受所有缔约方的稳定的、无条件的多边最惠国待遇,有权向有关缔约方就我国有重大出口利益的产品提出关税减让的要求,扩大出口市场。此外,还可获得发展中国家享有的幼稚产业保护、出口补贴、关税减让和保护、国际收支平衡乃至贸易争端解决等方面的优惠待遇,从而为对外经济贸易发展创造良好的外部环境。

在解决国际贸易争端方面,加入世贸组织后,可以通过世贸组织的贸易争端解决机制解决贸易纠纷,由特设机构通过协商在比较公平的基础上获得合理的解决,不必像过去那样,靠双边谈判自行解决或以某一国内部法律解决争端,从而避免了以往发达国家对我国实行的歧视性待遇,为我国争取更多的贸易利益。

当然,复关和加入世贸组织,也要承担相应的义务,承受国际竞争的压力。在经济实力和综合国力都不够强的情况下与世界经济接轨,并在高层次和高水平上参与国际分工,将使中国面临严重的挑战。首先,中国的产品要到国外去参与国际竞争,同时中国必须向经济实力较强的发达国家开放国内市场。其次,中国加入世贸组织需要承担相应的义务,如要向其他缔约方提供最惠国待遇,降低关税,不得随意实行进口限制,增加外贸政策的透明度,公布实施的贸易限制措施,开放服务贸易,扩大对知识产权的保护范围,放宽对外引进外资的限制等。这就把质量不同的经济实体——中国的企业与发达国家的企业一下子放在相同的竞争环境里,使中国企业失去了赖以生存的保护环境,面临国际竞争的严峻挑战。此外,加入世贸组织使中国的国内市场成为世界统一大市场的有机组成部分,世界经济的波动将对中国的经济发展产生或多或少的直接和间接影响。

总之,加入世贸组织对我国的经济是利大于弊。这不仅仅是对我国恢复在总协定地位后的权利与义务、责任与利益相比较而言,更重要的是有利于促进我国建成能按经济规律办事、按国际规范管理、经得起国际竞争考验、能对市场做出及时正确反应的宏观调控和微观管理体系。

第四节 国际经济秩序演变与新秩序

第二次世界大战之后在西方国家主导下建立起来的是以市场为导向的国际经济秩序。战后至20世纪80年代中期,国际经济秩序立基的是所谓的"内嵌的自由主义"。虽然这种自由主义承认各国政府以积极的角色干预经济和社会生活的必要性,但其本体仍然是自由主义,在此基础上建立的是"市场导向分配模式"的国际经济秩序。例如,1947年缔结的《关贸总协定》就是一个以推行贸易自由化为基本宗旨的多边贸易法律体制。20世纪80年代中期之后,西方的新自由主义理念开始盛极一时,在反映西方新自由主义观之"华盛顿共识"的指引下,市场经济在世界范围内广泛推行,以市场为导向的国际经济秩序得到了进一步强化。最典型的例子是,相对于以往的《关贸总协定》,《世贸组织协定》拓展了贸易自由化的范围,并大大强化了贸易自由化的纪律。

近年来,随着中国的崛起,建立一个什么样的国际经济秩序,成为中国和平发展过程中需要解决的一个重大理论和现实问题。与此同时,中国将如何对待现行的国际经济秩序,受到了西方学界的广泛关注。

第五节 一带一路

2015年3月27日在海南博鳌亚洲论坛上,中国国家发展和改革委员会(简称国家发展改革委)、外交部和商务部联合发布了《推动共建丝绸之路经济带和21世纪海上丝绸之路的愿景与行动》(以下简称《愿景与行动》)(国家发展改革委等,2015)。这标志着对中国发展将产生历史性影响的"一带一路"战略进入全面推进建设阶段。如果说改革开放的前30多年中国以积极"引进来"的方式深入参与了经济全球化的进程,那么共建"一带一路"则标志着以中国"走出去"为鲜明特征的全球化新阶段的到来。自习近平主席2013年9月7日在哈萨克斯坦提出共建"丝绸之路经济带"以及同年10月3日在印度尼西亚提出共同打造"21世纪海上丝绸之路"以来,国内外各界一直十分关注"一带一路"这个倡议。

根据《愿景与行动》,"一带一路"旨在促进经济要素有序自由流动、资源高效配置和市场深度融合,推动开展更大范围、更高水平、更深层次的区域合作,共同打造开放、包容、均衡、普惠的区域经济合作架构(国家发展改革委等,2015)。这表明,中国期望在符合当前世界发展机制和趋势的前提下更深地融入全球经济体系,并在引领世界经济发展中发挥更积极的作用。但是,"一带一路"框架包含了与以往经济全球化完全不同的理念,即"和平合作、开放包容、互学互鉴、互利共赢",而且强调了"共商、共建、共享"的原则。总体上,"一带一路"战略可以简单地用"一个核心理念"(和平、合作、发展、共赢)、"五个合作重点"(政策沟通、设施联通、贸易畅通、资金融通、民心相通)和"三个共同体"(利益共同体、命运共同体、责任共同体)来表达。"一带一路"倡议并非偶然之举,而是世界经济格局变化和经济全球化深入发展的必然结果。

本章小结

1. 本章集中探讨了当今世界经济发展的两大趋势,即区域经济一体化和经济全球化,以及它们对国际贸易和各国福利的影响。

2. 区域经济一体化按其一体化程度不同,可区分为5种形式,即最惠国贸易协定、自由贸易区、关税同盟、共同市场和经济联盟等。

3. 关税同盟的经济影响包括静态效应和动态效应两个方面。关税同盟最主要的静态效应是贸易创造和贸易转向,对此,可以采用局部均衡方法进行分析。关税同盟的动态效应主要来自竞争的加剧、规模经济、刺激投资和要素在更大范围的优化配置。

4. 关贸总协定这种多边贸易体制,从1947年建立到1995年被世界贸易组织取代,经历了47年时间,组织了8轮多边贸易谈判,在促进世界贸易朝自由化方向发展方面做出了重大的贡献。世界贸易组织继承关贸总协定的基本原则,但在性质、管理范围、争端解决机制等方面都比关贸总协定有较大的发展,将对调节世界贸易和经济关系做出更大的贡献。

进一步阅读导引

1. 关于关税同盟理论,参见:

① Viner J. The Customs Union Issue. New York:Carnegie Endowment for International Peace,1950.

② Meade J. The Theory of Customs Unions. Amsterdam:North-Holland,1955.

③ Lipsey R G. The Theory of Customs Unions:A Survey. Economic Journal,1961:498-513.

④ Johnson H G. The Gains from Freer Trade with Europe:An Estimate. Manchester School of Economics and Social Studies,1958:247-255.

⑤ Balassa B. The Theory of Economic Integration. Homewood:Irwin,1961.

⑥ Balassa B. Trade Creation and Trade Diversion in the European Common Market:An Appraisal of the Evidence. The Manchester School,1974:93-135.

⑦ Dixit A, Norman V. Theory of International Trade. Cambridge:Cambridge University Press,1980.

⑧ Dixit A. Gains from Trade without Lump-Sum Compensation. Journal of International Economics,1986,21:111-122.

2. 关于GATT和WTO,参见:

郑志海,薛荣久. 世界贸易组织知识读本. 北京:中国对外经济贸易出版社,1999.

1.基本概念

关税同盟 共同市场 经济一体化 关贸总协定 世界贸易组织

2.讨论与回答

(1)经济一体化的类型有哪些?

(2)什么是关税同盟的贸易创造和贸易转向?试采用局部均衡方法加以分析。

(3)什么是关税同盟?关税同盟的积极影响有哪些?消极影响有哪些?

(4)关税同盟的动态利益主要来自哪几个方面?

(5)世界贸易组织的基本原则有哪些?

(5)WTO 的基本原则有哪些?查阅资料,并论述美国是否违反 WTO 原则?

(6)中国加入 WTO 对其有何正面影响?请试图分析这种影响。

第十章
国际贸易与经济发展

贸易与经济发展的关系,一直是国际经济学研究的重要问题之一。它主要包括如下几个方面:第一,国际贸易如何影响发展中国家经济增长的速度、结构和特征?这也就是传统学说关于"贸易是增长的发动机"的争论。第二,国际贸易如何改变一国国内的收入分配以及不同国家的收入分配?贸易是否是招致国际和国内收入平等和不平等的力量?第三,在什么条件下,贸易能帮助发展中国家取得它们的发展目标?第四,按照过去的经验和对未来发展情景的判断,发展中国家应采取外向型政策(outward-looking policy)还是内向型政策(inward-looking policy)?很显然,由于发展中国家在资源禀赋、经济和社会制度以及增长潜力等方面各不相同,对上述问题,难以有统一的答案,却值得探讨。

本章初步探讨有关贸易和发展必须理解的几个问题:①传统的国际贸易理论关于贸易与发展关系的观点;②关于解说发展中国家贸易的理论;③发展中国家与新贸易理论;④发展中国家的贸易战略与政策。

第一节 传统的国际贸易理论关于贸易与发展关系的观点

传统的国际贸易理论,包括古典经济学的比较利益理论和新古典经济学的要素禀赋贸易理论。比较利益理论是19世纪由大卫·李嘉图首先提出的自由贸易模式。其精髓在于证明:通过专业化生产相对成本较低的产品而从贸易中获利。李嘉图的理论考虑的主要是劳动成本,即以单要素相对成本的高低决定贸易和分工的模式,而没有考虑其他要素对生产成本的影响。

新古典经济学的要素禀赋贸易理论,是20世纪初由赫克歇尔和俄林提出来的。他们在对各国比较利益产生的原因进行探讨之后指出,各国各种产品的相对成本产生差异的原因,在于各国资源禀赋各不相同。按照赫克歇尔-俄林理论(H-O理论),一国在密集使用其相对丰富的要素的产品生产方面具有比较优势,因此,在参与国际贸易和国际分工时,该国应该专业化生产密集使用其相对丰富的要素的产品。H-O理论在探讨比较利益时,考虑了多种生产要素(劳动、资本等),它以比较机会成本为基础,修正和完善了比较利益理论,成为被广泛接受的国际贸易理论。1949年,萨缪尔逊在《再论国际要素价格均等化》一文中,对要素价格均等化问题进行了进一步的理论证明。他指出,在一定条件下,各国要素价格将通过贸易实现均等化,从而形成了完整的赫克歇尔-俄林-萨缪尔逊模型。该模型也可以用来分析经济增长对贸易模式的影响,以及分析贸易对一国经济结构和收入分配的影响。

按照要素禀赋理论,贸易的产生不是因为不同国家具有不同的劳动生产率,而是因为不同国家具有不同的要素禀赋。资本相对丰富的国家,资本要素相对便宜,该国就在密集使用资本要素生产的商品上成本较低,因而具有比较优势;劳动相对丰富的国家,劳动要素就相对便宜,密集使用劳动要素生产的商品成本较低,具有比较优势。各国按照比较优势进行专业化生产,出口自己具有比较优势的商品,都将能从贸易中得利。

要素禀赋理论有两个最基本的假设:一是不同商品按不同的要素比例进行生产,也就是说,商品可以按生产中使用的要素比例不同,区分为劳动密集型商品、资本密集型商品等;二是不同国家具有不同的要素禀赋,也就是说,按照各国要素供给的相对比例,国家可以划分为资本丰富的国家(如美国)和劳动丰富的国家(如印度)。这种新古典自由贸易理论的主要结论是,如果各国按照各自的要素禀赋所决定的比较优势参与自由贸易,就都能从贸易中获利。除了要素禀赋决定比较优势和贸易模式这一结论外,要素禀赋理论还认为:第一,由于机会成本递增(与古典贸易理论假定机会成本不变不同),一国不可能完全专业化生产一种商品;第二,假定世界各国的生产技术完全相同,自由贸易不仅导致各贸易国商品比价一致,而且导致各国要素价格均等化;第三,各国更密集地使用其相对丰富的要素进行生产,使得相对丰富要素的所有者的报酬相对增加,这在劳动相对丰富的发展中国家,就是劳动的报酬相对增加;第四,贸易能刺激经济增长。

在贸易理论中,贸易利益不是以赚取外汇的多少来衡量的,而是以贸易所产生的国内产出和实际收入的增加来衡量的。一般认为,得自贸易的利益,可以区分为静态利益和动态利益两类。贸易的静态利益是指来自按比较利益参与国际分工的利益;动态利益则指贸易对生产可能性的影响。规模经济、国际投资、技术知识的转移等,都是动态利益的例子。此外,贸易也能给剩余商品提供出路,它能使未被利用的生产要素得到利用,也使得一国能从国外购买商品。这有两个方面的意义:第一,如果不发生国内替代,进口能解除生产瓶颈的约束;第二,进口作为对国内生产的替代,比直接在国内生产更有效率。

贸易的静态利益是以比较利益法则为基础的。如图10-1所示,A、B两国贸易前的国内消费受国内生产的限制,分别处于其生产可能性曲线与其社会无差异曲线的切点A和A'点。当两国按照比较优势开展贸易后,如果国际贸易价格线为TT'(该曲线斜率的绝对值即为贸易商品的相对价格,该价格处于两国国内商品比价之间),则两国新的消费点分别为E和E',即位于其社会无差异曲线与国际贸易价格线的切点。显然,两国新的消费点均位于其生产可能性曲线之外,这在无贸易条件下是不可能达到的。因此,国际贸易扩展了一国消费可能性。此外,或许更为重要的是,参与贸易使一国专业化生产其

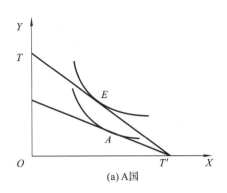 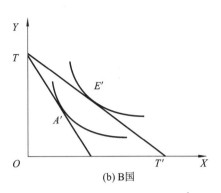

图 10-1　贸易的静态利益

最有效率的商品,这种国际分工的结果使得世界生产增加,世界福利增加。如果两国比较优势完全相同,就不存在贸易的静态利益,贸易的原因就在于获得规模经济和其他动态利益。

贸易的主要动态利益在于,出口市场能扩大一国生产者的总体市场。在规模报酬递增的情况下,得自贸易的总体利益会超过资源配置的静态利益。由于规模报酬递增,任何国家,不论其贸易条件如何,都能从贸易中得利。希克斯认为[①],如果不强调规模报酬递增与资本积累的紧密关系以及由此而产生的规模报酬递增,就无法理解国际贸易现象。对一个没有国际贸易的小国而言,投资于先进生产设备将受到限制,分工也受到市场的制约。但如果贫穷的发展中国家参与国际贸易,就有实现工业化和脱离传统生产方式的希望。市场越大,由于规模报酬递增,积累资本就越容易。此外,贸易的动态利益还包括刺激竞争,获得新知识、新观念,传播新技术,以及可能伴随资本流动,增强专业化分工,导致更迂回的生产方法,改变态度和制度。或者说,动态利益就是向外移动生产可能性曲线,导致社会更高的福利水平。

新古典自由贸易理论关于贸易和发展问题的结论是:第一,贸易是经济增长的发动机,贸易能扩大一国的消费可能性,增加世界产出,为参与贸易的国家提供在世界范围内获取稀缺资源和进入世界市场的可能性,没有贸易,穷国将不可能增长;第二,在要素自由流动的条件下,贸易将使得各国要素价格均等化,贸易有利于促进国内和国际平等,提高贸易各国的实际收入,使得各国和世界资源得到更有效的利用;第三,通过促进一国具有比较优势的部门的发展,贸易有助于一国实现经济发展;第四,在自由贸易中,国际价格和成本决定着一国为了使其国民福利最大化的贸易量,各国应遵循比较优势原则,而不要试图干预自由市场的运作;第五,要促进增长和发展,就要采用外向型的国际政策,在任何情况下,封闭或半封闭的政策,相对于无限制的自由贸易而言,都是缺乏效率的。

传统国际贸易理论的结论,是从一系列隐含的或明确的假定中推导出来的。这些假定,通常与现实的国际经济关系相互矛盾。自由贸易仅仅存在于经济学家的图形和模型中,现实世界则充满着各种各样的保护和非竞争性定价。因此,有必要分析新古典贸易

---

① Hicks J. Essays in World Economics. Oxford:Clarendon Press,1959:181-183.

理论的基本假定,并对其进行批判性考察。这就是下面两节要探讨的主要问题。

第二节 关于解说发展中国家贸易的理论

本节首先介绍新古典贸易理论的基本假定,然后对其某些假定进行批判性考察,并介绍几个与之不同的有关发展中国家贸易的理论。下一节则考察新古典贸易理论的另一些假设,并介绍几种较有影响的新贸易理论。

一般认为,新古典贸易理论有6个基本假定:第一,各国生产要素的数量和质量都是固定不变的,生产要素充分就业,不存在生产要素的国际流动;第二,生产技术固定不变或生产技术相似,且可以为所有国家所获得(新古典理论),而且,技术扩散对所有国家都有好处,消费者偏好固定不变,且不受生产者的影响;第三,在国内,生产要素在各部门之间完全自由流动,经济整体存在完全竞争,不存在风险或不确定性;第四,政府不干预国际经济活动,自由自主的生产者为追求成本最小化或利润最大化而开展贸易,国际价格由供求的力量决定;第五,各国在任何时候都处于贸易平衡状态,所有经济都能随国际价格的变动而做出及时调整;第六,每个国家得自贸易的利益都能惠及其所有国民。以下逐一考察这些假设。

一、贸易与资源增长:南-北不平等贸易模型

现实的世界经济是快速变化的。生产要素的数量和质量,都不像新古典贸易理论所假定的那样,是固定不变的;相反,物质资本和人力资源都会随着经济的发展而逐步积累。贸易通常是不同国家生产资源不平衡增长的主要决定因素。这对那些对增长和发展起决定作用的资源(如物质资本、企业家能力、科学能力、进行技术研究和开发的能力、劳动技能等)而言,尤其如此。

因此,相对要素禀赋和比较成本并不是给定不变的,相反,它们都处于不断的变化中,而且这种变化是由国际分工的性质和特征所决定的。在穷国与富国的不平等贸易中,这意味着,任何初始的资源禀赋不平等,都会因为按照要素禀赋理论所建议的贸易模式开展贸易而更趋恶化。特别是,如果富国(北方)因为历史的原因,相对富有资本、企业家能力、熟练劳动等关键性生产要素,那么,它们持续密集使用这些要素专业化于加工品生产,就能为其进一步增长创造必要的条件和刺激。相反,发展中国家(南方)拥有过剩的非熟练劳动供给,专业化生产密集使用非熟练劳动的产品,其世界需求前景和贸易条件都极为不利,就会发现它们被困于停滞的、持久的、非生产性的非熟练劳动比较优势产品的生产活动中。静态效率变成了动态无效率,累积的过程使得不平等贸易关系更趋恶

化,贸易利益大量向那些富人分配,从而进一步恶化发展中国家物质资源和人力资源的不发达状况。

南-北贸易模式特别强调富国与穷国之间的贸易关系,而传统贸易理论认为其原理具有普遍适用性。例如,典型的南-北贸易模式认为,北方国家工业中较高的初始资本禀赋,使得这些国家在制成品生产中产生外在经济和高额利润,这与垄断力量相结合,通过更进一步的资本积累,就刺激了北方国家经济的进一步增长。其结果,快速增长的北方进一步积累了相对于增长较慢的南方国家的比较优势。如果进一步考虑需求收入弹性的差别(北方国家生产的资本品相对于南方国家生产的消费品有更高的需求收入弹性),以及资本的流动性(资本由南方"逃"往北方),就会进一步加强贸易悲观主义的基础。

没有哪个国家愿意自己专门从事劳动密集型活动,而让其他国家享受熟练劳动、高技术、资本密集型活动的利益。虽然某些国家和地区,成功地实现了从非熟练劳动密集型生产向熟练劳动密集型生产,进而向资本密集型生产的转变,但对大多数穷国而言,要通过贸易本身实现经济结构的类似转变,则显得遥遥无期。

迈克尔·波特(M. E. Porter)在其名著《国家竞争优势》[①]一书中认为,标准贸易理论只考虑了未开发的实物资源和非熟练劳动这些基本要素,而对那些更专业化的,拥有训练有素、具有专门技能和知识资源的工作人员等这类先进要素,如政府、私人研究机构、主要大学、主要的产业协会等,标准理论则未予考虑。波特指出,发展中国家的中心任务就是要从那种自然资源、廉价劳动、本地要素和其他基本资源优势等这类要素驱动的国家优势中解脱出来,因为这种基本要素优势,只能提供脆弱的、转瞬即逝的出口能力;而且,这种出口不能经受汇率和要素成本的波动。许多这类工业通常也是不具有增长势头的,因为发达经济中资源密集的工业衰落了,其需求趋于更复杂化。因此,创造先进要素应当成为发展中国家的首要任务。

二、失业、资源非充分利用与剩余的出路贸易理论

传统贸易理论的充分就业假定,不适合发展中国家的实际。发展中国家普遍存在失业和就业不足。从这一实际出发,可以得到两点结论:第一,未被利用的人力资源创造了一种可能性,即通过为出口市场生产本地没有需求的商品,可以以很低的甚至零成本扩大生产能力和 GNP(国民生产总值)。这就是通常所说的"国际贸易的剩余的出路理论"。这一理论首先由亚当·斯密提出,而后由缅甸经济学家迈因特(H. Myint)用于解释发展中国家的贸易。

根据剩余的出路贸易理论,为偏僻的农业社会打开世界市场,并不像传统贸易模式所说的那样,是对已经充分就业的资源进行再配置,而是对以前未被充分利用的土地和劳动资源进行利用,为国外市场生产更大的产出。剩余的出路理论可以用图 10-2 来说明。如图 10-2 所示,在贸易之前,在封闭经济条件下,某一发展中国家的资源未能充分利用,表现为该国生产发生在生产可能性曲线以内的 V 点,生产和消费 OX 数量的初级品和 OY 数量的制成品。该国打开国外市场,就给那些未被利用的资源的利用(通常是过剩

---

① Porter M E. The Competitive Advantage of Nations. New York:Free Press,1990:675-680.

的劳动和土地)提供了刺激,从而使可出口的初级品生产从 OX 数量向 OX' 数量扩张,国内生产由生产可能性曲线的内点 V 向生产可能性曲线上的点 B 移动,表明国内资源已经充分利用。给定国际商品比价 P_a/P_m,则 XX' 数量的初级品出口换回 YY' 数量的制成品进口。其结果是最终消费达到 C 点,从而该国在消费与以前同样多的初级品的同时,可以进口 YY' 数量的制成品。把剩余资源转化为进口能力,不仅有可能扩大该国的消费可能性(进口消费品),而且有可能扩大其生产可能性(进口资本品)。迈因特认为,与比较成本学说相比,剩余的出路理论更能解释 19 世纪发展中国家出口的快速增长。因为:第一,如果没有未利用的资源,扩张过程就不可能持续;第二,比较成本理论不能解释为什么两个相似的国家,一个能发展出重要的出口部门,而另一个则不能,剩余的出路理论则提供了一种可能的解释;第三,剩余的出路理论更适合于解释贸易的开始,因为很难想象,一个没有剩余的小农会按照比较利益法则参与专业化分工,以期达到更高的消费可能性。剩余的出路理论更适合于解释贸易的原始基础,而比较成本理论则能解释贸易的商品类型,剩余的出路理论在这一方面缺乏解释力。

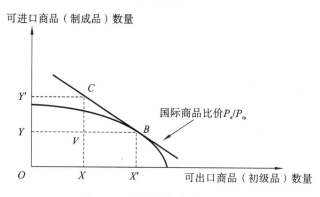

图 10-2　剩余的出路贸易理论

三、贸易条件理论

贸易条件(TOT)通常是指出口商品与进口商品的价格之比,也就是商品贸易条件或纯易货贸易条件。此外,还有收入贸易条件和要素贸易条件。收入贸易条件表明一国出口创造进口的能力。如果以 P_x/P_m 表示商品贸易条件,其中,P_x、P_m 分别为一国出口商品和进口商品的价格指数(在出口和进口商品都只有一种时,可以用出口价格和进口价格计算,但通常情况下,一国进出口商品都不止一种,因此需要采用价格指数)。那么,收入贸易条件可以表达为如下公式:

$$I_{tot} = (P_x/P_m)Q_x \tag{10-1}$$

式中　Q_x——出口数量指数。

要素贸易条件又分为单要素贸易条件和双要素贸易条件。单要素贸易条件表明一国包含于出口商品中的每一单位要素所能换取进口商品的数量,用公式表示为

$$S_{tot} = (P_x/P_m)E_x \tag{10-2}$$

其中,E_x 为包含于出口商品中的要素生产率指数(即一国出口部门的要素生产率指数)。

双要素贸易条件表明一国包含于出口商品中的每一单位要素,交换包含于进口商品中的国外要素的数量,它在单要素贸易条件的基础上,再考虑包含于进口商品中的要素生产率指数(即贸易伙伴的出口生产率指数)。其计算公式为

$$D_{\text{tot}} = (P_x/P_m)(E_x/E_m) \tag{10-3}$$

式中　E_m——包含于进口商品中的要素生产率指数。

一般认为,与商品贸易条件相比,收入贸易条件和要素贸易条件更为重要。因为对发展中国家而言,收入贸易条件上升,表明其以出口为基础的进口能力增加;单要素贸易条件上升,表明其单位出口要素换取进口商品的能力增加;双要素贸易条件上升,表明其出口要素换取进口要素的能力增加。进口能力的提高,对发展中国家的经济发展有着重要的作用。例如,假定一国以1999年为基础,其商品贸易条件 P_x/P_m 为100,如果2000年该国商品贸易条件下降为85,但其出口商品数量增加,出口数量指数为120,则其收入贸易条件为102,比1999年上升2%,即该国以出口为基础的进口能力增加2%。进一步地,如果该国出口部门的要素生产率上升,其指数为130,则该国的单要素贸易条件为110.5,单位出口要素的进口能力增加10.5%。如果贸易伙伴的要素生产率下降,进口要素生产率指数为90,则该国双要素贸易条件为122.78,表明该国单位出口要素换取进口要素的能力增加22.78%。由此可见,收入贸易条件和要素贸易条件具有更重要的意义。

贸易条件理论即人们通常所说的"普雷维什-辛格假定",是由普雷维什(R. Prebisch)和辛格(H. W. Singer)于1950年几乎同时提出的。①② 他们认为,发展中国家的贸易条件呈现出下降的长期趋势。因为发展中国家出口初级产品,进口制成品,而初级产品需求的收入弹性低于制成品,同时,发达国家人工合成替代品的生产以及节约原材料的技术进步,使发展中国家初级品出口的需求处于不利地位。再加上发展中国家初级品生产与发达国家制成品生产之间的市场结构差异,一方面,发展中国家初级品出口受到发达国家的买方垄断;另一方面,发展中国家制成品进口又受到发达国家的卖方垄断,因而造成发展中国家在贸易条件上处于不利地位。为了扭转贸易条件下降的趋势,改变不利的国际贸易地位,发展中国家应当发展进口替代工业。

事实上,贸易条件的概念及其决定,是古典学派和新古典学派经济学家长期讨论的重要问题。在《农业与工业化》一书中,张培刚教授曾经考察了有关贸易条件的诸种学说,并且指出,如果贸易条件的有利与不利,在理论上可以比较,在实际上可以测定,则贸易中各项商品的需求弹性无疑是决定贸易条件有利与不利的一个重要因素。③ 关于贸易条件问题,张培刚教授还提出了如下三点意见:第一,在工业化进程中,国民的收入将会升到较高的水平,而凡是需求弹性较大的产品,在扩张经济中必将有较大的利益,据此,工业制造品较之农产品,一般均有较大的利益。第二,国内生产的弹性愈大,则输出国外的收益愈大,就此而言,工业制造品一般也是处于比较有利的地位。此种相对有利的情况,不仅发生于扩张经济中,而且即使在萧条时期也是一样。因此,在变动的经济中,农

---

① Prebisch R. The Economic Development of Latin America and Its Pricipal Problems. New York: United Nations, 1950.

② Singer H W. The Distribution of Gains between Investing and Borrowing Countries. American Economic Review, 1950; 40(2).

③ 张培刚. 农业与工业化. 武汉: 华中工学院出版社, 1984: 228-230.

产品比起工业品来,总是处于比较不利的地位。第三,技术改良成果的采用,相对地减少了一国对他国输出品的成本,贸易条件因此可能发生变动。① 在《农业与工业化》的第 2 章中,张培刚教授在分析农业与工业的市场联系时指出,农民作为买者和卖者,在与工业厂家和商人发生交易关系时,总是处于被垄断的不利地位。② 因此,在张培刚教授看来,较低的需求收入弹性、工业技术的进步、农业生产者所处的不利的市场地位,是决定农产品贸易条件不利的重要因素。把 20 世纪 40 年代初张培刚教授对工农业贸易关系的分析,应用于初级产品与制成品的贸易关系,就是所谓的"普雷维什-辛格假定"。张培刚教授的这种分析,比起普雷维什和辛格来说要早得多。

在学术界,关于"普雷维什-辛格假定"的实证基础问题,曾有过长期的争论。③ 但根据托达罗的研究,自 1977 年以后,非石油输出发展中国家的贸易条件确实持续下降了(如图 10-3 所示④)。因此,为了促进发展中国家贸易条件的改善,帮助发展中国家尽快实现经济发展,有必要采取措施,稳定和提高发展中国家出口商品的价格,这就是发展中国家对新的国际经济秩序的要求之一。

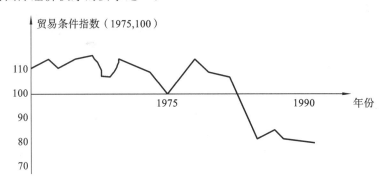

图 10-3 非石油输出发展中国家的贸易条件

第三节 发展中国家与新贸易理论

H-O 理论提出之后,很多经济学家对其进行了经验检验,一些实证检验的结果与理论不符,其中最著名的是里昂惕夫之谜。而且,不少经济学家利用不同国家、不同时期的

---

① 张培刚.农业与工业化.武汉:华中工学院出版社,1984:230-231.
② 张培刚.农业与工业化.武汉:华中工学院出版社,1984:60-69.
③ Spraos J. The Statistical Debate on the Net Barter Terms of Trade between Primary Commodities and Manufactures. Economic Journal,1980,90(357).
④ Todaro M P. Economic Development. 5th ed. New York:Langman Group Limited,1994:418.

数据进行了研究,发现里昂惕夫之谜总是存在。因此,经济学家们就试图从不同方面去解决这一难题。新贸易理论就是一系列这种努力的结果。

事实上,新贸易理论并没有形成统一的模式,而且它们也只能解释贸易的某些特定的方面。新贸易理论通常包括规模收益递增的贸易理论、不完全竞争贸易理论、重叠需求贸易理论、技术差距理论、产品生命周期理论等。它们都从某个方面放松 H-O 理论的假定,从而得出自己的模型。在这里,将对这些理论进行简要介绍,并考察它们与经济发展的关系。

一、规模收益递增与贸易

H-O 理论假定贸易各国的生产函数表现为规模收益不变的特征。然而,现实经济中的生产函数通常表现为规模收益递增。导致规模收益递增的因素有:①专业化,即经营规模的扩大,专业化的机会增加,导致劳动生产率的提高;②高效率的设备,即生产经营规模的扩大,使得高效率、专业化的设备能够投入使用,而这在小规模情况下是不可能的;③降低投入要素的单位成本,因为大规模的买者可以从供应商那里得到数量折扣;④利用副产品,在某些产业中,大规模经营就可以利用副产品,而在小规模情况下,这些副产品就只好浪费掉;⑤辅助设施的发展,在某些情况下,大规模经营厂商会刺激其他厂商为其生产提供辅助设施和服务,如运输系统和仓储设施等,从而导致其成本节约。

规模报酬递增的贸易理论认为,在规模报酬递增的条件下,即使两国在所有方面都相同,互利贸易也能发生。

规模报酬递增贸易理论虽然不能事先预测贸易模式,或者说,某国进出口何种商品是随机因素决定的,但是,它提出了一个很重要的观点,那就是规模收益能产生比较优势。根据张培刚教授的观点,发展中国家的经济正处于起步和上升阶段,或处于平均成本曲线的下降阶段,也就是说,发展中国家的经济更符合规模收益递增的特性。因此,发展中国家要取得经济发展,就要在具有规模收益的产业上有所作为,特别是要发展具有较大外部经济的战略性产业,首先通过保护培植这类产业,让其取得规模经济优势,然后就可以与国外竞争,在更大的世界市场上取得规模经济利益。这就是战略性贸易政策。随着我国经济的进一步发展,也需要转变增长方式,要特别强调发展高技术产业,采取措施支持高技术产业的生产和出口,培植我国高技术产业的规模优势,这是我国 21 世纪经济和贸易发展的关键。

二、不完全竞争和贸易

传统的国际贸易理论的另一个重要假设是完全竞争的市场结构,但完全竞争的假设同国际市场的现实相去甚远。可以说完全竞争在国际贸易中从来就不存在。

一般地,国际贸易中的不完全竞争可以分为如下几类:垄断、寡头垄断、垄断竞争、卡特尔和国际商品协议。尽管这些不完全竞争的形式不同,但它们都扭曲了世界经济中的价格体系,厂商的定价行为背离了完全竞争条件下产品价格等于边际成本的原则。从整个国家来看,商品之间的价格比率不等于其成本比率,国际分工不能完全由机会成本调节,从而影响到资源的配置和社会福利,难以达到最优的境界。由于纯粹垄断像完全竞争那样不切实际,而解释卡特尔和国际商品协议的模式是从寡头理论中推导出来的;因此,新贸易理论主要分析了同内部经济有关的寡头和垄断竞争两种不完全竞争市场结构对国际贸易所发生的影响。

新贸易理论在分析寡头同国际贸易的关系时,尽管有同质产品的相互倾销模型、寡头条件下的垂直差异产品贸易模型和水平差异产品贸易模型等不同形式的模型,但所得出的一个共同的政策推论是,在寡头垄断条件下,一国政府对国际贸易的干预,如对进口商品征收关税或对国内生产或出口进行补贴,在对方不实施报复的情况下,将能提高一国的福利水平。根据世界贸易组织对发展中国家的特别优惠措施,发展中国家为了实现经济的发展和国际收支平衡,可以在一定程度上保护国内生产或对国内生产进行补贴。在这个意义上,寡头垄断条件下的新贸易理论可以为发展中国家的保护政策提供理论依据。

现实的市场结构更多的是垄断竞争的市场结构。在这种市场结构下,产品的差异性使得各个企业产品各不相同,具有一定的垄断性,同时这些差异性产品又非常相近,相互之间具有足够的替代弹性,因而又使其具有竞争性,从而使市场表现为既有垄断又有竞争的特性。由于每一种差异性产品都是针对特定的消费者群生产的,因而在没有国际贸易时,企业的产量就会受到市场的限制,不能取得规模经济的利益。因此,在垄断竞争市场条件下,国际贸易能使厂商既能专业化生产差异性产品,获得一定程度的垄断力量和较高的价格,又能使厂商不丧失规模经济的利益。把这一原理运用于发展中国家,就是要促使发展中国家的企业注重差异性产品的专业化生产,增加其出口商品的附加价值,从而避免贸易条件的恶化,同时又通过面向出口的生产来扩大生产规模,取得规模经济的利益。

三、林德的重叠需求理论

H-O 理论强调资源禀赋的差异性是国际贸易的基础,现实世界的大量贸易却发生在资源禀赋相似的发达国家之间。同类产业相似产品的双向贸易或产业内贸易不断增长,大大超过了产业间贸易。这是 H-O 理论无法解释的现象。新贸易理论则能很好地解释这一现象。因此,经济学家们认为,H-O 理论适合于解释以资源禀赋为基础的产业间贸易现象,新贸易理论则适合于解释以规模收益、不完全竞争等为基础的产业内贸易现象。正是在这个意义上,新贸易理论与 H-O 理论是互为补充的。

规模收益递增贸易理论不能预测贸易模式,这就需要其他理论来加以补充。例如,瑞典经济学家林德(S. Linder)1961 年提出的重叠需求理论,就可以用来预测贸易模式。

林德认为,对初级产品的贸易来说,要素禀赋是极为重要的。然而,对制成品贸易来说,要素禀赋并不重要,国内需求状况才是影响制成品贸易的重要因素。产品生产和销售,总是先从国内市场开始的,因为生产者对国内需求和市场状况较熟悉。国内需求促进生产发展,使生产者成长壮大,取得规模经济,从而足以在国外市场竞争。

生产决策的初始基础是国内或当地需求状况,因此,制成品贸易最有可能发生在具有相似需求状况的国家之间。换句话说,企业家试图最小化风险,就必须在与国内具有相似需求模式的国家扩展业务。这样,在林德看来,制成品贸易是以贸易伙伴之间存在的重叠需求为基础的,而收入是决定需求模式的主要变量,因此,制成品的国际贸易最有可能发生在具有相似收入水平的国家之间。两国收入水平越接近,越有可能发生制成品的大量贸易。

虽然林德的理论有时不能解释个别现象,如没有过圣诞节传统的亚洲国家,像日本、韩国等,却可以大量出口圣诞卡。这不符合林德先有国内市场再向国外扩张的理论。但是,大多数产品的生产和销售,除了专门为国外生产的飞地经济以外,差不多都是先内而后外的。

对发展中国家而言,林德的理论在两个方面具有重要意义:一是发展中国家要特别注重国内需求的开发,让经济发展的利益惠及大众,使国内市场的成长与生产的发展同步,给国内生产创造良好的需求环境,这对于发展中人口大国尤其重要;二是发展中国家之间的贸易的增长,最有利于发展中国家的发展,这就要求进一步加强发展中国家之间的合作,大力开展发展中国家之间的制成品产业内贸易,以促进发展中国家制造业的发展。

四、技术差距理论和产品生命周期理论

H-O理论假定贸易国家之间不存在技术差距,因此不能解释制成品之间的贸易。经济学家克拉维斯最早注意到,技术差距可能是解释不同国家之间贸易的重要因素。[①] 克拉维斯开创性的工作,引起了一系列关于技术差距与贸易的研究。经验研究也表明,在现代国际贸易中,技术确实是解释贸易现象和贸易模式的重要因素。但技术差距理论是一种静态的理论,没有考虑比较优势的动态变化,而产品生命周期理论则可以看成是对这一理论的发展。产品生命周期理论对第二次世界大战后的制成品贸易模式和国际直接投资做出了令人信服的解释,它考虑了比较优势的变化,对发展中国家利用直接投资和劳动成本优势发展制造业生产,具有较大的意义。

根据技术差距理论和产品生命周期理论,基于新技术的创新,使一国获得短暂的垄断地位,从而易于进入国外市场。由于模仿时滞的存在,创新者可以在一段时期内垄断出口。产品生命周期不仅取决于技术,而且取决于其他生产要素在产品生命周期不同阶段的组合。产品生命周期的另一方面可以被称为赶超产品周期。也就是说,落后国家先进口一种创新产品,然后在国内进行该产品的进口替代生产,随着进口替代生产效率的提高,落后国家就可以获得这种已经成熟的产品生产的比较优势,从而变成这种产品的出口国。日本经济学家把这种比较优势在不同国家之间的变化,概括为亚洲经济发展的"雁行模式",迈耶(G. M. Meier)则称之为"爬梯"。[②] 迈耶指出,随着经济的发展,一国就像在比较优势的梯子上向上前进一样(如图10-4所示),从一开始出口资源密集型商品,进而出口非熟练劳动密集型商品,再出口熟练劳动密集型商品、资本密集型商品,最后出

---

① Kravis I B. Availability and Other Influences on the Commodity Composition of Trade. Journal of Political Economy,1956,64:143-155.

② Meier G M. Leading Issues in Economic Development. 6th ed. Oxford:Oxford University Press,1995:456-458.

口知识密集型商品。在比较优势梯子的最低级,是基本生产要素占统治地位的李嘉图型商品和俄林型商品,它们以自然的比较优势为基础。在梯子的最高级,则是先进要素占统治地位的商品,为了创造这种类型商品生产的比较优势,一国必须对人力资本和物质资本以及知识产权进行较长期的投资,而且这类商品大多受规模经济的制约,其市场具有不完全竞争的特性,其生产的比较优势是一种创造的比较优势,这类商品也被称为波特型和克鲁格曼型商品。

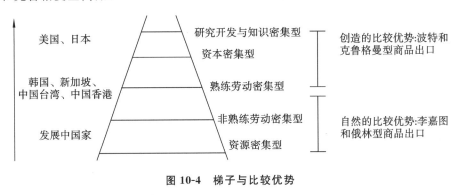

图 10-4 梯子与比较优势

第四节 发展中国家的贸易战略与政策

一、出口鼓励与进口替代

发展中国家的贸易政策可以按其外向型和内向型进行划分。用保罗·P.斯特里顿(P. P. Streeten)的话说,就是外向型发展政策"不仅鼓励自由贸易,而且鼓励资本、工人、企业、学生……跨国企业的自由流动,也鼓励开放的信息交流"。[1] 与此相反,内向型发展政策强调发展中国家创造自己的发展模式和决定自己命运的需要。这就是说,这种政策鼓励制造业中内在的"干中学"和适合于一国资源禀赋的内在的技术发展。按照内向型贸易政策倡导者的观点,只有严格限制贸易,限制人和信息的流动,并把跨国企业及其错误的产品、错误的需求刺激以及错误的技术排斥在国门之外,一国才能获得更大的自主自力。[2]

---

[1] Streeten P P. Trade strategies for development: Some themes for the seventies. World Development, 1973, 1: 1-10.

[2] Streeten P P. Trade strategies for development: Some themes for the seventies. World Development, 1973, 1: 1-10.

倡导外向型出口鼓励工业化战略的自由贸易者,与倡导内向型进口替代工业化战略的贸易保护主义者之间的争论,自20世纪50年代以来,就一直存在于发展经济学文献中。在20世纪50—60年代,进口替代的观点占统治地位;20世纪70年代后期以及80年代,尤其是在西方经济学家和世界银行经济学家中,出口鼓励的观点占上风。然而,即使在20世纪80年代,在第三世界国家的经济学家中,大多数仍然像以前一样,保持着很强的进口替代和集体自主自力倾向。

从根本上说,两种与贸易相关的发展战略之间的区别在于,进口替代的倡导者认为,发展中国家应当在高关税和配额的保护下,首先进行对以前进口的简单消费品的国内替代生产(第一阶段进口替代),然后进行范围广泛的更复杂的制成品的国内替代生产(第二阶段进口替代)。从长期来看,进口替代的倡导者具有双重目标,一是国内产业的多样化(平衡增长),二是通过规模经济、低劳动成本和"干中学",使原来受保护的国内制造业取得出口的竞争优势。与之相反,出口鼓励的倡导者强调从自由贸易和竞争中获得的效率和增长,强调更大的世界市场取代狭小的国内市场的重要性,强调保护所引起的价格和成本扭曲以及东亚出口导向经济大量的成功经验。

在实际中,进口替代与出口促进战略的区别,并不像理论倡导者所说的那样大。大多数发展中国家都曾经在不同时期采用过不同战略。

事实上,进口替代和出口鼓励各有优缺点。与出口鼓励相比,进口替代的优点如下。

第一,贸易条件效应。如果一国在各方面都有较大的市场,出口鼓励会导致贸易条件恶化,而进口替代则有利于改善贸易条件。

第二,信息需要。出口鼓励需要关于世界市场的知识和信息,而在进口替代的情况下,根据所观察到的实际进口,就能估计国内需求。

第三,确定性。出口鼓励的主要问题是,如果出口鼓励战略成功,就会引起进口国的不满,如日本、韩国等东亚国家和中国台湾等地区大量出口的成功,就引起了欧美国家日益增强的保护措施。即使忽略这一点,出口鼓励由于要求更大的专业化,因而当市场条件发生变化时,就会面临更大的风险。

第四,独立性。如果世界经济不稳定,出口鼓励与进口替代相比,会使国内经济受到更大冲击。人们通常认为,出口鼓励增加经济的依附性,这在经济和政治上都是有害的,特别是在讨价还价的情况下,更是如此。

同样,与进口替代相比,出口鼓励也有其优点。

第一,比较优势。出口鼓励使一国开发比较优势,进口替代则因为保护引起的扭曲而破坏比较优势,因而出口鼓励更有利于资源优化配置。

第二,专业化。出口鼓励比进口替代更强调专业化分工,因而就能通过规模经济和比较优势降低成本。

第三,透明度。出口鼓励通常采用出口补贴政策,其成本是明显的,这就导致经常性的政策评估;而进口替代通常依附于进口关税和进口配额,其成本是隐含的,也不需要政府支出,因而会导致政策固定化。

第四,管理难易。出口鼓励采用固定汇率和出口补贴,这比进口替代所采用的配额更容易管理,因为配额分配通常会引起寻租,出口鼓励政策在这方面则要健康得多。

第五,长期影响。如果认为进口替代和出口鼓励都是暂时性的政策,那么,与进口替代相比,出口鼓励更有利于朝正确的方向变化,因为出口鼓励使得企业适应市场变化,这就使得一国经济变得更有弹性,更能适应外部的冲击和抓住外部的机会。

正因为进口替代和出口鼓励各有优缺点,因而,在两者之间,并不是一种非此即彼的选择,而应当把两种战略的运用作为一个序列或组合,并结合国内外情况进行及时有效的调整,使政策的运用最有利于一国经济的发展。从历史来看,发展中国家的工业化一般是从进口替代工业化开始的。几乎每一个发展中国家的工业化都使用过这一战略,包括那些成功的新兴工业化国家和地区,如韩国、新加坡、巴西等。进口替代就是在国内生产原来进口的制成品。为什么发展中国家采取进口替代战略而不是为出口生产呢?因为:第一,后殖民社会担心过于依附原宗主国,因而希望自力更生,进口替代则有利于发展中国家减轻对发达国家的依附,使其依靠国内市场,并建立起自己的技术能力;第二,由于当时发展中国家没有能力与发达国家的生产者竞争,因而出口生产不可行;第三,进口替代让国内企业家促进工业活动的增长,而出口导向战略则导致大量国外投资者参与国内制造业,这与自力更生相矛盾。

然而,进口替代战略由于国内市场狭小,不能实现规模经济,因而成本很高。刚开始时,这可能不是什么大问题,因为基本食品和消费品有较大的市场。但是,随着国家向第二阶段进口替代的推进,规模经济就成了一个大问题。因为特定商品的生产,需要较大的市场才能使生产有效率。由于缺乏来自国内和来自进口商品的竞争,生产成本不断上升。企业家也没有压力去为生存而降低成本和提高产品质量。此外,进口替代也不能减少对外部的依赖。因为在很多情况下,原材料都是进口的。更重要的是,发展中国家的企业必须从发达国家购买技术,或取得发达国家的技术许可。最后,国家的广泛参与,尤其是国有企业,被认为是导致资源浪费的主要原因。

进口替代政策受到来自学术界、国际货币基金组织和世界银行,以及发展中国家自己的政策分析家等方面的严厉批评。批评者认为,进口替代政策产生的无效率工业,没有能力解决发展中国家的失业问题。因此,现在人们更倾向于出口导向工业化战略。

国际经验表明,过度的内向型政策从长期来看会阻碍发展,因为它使国内经济失去了强大的信息和技术力量,更严重的是失去了竞争。而且,由于许多发展中国家国内市场狭小,进口替代政策严重限制了其规模经济。

但是应当指出,进口替代工业化曾经在发展中国家发挥过重要作用。没有进口替代工业化,工业发展可能性极小,甚至不存在。而且,进口替代工业化帮助一国或地区为成功进入出口市场打下了工业基础。如新加坡、韩国、巴西等国家和中国台湾等地区,都是从进口替代工业化开始的。没有早期的进口替代工业化阶段,这些国家和地区不可能成为成功的制成品出口地。进口替代工业化的失败,不在于这一战略本身,而在于有些采取这一战略的国家和地区(除新加坡、韩国、巴西等少数成功者外),没能及时评价和调整其政策,降低对国内制成品工业的高度保护,消除抑制出口的刺激,改行激励出口的机制。

因此,发展中国家在制定工业化战略时,应当综合考虑国内国际形势及其发展,只要不导致国内工业陷入困境,应当使国内工业尽可能地去适应国际经济的竞争。

二、新型贸易战略模式——"保护性出口促进"战略

我国正在构建社会主义市场经济体系,目前国际经济形势变幻莫测,在这样的经济背景下,何种贸易战略可以有效地推进经济发展?如何在国内经济稳定增长的同时,跻身国际竞争,实现内部均衡与外部均衡的互相促进?经验表明,许多成功的东亚国家实际上遵循的是一种以保护幼稚产业为基础的、出口导向的综合性战略,而不仅仅是通常人们设想的那种静止的、以比较优势为基础的出口促进战略。把保护主义政策融入出口导向型战略,作为出口导向型战略的有机组成部分,采取"保护性出口鼓励战略",是一种有意义的新型贸易战略。[①]

从概念上讲,一个经济可以分为三个部门,即出口部门(X)、进口部门(M)和非外贸的国内部门(H)。既然贸易政策不仅影响两个外贸部门间的相对价格,而且影响外贸部门与国内部门之间的相对价格,那么,在三部门框架下定义贸易战略,就显得更为恰当。

在三部门经济中,假定两种外贸品的生产函数为

$$X = f(P_m/h, P_x/h); M = f(P_m/h, P_x/h)$$

其中,X 和 M 分别为可出口商品和可进口商品的生产;P_m/h 和 P_x/h 分别为可出口商品和可进口商品对国内商品的相对价格。图 10-5 说明了在三部门经济中,贸易部门可出口商品和可进口商品生产之间的关系。其中,纵轴表示可出口商品与国内商品之间的相对价格(P_x/h),横轴表示可进口商品与国内商品之间的相对价格(P_m/h),图 10-5 中任意一点均代表两种相对价格的一种特定组合,如在 E 点,P_m/h 和 P_x/h 都等于 1,而在 E' 点,P_m/h 增长到 $(1+d)$ 而 P_x/h 仍为 1。图 10-5 中规定 E 点对应于自由贸易,此时 P_m/h 与 P_x/h 都为 1,可进口商品与可出口商品生产数量分别为 M_0 和 X_0。

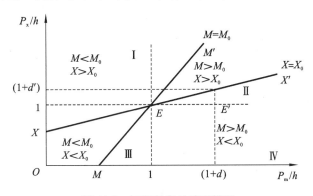

图 10-5 三部门贸易战略模型

在图 10-5 中,XX' 表示使可出口商品生产维持在 $X=X_0$ 水平的相对价格组合。XX' 向上倾斜是因为可进口商品与可出口商品的交叉价格弹性必定为负值。比方说,如果关税 d 使得 P_m/h 由 1 增长到 $(1+d)$,则 P_x/h 也必会相应地由 1 增长到 $(1+d')$,才能

---

① Krugman P R. Import Protection as Export Promotion: International Competition in the Presence of Oligopoly and Economies of Scale//Kierzkowski H. Monopolistic Competition and International Trade. Oxford: Oxford University Press, 1984: 180-193.

保持 $X=X_0$。位于 XX' 上方的任何点的价格组合下 $X>X_0$；反之，位于 XX' 下方的各点，$X<X_0$。相似地，MM' 表示维持 $M=M_0$ 的相对价格组合。MM' 也是向上倾斜的，并且比 XX' 更陡，因为其自身价格作用比交叉价格作用更大。在 MM' 之右的任何点，$M>M_0$；在 MM' 之左的任何点，则 $M<M_0$。

运用图 10-5 可以比较清楚地考察贸易刺激与可贸易商品生产之间的关系。在 $M'EX'$ 区域，两种外贸品相对价格均大于 1，表示同时存在对进口替代和对出口的刺激；进口与出口均高于自由贸易时的水平（$M>M_0$，$X>X_0$），而国内部门承受了进口保护和出口补贴的负担。在 XEM 区域则相反，两种外贸商品的相对价格均小于 1，表示对进口替代和对出口都不给予刺激，进口和出口生产都低于自由贸易水平（$M<M_0$，$X<X_0$），国内部门得到较多好处。类似地，在 XEM' 区域，出口刺激大于进口替代刺激，出口上升，进口下降（$X>X_0$，$M<M_0$）。在 MEX' 区域，进口替代刺激大于出口刺激，进口上升，而出口下降（$M>M_0$，$X<X_0$）。

由图 10-5 还可以看出，刺激方式与生产方式并不对等。按照生产方式，该图可由 MM' 和 XX' 划分为四个区域；按照刺激方式（即商品相对价格关系），它又可由通过 E 点的垂直线和水平线分为四个象限。对出口（进口替代）的刺激不一定就能导致出口（进口替代）部门的发展。比如，在象限 II，出口与进口替代都得到正面刺激（P_x/h 与 P_m/h 均高于 1），但是仅在 $M'EX'$ 区域中，出口与进口的生产才高于自由贸易水平。在象限 III 与 XEM 区域也有类似的关系。

系统的政策刺激措施反映了贸易战略的取向，而实际贸易形式是政策运作的结果。在此，根据政策刺激结构而不是贸易形式，把刺激结构划分为互相排斥的五种，也出现了相应的五种贸易战略选择，一并列在图 10-6 中。

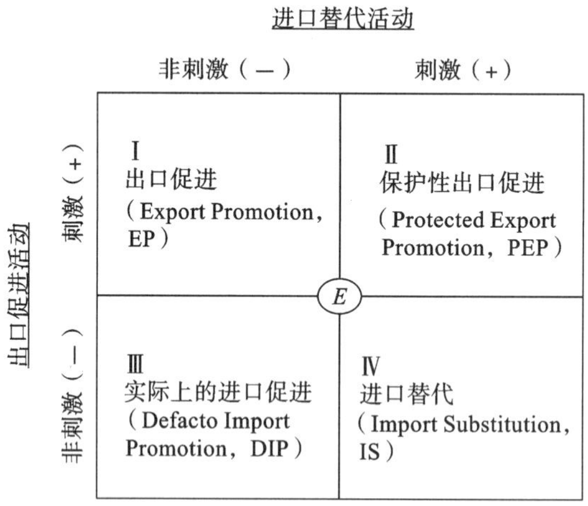

进口替代活动

	非刺激（−）	刺激（+）
刺激（+） 出口促进活动	I 出口促进 (Export Promotion, EP)	II 保护性出口促进 (Protected Export Promotion, PEP)
非刺激（−）	III 实际上的进口促进 (Defacto Import Promotion, DIP)	IV 进口替代 (Import Substitution, IS)

图 10-6 刺激结构与贸易战略的划分

图 10-6 中，横轴代表对进口替代活动的刺激（+）或非刺激（−），纵轴代表对出口促进活动的刺激（+）或非刺激（−），中心点实际上不存在任何刺激。图 10-6 中象限 I 代表"纯粹的"出口促进战略，即保护和促进出口活动，但不鼓励进口替代，这是正面的出口刺激与自由进口政策的结合，也就是传统上定义的那种"出口促进"的含义。象限 IV 代表典

型的进口替代战略,其中存在明显的进口限制和强烈的反出口倾向。中心点 E 则代表真正的自由贸易战略,即不论出口还是进口替代活动都得不到任何刺激,亦即"外贸中性"。

值得强调的是,在图 11-6 中,有两种贸易战略在现实生活中很重要,但传统分类又未予以反映。一种情形是在象限Ⅱ中,同时并存对进口替代或出口促进的正面刺激,可称为"保护性出口促进"战略。该战略的关键是对出口和进口替代双管齐下地促进,国内厂商一方面在本国市场受到保护,另一方面更在政策激励下参与国际竞争。对此战略下文进一步说明。另一种情形是在象限Ⅲ中出现的既不鼓励进口替代又不主张出口,实际上则是推进进口而又限制出口的情形。它似乎是在寻求出口极小化和进口极大化,以提供国内吸收所需的资源,可称为"实际上的进口促进"战略。在国内仍有闲置资源的条件下,这种战略可能有助于短期增长,但许多国家由此而陷入国际收支失衡和债务危机的困境中。

对于多数发展中国家,出口促进意味着扩张其具有典型比较优势的初级品产业或低附加值的半加工业;而进口替代战略却对技术较先进的加工业部门给予更大优惠。那么,保护性出口促进战略结合了进口替代战略的行业导向与出口促进战略的市场导向,即以进口竞争产业为主导产业,以培养出口能力为发展目标,努力在资源配置最优化与促进适意的结构变化和开发未来战略资源这两种需要之间达成平衡。其新意不在于采取何种前所未有的刺激措施,而在于它在出口促进和进口替代两套刺激体系之间进行了协调,从而更大限度地推动了生产、出口和经济增长。越来越多的研究表明,包括韩国、新加坡、中国台湾、中国香港在内的"强烈外向型"国家和地区的成功,与其说是单纯出口促进的结果,不如说是奉行保护进口竞争与推进出口完美结合的典范。

当然,值得注意的是,这种新型战略绝不是出口促进与进口替代板块式的拼接,而应当是两者的有机结合。对这种新型战略的不恰当运用,是有着经验教训的。例如,阿根廷政府曾试图对鼓励进口替代和出口有所作为,但政策措施缺乏协调,结果造成经济停滞,实际有效汇率与国际收支状况不断恶化,直到 1987 年仍被世界银行列入"强烈内向型"国家。

保护性出口促进战略的成功,尽管目前只在韩国、新加坡、中国台湾、中国香港等经济体中得到验证,但它采取的适应世界市场变化,以一体化贸易政策推进工业化与经济增长的指导思想,却不乏普遍意义。我国是个发展中大国,传统的闭关主义内向型发展道路,已为实践所摒弃。改革开放以来,促进出口逐渐引起理论界和实践界的重视。但是,一方面,我国出口仍以初级品为主,具有国际竞争力的制造品不多;另一方面,发达国家新保护主义盛行,贸易大战频繁,如果单纯依赖市场潜力受限的出口,增长动力显然不足。同时,我国已加入 WTO,既要削减各种关税与非关税壁垒等保护措施,又必须顺应时势,制定符合中国国情的贸易政策。正确制定贸易战略,已成为经济发展总体战略中一个不可缺少的组成部分。保护性出口促进战略同时关注国内、国际两个市场,兼顾进口替代和出口促进两个刺激体系,具有较强的灵活性,对于我国今后的贸易战略抉择具有很大的借鉴意义。

第五节 环境与国际贸易

关于环境与产业比较优势的关系存在两种截然不同的观点：一种观点是"污染避难所假说"(pollution haven hypothesis)。这种观点认为实施严格的环境规制将加重企业的生产成本而不利于其国际竞争力的提升。由于发展中国家的人均收入低于发达国家，环境规制水平较低，发展中国家在"污染类"产品生产上具有比较优势，而发达国家在"干净类"产品生产上具有比较优势；在自由贸易和投资的情况下，发展中国家将成为污染类产业转移的天堂。另一种观点是"波特假说"(Porter hypothesis)。Porter 和 Linder(1995)认为环境规制与国际竞争力之间是互补而不是互相排斥的关系。按照"波特假说"，一国实施严格的环境规制意味着新利润机会的出现，本国产业率先发展与环境更兼容的创新技术、生产工艺等，将导致其在环境友好型产品生产上具有比较优势。

在实证层面，Low 和 Yeats(1992)发现发展中国家的环境敏感性产业比发达国家具有更大的比较优势；Robinson(1988)发现美国比其他国家具有更严格的环境规制，环境规制改变了美国产业的比较优势，高污染治理成本的产业更趋于进口，低污染治理成本的产业更趋于出口。Lucas 等(1992)发现随着经济合作与发展组织(OECD)国家环境标准的提高，发展中国家的污染强度逐步增加。Mani 和 Wheeler(1998)发现严格的环境规制会降低一国产业的国际竞争力，但是污染产业从发达国家向发展中国家转移是暂时性的。Ederington 等(2005)发现，如果考虑环境规制的内生性，严格的环境规制能够降低其比较优势。Quiroga 等(2009)对 71 个国家样本分析的结果也支持"污染避难所假说"。另一类研究没有发现环境规制会降低产业比较优势的显著证据(Tobey,1990；Xu 和 Song,2000)。Tobey(1990)构建了一个多要素、多产品的赫克歇尔-俄林模型(HOV)，他通过对 23 个国家的样本分析发现，环境规制变量的引入没有改变赫克歇尔-俄林模型预测的模式。Grossman 和 Krueger(1991)通过对美国和墨西哥之间贸易模式的分析也发现，墨西哥宽松的环境规制并没有显著促进产业的比较优势。Cole 等(2003)发现采用 HOV 分析时，其结论不支持环境规制影响贸易模式的假说；而采用"新贸易"模型时，其结论支持环境规制影响贸易模式的假说。

附录 10.1

本章小结

1. 传统的国际贸易理论包括古典经济学的比较利益理论和新古典主义的要素禀赋理论。传统的贸易理论认为贸易是经济增长的发动机,新古典贸易理论假定各国生产要素的数量和质量固定不变,生产要素充分利用;生产技术固定不变或相似,存在完全竞争和自由贸易。然而,自由贸易只存在于经济学家的模型中,现实世界从来没有纯粹的自由贸易。

2. 现实的经济中,生产要素的数量和质量不是固定不变的。在穷国和富国的不平等贸易中,若按照要素禀赋理论所提出的贸易模式开展贸易,只会加剧南北的不平等。传统贸易理论的充分就业假定与发展中国家的实际不符,发展中国家普遍存在失业和就业不足,可以通过贸易为剩余找到出路。

3. H-O 理论假定贸易各国的生产函数表现为规模收益不变的特征。然而,现实经济中生产函数通常表现为规模收益递增。H-O 理论强调资源禀赋的差异性是国际贸易的基础,但是现实世界大量贸易却发生在资源禀赋相似的发达国家之间。重叠需求理论解释了这一现象。技术差距理论认为技术差距可能是解释不同国家间贸易的重要因素,产品生命周期理论则进一步发展了该理论。

4. 一国贸易战略可分为外向型(即出口促进)和内向型(即进口替代)。外向型发展战略鼓励自由贸易。内向型发展战略强调发展中国家创造自己的发展模式和决定自己的命运的需要。出口促进和进口替代各有利弊,应根据国际、国内的具体条件和环境,灵活采用两种政策及其组合,促进经济发展。"保护性出口鼓励战略"是一种有意义的新型贸易战略,它结合了进口替代战略的产业导向与出口促进战略的市场导向,努力在资源配置最优化与促进适宜的结构变化和开发未来战略资源这两种需要之间达成平衡。

进一步阅读导引

1. 关于国际贸易与经济发展的关系,参见:

①Edwards S. Openness, Trade Liberalization, and Growth in Developing Countries. Journal of Economic Literature, 1993: 1358-1393.

②Salvatore D. Trade and Trade Policies of Developing Countries//Grilli E, Salvatore D. Handbook of Economic Development. Amsterdam: North-Holland, 1984: 185-236.

③Krueger A O. Trade Policies in Developing Countries//Jones R W, Kenen P B. Handbook of International Economics, Vol. 1. Amsterdam: North-Holland, 1984: 519-569.

④Findlay R. Growth and Development in Trade Models//Jones R W, Kenen P B. Handbook of International Economics, Vol. 1. Amsterdam: North-Holland, 1984: 185-236.

⑤Riedel J. Strategies of Economic Development//Grilli E, Salvatore D. Handbook of Economic Development. Amsterdam: North-Holland, 1994: 29-61.

⑥Grossman G M, Helpman E. Innovation and Growth in the Global Economy. Cambridge: MIT Press, 1993.

⑦Perla J, Tonetti C. Equilibrium Imitation and Growth. Journal of Political Economy, 2014, 122(1): 52-76.

⑧Sampson T. Dynamic Selection: An Idea Flows Theory of Entry, Trade and Growth. The Quarterly Journal of Economics, 2016, 131(1): 315-380.

2. 关于贸易理论与发展问题的关联性，参见：

①Chenery H. Comparative Advantage and Development Policy. American Economic Review, 1960, 51(1).

② Haberler G. Comparative Advantage, Agricultural Production and International Trade. The International Journal of Agrarian Affairs, 1964: 130-149.

③Myint H. The "Classical Theory" of International Trade and the Underdeveloped Countries. Economic Journal, 1958: 317-337.

④Greenaway D. Economic Development in International Trade. London: Macmillan, 1987.

⑤Nurkse R. Patterns of Trade and Development//Nurkse R. Problems of Capital Formation in Underdeveloped Countries and Patterns of Trade and Development. NewYork: Oxford University Press, 1970: 163-226.

⑥Cairncross A K. Trade and Development//Cairncross A K. Factors in Economic Development. London: Allen & Unwin, 1962: 190-208.

⑦ Kravis I B. Trade as a Handmaiden of Growth: Similarities Between the 19th and 20th Centuries. Economic Journal, 1970: 850-870.

⑧Riedel J. Trade as an Engine of Growth in Developing Countries: Revised. Economic Journal, 1984: 56-73.

⑨Helleiner G K. Trade Policy, Industrialization, and Development. Oxford: Oxford University Press, 1992.

⑩张培刚,刘建洲.新贸易理论及其与发展中国家的关系.经济学家,1995(2).

3.关于发展中国家的贸易战略,参见:

①Salvatore D, Hatcher T. Inward Oriented and Outward Oriented Trade Strategies. Journal of Development Studies, 1991:7-25.

② Bahami-Oskooee M, et al. Exports, Growth and Causality in LDCs. Journal of Development Economics, 1991: 405-415.

③Little I, et al. Industries and Trade in Some Developing Countries. London: Oxford University Press, 1970.

④Krueger A O. Alternative Strategies and Employment in LDCs. American Economic Review, 1978.

⑤ Bruton H. Import Substitution//Chenery H B, Srinivasan T N. Handbook of Development Economic, Vol. 2. Amsterdam: North-Holland, 1989: 1601-1644.

⑥Dornbush R. The Case for Liberalization in Developing Countries. Journal of Economic Perspectives, 1992: 69-85.

⑦Rodrik D. The Rush to Free Trade in the Developing World: Why so Late? Why Now? Will it Last?. NBER Working Papers, 1992(3947).

4.关于发展中国家的贸易条件,参见:

① Prebisch R. The Economic Development of Latin America and Its Principal Problems. Economic Bulletin for Latin America, 1962(1).

② Prebisch R. Towards a New Trade Policy for Development. New York: United Nations, 1964.

③ Flanders M J. Prebisch on Protectionism: An Evaluation. Economic Journal, 1964: 305-326.

④Singer H. The Distribution of Gains Between Investing and Borrowing Countries. American Economic Review, 1950: 473-485.

⑤ Singer H. The Distribution of Gains from Trade and Investment: Revised. Journal of Development Studies, 1975: 377-382.

⑥Lewis W A. World Production, Price and Trade: 1870—1960. Manchester School of Economic and Social Studies, 1952: 105-138.

⑦Grilli E, Yang M C. Primary Commodity Prices, Manufactured Goods Prices, and the Terms of Terms of Trade of Developing Countries: What the Long Run Shows. World Bank Economic Review, 1988: 1-47.

1. 基本概念

进口替代战略　出口鼓励战略　"保护性出口促进"战略

2. 讨论与回答

(1) 新古典贸易理论关于贸易与发展问题的主要观点有哪些？

(2) 简述南-北贸易模型。

(3) 解释19世纪发展中国家出口快速增长的原因。

(4) 试比较进口替代与出口鼓励战略的优缺点。

(5) 简述"保护性出口促进"战略及其新意。

第十一章
国际要素流动与跨国公司

在讨论贸易理论时,遵循了国家间不存在要素流动的传统假定,而事实上,资本、劳动力和技术等生产要素在国家间的流动,是国际分工的重要组成部分,而且其相对地位随国际分工的发展而日益突出。本章集中讨论国际资本流动和国际劳动力流动的基本原理及其对国际贸易的影响。

第一节 国际资本流动的动因

对外投资主要有两种形式:证券投资(间接投资)和直接投资。证券投资(portfolio investments)是购买以一国货币计量的纯金融资产,比如股票和债券。对于债券,投资者只是借出他的资本,以便持续、间隔地获得固定报酬,并在一个预定的日期收回债券面值。证券和金融投资开始是通过一些金融机构(比如银行和投资基金)来完成的。直接投资(direct investment)则是对工厂、资本货物、土地和存货的直接投资,资本和管理都由投资者一手安排,投资者保留着对已投资资本使用的控制权。直接投资通常以一家公司成立分公司或接管另一家公司的形式出现,例如,购买另一家公司占绝对优势的股权(由于现代公司股权极度分散,往往只持有一小部分股权便可形成实际控制权,所以许多西方国家在统计上把拥有10%的股权作为区分直接投资与间接投资的标准)。在国际环境中,直接投资通常被一些跨国公司用来介入制造、原料提取、服务等行业。直接投资是当前国际私人资本流动的主要渠道,而跨国公司的直接投资又是国际直接投资的主要形式。本节主要解释国际证券投资的动因,关于跨国直接投资的动因将在第三节介绍。

一、追求更高的资本报酬

国际证券投资的基本动机是在国外可以获得更高的资本报酬。如果一国债券的报酬率高于其他国家债券的报酬率,那么,别的国家的居民就会购买该国的债券;同样,如果一个国家的居民预期另一个国家的公司的未来获利能力比国内公司的要大,他们也会购买这个外国公司的股票。这是追求收益最大化的自然结果(假定持有外国证券的交易成本和其他费用与持有国内证券没有差异)。

事实上,投资是一种推迟消费的行为,或者说,进行投资就是用目前的消费去换取未来的(通常是更多的)消费。国际投资也可以看成是一种国际交换,一种现在商品与未来商品之间的国际贸易。这样就可以运用标准国际贸易模型来分析资本流动的发生机制了。

如图 11-1 所示,A、B 两国生产现在商品 P 和未来商品 F,其生产可能性曲线与两国消费这两种商品的社会无差异曲线的切点决定两国国内均衡的实际利率水平分别为 $r_A=P_A-1$ 和 $r_B=P_B-1$。由于封闭经济均衡时,$P_A>P_A'$(即 $r_A>r_B$),所以,当 A、B 两国开放现在商品与未来商品的国际贸易(即允许资本发生国际流动)时,根据比较优势原理,A 国将减少现在商品 P 的生产,增加未来商品 F 的生产,即 A 国的生产点将沿其生产可能性曲线由 A 点向 B 点移动;同样,B 国将减少未来商品 F 的生产,增加现在商品 P 的生产,即 B 国的生产点将沿其生产可能性曲线由 A' 点向 B' 点移动。当 $P_B=P_B'$(即 $r_A'=r_B'$)时,两国贸易达到均衡。此时,A 国出口未来商品 F 的数量等于 B 国进口未来商品 F 的数量,A 国进口现在商品 P 的数量等于 B 国出口现在商品 P 的数量,两国都在更高的无差异曲线上达到现在商品与未来商品的消费均衡。A 国出口未来商品 F,进口现在商品 P 的结果,使国内实际利率由 r_A 下降到 r_A';B 国出口现在商品 P,进口未来商品 F 的结果,使国内实际利率由 r_B 上升到 r_B',从而两国的贸易使两国实际利率趋于一致($r_A'=r_B'$)。值得指出的是,A 国出口未来商品,实际上出售的是一种对未来商品的要求权,这种要求权通常以债券、股票等金融资产的形式存在,A 国出售这些金融资产,就可以获得资金来弥补国内储蓄与投资之间的缺口,即 A 国出口未来商品,实际上是一个引进外资的过程。同样,B 国进口未来商品,所购买的实际上是对未来商品的一种要求权,即 B 国购买 A 国出售的金融资产,B 国的资本流向 A 国。由此可见,资本的国际流动是由封闭经济均衡下的实际利率差异所引起的,开放资本流动之后,资本会从实际利率低的国家向实际利率高的国家流动,这种资本流动的结果,将导致国际利率差异的消除。

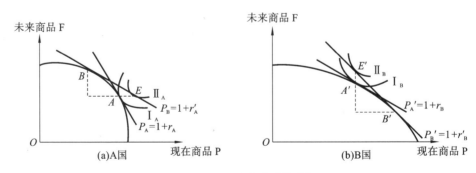

图 11-1 国际资本流动的动机

二、追求更低的投资风险

仅用追求高收益来解释国际资本流动的动因,不能说明现实中存在的资本双向流动问题。要解释国际资本的双向流动,必须引入风险因素。在存在风险因素的情况下,投资者不仅对报酬的高低感兴趣,而且还特别注意与每项具体投资相联系的风险大小,即投资者追求的是既定风险水平下的收益最大化,或者是既定收益水平下的风险最小化。一般来说,投资者都具有风险回避的倾向,只有在收益更高的情况下,投资者才愿意接受更大的风险。

投资者通常通过资产组合来分散风险,这可以通过资产组合理论来解释。

设 X、Y 为两种金融资产,其实际收益率分别为 i_X 和 i_Y,两种资产的平均收益(收益的期望值)分别为 μ_X 和 μ_Y,其标准差分别为 σ_X 和 σ_Y。通常采用某种资产收益率的标准差大小来衡量该资产风险的大小。标准差越大,表明该资产收益率波动的范围越大,从而风险也越大。现在假定某投资者将其全部资产分散到 X 和 Y 两种金融资产上,他持有 X 和 Y 两种资产的数量占其全部资产的比重分别为 P_X 和 P_Y,如果以 μ 和 σ 分别表示该投资者资产组合报酬率的平均值和方差,则有:

$$\mu = P_X\mu_X + P_Y\mu_Y \tag{11-1}$$

$$\sigma = \sqrt{[E(P_X i_X + P_Y i_Y) - \mu]^2} \tag{11-2}$$

若以 r_{XY} 表示 X 和 Y 两种资产报酬率的相关系数($-1 \leqslant r_{XY} \leqslant 1$),则

$$r_{XY} = \frac{\text{cov}(i_X, i_Y)}{\sigma_X \sigma_Y} \tag{11-3}$$

从而可以得到:

$$\sigma = \sqrt{P_X^2\sigma_X^2 + P_Y^2\sigma_Y^2 + 2P_X P_Y r_{XY}\sigma_X\sigma_Y} \tag{11-4}$$

由式(11-4)可知,当 $r_{XY}=1$,即 X 与 Y 两种金融资产的报酬率完全正相关时,有

$$\sigma = P_X\sigma_X + P_Y\sigma_Y$$

也就是说,报酬率完全正相关的两种金融资产形成的资产组合,其风险等于两种金融资产风险的加权平均值。

当 $r_{XY}<1$ 时,有

$$\sigma < P_X\sigma_X + P_Y\sigma_Y$$

即当两种金融资产的报酬率不完全正相关时,所形成的资产组合的风险小于两种资产风险的加权平均值。

当 $r_{XY}=-1$ 时,有

$$\sigma = |P_X\sigma_X - P_Y\sigma_Y|$$

即当两种金融资产完全负相关时,两种金融资产的风险会部分地抵消,使资产组合的风险最小化。

根据上面的分析,可以得出结论:只要两种资产不是完全正相关,那么其资产组合的风险就会低于两种资产的加权平均风险,而所得到的平均报酬则等于两种资产平均报酬的加权平均值。特别是,当两种资产负相关时,两种资产的风险会部分地相互抵消,使资产组合的风险趋于最小化。

一般而言,同一个国家的证券,由于处于相同的宏观经济背景和政策环境下,因而这些证券的报酬发生正相关的可能性较大;而不同国家的证券,由于所处的宏观经济背景和政策环境不同,因而这些证券的报酬发生负相关的可能性较大。这样,选择不同国家的金融资产所形成的投资组合,更有利于降低投资的风险,正所谓"西方不亮东方亮"。所以,通过资产组合降低投资风险,是投资者进行国际证券投资的重要原因。

第二节 国际资本流动的影响

在第一节的分析中已经看到,资本从报酬低的国家向报酬高的国家流动,会促进资本在不同国家之间的报酬趋于一致,从而与国际商品贸易一样,会对资本流出国和资本流入国的国内收入分配产生影响。本节首先运用两部门之间资本流动的模型,分析国际资本流动对各国国内总产值、国民收入以及国内收入分配的影响,然后再探讨资本流动对各国国际收支可能产生的影响。

一、资本流动与资本的边际产品价值

为了简单起见,假定世界由 A、B 两个国家组成。在图 11-2 中,OO' 代表 A、B 两国的资本总量,$VMPK_A$ 和 $VMPK_B$ 分别表示 A、B 两国资本的边际产品价值线(资本的边际效率曲线)。在封闭经济条件下,A 国拥有 OA 数量的资本,全部投资于本国生产,当资本市场均衡时,A 国资本的利率为 r_A(等于资本的边际效率);同样,B 国拥有 $O'A$ 数量的资本,投资于本国生产,当资本市场均衡时,B 国资本的利率等于 r_B。由于 $r_B > r_A$,当两国开放资本市场时,BA 数量的资本就会从 A 国流向 B 国,此时两国资本的边际产品价值相等(两国资本的边际产品价值曲线在 E 点相交),资本的利率相等,即 $r_A' = r_B'$。

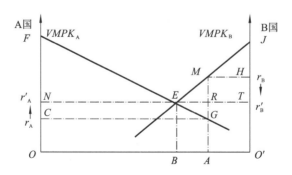

图 11-2 国际资本流动的影响

就 A 国而言,资本流出之前,国内总产值和国民收入均等于梯形 $OFGA$ 的面积,其

中,资本的总报酬为矩形 $OCGA$ 的面积,劳动的总报酬为三角形 FCG 的面积。BA 数量的资本流出之后,国内资本的利率由 r_A 上升到 r_A',国内生产总值为梯形 $OFEB$ 的面积,比资本流动之前减少梯形 $EBAG$ 的面积,国民收入则比资本流动之前增加了三角形 ERG 的面积。再从收入分配来看,资本流动之后,劳动的报酬减少为三角形 FNE 的面积,减少了梯形 $NCGE$ 的面积;资本的报酬增加为矩形 $ONRA$ 的面积,增加了矩形 $NCGR$ 的面积,其中,梯形 $NCGE$ 面积的报酬是国内劳动报酬下降转换而来的,三角形 ERG 面积的报酬则是 B 国转移的投资收入的一部分(BA 的资本由 A 国流向 B 国后,A 国得自 B 国的投资收益为矩形 $BERA$ 的面积)。可见,国际资本流动使资本流出国国内总产值减少,国民收入增加,资本的利率上升,劳动在国民收入中的份额减少,资本在国民收入中的份额增加,产生有利于资本的收入再分配。

对 B 国而言,BA 量的资本流入之后,国内资本的利率由 r_B 下降到 r_B',国内总产值为梯形 $O'JEB$ 的面积,比资本流入之前增加梯形 $AMEB$ 的面积,国民收入则仅比资本流入之前增加三角形 ERM 的面积,因为相当于矩形 $AREB$ 面积的收入,作为 A 国对 B 国的投资收益,被汇出 B 国(汇往 A 国)。从收入分配来看,由于国内资本利率下降,使国内资本的总收入减少矩形 $THMR$ 的面积,转移为劳动的收入,劳动的收入则增加梯形 $THME$ 的面积,其中,三角形 RME 面积的收入是利用国外资本创造的高出资本利息的收入。可见,国际资本流动使资本流入国国内生产总值和国民收入同时增加,资本的利率下降,劳动在国民收入中的份额增加,资本在国民收入中的份额减少,产生有利于劳动的收入再分配。

就整个世界而言,国际资本流动提高了资本在世界范围的配置效率,从而使整个世界的产出和福利增加(以三角形 EGM 的面积来表示),其中,资本流出国占有世界新增收入的相当于三角形 EGR 的面积,资本流入国分得世界新增收入的相当于三角形 ERM 的面积。因此,从人均收入来看,国际资本流动使资本流出国和流入国的福利都增加。至于哪个国家从资本流动中得到的利益更多,则取决于各国资本边际效率曲线斜率的绝对值。资本边际效率曲线斜率绝对值越大的国家,得自资本流动的利益就越多。

二、资本流动对国际收支的影响及其他影响

资本的国际流动除产生上面的收入影响以外,另一个重要的影响就是对国际收支的影响。正如后面章节介绍的那样,资本项目是国际收支的一个重要项目,因而从短期来看,资本的流入和流出必然通过资本项目来影响一国的国际收支。同时,由于资本的流入和流出还会对国内生产产生影响,因而它也会通过经常项目,来长期影响一国的国际收支。

就短期而言,国际资本流动直接影响国际收支的资本项目。对资本流出国来说,在对外投资发生的当年,资本输出国的对外支付增加,会带来国际收支逆差(对外支付超过外来收入),这就是美国在 20 世纪 60 年代发生国际收支逆差的主要原因,它导致了美国在 1965 年至 1974 年对海外投资加以严格限制。对资本流入国而言,资本的输入会改善资本输入国当年的国际收支。

然而,就长期来说,资本输出国最初的资本转移和对外激增的支付活动对国际收支

平衡所带来的影响,也有可能被资本输出国资本品、零部件和其他产品的大量出口(经常项目中的商品贸易)以及随后发生的利润汇回(经常项目中的投资收益)所带来的收入所抵消。一般认为,初始资本的返还期平均为5～10年。在得到报酬前的相当长的一段时期内,还应考虑另一种影响,那就是对外投资是否会导致资本输出国商品的替换,甚至是否会导致以前出口商品的进口。因此,资本输出对资本输出国国际收支的长期影响是很难断定的。同样,资本输入对资本输入国来讲,虽然在短期能改善其国际收支,但如果资本的输入不能产生有利的出口竞争能力,即不能带来出口的增加,则会因为资本收益的汇出而导致经常项目逆差,特别是在发生外国资本大量撤出的情况下,会恶化原资本输入国的国际收支。因此,资本输入国在评价外资利用的效果时,要特别注意考虑外资输入对于国内生产能力提高(包括出口能力和进口替代能力提高)的影响,即考虑外资利用对于一国贸易差额的影响。因为初始资本的返还,主要是通过贸易顺差的收入来偿还的。如果一国利用外资不能带来贸易顺差,这种外资的利用就是失败的,它必将造成该国长期国际收支的恶化。因此,资本流动对资本输入国国际收支的长期影响也是不确定的。

此外,资本流动还因不同国家的税率和投资收益不同而产生另一种重要的影响,那就是资本输出使资本输出国的税基和税收收入减少,而资本输入则使资本输入国的税基和税收收入增加。例如,假定美国的公司税为48%,而中国的公司税为25%(或因优惠而更低),很自然美国的公司就会选择中国进行投资,或利用其在中国的分支机构进行它的对外销售,以利用那里较低的税率。因为很多国家,包括美国在内,都是避免双重征税协定的签字国,美国将对美国公司的国外投资收益汇回按两国的税率差额征收其国外收益税,例如对从中国汇回美国的投资收益,按23%(等于48%与25%的差额)征收国外收益税。结果,美国的税基减少了25%,同时税率也降低了25%,这样税收收入也降低了,而中国的税基和税收收入都增加了。

资本流动还会通过影响产品量和贸易量,进而影响资本输出国和输入国的贸易条件。然而,贸易条件具体如何变化,还取决于两国的具体情况,不能一概而论。国际资本流动还会影响国际技术的转移,影响资本输入国经济和政治的独立性等。特别是跨国公司所进行的国际直接投资,对资本输出国和输入国会产生比上面所分析的更多的影响,这些内容将在下一节专门讨论。

第三节 外国直接投资与跨国公司

第二次世界大战之后,世界经济发展的一个重要特征就是跨国公司的产生和蓬勃发展。它们都是在多个国家拥有、控制和管理生产设施的公司。而且,当今的多数国际直接投资或称外国直接投资,都是由跨国公司完成的。在这一过程中,母公司通常向它的国外子公司提供管理技能、技术、部件和销售渠道,以获得子公司的部分产品和收益。

对外直接投资的动机基本上与证券投资的动机一样,或者是为了获得更高的收益(可能是因为国外有更高的经济增长率,更吸引人的税收优惠政策,或是更优越的基础设施),或者是为了分散风险。确实,那些有很强国际业务能力的公司,或通过出口,或利用国外的生产销售设施,比完全在国内发展的公司有更多盈利,而且收益的波动幅度更小(风险更小)。然而,仅运用解释证券投资的动机来解释国际直接投资的动机,还远远不够。因为本国的居民毕竟比外国投资者更了解本地的情况,因而也就具有更有利的经营条件,为什么一国居民不从其他国家借钱并由自己来对本国进行实际投资呢?对于这个问题的解释,就是对国际直接投资的动因问题的回答,也是对跨国公司产生的原因的解释。本节首先介绍有关外国直接投资和跨国公司的理论,然后讨论跨国公司的影响。

一、外国直接投资的理论

外国直接投资理论的核心问题是解释外国直接投资发生的原因、机制和结果。自20世纪50年代以来,有关外国直接投资和跨国公司的理论,随着实践的发展而得到了迅速的发展。这种理论研究,大致上可以划分为三个阶段。

第一阶段是从20世纪初到20世纪50年代末。这一阶段,外国直接投资理论的研究基本上是经验性和归纳性的,主要在概念层次上进行研究,没有形成完善的理论结构。

第二阶段是从20世纪60年代初期到70年代末期。在这一阶段,海墨(S. H. Hymer)、金德尔伯格(C. P. Kindleberger)、弗农等学者已经发展了关于外国直接投资的系统理论,探讨跨国公司的性质、作用以及外国直接投资对资本输入国经济发展的影响,成为研究的主要热点。这一时期所产生的理论,大致上可以概括为结构性市场非完全竞争理论。其中以海墨和金德尔伯格为代表。[1][2]

第三阶段是从20世纪80年代初至今。欧盟向共同市场和经济联盟的发展,北美自由贸易区的建立,亚太各国经济的迅速增长以及全球经济一体化的发展趋势,使外国直接投资活动的发展进入新的高潮。关于外国直接投资的理论研究也迅速发展。在这一阶段,自然性市场不完善理论占主流,如巴克莱(P. J. Buckley)和卡森(M. Casson)等发展了市场内部化理论。[3][4] 自然性市场不完善理论揭示了跨国公司以有效的行政结构代替被扭曲的市场结构这一市场内部化的本质。这些理论认为,跨国公司不再仅仅是资本家追求垄断权利,并利用其垄断权利攫取超额利润的工具。作为一种社会组织形式,跨国公司还在提高经济效益、合理再配置资源方面,具有许多积极的作用。在这一时期,还有

---

[1] Hymer S H. The International Operations of National Firms: A Study of Direct Investment. Cambridge: MIT, 1960.

[2] Kindleberger C P. American Business Abroad: Six Letters on Direct Investment. Yale: New Haven, 1969.

[3] Buckley P J, Casson M. The Future of the Multinational Enterprise. London: Macmillan, 1976.

[4] Hennart J F. The Transaction Cost Theory of the Multinational Enterprise//Pitelis C, Sugden R. The Nature of the Transnational Firm. London: Routledge, 1990.

的学者试图把结构性市场不完善与自然性市场不完善理论结合起来,如邓宁(J. H. Dunning)提出了国际生产的折中理论①②③等。下面重点介绍几个主要的学说。

1. 垄断优势理论

1960年,海墨在他的博士论文中,第一次论证了外国直接投资不同于一般意义上的外国金融资产投资,从而在理论上开创了以外国直接投资为研究对象的新领域。在海墨之前,国际经济学家们大都认为,外国直接投资在本质上等同于一般的外国金融资产投资,只是所承担的风险不同而已。海墨则认为,外国直接投资不仅仅是一个简单的资产交易过程,它还包括非金融资产和无形资产的转移,是跨国公司使用和发挥其内在组织优势的过程。当时,海墨的论文并没有为大多数学者所重视,直到1976年,海墨的这篇开创性博士论文才由他的母校马萨诸塞理工学院出版社(The MIT Press)正式出版。

1969年,金德尔伯格出版了《美国公司在国外》一书,提出了与海墨观点一致的看法。金德尔伯格强调市场结构的非完全竞争性和跨国公司的垄断优势。他认为,传统的经济学和贸易理论难以解释为什么在资本追求利润最大化的原则下,会出现跨国公司这种组织形式。因为当一个企业在海外投资、经营时,必定会承受与当地企业相比较高的生产成本和组织成本。为什么这个企业不以出口商品或技术转让的形式获取利润呢?金德尔伯格和海墨认为,其原因在于市场结构的非完全性,尤其是技术和知识市场的不完全性。比如说,在国际技术转让市场,技术拥有者(卖方)和技术购买者(买方)之间存在着信息不对称,所以,技术转让涉及许多不确定性。首先,买方使用某种技术得到成果之前,只能间接地从卖方那里了解到这种技术的有效性,因此,买方不确定他到底支付多少钱购买这一技术才合算。对于卖方来说,如果为了使买方完全相信技术的有效性,他必须将关于这种技术的细节全盘托出,而这样等于无偿地转让了技术。这种由于信息不对称性而产生的交易不确定性,提高了交易成本,而自由市场在这一方面是软弱无力的。专利体制是用来弥补市场无效性的一种方式,但它本身也存在着许多局限性,因为某些技术或知识是无法通过专利体制来保护的。

因此,金德尔伯格和海墨认为,跨国公司之所以存在,是因为它们拥有某些垄断优势。这些垄断优势包括:①对某种专门技术的控制;②对某些原材料来源的垄断;③规模经济优势;④对分销渠道的控制;⑤产品开发和更新的能力等。跨国公司可以凭借这些垄断优势,有效地与当地企业展开竞争,或寻求与当地企业串谋,共同赚取垄断利润。从社会福利和人类公平交易、平等分配收入的原则来讲,垄断是不合理的。因为垄断只会给社会中的某一部分人(跨国公司职员)带来好处,不一定会对整个社会有益。因此,海墨后期的观点倾向于否定跨国公司。

2. 产品生命周期学说

弗农把产品生命周期理论应用到国际贸易和国际投资领域,他认为,在国际市场范

---

① Dunning J H. International Production and the Multinational Enterprise. London:Allen & Unwin,1981.
② Dunning J H. The Eclectic Paradigm of International Production:A Restatement and Possible Extention. Journal of International Business Studies,1988.
③ Dunning J H. Explaining International Production. London:Unwin and Hyman,1988.

围内,某一产品所处的生命周期阶段不同,决定了其生产区位的不同,而外国直接投资则是生产过程或产地转移的必然结果。① 弗农的国际产品生命周期理论包含如下四项基本假设:①消费者偏好依据收入的不同而不同;②企业之间以及企业与市场之间的沟通或协调成本随着空间距离的增加而增加;③产品生产技术和营销方法会随产品生命周期的不同阶段发生可预料的变化;④国际技术转让市场存在不完全性。弗农认为,消费者偏好以及对产品的选择由于收入高低而产生不同层次。新产品一般是为了满足高收入国家选择性极强的市场而产生,比如美国市场。由于新产品在其发育成长时期,需要从市场上不断得到信息反馈,以改进其性能,所以最初的生产基地一般靠近市场,即发达的高收入国家。当产品在市场上逐渐成熟,即进入产品生命周期的第二阶段,原来开发、生产这种产品的国家开始出口产品到其他发达国家,即拥有类似市场的国家,如从美国出口到加拿大、英国或西欧市场,而这些国家从进口到进口替代,也开始生产这类产品,并出口到发展中国家。在产品生命周期的第四阶段,这类产品已经在生产过程或生产技术方面达到了标准化或规范化,市场的反馈信息已不再重要。因此,产品的生产成本如原材料、劳动力成本因素变得更为重要。在这一阶段,发达国家逐渐把生产基地转移到发展中国家,以降低生产成本。在产品生命周期的最后阶段,发展中国家吸收发达国家的生产技术,大批量生产这种产品,并开始将产品返销到发达国家市场。一般而言,一种产品在发展中国家的生命周期要比在发达国家的生命周期滞后一两个阶段。

产品生命周期学说似乎能解释第二次世界大战前后某些跨国公司的投资方向,但它的方法论有两个缺陷:①虽然产品生命周期学说可以预测事件发生的前后顺序,但不能量化地描述事件以及各事件相隔的时间差。②按照产品生命周期学说,企业一般分别地考虑以下三种决策:一是产品开发过程的投资决策;二是怎样有效地服务于国外市场;三是如何与国外企业竞争。而事实上,跨国公司往往同时整体地考虑上述三项决策。另外,随着世界经济全球化过程的加速,发达国家之间以及发达国家与发展中国家之间对产品需求或偏好的差别越来越小,新产品已不再总是在美国市场或发达国家市场产生,被发达国家市场淘汰的产品也不一定会在发展中国家畅销。因此,产品生命周期不再是静态的、事先设置的过程,而是动态的、变化中的过程。后来,弗农修正了其产品生命周期学说,重点阐述了跨国公司的寡头垄断行为,这与克尼克波克的理论相呼应。

3. 寡头垄断行为学说

1973 年,克尼克波克(F. T. Knickerbocker)在其《寡头反应与跨国公司》一书中,分析了 187 家美国跨国公司的投资行为,发现在一些寡头垄断行业中,外国直接投资在很大程度上取决于各竞争者之间相互的行为约束和反应。② 克尼克波克的学说基于产业结构和市场结构的分析。他认为,在完全竞争市场上(一般竞争者数目超过 20 个),任何一家公司都无法操纵市场价格,每个竞争者的最佳策略是根据市场价格信号来生产。因此,其中某一家的投资行为,不大会直接影响其他竞争者的投资行为。在一个紧性的寡头垄

---

① Vernon R. Internatioal Investment and International Trade in the Product Cycle. Quaterly Journal of Economics,1966,80:190-207.

② Knickerbocker F T. Oligopolistic Reaction and Multinational Enterprise. Boston:Harvard University,1973.

断市场(一般竞争者数目不超过 4 个),两三家公司基本上控制了大部分市场份额,因此,每一家公司都拥有相当程度的垄断势力。在这种局势下,这几家公司相互之间会倾向于合谋而非竞争,合谋共同瓜分市场而不至于因竞争过分激烈导致两败俱伤。因此,只是在一个松散性的寡头市场上,各竞争者之间的战略性行为才会相互制衡或产生激烈的竞争性反应。这种战略性竞争反应可以分为三类:①跟随战略;②交换威胁;③动态竞争。在第一种情况下,如某一竞争者率先投资进入某一区域,其余竞争者都会跟随而进。在第二种情况下,各竞争者相互侵入对方市场或威胁对方的市场地位,因此而导致投资互动现象。在第三种情况下,一旦市场均衡被打破,一系列连锁反应会诱发一个动态竞争过程,只有在新的市场均衡实现以后,这个动态过程才会暂停。

跨国公司之间战略性相互约束和反应对外国直接投资的影响,受到越来越多学者的重视。博弈论模型已被广泛应用于刻画跨国公司相互反应的动态过程。随着市场全球化以及新兴的日本跨国公司与欧美跨国公司重新争夺世界市场的竞争日趋激烈,对跨国公司经营战略的研究已成为外国直接投资的研究热点。

4. 市场内部化学说

巴克莱等人从所谓自然性市场不完善出发,解释了跨国公司的兴起和外国直接投资现象。他们认为,现代跨国公司是市场内部化过程的产物。所谓市场内部化,是指外部市场机制造成了中间产品(如原材料、半成品、技术、知识、经验等)交易的低效率,为了提高这种交易的效率,跨国公司通过其有效的手段——行政结构,将外部市场内部化。

内部市场在某些方面比外部市场更有效率,因为跨国公司内部,成员之间的雇佣关系取代了市场上的商品交换关系。雇员的薪水并不完全由他的直接劳动成果来决定,而是根据他执行行政命令的好坏来决定。因此,公司雇员减少了相互欺骗的动机。而在外部市场,由于交易的不确定性,这种相互欺骗的可能性很大。在这个意义上,通过行政组织进行交易比市场的直接交易要有效。外部市场的自然性非完善是相对于效率而言的。因此,进行外国直接投资的跨国公司并不一定需要拥有垄断优势,而只需要创造比外部市场更有效率的行政结构或内部市场。比如,在某种技术转让的过程中,由于技术是一种特殊的资产形式,进行技术转让交易的买卖双方都面临很大的不确定性,任何一方采取机会主义行为,对方都会蒙受巨大的损失。因此,在一个不甚完善的外部市场进行技术转让交易,交易成本比较高,而如果技术的买方或卖方通过行政结构,将对方整合到一个组织里,以雇佣关系代替买卖关系,那么再进行技术转让的交易,就不会冒太大的风险。所以,跨国公司的外国直接投资是为了有效地转让技术或知识,避免因交易不确定性而导致的高交易成本。在这个意义上,现代跨国公司不仅仅是通过市场内部化牟取利润,同时对影响资源再分配过程也具有积极作用。当然,技术转让只是一个典型的例子。市场内部化学说强调生产、消费过程中中间产品市场的非完全性,这里的中间产品含义广泛,包括生产和消费过程中的基本要素,如原材料、资本、半成品、知识、技术、业务专长、生产与管理经验、市场声誉等。

交易成本学说与市场内部化学说在理论框架上是一致的,只是侧重点有所不同。亨纳特发展了科斯(R. H. Coase)和威廉姆森(O. E. Williamson)等人的交易成本理论,结合私有产权理论、企业理论和市场失灵理论,建立了关于跨国公司外国直接投资行为的交易成本学说。亨纳特认为,市场和企业是人类经济社会两种相互可替代的基本结构,在人类社会发展的初期阶段,商品交换基本上是在市场上进行的。现代工业公司的发展和壮大,是与工业有效地运用行政等级结构,取消零散的市场结构紧密相关的。市场通过价格信号调控个体行为和再分配资源,企业则以行政结构、薪水制度来结合个体,同时以行政命令控制个体行为。

在进行某些经济活动时,企业会比市场更有效率。亨纳特认为,市场存在着自然的非完善性。这种自然的非完善性是因为现实的市场不符合传统经济学的假定,即现实的市场参与者并不拥有完全的知识,现实中的合同也远非能够完全执行。这样,市场交易的成本就不等于零,也就是说,市场竞争的不完全性和市场参与者的有限理性,使得价格系统会提供错误的信号和产生错误的刺激,从而使得市场交易的成本很高。要减少交易成本,就可以通过现代企业体制将市场上的个体参与者结合起来,让买卖双方同属于一个行政组织,减少相互欺骗的动机,即用企业的行政命令和薪水制度取代市场价格系统。

现代跨国公司以行政结构方式减少了市场的交易成本,便利了某些特定交易的进行,因此会给社会带来福利的增加。这样,市场内部化和交易成本理论就倾向于肯定跨国公司的积极作用,这与垄断优势理论对跨国公司持否定态度明显不同。

与市场内部化学说相比,亨纳特的交易成本理论不仅认识到市场可能会失效,同时还指出公司的行政结构也会存在失效。因为公司的行政结构割断了雇员的报酬与其实际表现的直接联系,公司的雇员之间会产生相互推诿、逃避责任的动机,因而公司的组织管理成本也不等于零,有时甚至会高于市场交易成本。因此,全面、动态地看,现实中的工业企业组织介于完全竞争市场与完全行政结构之间,许多企业内部也会运用某种程度的市场机制,如计件工资制、企业利润与经营管理者年终红利挂钩制等。

5. 邓宁的国际生产折中学说

1978年,邓宁试图综合结构性市场非完善和自然性市场非完善两种学说的基本观点,提出一个更一般和广泛适用的理论模式,以解释跨国公司的存在原因以及外国直接投资现象。邓宁认为,决定跨国公司行为和外国直接投资的基本要素有三个:①所有权优势;②位置优势;③市场内部化优势。这就是所谓的OLI模式,或称为国际生产的折中理论。

所有权优势包含两部分内容:①对有价值的资产的拥有,如对原材料产地的垄断权,对某种生产技术的垄断权等;②跨国公司有效的行政管理能力。邓宁认为,结构性市场不完善和自然性市场不完善对企业所有权优势的作用,因企业本身的组织特点、产品特点、市场特点和竞争过程的不同而不同,但两者又相互关联。

位置优势是指不同的国家或地区的劳动力、能源、原材料等生产要素具有不同的价格结构和质量,通信和交通等基础设施状况也不一样,有时各个国家或地区的税收优惠政策也不同。对外国直接投资者来说,有些国家或地区拥有相对的位置优势,即该国的生产成本和运输成本比其他国家会相对低一些,因此具有竞争优势。邓宁的区位优势概念吸收了传统国际贸易理论关于比较优势的思想,而他的所有权优势承袭了金德尔伯格-海墨的传统。

市场内部化优势的概念相对复杂一些。邓宁认为,跨国公司的所有权优势和位置优势,并不是决定它进行外国直接投资的充分必要条件。它可以通过出口、技术转让、租赁设备和出售特许经营权等方式来发挥这两个优势,避免在当地直接生产。但是,由于某些产品或技术通过市场转移时会提高交易成本,因此跨国公司可以通过外国直接投资,将非完善的市场内部化,以降低交易成本。

在邓宁看来,跨国公司进行外国直接投资必须具备两个必要条件:①国外生产成本低于国内生产成本;②跨国公司自己在国外生产的成本低于当地企业的生产成本。

当一个企业决定进入国外市场时,其决策过程一般分两步。第一步,决定产品是在国内生产然后出口到国外,还是在国外生产。这一步决策取决于国内外生产成本、运输成本的高低以及关税和非关税贸易障碍等因素,即位置优势。第二步,决定通过市场途径,还是通过行政途径来为国外市场服务。它可以利用当地的进口商、批发商、零售商来为当地市场服务,也可以实行纵向一体化,投资于国外批发、零售渠道,直接服务当地市场。第一种方式主要通过交易合同来完成,属于市场途径。第二种方式是利用行政手段建立自己的公司,属于行政途径。如果企业决定在当地生产,也有两种选择:一种是通过向当地企业出售技术、特许经营权、商标等;另一种是投资当地企业生产。市场内部化和交易成本学说主要用于分析第二步的决策。

企业在出口商品、对外投资和许可证经营等方式之间的选择,可以用项目决策的方法来分析。设 R 为某企业利用其特有优势(无形资产)所生产出来的最终产品的销售收入;C 为国内劳动、资本及其他常规要素投资的总成本;C^* 为国外劳动、资本及其他常规要素投入的总成本;M^* 为出口营销成本,如了解国外市场行情的信息成本等;A^* 表示用直接投资方式进入国外市场的附加成本;D^* 为企业特有的优势流失所造成的损失。这样,选择不同方式进入国外市场,企业的净现值可表示如下:

出口
$$NPV_E = \sum \frac{R_t - C_t - M_t^*}{(1+r)^t} \tag{11-5}$$

直接投资
$$NPV_{FDI} = \sum \frac{R_t - C_t^* - A_t^*}{(1+r)^t} \tag{11-6}$$

许可证
$$NPV_L = \sum \frac{R_t - C_t^* - D_t^*}{(1+r)^t} \tag{11-7}$$

式中,t 表示时间;r 为选定的贴现率。

假定随着时间的推移,各种市场进入方式所特有的成本 M^*、A^*、D^* 将下降。那么,选择哪一种方式进入国外市场,就取决于下列条件:

①如果 $NPV_E > \max(NPV_{FDI}, NPV_L)$,则企业将选择出口方式;

②如果 $NPV_{FDI} > \max(NPV_E, NPV_L)$,则企业将选择直接投资方式;

③如果 $NPV_L > \max(NPV_E, NPV_{FDI})$,则企业将选择许可证方式。

一般而言,企业只是在某个时点上选择了某种对外扩张方式,这种选择并不是一成不变的,其改变与否取决于同各种方式相联系的专项成本的变化。通常假定,在发展海外业务的初期,M^* 要低于 A^*。因为前者只包含了解国外商品市场信息的成本,而后者则不仅包括了解商品市场信息的成本,而且还必须了解国外的要素市场信息。比较 A^*

和 D^* 会发现,尽管发放许可证可以避免直接投资所造成的附加成本,但在拓展海外业务的初期,D^* 是三种成本中最高的一项。因为企业的垄断优势就体现在它所拥有的独特的无形资产上,把它转让出去,等于从根本上削弱企业的实力。

这样,当 $t=0$ 时,有

$$M^* < A^* < D^* \tag{11-8}$$

随着时间的推移,上述三种专项成本将减小,假定它们按如下函数形式减少,即

$$\begin{cases} M_t^* = a - b_t^c \\ A_t^* = e - f_t^g \\ D_t^* = h - q_t^p \end{cases} \tag{11-9}$$

为保证 $t=0$ 时,式(11-8)成立,假定

$$a < e < h \tag{11-10}$$

这样,M^*、A^*、D^* 随时间的变化,就取决于 c、g、p 了。从实际中可以了解到,随着企业涉外经营活动的增多和对外国情况的了解,在国外从事生产的附加成本会迅速地降低,而且如果在国外设立分支机构,进一步接近国外的信息源,A^* 下降的速度会超过 M^* 下降的速度。同时,随着时间的推移,一个企业初期所拥有的技术优势与其他形式的无形资产在达到了标准化阶段后,对企业的价值会迅速降低,因而它流失的损失 D^* 也会大幅度降低。也就是说:

$$c < g < p \tag{11-11}$$

对应于上述专项成本的变化趋势,三种方式的利润变化可以用图 11-3 示意地说明,其中 π_E、π_{FDI} 和 π_L 分别表示出口、直接投资和许可证三种进入国外市场方式的利润随时间变化的关系。由图 11-3 可见,在 S_1 点之前,出口是最佳的选择;在 S_1 与 S_2 点之间,直接投资是最佳的选择;而在 S_2 点之后,许可证是最佳的选择。这与一般情况下企业的海外扩张过程是一致的。

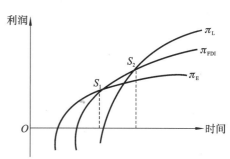

图 11-3 企业进入国外方式的选择

邓宁的折中理论引起了广泛的争论,使这一模式仍然处在不断争论和发展的过程中,也有不少学者利用这一模式,对跨国公司的行为进行了实证研究。

二、外国直接投资理论的评述

大多数国际投资理论如海默、金德尔伯格的垄断优势理论,弗农的产品生命周期理论、巴克莱和卡森的内部化理论、邓宁的折中理论等都是以当时的发达国家投资为背景的,研究的是发达国家跨国公司投资的行为特征,对发达国家对外投资现象进行了合理的解释。但随着国际投资的迅猛发展,尤其是一些经济发展迅速的发展中国家对外直接投资日益成为国际投资中的新生力量,原有的国际投资理论对此的解释已经缺乏说服力,从这一角度来看,这些理论和学说存在程度不同的不足和缺陷,其主要的问题如下。

(1)多数国际投资理论侧重研究企业行为特征,忽略了产业选择的研究。就目前最具有代表性的国际投资理论即邓宁的折中理论,将跨国公司选择投资的标准概括为所有权优势、内部化优势和区位优势,其研究的基点是企业选择,对产业选择没有明确分析。在这方面做出贡献的是小岛清(Kojima Kiyosh),他首次将产业选择纳入直接投资领域,认为一国对外投资从夕阳产业开始,将处于劣势的边际产业转移出去,从产业选择的角度研究国际投资问题,这是国际投资理论的一个创新,但这仅仅是对第二次世界大战以后一段时期的日本对外投资模式的概括,不具有普遍性。直到目前为止,主要的国际投资理论仍然是围绕企业选择标准进行研究,而产业选择的研究一直较少涉及。

(2)多数国际直接投资理论以发达国家经济特征为前提,忽略了发展中国家对外直接投资的事实。从垄断优势理论、产品生命周期理论、内部化理论到折中理论、边际产业转移理论都是以不同方式强调国际资本的单向流动,但不能解释现实中存在的发展中国家对外投资现象。如邓宁认为,只有当企业同时具有三个优势时,才能进行对外投资,但发展中国家的企业不可能同时具有这三个优势,因而不能解释发展中国家对外投资行为。对发展中国家的国际投资理论研究做出贡献的是威尔士(Wells)的小规模技术理论和拉尔(Lall)的技术地方化理论,从比较竞争优势出发解释了发展中国家对外直接投资,把折中理论静态化、绝对化竞争优势变为动态化、相对化,并且威尔士和拉尔关于发展中国家对外直接理论也区分了国家经济实力与个别企业的竞争力,从而也就在一定程度上有效地解释了发展中国家和发达国家之间的 FDI 双向流动。但威尔士和拉尔的研究仅只能解释一部分发展中国家企业对外投资行为,不具有普遍性。

(3)现有的国际投资理论对中小跨国公司的对外投资行为不能做出充分合理的解释。近年来,中小跨国企业对外直接投资日趋增多,而现有的垄断优势理论、产品生命周期理论、内部化理论等都是对大型跨国公司对外投资的解释,对中小企业对外直接投资不能做出充分合理的解释。因为,对中小企业而言,垄断优势和技术优势等都不明显,而且规模偏小、管理资源匮乏以及海外子公司不多,其跨国经营的风险和内部化成本远比大公司高。

三、外国直接投资的影响

外国直接投资对资本输入国和资本输出国的经济影响,可以从实际影响和金融影响两个方面来加以分析。实际影响是指外国直接投资对生产部门的影响,如对出口量、产量、技术和就业等方面的影响;金融影响则指外国直接投资对国际收支、汇率和国内储蓄的影响。

1. 外国直接投资对资本输入国的经济影响

1)实际影响

外国直接投资对资本输入国的实际影响主要由外国直接投资的规模、类型、期限、资本输入国民族企业家势力和技术能力决定。

第一,就外国直接投资的规模而言,一般来说,外国直接投资的规模越大,外国直接投资企业的产量或出口量也越大,因而对资本输入国经济的影响也就越大。

第二,从投资的类型来看,出口导向型外国直接投资(产品面向国外市场)有利于增加资本输入国的出口创汇额,而进口替代型外国直接投资(产品面向国内市场)则有利于满足国内需求,从而减少资本输入国的进口量。但无论是出口导向型还是进口替代型外国直接投资企业,只要它们在生产过程中从国外购买生产设备、原材料或中间半成品,都会增加资本输入国的进口量。

根据外国直接投资类型和生产设备、原材料产地,可以分4种情况讨论外国直接投资可能给资本输入国贸易收支状况带来的影响(见表11-1)。

表11-1　外国直接投资对资本输入国贸易收支的影响

类　　别	出口导向型 外国直接投资企业	进口替代型 外国直接投资企业
从资本输入国购买生产设备、原材料	产品出口增加,进口不变,贸易收支状况好转	出口不变,产品进口减少,贸易收支状况好转
从资本输入国国外购买生产设备、原材料	产品出口增加,生产设备和原材料进口也增加,贸易收支状况变化不确定	生产设备和原材料进口增加,产品进口减少,贸易收支状况变化不确定

从就业机会来看,资本密集型外国直接投资创造的就业机会较少,而劳动密集型外国直接投资创造的就业机会较多。

第三,就投资期限而言,一般来说,在外国直接投资的初期,资本盈利率较低,为了鼓励外资进入,很多资本输入国通常在外资营业初期给予税收优惠(减免税)。所以,外国直接投资初期,资本输入国获利较少。随着时间的推移和外国直接投资企业利润率的上升,外国直接投资企业在后期上缴给资本输入国的税收逐渐增加。同时,外国直接投资企业经营一段时间后,企业员工的技术和管理水平也逐渐提高。

第四,外国直接投资对资本输入国的经济影响与资本输入国民族企业家势力的大小有关。如果资本输入国民族企业家比较活跃,那么外国资本的进入有利于推动当地生产的发展。高科技外国直接投资企业通常能带来技术创新的效果,而实用技术外国直接投资则有利于进行科技转让,并带来当地的关联效果,即本地企业家利用外资提供的先进技术为己所用,并以本国技术条件为基础进行改良创新,把外国直接投资优势与当地生产联结起来,从而提高生产效率,增加生产量。相反,如果资本输入国民族企业家阶层势力薄弱,外国直接投资的进入就有可能取代当地企业家的投资和创新功能,则不利于产生技术上的关联效应。

第五,对于发展中国家而言,引进国际直接投资最主要的目的之一是引进先进技术。国际直接投资能对东道国的技术产生影响的理论依据是FDI企业的技术通过扩散(溢出)实现先进技术转移。技术溢出的途径主要有示范效应、竞争效应、关联效应、培训效应等。技术溢出效应的大小与多种因素直接相关联,其中FDI企业的技术水平和东道国技术能力是两个重要因素。技术能力指通过研究开发投入来开发新知识的能力,也指其能否挑选出最适合本企业的技术,以与其他模仿者区别开来,主要包括熟练劳动和管理人员的可获得性、可获得技能的范围、要素价格的扭曲程度。一般而言,FDI企业技术水平越高,与本地企业的技术差距越大,潜在的技术溢出效应越大。但FDI企业的技术能否实现转移还受制于本地企业的技术能力,如果FDI企业技术水平越高且与本地企业的技术差距越大,同时本地企业的技术能力越低,FDI企业就容易"飞地化",溢出效应就小;反之,FDI企业技术水平越高,本地技术能力越强,FDI企业技术溢出效应越大,本地企业就越能模仿、吸收、消化、创新,技术进步越快。

2)金融影响

外国直接投资对资本输入国的金融影响,可从国际收支、汇率和国内储蓄方面来分析。

从国际收支来看,当外资企业出口额大于进口额时,有助于资本输入国的国际收支状况改善;当外资企业出口额小于进口额时,则会使资本输入国的国际收支状况恶化。

从汇率来看,外国直接投资对资本输入国汇率的影响是与外国直接投资的进出口活动及其对资本输入国国际收支状况的影响密切相关的。国际收支盈余通常有助于加强该国货币的国际地位,导致该国货币升值;国际收支赤字则削弱该国货币的国际地位,引起该国货币贬值。在汇率可以自由浮动时,资本输入国汇率的变动又会影响外国直接投资企业的进出口活动。

从国内储蓄来看,外国直接投资对资本输入国国内储蓄的影响是双重的。一方面,积极的外国直接投资有助于调动国内储蓄,支援生产;另一方面,外资也可能取代或转移国内储蓄(或国内投资)。值得指出的是,国内储蓄的增减并不是用来判断外国直接投资对资本输入国影响好坏的标准。只要外国资本是用于国内生产所需要的部门,它对输入国的影响就是积极的。

3)跨国公司对资本输入国可能产生的不利影响

首先,跨国公司可能会操纵资本输入国的经济生活,其中包括:①不愿让当地的子公司向那些被认为是对母公司所在国不友好的国家或母公司所在国法律禁止出口的国家出口产品;②当资本输入国金融紧缩时就从国外借款,当资本输入国利率降低时就向国外贷款,从而影响资本输入国货币政策的效果;③大规模地进行广告宣传,影响资本输入国的消费偏好。

其次,跨国公司还会吸取资本输入国的科研开发基金和技术、管理等方面的高级人才,从而不利于资本输入国民族企业的建立和发展。

最后,跨国公司还会通过转移定价的方式逃避税收,对劳动密集型发展中国家不适当地使用高度资本密集的生产技术,不重视当地劳工的培训,过度开采自然资源造成环境损害,以及在资本输入国形成高度二元性的"飞地"经济等。

为此,许多发展中国家对外国直接投资活动进行了必要的规范和调节,使之减少危害,增加可能的收益。例如,许多发展中国家只允许合资企业存在,并对技术转让和职工培训做出规定,限制使用进口部件,提出国产化比率和产品外销比率要求,限制利润的汇出,还制定了环境方面的法规等。但这些严格的规定也会对资本的流入产生负面的影响,而且其中有些并不符合WTO的有关协议。

2.外国直接投资对资本输出国的影响

1)实际影响

外国直接投资对资本输出国的影响,也是与外国直接投资的规模、类型和期限相关的。

首先,从投资规模来看,外国直接投资的规模越大,对资本输出国经济的影响就越大。资本的输出一方面会导致资本输出国国内资本供给的相对减少和就业人数的相对下降,另一方面资本利润的回流又有利于提高资本输出国政府的收入,增加资本供给,扩大就业人数。

其次,根据外国直接投资的类型,可以分为不同情况来讨论外国直接投资对资本输出国贸易收支状况的影响(见表11-2)。

表11-2 外国直接投资对资本输出国贸易收支状况的影响

出口导向型外国直接投资

类别	产品出口基地为资本输出国	产品出口基地不在资本输出国
资本输出国是生产设备、原料进口基地	资本输出国生产设备、原料出口增加,产品进口增加,贸易收支状况变化不确定	资本输出国产品进口不变,生产设备、原料出口增加,贸易收支状况好转
资本输出国不是生产设备、原料进口基地	资本输出国产品进口增加,生产设备、原料出口不变,贸易收支状况恶化	资本输出国产品进口量不变,生产设备、原料出口量不变,贸易收支状况不变

进口替代型外国直接投资

类别	资本输出国产品被替代	资本输出国产品不被替代
资本输出国是生产设备、原料进口基地	资本输出国生产设备、原料出口增加,但产品出口减少,贸易收支状况变化不确定	资本输出国生产设备、原料出口增加,产品出口不变,贸易收支状况好转
资本输出国不是生产设备、原料进口基地	资本输出国生产设备、原料出口不变,产品出口减少,贸易收支状况恶化	资本输出国生产设备、原料出口不变,产品出口不变,贸易收支状况不变

最后,外国直接投资初期,资本输入国的外资优惠政策使外国直接投资利润可以全部或大部分回流到资本输出国,使资本输出国外汇积累速度较快。当投资一段时间以后,外国直接投资企业上缴资本输入国的税收增加,回流到资本输出国的投资利润比率下降,资本输出国外汇积累的速度放慢。

2)金融影响

外国直接投资对资本输出国的金融影响也表现在国际收支、汇率和国内储蓄三个方面。

首先,当外国直接投资企业从资本输出国的进口额(以资本输出国为生产设备和原料的进口基地)大于其对资本输出国的出口额(以资本输出国为产品出口市场)时,资本输出国的国际收支状况改善。

其次,资本输出国的国际收支盈余,通常有利于加强该国货币的国际地位,导致该国货币升值;国际收支赤字则通常削弱该国货币的国际地位,使该国货币贬值。

最后,在国内储蓄方面,外国直接投资一方面转移了对资本输出国的国内储蓄(或国内投资),另一方面也可能以其高利率吸收更多的国内外储蓄。

3)跨国公司可能对资本输出国产生的不利影响

首先,外国直接投资使资本输出国处于竞争劣势的非熟练或半熟练工作岗位减少,从而引起资本输出国工会组织的强烈反对。但外国直接投资也会增加一些技术、管理以及文秘方面的职位。

其次,出口先进技术或向国外生产基地转移先进技术,会削弱资本输出国的技术领先地位,损害它未来的利益。

跨国公司也会通过转移定价和利润在国外的再投资,逃避对资本输出国的纳税义务。

第四节　国际劳动力流动

一般来说,国家之间劳动力比资本更缺乏流动性,但这并不是说现实中不存在劳动力的国际流动。相反,在19世纪,欧洲曾出现过向新大陆移民的巨大浪潮。这种移民浪潮一方面极大地减轻了欧洲大陆的人口压力,另一方面又极大地促进了新大陆特别是美国经济的发展。本节先介绍国际劳动力流动的动因,然后分析国际劳动力流动的影响。

一、国际劳动力流动的动机

国际劳动力流动的动机既有经济的因素,也有非经济的因素。许多发生在19世纪以及更早年代的国际移民,大都是出于逃避欧洲当时的政治和宗教迫害。然而,大多数的国际劳动力流动,特别是第二次世界大战以后,则是受到国外高收入前景吸引的结果。

出于经济原因而做出移民决定,可以采用与项目投资决策同样的方法进行分析。移民如同其他任何投资一样,涉及成本和收益。其中,移民的成本包括交通费用的支出,在新的国家安置家庭和寻找工作所花费的时间和工资损失,还有诸如熟悉新的风俗习惯和语言所需的花费,在新的环境中寻找工作、住房等所涉及的风险,与熟悉的亲戚、朋友、环境分离所造成的感情上的损失等;而移民的收益则包括在其剩余的工作寿命中从国外所能获得的超过国内的收入,此外还有子女可能享有的比较好的教育与工作机会等。如果移民的收入按某一贴现率进行折算的现值超过移民所发生的成本的现值,该劳动力就会发生国际流动。

二、国际劳动力流动的影响

国际劳动力流动的影响,同样可以采用两部门要素流动模型来分析。如图11-4所示,OO' 表示 A、B 两国所拥有的劳动力总量,其中,A 国拥有 OA 数量的劳动力,B 国拥有 $O'A$ 数量的劳动力。在不发生劳动力流动时,A、B 两国将其全部劳动用于国内生产,劳动的边际产品价值曲线分别为 $VMPL_A$ 和 $VMPL_B$,此时 A 国的工资率为 w_A,B 国的工资率为 $w_B(w_A<w_B)$。A 国国内总产值和国民收入均为梯形 $OFGA$ 的面积,其中劳动的总报酬为矩形 $OCGA$ 的面积,资本的总报酬为三角形 CFG 的面积;B 国的国内总产值和国民收入均为梯形 $O'JMA$ 的面积,其中劳动的总报酬为矩形 $O'HMA$ 的面积,资本的总报酬为三角形 HJM 的面积。

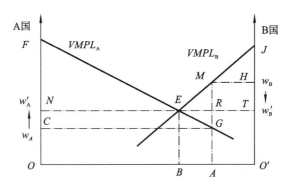

图 11-4 国际劳动力流动的影响

当两国开放劳动力市场时,BA 数量的劳动力就会由 A 国流向 B 国,使 A 国的工资率由 w_A 提高到 w'_A,B 国的工资率由 w_B 下降到 w'_B,在两国劳动的边际产品价值曲线的交点,两国劳动工资率相等($w'_A=w'_B$),世界劳动力市场达到均衡。此时,A 国国内生产总值为梯形 $OFEB$ 的面积,比原来减少梯形 $BEGA$ 的面积,B 国国内生产总值为梯形 $O'JEB$ 的面积,比原来增加梯形 $AMEB$ 的面积,由 A、B 两国构成的世界的总产出增加三角形 EGM 的面积,这是由劳动力在世界范围的最优配置所引起的效率提高的结果。再从资本与劳动之间的收入分配来看,劳动力流出的国家因劳动力供给相对减少而工资上升,工资收入占国民收入的份额增加,资本收入占国民收入的份额减少;劳动力流入的国家因劳动力供给增加而使工资下降,工资收入占国民收入的份额降低,资本收入占国民收入的份额增加。

在上面的分析中,隐含地假定劳动是同质的。事实上,由于发达国家移民法案对知识技术移民的鼓励和对非熟练、半熟练劳动移民的限制,20 世纪 50 年代以来,大量的科学家、工程技术人员、医生、护士及其他高技术人员从发展中国家移向发达国家,从欧洲移向美国。比如,在 20 世纪 80 年代,就有 870 万人从世界各地涌入美国,其中 150 万人受过大学教育。美国电话电报公司贝尔实验室通信科学研究组的 200 名研究人员中,有 40% 不是出生在美国。20 世纪 90 年代前期,美国各大学授予的计算机科学博士学位中,

附录 11.1

50%以上是国外出生的学生获得的,他们当中又有很大一部分留在美国。美国越来越多的高科技产业,从半导体到生物技术,都依赖于移民来的科学家和工程师。这种脑力的流失(brain drain),给高技术移民的来源国造成教育和培训成本的巨大损失。

本章小结

1. 本章重点讨论了国际要素流动及其影响,主要讨论了国际资本的流动和国际劳动力的流动问题。

2. 国际资本流动可分为证券投资和直接投资两种形式。就证券投资而言,投资者向国外投资的动机主要是为了获得更高的资本报酬,同时分散投资的风险。国际资本流动的影响可以通过两部门资本流动的模型来进行分析。

3. 外国直接投资的动机除了获得更高的资本报酬和分散投资的风险以外,还有独特的原因,这些可以通过垄断优势理论、产品生命周期理论、寡头竞争性反应理论、市场内部化和交易成本理论,以及国际生产折中理论等加以解释。国际直接投资和跨国公司对资本输入国和资本输出国的影响,都可以从实际影响和金融影响两个方面加以分析。

4. 国际劳动力流动既有经济的原因,也有非经济的原因。就经济的原因分析,国际劳动力流动的决策与投资决策并无差异。国际劳动力流动的影响,也可以运用两部门要素流动模型加以分析。

进一步阅读导引

1. 关于国际要素流动的回顾,参见:

① Mundell R. International Trade and Factor Mobility. American Economic Review,1957:325-335.

② Mundell R. International Factor Mobility:A Symposium. Journal of International Economics,1983.

③ Feenstra R C,Hanson G H. Foreign Investment, Outsourcing and Relative Wages//Feenstra R C,Grossman G M,Irwin D A. The Political Economy of Trade Policy:Papers in Honor of Jagdish Bhagwati. Cambridge:MIT Press. 1996: 89-127.

④ Feenstra R C,Hanson G H. Foreign Direct Investment and Relative Wages:Evidence from Mexico's Maquiladoras. Journal of International Economics,1997,42(3-4):371-393.

⑤Feenstra R C,Hanson G H. The Impact of Outsourcing and High-Technology Capital on Wages:Estimates for the U. S. ,1979—1990. The Quarterly Journal of Economics,1999, 114(3):907-940.

2.关于外国直接投资,参见:

①Hymer S H. The International Operations of Natioml Firms:A Study of Direct Investment. Cambridge:MIT,1960.

② Kindleberger C P. American Business Abroad: Six Letters on Direct Investment. Yale:New Haven,1969.

③ Hennart J F. The Transaction Cost Theory of the Multinational Enterprise//Pitelis C,Sugden R. The Nature of the Transnational Firm. London:Routledge,1990.

④ Knickerbocker F T. Oligoplistic Reactiom and the Multinational Enterprise. London:Macmillan,1976.

⑤ Vernon R. International Investment and International Trade in the Product Cycle. The Quarterly Journal of Economics,1966,80:190-207.

⑥Dunning J H. The Eclectic Paradigm of Internatioml Production:A Restatement and Possible Extention. Jorunal of International Business Studies,1988.

3.关于国际劳动力流动,参见:

①Grubel H G,Schott A D. The International Flow of Human Capital. American Economic Review,1966:268-274.

②Bhagwati J N,Parkington M. Taxing the Brain Drain:A Proposal. Amsterdam:North-Holland,1976.

思考题

1.基本概念

间接投资　直接投资　垄断优势理论　产品生命周期理论　寡头竞争性反应理论　市场内部化　交易成本理论　国际生产理论

2.讨论回答

(1)国际资本流动的动因有哪些?

(2)试运用两部门资本流动模型分析国际资本流动的影响。

(3)试运用两部门劳动力流动模型分析国际劳动力流动的影响。

(4)论述国际直接投资理论的主要观点。

第三篇

外汇市场与国际收支

第十二章 外汇市场

在本书的前两篇,主要在不考虑货币的情况下,讨论了国际经济中的实物经济问题,即国际贸易理论与政策问题。在做这种讨论时,事实上假定了任何国家以及所有国家的国际收支是平衡的,或者说,国际贸易是在没有货币介入的条件下发生的,是一种纯易货贸易。而现实中,国际贸易是在有不同货币介入的情况下发生的,国际收支也往往是不平衡的。因此,从这一篇开始,将在国际经济中引入货币的因素,商品价格采用货币价格(用本币或外币表示的价格)形式,主要探讨不同汇率制度下国际收支的失衡及其调节机制和政策问题。为此,在这一篇首先介绍外汇市场和国际收支的有关基本知识,然后在下一篇讨论开放经济条件下的宏观经济学。本章主要介绍外汇、外汇市场以及汇率决定问题。

第一节 外汇、外汇市场和汇率

一、外汇

外汇是国外汇兑的简称,它有动态和静态两方面的含义。动态的外汇是指将一国的货币兑换成另一国的货币以清算国际债权和债务关系的行为;静态的外汇则指外国货币或以外国货币表示的可用于清算国际收支差额的支付手段和资产。

国际货币基金组织(IMF)曾对外汇做了如下解释:外汇是货币行政当局(中央银行、货币管理机构、外汇平准基金组织和财政部)以银行存款、财政部库券、长短期政府债券等形式所保有的在国际收支逆差时可以使用的债权。

我国于1996年4月1日起施行的《中华人民共和国外汇管理条例》第三条规定,外汇的具体内容包括:①外国货币,包括纸币、铸币;②外币支付凭证,包括票据、银行存款凭证、邮政储蓄凭证等;③外币有价证券,包括政府债券、公司债券、股票等;④特别提款权(SDRs)、欧洲货币单位(EMU,注意,现在应该为欧元);⑤其他外汇资产。

可见,国际货币基金组织和我国外汇管理条例对外汇的解释,所指的都是外汇的静态含义,这也是通常所使用的外汇的含义。值得指出的是,被称为外汇的资产或支付手段,一般应具有三个特点:①国际性,即外汇必须是以外币表示的国外资产;②可偿性,即外汇必须是在国外能得到清偿的债权,拒付的汇票和空头支票等不能称作外汇;③可兑换性,即外汇必须能自由地、无限制地兑换成其他货币表示的支付手段。

此外,可以按照不同的标准,把外汇分成不同的类型。如根据外汇是否可自由兑换,可以分为自由外汇和记账外汇。自由外汇又称现汇,是指不经货币发行国当局批准即可将其兑换成其他货币或对第三者进行支付的外汇,这是国际贸易和国际结算中广泛使用的外汇;记账外汇又称清算外汇或双边外汇,是指不经货币发行国货币当局的批准,不能将其兑换成其他货币或对第三者进行支付的外汇。记账外汇多用于发展中国家之间的国际贸易和结算。因为发展中国家的货币大多不是国际货币,当它们之间发生贸易时,相互约定以某种国际货币(如美元)为计价单位,但只在贸易双方的账户上反映,并不实际收付(美元)。一定时间以后,双方收支相抵,若存在差额,或以货物相抵,或结转至下期,或以自由外汇清算,这样就能减少双方的自由外汇压力。

二、外汇市场

外汇市场是指进行外汇买卖的交易场所或网络,是外汇供给者、需求者以及外汇买卖的中介机构所构成的买卖外汇的交易系统。外汇市场的基本功能是实现购买力的国际转移,提供国际性的资金融通和国际清算服务,同时通过提供套期保值和投机的工具,避免和防止外汇风险的发生。

外汇市场按组织形式可以划分为抽象市场和具体市场。抽象市场又称无形市场,它没有具体的交易场所,没有统一的交易时间,买卖双方也不是面对面地交易,所有交易都是通过电话、电报、电传及其他通信工具进行的。美国、英国、加拿大、瑞士等国家的外汇市场,均采取这种形式,因此又被称为英美体制,它是外汇市场的主要组织形式。具体市场又称有形市场,是德国、法国、荷兰、意大利等国遵循的传统国际汇兑方式。外汇交易者于每个营业日规定的营业时间集中在交易所进行交易。由于这种方式只流行于欧洲大陆,因而也称为大陆体系。这种形式的外汇市场,交易目的非常有限,主要用于调整即期外汇头寸,确定对顾客交易的公平汇率,所以不是外汇市场的主要组织形式。

外汇市场按其外汇买卖双方的性质不同,可以划分为外汇批发市场和外汇零售市场。外汇批发市场特指各银行之间的外汇交易、不同市场上银行之间的外汇交易、各中央银行之间的外汇交易等。外汇零售市场则指银行同一般客户之间的外汇交易市场。

外汇市场的参与者包括外汇的最终供求者、外汇银行、外汇经纪人和中央银行,它们组成一个如图 12-1 所示的金字塔形结构。最底层是旅游者、投资者、进出口商等个人和企业,他们的活动产生对外汇的供给和需求,并向外汇银行买卖外汇。第二层是经中央银行或货币行政当局批准,可以从事外汇经营业务的商业银行和其他金融机构(即外汇银行),它们一方面直接为最底层的外汇供求者提供外汇买卖和结算服务(零售市场业务),另一方面又通过外汇经纪人的中介作用,与其他外汇银行、中央银行等发生外汇买卖关系,以调整本身的外汇头寸或进行外汇投机(批发市场业务)。第三层是外汇经纪人或外汇经纪公司,它们主要作为各银行之间的外汇买卖媒介,有些资金雄厚的外汇经纪公司自己也参与外汇买卖和投机。最高层是中央银行,它参与外汇买卖的主要目的是控制和稳定本币的汇率。当外汇市场上外汇供过于求,本币有升值压力时,中央银行在外汇市场上大量买进外汇,增加国际储备;当外汇市场上外汇供不应求时,中央银行在外汇市场上抛售外汇,减少国际储备,从而发挥调节和稳定本币汇率的作用。

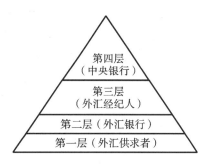

图 12-1 外汇市场的参与者

三、汇率

汇率是货币的价格,即以一种货币表示的另一种货币的价格,或两种货币相互交换的比价。汇率通常有两种标价方法,即直接标价法和间接标价法。

直接标价法又称价格标价法、应付标价法,它是以一个单位(或一定单位)的外币为基础,用一定数量的本币表示的外币的价格,即外币用本币表示的价格。目前大多数国家(包括中国)都采用直接标价法表示汇率。在直接标价法下,汇率上升,意味着外币升值,本币贬值。

间接标价法又称数量标价法、应收标价法,它是以一个单位(或一定单位)的本币为基础,用一定数量的外币表示的本币的价格,即本币用外币表示的价格。目前采用间接标价法的主要是美国和英国,这主要是由这两个国家的货币作为储备货币的历史地位及其国家经济实力决定的。在间接标价法下,汇率的上升意味着外币贬值、本币升值。值得指出的是,汇率的这两种标价方法是互为倒数的。例如,在中国,假设美元的汇率采用直接标价法为 1 美元兑换 8.2768 元人民币,若采用间接标价法,则为 1 元人民币兑换 0.1208 美元。而且,同一个汇率,对一个国家来说为直接标价,对另一个国家来说则为间接标价。例如 1 美元兑换 8.2768 元人民币,对中国来说是直接标价,但对美国而言则是间接标价。

汇率还可以依据不同的标准,划分为多种不同的类型。这里只介绍其中的几种分类。

1. 基本汇率和套算汇率

按照汇率制定的方法不同,可以将汇率分为基本汇率和套算汇率。

基本汇率是本国货币与本国的关键货币之间的汇率。所谓关键货币是指本国在国际收支中使用最多,外汇储备中占比例最大,同时又是可自由兑换、被国际社会普遍接受的货币。显然,对不同的国家来说,其关键货币是不同的。例如,中国的关键货币是美元、日元和港币,因此人民币的基本汇率就是人民币对这三种外币的汇率。

套算汇率又称交叉汇率,是本国货币与本国的非关键货币之间通过关键货币套算的汇率。计算套算汇率的目的在于节省制定汇率的工作量,同时也用于三点以上的套汇业务。例如,假设人民币对美元的汇率(基本汇率)为1美元兑换8.2768元人民币,而欧元对美元的汇率为1美元兑换1.1707欧元,则可以计算出人民币对欧元的汇率(套算汇率)为8.2768/1.1707＝7.070元人民币/欧元,即1欧元兑换7.070元人民币。使用套算汇率的好处是可以避免因汇率差价的存在而引起套汇资本流动,从而有助于金融市场和汇率的稳定。

2.买入汇率、卖出汇率和中间汇率

从银行买卖汇率的角度,可以将汇率区分为买入汇率、卖出汇率和中间汇率。

买入汇率是外汇银行买进外汇时使用的汇率,又称买入价;卖出汇率是银行卖出外汇时使用的汇率,又称卖出价。在直接标价法下,数字较小的汇率是买入价,数字较大的汇率是卖出价;在间接标价法下则相反,数字较小的汇率是卖出价,数字较大的汇率是买入价。不管采用何种标价方法,银行总是以较低的价格买进外汇,以较高的价格卖出外汇,买入价和卖出价的差幅是银行经营这项业务的收益或手续费,一般为1‰～5‰。此外,银行还经常使用的一个汇率是中间价,即银行买入汇率与卖出汇率的平均值,以表明汇率的走势。

3.即期汇率和远期汇率

从外汇买卖交割的期限来看,可将汇率分为即期汇率和远期汇率。

即期汇率(SR)是即期外汇交易所使用的汇率。即期外汇交易是指外汇买卖的交易达成后,在两个工作日之内办理交割。这里,工作日不包括正常的例假(如星期六和星期日)和法定休息日(如国庆节和元旦节等)。

远期汇率(FR)是远期外汇交易所使用的汇率。远期外汇交易是指买卖双方现在达成交易,但双方约定在未来的某一日期办理交割。由于交割的时间不是现在而是未来,因此,受一些因素的影响,未来的汇率与现在的汇率就会有差别,现在的即期汇率就不适用于远期交易,未来的即期汇率(交割时的即期汇率)又不知道,因而只能由买卖双方按各自对未来汇率走势的预期,在交易时(现在)商定一个远期汇率,进行远期交易。远期汇率与即期汇率的差额,称为远期差价。这种差价按对未来汇率走势的预期不同,有三种情况,即远期升水、远期贴水和平价。在直接标价法下,远期升水表示远期汇率高于即期汇率,远期贴水表示远期汇率低于即期汇率,平价则表示远期汇率等于即期汇率。在间接标价法下,远期升水、贴水和平价分别表示远期汇率低于、高于和等于即期汇率。如果用 SR 和 FR 分别表示直接标价的即期和远期汇率,用 SR^* 和 FR^* 分别表示间接标价的即期和远期汇率,N 为远期交易约定的交割日期离达成交易日的月数,则可以计算远期汇率与即期汇率的差率如下:

直接标价法: $FD(FP) = \dfrac{FR - SR}{SR} \times \dfrac{12}{N} \times 100$

间接标价法: $FD(FP) = \dfrac{SR^* - FR^*}{FR^*} \times \dfrac{12}{N} \times 100$

其中,FD 表示远期贴水,此时计算结果为负数;FP 表示远期升水,此时计算结果为正数。如果计算结果等于零,则为平价。

在远期汇率标价中,由于完全标价法把汇率的每一位数字都标出来太冗长费时,因此通常采用不完全标价法或基本点标价法,即在标出即期汇率的基础上,再标出远期汇率与即期汇率差价的基本点。在这里,基本点的定义是 0.01%(即万分之一)。远期汇率的基本点标价,是把远期汇率与即期汇率的差价乘以 10000 得到的。例如,如果 3 个月期美元对人民币的远期汇率为 8.2782,而即期汇率为 8.2768,则 3 个月期美元对人民币远期汇率的基本点标价为 14(在直接标价法下,表示远期升水 14 个基本点)。

4. 实际汇率和有效汇率

从经济研究的角度,可以将汇率分为实际汇率和有效汇率。

外汇市场上的汇率一般被称为名义汇率,实际汇率是对名义汇率进行物价调整后得到的汇率,在直接标价法下,可用下式计算实际汇率。

实际汇率＝名义汇率×本国物价指数÷外国物价指数

因此,实际汇率基本上可以反映两国货币的购买力之比。

有效汇率是加权平均汇率,它一般以贸易额为权数来计算,即

$$有效汇率 = \sum_{i=1}^{n} R_i T_i / T$$

其中,R_i 为本国对 i 国货币的名义汇率;T 为某一时期本国的对外贸易总额;T_i 为该时期本国对 i 国的贸易总额。

此外,汇率还可以根据外汇交易的不同支付工具,区分为现钞汇率、电汇汇率、信汇汇率、票汇汇率;根据不同的汇率制度,区分为固定汇率和浮动汇率;根据银行和外汇市场营业时间,区分为开盘汇率和收盘汇率;根据汇率决定的方式不同,区分为官方汇率和市场汇率;根据外汇资金性质和用途不同,区分为贸易汇率和金融汇率;按汇率是否统一,区分为单一汇率和多重汇率;按外汇买卖的对象不同,区分为银行同业汇率和商业汇率等。

第二节 外汇市场上的交易

外汇市场的交易按交割的时间,可以区分为即期外汇交易和远期外汇交易两种类型。

一、即期外汇交易

即期外汇交易又称现汇交易,是指买卖双方成交后,在两个营业日内办理交割的外汇交易。交割日一般为成交日之后的第二个营业日,如遇银行节假日,则为顺延其后的

第一个营业日。即期外汇交易一般有如下几种。

1. 银行同业拆放

银行为了避免经营外汇业务的风险,每天都要进行轧平头寸的工作,即卖出某种外汇的长余头寸,买进某种外汇的短缺头寸,这种业务一般在银行间进行,因而称为银行同业拆放。从外汇业务的数量上来看,银行同业拆放占据了很大的比例。目前世界上最大的同业拆放市场在伦敦,伦敦同业拆放利率(LIBOR)已成为当今国际市场上最重要的基准利率。

2. 国际贸易清算

国际贸易清算主要是指银行和客户之间因为国际贸易支付而发生的即期外汇买卖。

3. 套汇

套汇又称为空间套汇,是指利用同一时刻不同外汇市场上的汇率差异,在这些不同外汇市场上转移资金,以赚取汇率差价的行为。套汇按涉及的地点的数目不同,可分为直接套汇和间接套汇两种。

1) 直接套汇

直接套汇又称两点套汇,是指利用两个外汇市场上两种外汇汇率的差异,在某个市场上低价买进而在另一个市场上高价卖出同一种外汇,以赚取差价的行为。当两种货币在两个不同市场上的交换比率完全相同时,就不存在两点之间套汇的可能性,将其称为一致性条件或中性条件。如果 R_{sk} 表示 k 货币在 s 市场与 s 货币相交换的比率(或 k 货币在 s 市场对 s 货币的直接汇率),R_{ks} 表示 s 货币在 k 市场与 k 货币相交换的比率(或 s 货币在 k 市场对 k 货币的直接汇率),则一致性条件(中性条件)可以表达为

$$R_{sk}R_{ks}=1 \tag{12-1}$$

事实上,给定 X 单位的 k 货币,可以在 s 市场出售换取 $X \cdot R_{sk}$ 单位的 s 货币,然后在 k 市场出售 $X \cdot R_{sk}$ 单位的 s 货币换取 $(X \cdot R_{sk})R_{ks}$ 单位的 k 货币,如果 $(X \cdot R_{sk})R_{ks}=X$,则表明在 s 和 k 两个市场转移资金并不能赚取利润,这个条件就是不发生套汇的条件,或称汇率的一致性条件(中性条件)。如果式(12-1)不成立,则表明两地存在套汇的可能性,从而就会引起套汇资金的流动。

2) 间接套汇

间接套汇也称三点套汇或多点套汇,是指利用三个或三个以上的外汇市场上汇率的差异,在这些市场之间转移资金,赚取汇率差价的行为。

如果 R_{sm}、R_{mk}、R_{ks} 分别表示 m、k、s 货币在 s、m、k 市场的直接汇率,则在这三个市场这三种货币不存在套利可能性的条件(汇率一致性条件或中性条件)可表示为

$$R_{sm}R_{mk}R_{ks}=1 \tag{12-2}$$

如果式(12-2)不成立,则这三地的这三种货币存在套利的可能性。

通过套汇资金的流动,就会使不同市场上同一种货币的价格趋于一致,即实现汇率一致性(中性)条件,此时,套汇资金不再在不同市场之间流动,而达到均衡状态。

二、远期外汇交易

远期外汇市场的主要功能是使得涉及国际交易的经济行为人,能够避免因即期汇率

未来的可能变化而引起的汇率风险。事实上,如果即期汇率是永久性固定不变的,拥有外汇债权(资产)或债务的经济行为人,就能够确切地知道其债权(资产)或债务的价值,也就不会面临外汇风险。但是,汇率通常要随时间变化,此时汇率风险就产生了。

另外,如果经济活动者不存在外汇暴露,他就不会面临外汇风险。通常,经济活动者在某一时点都有以某种外币表示的外汇债权(资产)和外汇债务,从而决定了该经济活动者在该种外币上的外汇头寸。如果在某一时刻,某一经济活动者所拥有的以某种外币表示的外汇债权(资产)和外汇债务服从如下关系,则称在这一时刻该经济活动者在该种外币方面具有长余头寸(或称多头)、短缺头寸(或称空头)和零头寸。

长余头寸(多头):

$$外汇债权(资产)>外汇债务$$

短缺头寸(空头):

$$外汇债权(资产)<外汇债务$$

零头寸:

$$外汇债权(资产)=外汇债务$$

其中,长余头寸(多头)和短缺头寸(空头)都称为暴露头寸,而零头寸则称为无暴露头寸。

外汇风险主要有如下三种。

(1)交易风险。交易风险是指在使用外币计价收付的交易中,经济主体因外汇汇率变动而蒙受损失的可能性。它是一种流量风险,可分为如下几种情形:①在商品和劳务的进出口中,如果外汇汇率在支付(或收入)外币货款时与签订合同时相比上涨了,进口商(出口商)就会付出(收入)更多(更少)的本国货币;②在资本输出(输入)交易中,如果外汇汇率在外币债权债务清偿时与债权债务关系形成时相比下跌了,债权人(债务人)就只能收回(付出)更少的本国货币;③外汇银行在中介性外汇买卖中持有某种外汇的多头或空头,也会因为汇率的变动而蒙受损失。

(2)折算风险。折算风险又称会计风险,是指经济主体对资产负债表进行会计处理中,在将功能货币(经济活动者从事经济活动时流转使用的货币)转换成记账货币(经济活动者综合财务报表时使用的报告货币,通常是本币)时,因功能货币与记账货币汇率变动而出现的账面价值变动而造成的账面损失,它是一种存量风险。

(3)经济风险。经济风险又称经营风险,是指意料之外的汇率变动影响企业的生产销售数量、价格、成本,从而影响企业未来一定时期的收益或使现金流量减少的可能。值得指出的是,这里的汇率变动是指企业决策时未能预期到的汇率变动。

除投机者以外,一般的经济行为人通常是回避风险的,即他们通常更为注重汇率变化可能使他造成的损失。因此,一般的经济活动者会采取不同方式来避免汇率风险的发生。

1. 对冲

在即期汇率必然随时间而变化的条件下,要避免外汇风险的发生,经济活动者就必须保证在任何时刻他在任何外汇资产或负债上没有暴露的头寸。对冲(hedging)就是这样一种交易安排,它使得经济活动者在任一时刻都建立起外汇资产与外汇负债之间的精确平衡,使其在任何外汇上都不存在暴露头寸,或者说保持他在任何外汇上的零头寸。例如,对一个要在 3 个月以后有 100 万美元收入的经济活动者来说,他在 3 个月后有 100 万美元的多头,为了抵补或对冲这一暴露的头寸,他可以现在卖出 100 万美元的 3 个月期远期外汇,这样,3 个月后他在美元这种外汇上的净头寸就为 0 了。同样,一个已知在未来某一确定日期要支付一定数量的某种外汇的经济活动者,可以通过现在买入这一数量的这种远期外汇(交割日期刚好为支付日),以对冲其未来的空头。除了通过远期合约进行对冲以外,还可以通过即期市场来完成。

例如,在未来某一日期有外汇支付的进口商,为了避免汇率上升的风险,他可以在即期市场上购买外汇,提前偿债,这样做的成本是占用自有资金或借款的利息,其收益是可以获得付现折扣;他也可以在即期市场上购买外汇,然后投资于国外,使投资到期日刚好与外汇支付日相同,这样做的成本与提前偿债相同,其收益是得自国外的投资收益。当现金折扣按国外利率计算时,这两种避免外汇风险的方法是等价的,但与利用远期合同进行对冲相比,其明显的缺点是要占用自有资金或向银行借款。

此外,对冲或覆盖暴露的头寸,也可以通过外汇期货和期权市场来完成,关于这一点,将在后面讨论。

2. 投机

投机与对冲刚好相反。对冲者希望避免外汇风险,因而要尽量将暴露的外汇头寸覆盖掉,而投机者则相反,他们期望通过暴露头寸来从汇率波动中赚取利润。当然,投机者能否赚取利润,取决于他是否能正确预期汇率的走势。

外汇投机可以分为现汇投机和期汇投机两种。现汇投机是指投机者在预期某外汇的汇率大幅度变化时,在现汇市场上大量买进或卖出这种外汇,以期在汇率的实际变动中盈利的行为;期汇投机则指利用远期市场买卖远期外汇以期在汇率的变动中盈利的行为。一般来说,现汇投机要求投机者有雄厚的资金或能便利地融资,而远期外汇投机所进行的远期外汇买卖,仅须缴纳少量的保证金,无须付现,到期轧抵,计算盈亏,从而不需要大量的资金。

依据投机者对外汇走势的判断,可以将投机分为买空和卖空两种。

(1) 买空又称多头,是指先买后卖的投机行为。显然,买空是在预期外汇汇率上升的前提下进行的。例如,国际金融大鳄索罗斯预计在泰国美元对泰铢的汇率会上升,他就向泰国政府大量借入泰铢,并在泰国外汇市场上大量购进美元。当泰国货币当局无力再维持泰铢对美元的联系汇率时,不得不放开汇率,让汇率自由浮动,结果,泰铢大幅度贬值,这样,索罗斯就以其一部分美元兑换成泰铢,归还借款,从而在投机中获得巨额利润。

(2) 卖空又称空头,是指先卖后买的投机行为。显然,卖空是在预期外汇汇率下跌的前提下进行的。例如,假定美元对人民币的即期汇率为 1 美元兑换 8.30 元人民币,如果投机者预期 3 个月远期美元的汇率将下跌,比如预计下跌到 1 美元兑换 8.10 元人民币。这样,他就可以与银行签订一个卖出 3 个月期远期美元的合同,比如按 1 美元兑换 8.20 元人民币。3 个月后,如果正如他所预期的那样,美元的汇率下跌到 1 美元兑换 8.10 元人民币,他就在即期市场上按这个汇率买进美元,并与银行实行交割。这样,投机者就可以用 1 美元赚取 0.10 元人民币的利润。

此外,进出口商人的早收迟付或早付迟收行为,也是一种典型的投机行为。在预期汇率上升时,进口商要求提前支付外汇,而出口商则要求推迟收入外汇;当预期汇率下跌时,进口商要求推迟支付外汇,而出口商则要求提前收入外汇。

3. 套利

套利也称为时间套汇。它把外汇市场和国内资本市场联系在一起,对外汇市场来说是非常重要的。在没有资本控制和市场完善的假设条件下,套利使不同资本市场的利率趋于一致。

假设某经济活动者有一笔资金 X(本币),他有两种选择:一是投资于国内,利率为 i_h;二是在即期市场上以 SR 的即期汇率换成外汇,投资于国外,利率为 i_f,同时在远期外汇市场以 FR 的远期汇率卖出远期外汇。假定两种操作的成本相同,可以得到该投资者进行两种操作的未来值,如图 12-2 所示。

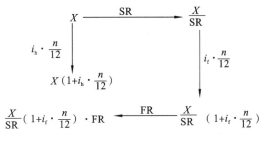

图 12-2　国内外投资选择

如果国内投资的未来值等于国外投资的未来值,在两种操作的成本相同的情况下,投资者对在国内外投资无差异,即此时的套利资金流动达到均衡状态,或实现了无套利条件,即利率平价。因此,利率平价条件可写成

$$X(1+i_h \cdot \frac{n}{12}) = \frac{X}{SR}(1+i_f \cdot \frac{n}{12})FR$$

或

$$\frac{i_h - i_f}{1 + i_f \cdot \frac{n}{12}} = \frac{FR - SR}{SR} \cdot \frac{12}{n} \tag{12-3}$$

当 i_f 很小时(通常小于 5%),$1+i_f \cdot \frac{n}{12} \approx 1$,此时有

$$i_h - i_f = \frac{FR - SR}{SR} \cdot \frac{12}{n} \tag{12-4}$$

式(12-4)就是通常所说的无风险利率平价条件,它表明,当国内外利率之差等于按年率计算的远期升水率或贴水率时,套利资金流动达到均衡。

当 $i_h - i_f < \frac{FR-SR}{SR} \cdot \frac{12}{n}$ 时,国外投资更有利,因而会导致资金外流;当 $i_h - i_f > \frac{FR-SR}{SR} \cdot \frac{12}{n}$ 时,国内投资更有利,因而引起外资流入。因此,可以用图 12-3 表示套利资金流动的情况。图 12-3 中的 45°线的左上方,$i_h - i_f > \frac{FR-SR}{SR} \cdot \frac{12}{n}$,套利资金从国外流

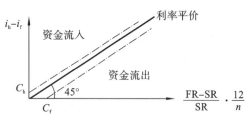

入国内；而在这条45°线的右下方，$i_h - i_f < \dfrac{FR-SR}{SR} \cdot \dfrac{12}{n}$，套利资金由国内流向国外。当国内投资的成本率为$C_h$，国外投资的成本率为$C_f$时，满足无套利条件的点组成一个由$C_h$和$C_f$围成的45°窄长区域，在这个窄长区域的左上方，套利资金流入，而在其右下方，套利资金流出。

图12-3 利率平价与套利资金流动

4. 掉期交易

掉期交易是即期市场交易与远期市场交易的混合，它指这样一种合约安排，即交易者在即期市场买进（卖出）一定数量的某种货币的同时，又在远期市场上做完全反向的操作。

一个显然的掉期交易的例子是从无风险套利中引申出来的。例如，如果存在资金流出的套利条件，套利者就会买进即期外汇并同时出售远期外汇，以避免汇率风险，当然这里他所卖出的远期外汇多于他所买进的即期外汇，其差额即为他在国外投资的收益。

掉期交易的另一个例子与跨国公司的现金管理有关。假定美国的母公司有多余的美元流动资金，期限为3个月，而其在英国的子公司短期内缺乏英镑流动资金，其期限也为3个月。在这种情况下，母公司可以在即期出售美元换取英镑，并将英镑借给子公司，同时在远期市场出售英镑换取美元，以避免汇率风险。

银行之间也大量进行掉期交易，以消除其资产和负债在货币构成上可能发生的配合不当。例如，某银行在3个月期限内有一笔5000万美元的贷款超过存款的差额，与此同时，又有一笔等价的英镑存款超过贷款的差额，在这种情况下，银行可以出售英镑购买即期美元，并同时用美元购买3个月期等量的远期英镑，以避免外汇风险。另一种选择是，银行可以贷出价值为5000万美元的英镑，同时在银行间货币市场上借入5000万美元。

掉期交易涉及即期汇率和远期汇率两种汇率，掉期交易中这两种汇率的差，通常被称为掉期汇率。

据统计，大多数银行间的远期外汇买卖不是以远期合约的形式完成的，而是与即期交易结合起来，构成掉期合约。大约60%的银行间货币交易为即期交易，20%为掉期交易，3%为远期交易，其余则为货币期货、期权及其他交易。

5. 外汇期货与期权

外汇期货和期权是20世纪70年代和80年代国际金融市场上最重要的创新和发展。外汇期货交易发端于1972年芝加哥商品交易所（CME）的国际货币市场（IMM），外汇期权则于1982年在费城股票交易所开始交易。

1) 外汇期货

外汇期货是从商品期货发展而来的，或者说是商品期货交易的一个新品种，因此其有所有商品期货交易的特点。由于是外汇交易，因而又与远期外汇交易有相似之处。具体来说，外汇期货是一种标准的远期合约，因而又具有与远期外汇交易不同的特点。

(1) 外汇期货是标准化的合同，即每一笔外汇期货交易的数目都是一个标准数额（俗称"手"或"口")的倍数;而远期外汇交易的数额是根据需要确定的,数额完全是随机的。

(2)外汇期货有固定的到期日,如在芝加哥IMM,外汇期货合同只有在1、3、4、6、7、10、12这些月份的第三个星期三到期;而远期外汇合约按照需要可以在任何工作日到期。

(3)标准的价格,外汇期货的买卖双方以公开和公正的方式在交易所竞价,而远期外汇的价格是由银行以买入价和卖出价的方式报出。

(4)期货合同需要每天清算,通过这一活动,消除了外汇期货赖账的风险;远期外汇则只需到期交割,不必每天清算。

(5)外汇期货交易的货币种类和地点都有限,只有少数几种货币和少数几个交易所有期货交易;而远期外汇交易的地点不限,且交易的货币种类较多。

(6)期货合约通常比远期合约金额小,因而对小公司更为有用。

(7)期货合约可以在到期之前在期货市场出售;而远期合约则不行。

2)外汇期权

外汇期权是期权的卖主给买主在将来某一日期按某种价格买进或卖出一定数量的某种外汇的权利,但这不是期权的买者的义务,期权购买者可以选择执行或不执行合约。期权合同有欧式期权和美式期权之分。如果期权只有在到期日才执行,就称作欧式期权;如果期权在到期日之前任何时间都可以执行,则称作美式期权。如果期权购买者得到的是"买"的权利,就称作看涨期权;如果期权购买者得到的是"卖"的权利,就称为看跌期权。在执行期权时,外汇的买卖是按照事先约定的价格进行的。期权购买者有权选择执行或不执行期权,而期权的出售者则不能选择。期权买方购买合约之后,要给卖方一定的溢价(作为期权价格),常常为期权价值的1%～5%,作为获得期权的成本。

远期合约和期货合约都不是期权。虽然远期合约可以做反向冲销的操作(可以通过卖掉一个货币的远期合约以抵销原来的购买合约),期货合约可以在期货交易所卖出,但到期时它们都必须执行(即在交割日这两种合约的双方当事人都必须兑付)。因此,期权虽不如远期合约有弹性,但有时却更有用。

第三节　汇率制度与外汇管制

汇率制度是指一国货币当局对本国货币汇率变动的基本方式所做的一系列安排或规定。理论上存在大量不同的汇率制度,因为在完全固定汇率制度和完全浮动汇率制度这两个极端之间,存在着大量有限制的浮动汇率制度。

一、固定汇率制度

固定汇率制度是指汇率受平价的制约,只能围绕平价在很小的范围内上下波动的汇率制度。从历史发展上看,1973年以前,国际上实行的是固定汇率制度,其中又可以分为两个阶段,即第二次世界大战以前的金本位制度和第二次世界大战以后的布雷顿森林体系;1973年以后,国际上普遍实行的则是浮动汇率制度。

1. 金本位制

金本位制是以各国货币的金平价为基础,汇率波动的界限被控制在黄金输送点的范围内(大约为金平价的±0.6%)的汇率制度。金本位制可以分为两个阶段:一是第一次世界大战以前的金币本位制;二是两次世界大战之间的金块本位制和金汇兑本位制,前者是较为严格的金本位制,后者则较为宽松。但不论在哪种金本位制度下,由于汇率由各国货币的含金量之比确定,所以汇率是固定的,汇率的波动幅度不会超过在各国之间输送黄金的运输费和保险费(即黄金输送点)。

2. 布雷顿森林体系

1944年国际上采取的布雷顿森林体系是通过国际协议人为建立起来的,各国货币当局通过规定虚设的金平价来制定中心汇率,即各国货币与美元挂钩,美元与黄金挂钩(双挂钩),汇率的波动被局限在一个人为规定的范围内(如±1%),如果汇率波动超过了这个范围,就要通过外汇干预、外汇管制或国内经济政策措施等,来使其回到规定的范围内。

与金本位制相比,在布雷顿森林体系下,各国货币的金平价是可以调整的。根据国际货币基金组织(IMF)的规定,当一国国际收支发生根本性不平衡时,金平价可以经由IMF核准而予以改变,平价的下调称为本币的法定贬值(devaluation,自动贬值称为depreciation),平价的上调称为本币的法定升值(revaluation,自动升值称为appreciation)。所以,与金本位制相比,布雷顿森林体系只能被称为可调整的钉住汇率制。

3. 维持固定汇率的手段

在固定汇率制下,各国货币当局主要采取以下几种方式来维持官定汇率的稳定:

(1)动用外汇、黄金储备或借外债,设立外汇干预基金,直接干预外汇市场,这是最主要的手段。

(2)调整银行利率,如提高或降低中央银行贴现率,以引起外资的流入或流出。

(3)实行外汇管制,这可起到立竿见影的效果,但容易招致IMF和其他国家的反对。

(4)本币法定升值或贬值。

4. 固定汇率制的优缺点

固定汇率制的主要优点是汇率稳定,从而能稳定国际交易的价格预期,有利于国际贸易、国际投资等的发展和世界经济的发展。其缺点是,当一国国际收支恶化时,加上国际游资的冲击,会引起一国黄金、外汇储备的流失甚至枯竭。一国货币的法定贬值,尤其是作为国际储备货币的美元法定贬值,会导致各国美元储备的贬值,以及国际汇率制度的动荡和混乱,不利于国际贸易和投资的开展。

二、浮动汇率制度

浮动汇率制度是指一国货币对外国货币不再规定黄金平价,不再规定汇率波动的上下限,其中央银行也不再承担维持汇率波动界限的义务,听任外汇市场根据外汇供求自动决定本国货币对外国货币的汇率。

历史上早在金汇兑本位制时,就有一些银币本位制国家实行浮动汇率制。资本主义国家从1973年2月美元第二次贬值后,普遍实行了浮动汇率制。

按照政府是否干预汇率波动,可将浮动汇率制区分为自由浮动和管理浮动两种。自由浮动又称清洁浮动,是指政府对外汇市场上本币汇率的浮动不加任何干预,听任它由外汇市场上的供求关系而自由涨落。在实际中很少有国家采取这种体制。管理浮动又称肮脏浮动,是指政府货币当局对外汇市场进行干预,使外汇汇率向对本国有利的方向浮动。实际上,汇率作为一个国家货币的价格,没有任何一个国家会听任本币汇率自由波动;相反,各国都会或多或少、或明或暗地对外汇市场进行干预。所以,目前各主要国家所实行的都是管理浮动汇率制。

管理浮动又可划分为单独浮动、钉住浮动和联合浮动等不同形式。实行单独浮动的有澳大利亚、加拿大、智利、日本、美国、意大利、西班牙、俄罗斯、英国、瑞典、斯洛伐克等31个国家;实行钉住浮动汇率制的国家,如钉住美元的有38个国家,钉住欧元的有25个国家,钉住其他货币的有9个国家,其中3个国家以澳元作为法定货币,1个国家(文莱达鲁萨兰国)与新加坡原有货币委员会协议,其余5个国家由传统的挂钩安排;钉住一揽子货币的有8个国家,其中3个国家将特别提款权(SDRs)[①]作为唯一货币或作为参考一揽子的组成部分,摩洛哥追踪欧元和美元,其余4个国家没有披露。此外,还有像中国等13个国家所采取的是更有弹性的其他管理浮动汇率制等。[②]

在浮动汇率制下,政府干预汇率波动的措施主要包括:①干预外汇市场,即中央银行直接参与外汇市场买卖,这是最常用的方式;②调整银行利率,如改变中央银行贴现率,引起外资流入和流出;③实行外汇管制;④颁布金融法规,控制或鼓励资本流动等。

浮动汇率制的主要优点是使各国能独立地实施货币政策、财政政策和汇率政策,促进国内经济稳定发展,减少国外经济波动对国内经济的冲击以及国际游资的冲击,防止外汇储备的大量流失。其缺点是汇率波动频繁,波动幅度大,不利于国际贸易和投资中形成稳定的价格预期,助长投机,容易引起银行危机和金融危机。

三、外汇管制

外汇管制是指一国指定或授权某一政府机构(如财政部、中央银行或专设的外汇管理局)通过制定外汇管制法令、条例等,对其境内的本国或外国机构、企业、团体、个人等的外汇收付、外汇买卖、借贷、转移以及一国货币的汇率和外汇市场活动实行管制。

从历史上看,资本主义国家的外汇管制是从第一次世界大战开始的。在第一次世界大战之前的金本位制下,不必实行外汇管制。第一次世界大战爆发后,各国先后废止了

---

① 特别提款权是一种最有名的"一揽子"货币,自2016年10月1日中国加入SDRs起,由美元、英镑、欧元、日元、人民币五种货币按不同的比例构成,其价格随着这五种货币的汇率变化每日都进行调整,由国际货币基金组织逐日对外公布。

② 数据来自2019年《外汇安排和外汇限制年度报告》。

金本位制,实行了纸币流通制度。

在第一次世界大战后相对稳定的时期,各国又取消了管制,但在1929—1933年经济大危机时,一些国家又恢复了管制。第二次世界大战爆发后,参战各国均实行严格的外汇管制。第二次世界大战结束后的初期,由于"美元荒"的发生,各国继续实行管制。直至20世纪50年代末,随着欧洲经济的恢复,1958年西欧14国实行有限度的货币自由兑换。1960年日本宣布部分货币自由兑换,1984年又宣布日元国际化和金融自由化。1979年英国取消外汇管制。20世纪80年代国际金融自由化以来,许多国家取消或放松了外汇管制,以遵守国际货币基金组织的有关规定,但仍有许多发展中国家继续实行外汇管制。

外汇管制的目的主要有如下几个方面:①加强黄金、外汇储备,这是战时外汇管制的主要目的;②维持国际收支平衡,防止资本外逃;③稳定外汇和金融市场,增强本国货币信用;④实行多重汇率制,扩大出口,限制进口;⑤稳定国内物价,防止国际市场波动的影响和冲击;⑥保护国内市场和本国经济的发展。

外汇管制的对象一般分为人和物两个方面。按人居住的地点,可以分为居民和非居民。居民是指在外汇管制的国家内长期定居和营业的自然人和法人,一般管制较严;非居民是指在境外居住和营业的自然人和法人,一般管制较松。物包括外汇及外汇等价物,如外钞、外国铸币、支付工具、有价证券、黄金等,甚至有时包括白银、白金、钻石及本币等。

外汇管制的措施主要有如下几种情况:①贸易外汇管制,即规定出口所得外汇全部或大部分必须按官定汇率结售给指定银行,以便及时集中到国家手中,通常也制订一定的鼓励措施,而进口所需外汇则要向外汇管制部门申请,批准后才供售,并制订一些限制措施。②非贸易外汇管制,即规定非贸易外汇所得一律出售给国家,而非贸易外汇所需支出则必须经管理当局批准才能汇出,并加以限制。③资本流动管制,一般国际收支逆差国家对资本输出管制较严,而顺差国家对资本输入管制较严。20世纪80年代国际金融自由化以来,发达国家和部分发展中国家对资本输出入的管制有放松的趋势。④汇率管制,包括多重汇率制,即一国货币对另一国货币存在多种汇率,如管理当局对进口贸易、非贸易、资本输出入规定多种形式的复汇率,以实现其鼓励或限制的目的。但多重汇率受到IMF的反对,如《国际货币基金组织协定》第八条"会员国一般义务"中规定:"未经基金组织批准,会员国不得采用歧视性汇率、双重汇率或多重汇率,对特定的贸易采用不同的官方汇率,过多地扩大外汇买卖之间的差价以及其他各种形式的歧视性措施,如在本协定生效以前实施复汇率措施的会员国,应与基金组织磋商逐步解除复汇率。"

世界各国按其外汇管制的宽严程度可分为三类:①实行严格管制的国家,对贸易收支、非贸易收支及资本项目收支都规定严格的限制措施,这一类国家主要是外汇较紧张而国际收支平衡又有一定困难的发展中国家或中央计划经济国家。②实行部分外汇管制的国家,对非居民的经常项目收付不加限制,但对资本项目收付有限制。③取消外汇管制的国家,主要是发达国家,也有部分发展中国家。

外汇管制在特定环境下(如战争期间、外债危机时、国际收支危机时等)可以使政府集中利用有限的外汇达到一定的目标,是有效的管理办法。长期实行外汇管制,虽然可达到一定的目的,但付出的代价也是较大的,它会阻碍国际贸易的正常开展,不利于国内市场与世界市场的联结,不利于本国经济的发展。

第四节 汇率决定理论

汇率决定理论是西方外汇理论的核心,也是国际经济学一直最为活跃的领域之一。随着世界经济的变化和国际货币制度的变迁,汇率决定理论也在不断地发展。本节主要介绍几种比较有代表性的汇率决定理论,其中包括早期的铸币平价理论、传统的购买力平价理论、利率平价理论,以及汇率决定的货币模型,包括汇率决定的货币分析法和资产组合平衡分析法等。

一、铸币平价理论

在金铸币本位制下,黄金被用来规定货币所能代表的价值。各国均规定了每一金铸币单位所包括的黄金重量和成色,即含金量。两国货币间的比价要用其各自的含金量来折算。两种货币的含金量之比,即称为铸币平价。铸币平价是金铸币本位制下决定两国货币汇率的基础。例如,1929 年大萧条之前,英国规定 1 英镑金币的重量为 123.27447 格令(grains),成色为 0.91667,即 1 英镑的纯金含量为 113.0020 格令(123.27447×0.91667);美国规定 1 美元金币的重量为 25.8 格令,成色为 0.90000,则含纯金量为 23.22 格令(25.8×0.90000)。这样,英镑对美元的金铸币平价为

$$1 \text{ 英镑} = \frac{1 \text{ 英镑含金量}}{1 \text{ 美元含金量}} = \frac{113.0020}{23.22} = 4.8666 \text{ 美元}$$

由此可见,铸币平价是金铸币本位制下汇率决定的基础。当时外汇市场上买卖外汇的实际汇率,围绕铸币平价的一定界限上下波动,这个界限就是黄金输送点。这是由于在金铸币本位制下,各国一般采用汇票等支付手段进行非现金结算。但若汇率变动使采用汇票结算较为不利时,则可改用直接运送黄金的办法,从而使汇率的波动幅度受黄金输送点的限制。黄金输送点一般是在金平价之上加上或减去一个百分数,这个百分数等于两国之间黄金的运输费用和保险费用。例如,以 1 英镑计,运送黄金的各项费用约为 0.03 美元。若美国对英国有国际收支逆差,英镑升值,如果 1 英镑上涨至(4.8665+0.03)美元以上时,则美国人宁愿购买黄金运送至英国偿还其债务;反之,若英国对美国有国际收支逆差,则英镑贬值,如果 1 英镑下跌至(4.8665−0.03)美元以下时,则英国人宁愿购买黄金运送至美国偿还其债务。由此可见,在金铸币本位制下,汇率的波动被限制在黄金输送点以内,汇率比较稳定。

在第一次世界大战爆发后,金铸币制度陷于崩溃,各国相继实行了金块本位制和金汇兑本位制。黄金此时已不再具有流通手段和支付手段的职能,其输出入受到很大限制。货币的汇率由纸币所代表的含金量之比来决定,称为法定平价。实际汇率因供求关系围绕法定平价上下波动,但黄金输送点却因黄金输出入受到限制而不复存在。汇率波动的幅度由政府规定和维护,政府通过设立外汇平准基金来维持汇率的稳定。

在1929—1933年大萧条期间,金本位制度崩溃,各国实行了纸币流通制度。一般纸币的金平价是由政府通过法令规定的,以此作为确定汇率的基础。然而,由于此时纸币不能自由兑换黄金,货币的发行也不受黄金的限制,各国往往过量发行货币,使纸币的金平价同它代表的实际含金量相背离,最终导致由法定金平价决定汇率这一体系变得毫无意义。

二、购买力平价理论

购买力平价理论(theory of purchasing power parity,简称PPP理论)是西方汇率理论中最具影响力的理论之一。这一理论强调经常项目即商品和服务贸易流量对汇率决定的作用。该理论最早是由瑞典经济学家古斯塔夫·卡塞尔(Gustav Cassel)提出的。[①]卡塞尔认为,汇率的决定应以国内外物价对比作为依据,当两国物价因通货膨胀而发生变动时,新的均衡汇率应以最初的均衡汇率为基础,通过两国相对通货膨胀率加以调整而得到。购买力平价理论是在第一次世界大战后,金本位制崩溃,浮动汇率制产生,世界范围的通货膨胀盛行这一背景下提出来的,因而这一理论的提出,为当时实行浮动汇率制的国家制定和稳定汇率提供了理论依据,并为后来汇率决定的研究和讨论奠定了基础。如弗兰克尔(J. A. Frankel)提出的"弹性价格货币模型",就是以购买力平价在短期内成立为条件的;而多恩布什(R. Dornbusch)提出的"黏性价格货币模型"则假定购买力平价是汇率长期均衡的条件。

1. 绝对购买力平价和相对购买力平价

购买力平价理论有两种形式:一种是绝对购买力平价(absolute PPP);另一种是相对购买力平价(relative PPP)。前者指出两国货币的均衡汇率等于两国商品的价格比率,着重说明某一时点上汇率决定的基础;而后者指出两国汇率的变动等于两国价格指数的变动差,着重说明某一段时期汇率变动的原因。购买力平价理论认为,自动实现国际收支平衡的汇率水平(即长期均衡汇率)是由购买力平价决定的,而在自由浮动汇率条件下,短期均衡汇率将围绕购买力平价(长期均衡汇率水平)上下波动。

1)绝对购买力平价

绝对购买力平价理论认为,汇率是由两国货币在各自国家里所具有的购买力之比决定的。这是因为任何国家的货币都是按照其各自能代表的价值来进行交换的,而货币的价值是由这种货币的购买力(即单位货币所能购得的商品和劳务的数量)决定的。一国货币购买力的大小是通过该国物价水平的高低表现出来的,某一时期货币的购买力平价可用两国物价水平表示,即

---

① Cassel G. Money and Foreign Exchange after 1914. New York:Macmillan,1923.

$$R_{ab} = P_a^t / P_b^t \tag{12-5}$$

式中，P_a^t 为 t 时期本国的物价水平，$1/P_a^t$ 则为本国单位货币的购买力；P_b^t 为 t 时期外国的物价水平，$1/P_b^t$ 则为外国货币的购买力；R_{ab} 为直接标价汇率。

值得指出的是，式(12-5)暗含着一个重要的假设，即两国之间商品的套购(arbitrage)活动能使同质商品具有相同的价格。换句话说，在开放经济条件下，如果不考虑运输成本和对商品自由流动的其他限制，两个国家同种商品用同种货币表示的价格应该相等（即一价定律，Law of One Price）。例如，假定某种商品的国内价格为 P_a，国外价格为 P_b，直接标价汇率为 R_{ab}，则国外价格换算为本币价格即为 $R_{ab} \cdot P_b$，因此，按照一价定律应有

$$P_a = R_{ab} \cdot P_b$$

即

$$R_{ab} = P_a / P_b \tag{12-6}$$

显然，式(12-6)与式(12-5)有完全相同的表达形式。因此说，绝对购买力平价理论是一价定律在整体物价水平上的体现。

对于绝对购买力平价，卡塞尔曾做过几点重要的解释：①购买力平价是现实汇率水平运动的趋势，尤其在自由贸易条件下，这一假设更为有效；②当一国对进口和出口的管制程度基本相同时，绝对购买力平价仍然适用；③由于购买力平价是由两国货币购买力决定的，因此，计算货币的购买力时，应以反映所有产品和劳务的总体价格水平为基础。在这个意义上，并不需要一价定律在每一种情况下都成立，只要一价定律在某一种物品上的偏差与在另一种物品上的偏差能相互抵消就行了。

2)相对购买力平价

除绝对购买力平价外，卡塞尔还提出了相对购买力平价的概念。相对购买力平价的公式可写成如下形式：

$$R_{ab}^t = \frac{P_a^t / P_a^0}{P_b^t / P_b^0} \cdot R_{ab}^0 \tag{12-7}$$

其中，P_a^t / P_a^0 和 P_b^t / P_b^0 分别表示本国和外国的价格指数；R_{ab}^t 和 R_{ab}^0 则分别表示报告期和基期的直接标价汇率。

显然，当已知基期的汇率水平和两国物价指数时，就能通过式(12-7)推算出即期汇率。

对式(12-7)两边取自然对数并求导，可以得到：

$$\dot{R}_{ab}^t = \dot{P}_a^t - \dot{P}_b^t \tag{12-8}$$

其中，符号"·"表示变量变动的百分数(增长率)。因此，式(12-8)表明，汇率(直接标价汇率)变动的百分数 $\dot{R}_{ab}^t$ 等于国内通货膨胀率 $\dot{P}_a^t$ 与国外通货膨胀率 $\dot{P}_b^t$ 之差。

购买力平价理论在一定程度上把一国货币的对内价值(物价水平)与对外价值(汇率)联系起来，指出了汇率所代表的两国货币价值的对比关系，具有广泛的适用性。就购买力平价的两种形式而言，本质上二者都强调实际汇率的变化将最终趋于两国价格所决定的均衡水平，但绝对购买力平价表达更为直接，多用于理论分析，而相对购买力平价描

述了汇率随价格变动的趋势,更便于实际应用。

2. 关于购买力平价理论的争论

购买力平价理论作为一个主要的西方汇率理论,它的提出,在西方经济理论界引起了许多争论。归纳起来,这些争论包括以下几个方面。

1) 对购买力平价的解释

不论是绝对购买力平价还是相对购买力平价,商品的价格指数选择都是决定汇率的关键因素。一种观点认为,汇率决定理论是以货币的购买力为基础的,因此应该使用包括可贸易商品和不可贸易商品在内的全部商品和劳务的总体价格水平或指数来计算购买力平价。持这种观点的除卡塞尔本人以外,还有凯恩斯(J. M. Keynes)、雅格尔(L. B. Yeager)和弗兰克尔(J. A. Frenkel)等人。他们认为,只包括可贸易商品的物价指数不具有广泛的代表性。外汇市场所趋向的均衡汇率是总体价格水平的均衡,是货币对内价值和对外价值的统一。只有使用总体物价水平,如消费物价指数和国内生产总值调减因子(隐含指数),才能全面反映汇率的变动趋势。

在实际中,利用总体价格水平或指数计算购买力平价时,常常涉及一个内部价格比率(internal price ratio)问题。所谓内部价格比率,是一国不可贸易商品的价格 P_N 与可贸易商品价格 P_T 的比率(P_N/P_T)。如果将总体价格水平表示成不可贸易商品和可贸易商品价格的几何平均数,则购买力平价可表达为

$$\text{PPP} = \frac{(P_{aN})^\alpha (P_{aT})^{(1-\alpha)}}{(P_{bN})^\beta (P_{bT})^{(1-\beta)}} \tag{12-9}$$

其中,α、β 分别为本国和外国不可贸易商品在全部商品中所占的比重。如果市场汇率近似表达为可贸易商品的价格之比,即 $e = \dfrac{P_{aT}}{P_{bT}}$,则用购买力平价除以市场汇率可得

$$\frac{\text{PPP}}{e} = \frac{(P_{aN}/P_{aT})^\alpha}{(P_{bN}/P_{bT})^\beta} \tag{12-10}$$

若两国可贸易商品占全部商品的比重相同,即 $\alpha = \beta$,则由购买力平价决定的汇率 PPP 与市场汇率 e 相等的前提条件,就是两国内部价格比率相等,即 $P_{aN}/P_{aT} = P_{bN}/P_{bT}$。若本国的内部价格比率小于国外的内部价格比率,且两国可贸易商品占全部商品比重的差异不能抵消两国内部价格比率上的差异,那么市场汇率水平 e 将高于 PPP,按 PPP 确定的汇率水平将低估市场汇率水平。

一般来说,低收入水平的国家,内部价格比率较低,因此按 PPP 确定的汇率水平较低,即低收入国家的货币应该升值,而这与大多数发展中国家鼓励出口的政策相矛盾。

对购买力平价的另一种解释是,购买力平价的计算应以可贸易商品的价格为基础,如进出口价格指数和批发物价指数等。这一观点是从商品的"一价定律"出发,强调国际商品套购对汇率所起的决定性作用。持这种观点的人认为,商品的"一价定律"一般只适用于可贸易商品,因此,购买力平价的计算也应使用可贸易商品的价格指数。如安吉尔(J. W. Angell)和麦金农(R. I. McKinnon)等人认为,汇率不是由总体价格指数反映的货币购买力决定的,而是受与国际收支项目有关的商品价格和数量影响的,因此,他们多主张采用批发物价指数,而将劳务排除在外。

然而,以"一价定律"为基础的购买力平价理论受到非常严格的限制,其中包括:①所有商品具有充分的可贸易性;②无运输成本、关税和其他贸易限制;③商品是同质的;④两国价格指数的商品组成和权数相同。如此严格的条件,在实际中是无法满足的。

2) 对购买力平价理论中价格与汇率因果关系的争论

在购买力平价公式中,给出了价格与汇率的相互关系。对此也可以有两种理解:一种认为价格决定汇率,购买力平价是一个汇率决定理论;另一种认为汇率作用于价格,价格的变化反映汇率的变化,购买力平价理论是一个汇率决定商品价格的理论。实际上,持这两种极端观点的人很少,大多数人认为汇率和价格是相互作用的,两者的变化同时受其他外生变量的影响。由于两者相互作用的程度及时间长短不同,所得出的结论便会不同。

多恩布什(R. I. Dornbusch)和克鲁格曼(P. R. Krugman)认为,购买力平价在纯货币波动下是有效的,但其他因素如劳动生产率和价格结构的变化也会影响汇率。在出口方面,汇率的变化会影响两国商品的相对价格和其在国际市场上的竞争力;在进口方面,汇率通过进口价格和进口替代品等渠道,会影响一国的通货膨胀。他们认为,购买力平价理论只是一种汇率与价格的均衡关系,并未说明汇率同宏观经济的联系。

对此,弗兰克尔(J. A. Frenkel)等人有不同的理解。他们认为,价格和汇率的变化都是由货币供应量决定的。在货币供应量发生变化的情况下,由于资产(货币)市场的调整速度快于商品市场,因此便出现了汇率波动大于价格波动的现象,出现汇率超调的现象。所以,购买力平价只是研究价格和汇率决定的捷径,而不是一个完整的汇率理论,其作用也只是作为长期汇率变动趋势的参考。

然而,雅格尔(L. B. Yeager)等人从维护购买力平价理论的角度出发,认为虽然汇率会影响价格,但其程度远不如价格对汇率的影响,因而购买力平价理论仍然主要是决定汇率的理论。其原因有二:一方面,货币的购买力取决于货币供应量,在国内货币供应量受到控制时,汇率对价格的影响是有限的;另一方面,国际贸易产品通常只占国内市场的很少一部分,因而进出口因素的变化对国内价格的影响不大。有些经济学家进一步补充道,汇率对价格的影响仅是短期的,而购买力平价认为价格是决定汇率的长期因素。

3) 关于相对购买力平价的基期选择问题

相对购买力平价中有一个重要的因素就是基期汇率的决定问题。卡塞尔认为,基期应为一正常时期,或市场汇率处于长期均衡水平的时期。但在实际中,要确定这样一个时期,并不是一件容易的事情。它不仅要求汇率是自由波动的,而且要求市场环境比较稳定,各种影响汇率变动的短期因素(如短期资本流动、价格预期及其他随机因素)处在相对平稳的状态。在实际计算相对购买力平价时,人们通常采用两种方法确定基期汇率:一是利用绝对购买力平价公式计算出基期汇率水平,但这一方法对数据的数量和质量要求都很高;二是使用所选定的现实市场汇率,这种方法虽省去了数据收集和计算上的许多麻烦,但必须保证所选定的基期汇率是长期均衡汇率。鉴于基期选择的困难,许多人认为相对购买力平价理论并不具有实际应用价值。

4) 关于购买力平价中所出现偏差的解释

经济学界测试购买力平价与现实汇率的偏差程度,通常采用如下形式:

$$q = R_{ab} \cdot P_b/P_a \tag{12-11}$$

这里 q 为外国商品和劳务相对于本国商品和劳务的相对价格,也称为实际汇率。如果现实的汇率等于购买力平价,则 q 应等于 1。但验证的结果是,实际汇率 q 不仅变动大,而且具有持久的特征。对此偏差,卡塞尔的解释是,虽然购买力平价是决定汇率的重要因素,但并非唯一因素,其他变量和随机因素的作用也会影响现实的汇率水平。

首先是市场障碍的影响。毫无疑问,对以"一价定律"为基础的购买力平价理论来说,运输成本、关税、配额、外汇管制和其他形式的贸易限制,会使现实汇率与购买力平价产生严重偏差。尽管强调货币的相对购买力的购买力平价理论并不依赖于无市场障碍这一假设,但这一理论仍然受到贸易限制因素的影响。这是因为这些限制因素也会使货币的购买力与完全竞争条件下的货币购买力发生差异。

其次,国际收支中非贸易项目会对购买力平价造成影响。购买力平价理论所反映的是产品和劳务的相对价格对汇率决定的作用,但国际收支中的资本项目、利润和利息及单边转移等非贸易项目的变化,同样会影响外汇市场的供求关系。只将商品的价格作为汇率决定的主要因素,缺乏对外汇投机和资本流动的系统分析,不能不说是购买力平价理论的一个严重缺陷。

另外,还有人提出心理预期及政府对外汇市场的干预等因素也会造成汇率的波动。

多恩布什将购买力平价可能出现的偏差分为暂时性偏差和结构性偏差两种。他认为,由于劳动合同和不完全竞争等因素使得价格和工资的变化呈黏性,如果货币的发行量增加,资产市场的调整速度快于商品市场,将出现汇率超调现象,使购买力平价出现暂时性偏差。只有在长期内,货币中性才会使汇率恢复购买力平价水平,而结构性偏差是现实汇率出现长期性偏离购买力平价的原因,像劳动生产率的提高、技术进步、消费偏好改变、人口增长等都是造成结构性偏差的实际因素。

尽管对购买力平价理论有许多争论,但对购买力平价理论进行经验检验的结果表明,虽然购买力平价理论在短期内是失效的,但从长期看,它还是比较合适的,尤其在通货膨胀高涨时期,特别是在恶性通货膨胀的情况下,汇率和价格的变化较明显地趋于一致,购买力平价理论的有效性较为显著。

三、利率平价理论

购买力平价理论仅强调商品贸易对决定汇率的作用,忽略了资本流动因素对汇率决定的影响,因而是不全面的。利率平价理论则与购买力平价理论完全相反,主要强调了资本流动对决定汇率的作用。

在介绍套利资本流动时,已经介绍了无风险套利的利率平价条件,即式(12-4),这个公式也被称为无风险利率平价,它表明在资本充分流动的条件下,本国利率高于(低于)外国利率的差额,应等于本国货币的远期贴水(升水)率,即

$$i_h - i_f = \frac{FR - SR}{SR} \tag{12-12}$$

其中,i_h、i_f 和 FR 具有相同的时期。

现在考虑有风险套利(uncovered interest arbitrage)的情况,它与无风险套利的唯一

区别是,投资者在购买即期外汇时,并不同时出售远期外汇,而是等国外投资到期时,再按当时的即期汇率在即期市场上出售外汇。这样,投资者做投资选择时,其依据就不是远期汇率 FR,而是投资者对未来即期汇率的预期 SR^e。这样,有风险的利率平价(uncovered interest parity)公式就可以写成

$$i_h - i_f = \frac{SR^e - SR}{SR} \tag{12-13}$$

这个公式表明,在资本充分流动的条件下,国内利率高于(低于)国外利率的差额,应等于本币预期的贴水(升水)率。

如果以 r_h 和 r_f 分别表示国内和国外的实际利率,π_h^e 和 π_f^e 分别表示国内和国外预期的通货膨胀率,根据名义利率和实际利率与预期通货膨胀率之间相互关系的费雪(I. Fisher)公式,可以得到

$$\begin{cases} r_h = i_h - \pi_h^e \text{ 或 } i_h = r_h + \pi_h^e \\ r_f = i_f - \pi_f^e \text{ 或 } i_f = r_f + \pi_f^e \end{cases} \tag{12-14}$$

将式(12-14)代入式(12-13)得

$$(r_h - r_f) + (\pi_h^e - \pi_f^e) = \frac{SR^e - SR}{SR} \tag{12-15}$$

当购买力平价成立时,有

$$\pi_h^e - \pi_f^e = \frac{SR^e - SR}{SR} \tag{12-16}$$

因此,可以得到实际利率平价公式如下:

$$r_h = r_f \tag{12-17}$$

由此可见,实际利率平价实际上是国际要素价格(资本价格)均等化的另一种表达方式。

值得指出的是,式(12-12)与式(12-13)的唯一区别是远期汇率 FR 与对未来即期汇率的预期 SR^e。因此,当外汇市场同时满足无风险利率平价和有风险利率平价条件时,可以推论出

$$FR = SR^e$$

即远期汇率与预期的未来即期汇率相等,也就是说,远期汇率是未来即期汇率的一个无偏的有效估计量。这说明,外汇市场的价格(汇率)包含了所有可能的未来信息,因而不存在未开发的盈利机会,也就是说,外汇市场是有效率的。可见,利率平价条件也是外汇市场有效性的条件。

自20世纪20年代利率平价理论被首次提出之后,利率平价就受到西方经济学家的重视。与购买力平价理论不同,利率平价理论重点考虑了资本流动(而非商品流动)与汇率决定之间的关系,从另一个侧面(国际资本流动)阐述了汇率变化的原因。

但是,利率平价同样并非一个完善的汇率决定理论。理论界对利率平价理论的批评主要有如下几个方面。

首先,利率平价的实现,依据的是国际金融市场上的"一价定律",其先决条件是:①有效的且处于竞争状态的外汇市场,即需要一个有组织的即期外汇市场和远期外汇市

场,市场信息能够非常有效地流通,从而消除可能出现的未被利用的盈利机会;②无市场壁垒,资本在国家之间的流动不受任何限制;③不存在交易成本。然而,现实中外汇市场普遍受到干预,资本流动也受到各种限制,交易成本也并非为零。因此,利率平价条件不可能实现。

其次,在利率平价的关系式中,并未表明到底是利率平价决定汇率变动,还是汇率变动决定利率平价,因而不能判断利率平价理论究竟是汇率决定理论还是利率决定理论。虽然多数人认为利率的差异是引起国际资本流动及外汇供求变动的重要因素,因而远期汇率的变动是由利率差异决定的,但当发生货币危机时,货币的预期贬值同样可以引起本国资产的收益率发生变动。这表明,利率平价理论在定义上存在模糊之处,也未能说明汇率决定的基础,而仅仅解释了在某些特定条件下汇率变动的原因。

最后,忽略了利率结构问题。一国利率结构本身是复杂的,其变动也是由多种因素引起的。比如本国与外国债券若不具有完全可替代性,那么国与国之间的利率就会出现差异。而且更为棘手的是,人们很难凭借名义利率的变动迅速判断出市场利率变动到底是实际利率水平变动的结果,还是由通货膨胀预期改变所造成的。

四、汇率决定的货币模型

货币模型是西方汇率决定理论中资产市场分析法的一个重要分支。资产市场分析法是 20 世纪 70 年代中期迅速发展起来的一种现代汇率决定理论,与传统理论强调贸易流量对汇率决定的重要性不同,该方法强调金融资产市场在汇率决定中的重要作用。由于金融资产交易变化频繁,所以这一方法能比较好地解释汇率的易变性或波动。它的产生与当时国际经济的两大时代背景密不可分。首先,1973 年布雷顿森林体系的彻底崩溃,导致国际货币制度由固定汇率制走向浮动汇率制,汇率的易变性成为显著的特点;其次,从 20 世纪 60 年代后期开始,大规模的国际资本流动成为国际经济中较为显著的经济现象,国际资本流动已脱离实物经济和国际贸易而独立运动,并对汇率产生巨大影响。在这种背景下,汇率决定的资产分析方法迅速崛起,逐渐成为占主导地位的汇率理论。

资产市场分析法与传统的汇率决定理论不同,它扬弃了传统汇率理论的流量分析法,把关注的目光集中到货币和资产的存量均衡上,其分析更加强调资产市场的存量均衡对汇率的决定性作用。

资产市场分析法有以下 5 个特点:①理性预期是决定汇率的一个十分重要的因素,投资者对某变量未来值的主观预期,等于以当前所有信息为条件的数学期望值;②资产市场的均衡状态为资产供给与需求的存量相等,资产的流动只反映了资产市场供求的暂时不平衡;③汇率作为一种货币现象,也会受到实际(非货币)因素的影响,但这一影响必须通过货币需求的变化才能影响汇率;④汇率被视为资产价格,它的波动具有与股票和债券价格变化相同的特征;⑤资本具有充分流动性,不存在资本管制或其他对资本国际流动的限制。

货币分析法和资产组合平衡分析法是资产市场分析的两个主要分支,它们之间的区别在于,货币分析法假定国内外债券具有完全可替代性,而资产组合平衡分析法则认为国内外债券不具有完全可替代性。这里先介绍两种货币分析法模型,一种是弹性价格货币模型,另一种是黏性价格货币模型,下面介绍汇率决定的资产组合平衡分析法。

1. 弹性价格货币模型

弹性价格货币模型是现代汇率理论中最早的也是最基本的汇率决定模型,其主要代表人物有弗兰克尔(J. A. Frenkel)、穆萨(M. Mussa)、考瑞(P. Kouri)以及比尔森(J. Bilson)等人。它是在 1975 年瑞典斯德哥尔摩附近召开的关于"浮动汇率与稳定政策"的国际研讨会上被提出来的。[①]

弹性价格货币模型的一个基本思想是,汇率是两国货币的相对价格,而不是两国商品的相对价格,因此汇率水平应主要由货币市场的供求状况决定。它的重要假设是:①稳定的货币需求方程,即货币需求同某些经济变量存在稳定的关系;②购买力平价持续有效。

从货币需求来看,一般而言,名义货币需求取决于实际收入 Y、价格水平 P 和利率水平 i,即货币需求 $L^D = L(i, Y)$,而实际货币供给为 $\frac{M}{P}$,当货币市场均衡时,有

$$\frac{M}{P} = L(i, Y) \tag{12-18}$$

假设货币需求函数可表示为

$$L(i, Y) = K e^{-\lambda i} Y^{\eta} \tag{12-19}$$

其中,η 为货币需求的收入弹性;λ 为货币需求的利率弹性;K 为参数。为简单起见,不妨假定 $K = 1$,则式(12-18)可写成

$$\frac{M}{P} = e^{-\lambda i} Y^{\eta} \tag{12-20}$$

两边取对数,得

$$\ln M - \ln P = -\lambda i + \eta \ln Y \tag{12-21}$$

对于国外有类似的关系式:

$$\ln M^* - \ln P^* = -\lambda^* i^* + \eta^* \ln Y^* \tag{12-22}$$

假定本国与外国货币需求函数相同,即 $\eta = \eta^*$,$\lambda = \lambda^*$,则式(12-22)可改写为

$$\ln M^* - \ln P^* = -\lambda i^* + \eta \ln Y^* \tag{12-23}$$

由于国内外货币市场满足购买力平价,即

$$R = \frac{P}{P^*}$$

取对数,得

$$\ln R = \ln P - \ln P^* \tag{12-24}$$

从式(12-21)和式(12-23)中解出 $\ln P$ 和 $\ln P^*$,代入式(12-24)可得

$$\ln R = (\ln M - \ln M^*) - \eta(\ln Y - \ln Y^*) + \lambda(i - i^*) \tag{12-25}$$

式(12-25)即弹性价格货币模型的基本形式,它将汇率的决定因素主要归结为三组变量:两国相对货币供给量、相对实际收入和相对利息率。下面讨论各组因素变化对汇率

---

① Frenkel J A, Johnson H G. The Monetary Approach to the Balance of Payments. London: Allen and Unwin, 1976.

的影响。

1)相对货币供给变化

在式(12-25)中,如果其他因素不变,只有两国相对货币供应量变化时,对式(12-25)求导,得

$$\dot{R} = \dot{M} - \dot{M}^* \tag{12-26}$$

即汇率的变化率等于本国货币供给量变化率与国外货币供给量变化率之差。当 $\dot{M} > 0$,$\dot{M}^* = 0$ 时,$\dot{R} > 0$,即外国货币供应量不变,国内货币供应量增加时,汇率上升,本国货币贬值;当 $\dot{M} = 0$,$\dot{M}^* > 0$ 时,$\dot{R} < 0$,即本国货币供应量不变,国外货币供应量增加时,汇率下降,本国货币升值。

2)相对实际收入水平变化

在仅有两国相对实际收入水平变化时:

$$\dot{R} = -\eta(\dot{Y} - \dot{Y}^*) = \eta(\dot{Y}^* - \dot{Y}) \tag{12-27}$$

即汇率变化率与国外实际收入增长率超过国内实际收入增长率的差额成正比。当 $\dot{Y}^* = 0$,$\dot{Y} > 0$ 时,$\dot{R} < 0$,即在国外实际收入不变时,国内实际收入的增长导致汇率下降,本币升值;当 $\dot{Y} = 0$,$\dot{Y}^* > 0$ 时,$\dot{R} > 0$,即在国内实际收入不变时,国外实际收入的增长导致汇率上升,本币贬值。

3)相对利率变化

由式(12-25)可知,在其他因素不变时,汇率的对数与国内利率超过国外利率的差额成正比,如果国外利率 i^* 不变,则国内利率上升时,汇率上升,本币贬值。

如果考虑通货膨胀的预期效应,将名义利率分解为实际利率与预期通货膨胀率之和,则当国内外实际利率相等时,两国名义利率之差就等于两国预期通货膨胀率之差,即

$$i - i^* = \pi_e - \pi_e^*$$

则式(12-25)可写成

$$\ln R = (\ln M - \ln M^*) - \eta(\ln Y - \ln Y^*) + \lambda(\pi_e - \pi_e^*)$$

即当其他因素不变时,汇率的对数与本国预期通货膨胀率超过外国预期通货膨胀率的差额成正比。

弹性价格货币模型事实上综合了价格、利率、经济增长、货币供应等因素变化对汇率的影响,比较全面,但对该模型的批评者认为,弹性价格模型是建立在购买力平价这个脆弱的基础上的,同时还假定了货币需求函数稳定不变,这与西方各主要国家货币需求极不稳定的现实不相符合,因而也存在着缺陷。后来的黏性价格货币模型与资产组合平衡分析法,都在不同程度上对以上不足进行了修补。

2. 黏性价格货币模型

尽管弹性价格货币模型开创了汇率决定理论的货币分析法的先河,但该模型的基本假设决定了它无法解释汇率的易变性,特别是短期易变性这一现象。为此,1976年多恩

布什在《预期与汇率动态》一文中首先提出了汇率超调(overshoting)的思想[①]。

黏性价格货币模型(sticky-price monetary model)以弹性价格模型为基础,继承了其长期性特征,即假定购买力平价在长期内有效,但在分析汇率的短期波动时,黏性价格货币模型则放弃了价格灵活变动的假设,而是采用了凯恩斯主义的价格黏性假定。该模型认为,在短期内,由于不同市场存在不同的调整速度,商品市场和资本市场并不是同时达到均衡的,商品市场的调整速度相对于资本市场而言,要缓慢得多。当面对外部变化时,由于商品市场反应迟缓,资本市场的迅速调整使汇率出现"超调"反应,从而偏离其长期均衡水平,这便是短期汇率波动的原因。可以说,黏性价格货币模型弥补了弹性价格货币模型在短期分析方面的不足。

例如,假定现实汇率 R 偏离长期均衡汇率 $\overline{R}$ 时,人们将按如下方式调整汇率预期:

$$\dot{R}_e = -\theta(\ln R - \ln \overline{R}) + (\pi_e - \pi_e^*) \tag{12-29}$$

其中,$\dot{R}_e$ 为预期汇率变化率;θ 为调整速度;R 和 $\overline{R}$ 分别为现实汇率和长期均衡汇率;π_e 和 π_e^* 分别为国内和国外预期通货膨胀率。

在假定资本完全自由流动的条件下,有风险的利率平价条件成立,即 $\dot{R}_e = i - i^*$,因此式(12-29)可写成

$$\ln R - \ln \overline{R} = -\frac{1}{\theta}[(i - \pi_e) - (i^* - \pi_e^*)] \tag{12-30}$$

该式表明,当前汇率的对数与长期均衡汇率的对数之差与两国实际利率之差按同比例反向变动。

如果在长期,购买力平价成立,即 $\dot{R}_e = \pi_e - \pi_e^*$,结合利率平价条件和弹性价格货币模型[式(12-25)],可以得到长期均衡汇率的公式为

$$\ln \overline{R} = (\ln M - \ln M^*) - \eta(\ln Y - \ln Y^*) + \lambda(\pi_e - \pi_e^*) \tag{12-31}$$

将式(12-31)代入式(12-30)可得

$$\ln R = (\ln M - \ln M^*) - \eta(\ln Y - \ln Y^*) + \lambda(\pi_e - \pi_e^*) - \frac{1}{\theta}[(i - \pi_e) - (i^* - \pi_e^*)] \tag{12-32}$$

式(12-32)即为包含汇率超调的黏性价格货币模型。上式表明,由于国内外实际利率存在差异,当人们调整汇率预期的速度 θ 不是充分快时,现实汇率与长期均衡汇率(或购买力平价)就存在差异,即现实汇率会发生过度调整的情况。只有当 θ 足够大时,实际利率差项才会趋近于零,在这种情况下,式(12-32)与弹性价格货币模型就一致了。在这个意义上,弹性价格货币模型是黏性价格货币模型在调整速度无限大时的一个特例。

五、资产组合平衡模型

由上面的介绍可知,弹性价格货币模型和黏性价格货币模型都假定有风险利率平价条件成立,即投资者为风险中性,且国内外债券具有完全可替代性。然而,在现实中,国

---

① Dornbusch R. Expectations and Exchange Rate Dynamics. Journal of Political Economy,1976,81:1161-1175.

内外债券(资产)并不存在完全可替代性。从这一实际情况出发,布朗森(W. H. Branson)最早于 1975 年提出了汇率决定的资产组合平衡模型[①]。

资产组合平衡模型放弃了货币模型对资产替代性的假定,认为国内外资产之间是不完全替代的。投资者根据对收益率和风险性的考察,将财富分配于各种可供选择的资产上,确定自己的资产组合。资产组合达到稳定状态时,国内外资本市场供求也达到均衡,汇率也相应地被决定。当财富总量发生变化时,通过汇率和利率的共同调节,资产组合达到新的平衡。

资产组合平衡模型将一国私人部门(包括个人和企业)拥有的财富(W)划分为三种形式,即本国货币(M)、本国债券(B)和外国债券(F)。因为本币和外币资产不能完全替代,所以有风险的利率平价条件不成立,同时模型中新增加了风险报酬因素。投资者根据收益和风险两个方面的因素调整资产组合,则当各资本市场达到平衡时,有

$$W = M + B + RF \tag{12-33}$$

$$\frac{M}{W} = m(i, i^* + \dot{R}^e) \quad m_1 < 0, m_2 < 0 \tag{12-34}$$

$$\frac{B}{W} = b(i, i^* + \dot{R}^e) \quad b_1 > 0, b_2 < 0 \tag{12-35}$$

$$\frac{RF}{W} = f(i, i^* + \dot{R}^e) \quad f_1 < 0, f_2 > 0 \tag{12-36}$$

$$\dot{R}^e = i - i^* - \lambda \tag{12-37}$$

其中,式(12-33)表示财富在三种资产之间的分配;式(12-34)~式(12-36)说明各项资产占财富的比重是国内利率 i 和按本币计算的外币债券收益率($i^* + \dot{R}^e$)的函数,带下标的小写字母表示偏导数,如 m_1 表示货币需求函数 m 对第一个自变量 i(国内利率)的偏导数,$m_1 < 0$ 表示国内利率上升时货币需求减少,m_2 表示货币需求函数对第二个自变量(按本币计算的外币债券收益率 $i^* + \dot{R}^e$,一般假定 i^* 为给定的)的偏导数,$m_2 < 0$ 表示随国外债券按本币计算的收益率的提高,货币需求减少,其余类推;式(12-37)表示有风险的利率平价条件不成立,投资者要求在国外投资的报酬要超过在国内投资的报酬时,才愿意到国外投资,即在国外投资要求有一个风险报酬 $\lambda = i - i^* - \dot{R}^e$。由于式(12-34)~式(12-36)三个等式的左边相加等于 1,这意味着任何两个资本市场达到均衡时,第三个资本市场也必定趋于均衡。

可以用图形来分析资产组合平衡模型决定汇率的过程。在图 12-4 中,横轴表示国内利率 i,纵轴表示按本币计算的外国债券的收益率 $i^* + \dot{R}^e$。MM 表示货币市场均衡线,因为 $m_1/m_2 > 0$,故其斜率为正;BB 表示本国债券市场均衡线,因为 $b_1/b_2 < 0$,故其斜率为负;FF 表示外国债券市场均衡线,因为 $f_1/f_2 < 0$,故其斜率为负。又由于本国债券对国内利率的反应更灵敏,因而从绝对值来看 $|b_1| > |f_1|$,同样,外国债券对汇率变动的反

---

① Branson W H. Stocks and Flows in International Monetary Analysis. Federal Reserve Bank of Boston and International Seminar in Public Economics,1975.

应更灵敏,因而 $|f_2|>|b_2|$,这样,BB 线就比 FF 线更陡一些。在三个市场中,只要任意两个市场达到了均衡,第三个市场也就达到了均衡。这样,三条曲线的交点就决定了短期内的均衡利率和汇率。

资产组合平衡模型认为,汇率是在资产市场的动态调整平衡过程中决定的,因而,当资产供给变动时,通过资产市场和资产组合的重新调整,汇率也会

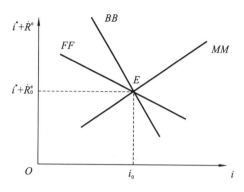

图 12-4　资产组合平衡模型

随之发生变化。这里可以分两种情况讨论:一是资产供给总量变化;二是资产存量结构变化。前者对汇率的影响被称为财富效应,后者对汇率的影响则被称为替代效应。

1. 资产供应总量的变化

资产供应总量的变化又可以分为三种情况,它们对汇率变动有着不同的影响。

(1) 货币供应量增加,这是政府增发货币的结果。货币供应量增加后,投资者持有的货币存量增加,使原来的资产组合失去平衡。为了使资产组合重新达到平衡,投资者将增加对国内债券和国外债券的购买,从而提高国内债券的价格,使国内利率下降,汇率上升,本币贬值。

(2) 国内债券供应量增加,这是政府增发债券弥补财政赤字的结果。国内债券供应量的增加,打破了原来的资产组合平衡,为了实现新的平衡,投资者对国内货币的持有和国外债券的购买增加,使本国利率上升,汇率上升,本币贬值,这是财富效应;同时,本国债券供应的增加也引起本国债券价格下降,国内利率上升,国内收益率的上升会相应削弱对外国债券的需求,导致汇率下降,本币升值,这是替代效应。替代效应的大小与国内外债券的可替代性大小有关。当国内外债券替代性较小时,财富效应会超过替代效应,使汇率上升,本币贬值;反之,当国内外债券的替代性足够大时,汇率下降,本币升值。

(3) 外国债券供应量增加,这是国际收支中经常项目顺差的结果。外国债券供应量增加,使外国债券价格下降,在假定外国利率 i^* 给定时,结果造成汇率下降,本币升值。

2. 资产结构变化

资产结构变化和资产供给量不变,一般是由中央银行的货币政策(如公开市场业务)所引起的,这又可分为两种情况。

(1) 国内债券与本国货币互换,即 $\Delta M+\Delta B=0$,这是由中央银行在国内货币市场上进行公开市场操作引起的。当 $\Delta M>0$ 时,中央银行在公开市场上买进国内债券,货币供应量增加,国内利率下降,国内债券价格上升,结果使外国债券需求增加,通过替代效应,导致汇率上升,本币贬值。

(2) 外国债券与本国货币互换,即 $\Delta M+\Delta RF=0$,这是由中央银行在外汇市场上进行公开操作引起的。当 $\Delta M>0$ 时,中央银行在外汇市场上购进外国债券,增加国内货币供应,导致利率下降,通过替代效应使汇率上升,本币贬值。

上面的分析只考察了资产市场上的短期均衡汇率的决定及变动,而没有涉及商品市场。如果考虑商品市场,则短期汇率均衡时,经常项目可能为顺差,也可能为逆差。在汇率完全自由浮动的条件下,经常项目的顺差意味着资本项目的逆差和外币资产存量的增加,而外币资产存量的变动反过来又影响到汇率和进出口贸易,从而形成存量和流量之间相互作用的动态调整过程,直到外币资产存量不再变动,经常项目差额为零时,调整过程才会结束,此时汇率达到长期均衡水平(这里假定进出口商品的需求弹性满足马歇尔-勒纳条件)。

由上面的介绍不难发现,资产市场分析法(包括货币分析法和资产组合平衡分析法)具有如下几个方面的特点。

①资产市场分析法视汇率为一种资产价格,把分析的焦点置于资产市场均衡,改变了传统汇率理论把研究的重心置于国际收支差额特别是贸易收支差额的局限性,从根本上改变了研究视角,从而使汇率理论更贴近现实。

附录 12.1

②资产市场分析法体现的是一般均衡分析,克服了传统理论局部均衡分析的局限性。传统汇率理论或者从产品市场来分析汇率(如购买力平价理论),或者从资本市场来分析汇率(如利率平价理论),基本上是局部均衡分析。根据这些理论得出的结论,往往对现实汇率的变动无法做出满意的解释。资产市场分析法则以资产市场分析为重点,同时结合产品市场进行分析,在一定程度上避免了传统汇率理论的片面性,因而能对现实汇率的变动做出一定的解释。

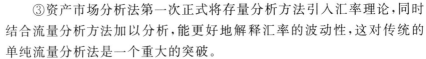

附录 12.2

③资产市场分析法第一次正式将存量分析方法引入汇率理论,同时结合流量分析方法加以分析,能更好地解释汇率的波动性,这对传统的单纯流量分析法是一个重大的突破。

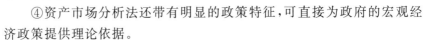

附录 12.3

④资产市场分析法还带有明显的政策特征,可直接为政府的宏观经济政策提供理论依据。

本章小结

1. 本章重点介绍了外汇、外汇市场和汇率等基本概念,讨论了外汇市场上的几种基本业务,解释了几种不同的汇率制度及其演变。

2. 本章重点分析了几种重要的汇率决定理论,包括金本位制下的金铸币平价理论、传统的购买力平价理论和利率平价理论,以及现代汇率决定的货币分析方法和资产组合平衡分析方法。

进一步阅读导引

1. 关于外汇、外汇市场和汇率以及外汇市场上的交易、汇率制度和外汇管制,参见:

① Salvatore D. International Economics. 5th ed. Prentice-Hall,International Inc. ,1995,ch. 13.

② Gandolfo G. International Economics,Vol. 2. 2nd ed. Berlin:Springer-Verlag,1995.

③薛敬孝,等.国际经济学.北京:高等教育出版社,2000.

2. 关于汇率决定理论,参见:

① Dornbusch R. Expectations and Exchange Rate Dynamics. Journal of Political Economy,1976,81:1161-1175.

② Frenkel J A,Johnson H G. The Monetary Approach to the Balance of Payments. London:Allen and Unwin,1976.

③ Frenkel J A. Monetary and Portfolio-Balance Models of Exchange Rate Determination//Bhandari J, Putnam B. Economic Interdependence and Flexible Exchange Rates. Cambridge:MIT Press,1983:84-115.

思考题

1. 基本概念

直接标价　间接标价　套汇　套利　掉期交易　固定汇率与浮动汇率

2. 讨论与回答

(1) 试举例说明两点套汇和三点套汇的操作过程。

(2) 试举例说明不存在套利的条件。

(3) 决定汇率的理论有哪些?请加以简要分析。

(4) 根据下面的银行报价回答问题:

美元/日元　153.40/50

美元/港元　7.8010/20

请问某公司以港元买进日元支付贷款,日元兑港元的汇价是多少?

(5) 某银行询问美元兑港元的汇价,身为交易员的你答复道:"1美元=7.8000/10港元",请问:

① 该银行向你买进美元,汇价是多少?

② 如果你要买进美元,应按照什么汇率计算?

③ 如果你买进港币,又是什么汇率?

第十三章 国际收支

国际金融研究的主要内容是开放经济的宏观经济学,而了解开放经济条件下一国产出水平和国际经济交易的各种变量,则是研究开放经济宏观经济学的第一步。经济学家们用来描述一国开放经济条件下的产出水平和国际经济交易的变量,主要包括两个相互联系的工具:一是国民收入核算恒等式,描述开放经济中各经济变量之间的关系;二是国际收支核算,用以系统地记载一国在一定时期与国外进行的各项经济交易,也就是通常所说的国际收支平衡表(balance of payment)。本章主要介绍有关国际收支的基本知识。

第一节 国际收支平衡表

一、国际收支

国际商品和服务贸易,以及资本的输入和输出等,必然产生国际债权债务关系,即国际借贷关系。这种国际债权债务关系,在到期时须得到清算。债权国在债权到期时应收入货币,以了结其对外债权;债务国在债务到期时应支付货币,以清偿其对外债务。这种一定时期国际债权债务清算所产生的国际货币收付变动,对一个国家来说,就构成该国的国际收支。因此,可以把国际收支定义为:在一定时期内(通常为1年、1季或1月)一国与外国之间的全部外汇收入与支出的总记录。如果收入大于支出,国际收支的差额就称为顺差(surplus);如果支出大于收入,这个差额就称为逆差(deficit);如果收入和支出相等,就称为国际收支平衡。一般来说,一国的国际收支通常是不平衡的,平衡只是偶然发生的情况。当一国国际收支发生差额时,最终是通过一国官方储备的变动来平衡的。国际收支逆差将减少一国的官方储备,而国际收支顺差则增加一国的官方储备。

随着国际经济交往的发展,国际经济交易的内容不断丰富和扩大,国际收支的概念也相应地发生变动。国际收支的概念,最早出现于17世纪初期,当时仅指一国的对外贸易差额,并流行了很长一段时间。国际金本位制度崩溃以后,国际收支的概念扩大为一国对外经济交易的外汇收支,不包括没有外汇收支的国际交易,这就是狭义的国际收支。第二次世界大战以后,国际收支的概念又有了新的发展,它包括一国在一定时期内的全部对外经济交易,而不论是否有外汇收支。这样,就把不涉及外汇收支的各种经济交易,如清算支付协定项下的记账、易货贸易以及无偿援助等也包括在内,这就是广义的国际收支。

国际借贷虽是国际收支产生的原因,但它是与国际收支不同的概念。国际借贷是一存量,表示某一特定日期一国对外资产与负债的明细状况,采用国际借贷平衡表(balance of international indebtedness statement)记录,其中对外资产与对外负债的差额即为一国的国际资本净头寸(net capital position)。国际收支则是一种流量,采用国际收支平衡表记录。两者从不同的角度反映同一国家的国际经济交易活动。国际借贷作为存量,理论上可看成是一国历年国际收支的汇总,但事实上并非如此。因为当外汇汇率变动时,国际借贷平衡表中的各项资产和负债会发生相应的变动,而国际收支平衡表中并不反映汇率的变动。

二、国际收支平衡表

1. 国际收支平衡表的概念

根据国际货币基金组织的解释,国际收支或国际收支平衡表是对一国在一定时期内(通常为1年、1季或1月)本国居民与外国居民之间发生的全部经济交易的系统的货币记录(通常以本币作为记账货币)。

经济交易是指经济价值在不同经济活动者之间的转移,它包括实际转移(real transfer)和金融转移(financial transfer)两类。前者是指经济物品和经济服务在不同经济活动者之间的转移;后者则指金融资产的转移,包括新的金融资产的创造和现存金融资产的注销。而且,经济交易既包括双边转移(bialteral transfer),也包括单边转移(unilateral transfer)。前者指经济价值的转移者会从被转移者那里得到相应的经济价值作为回报;而后者则指经济价值的转移者不能从被转移者那里得到经济价值的回报。按照经济交易的这两种分类方法,可以将经济交易划分成5种基本类型:

(1)买卖商品或服务(实际交易),同时发生对应的金融转移(如支付或收到现金,或给予商业信用等);

(2)用商品或劳务交换商品或劳务(易货贸易);

(3)用金融项目交换金融项目(如用现金购买债券,用新的贷款偿还旧的到期贷款等);

(4)商品或劳务的单边转移(如向国外灾民赠送生活必需品等);

(5)金融项目的单边转移(如向国外政府赠款)。

以上是对经济交易的一种一般性分类,它既适用于国内交易,也适用于国际交易。如果交易发生在本国居民和非本国居民之间,则称为国际交易,这种交易才是国际收支平衡表所要记载的。为此,必须弄清居民的含义。

居民(resident)是与公民(citizen)不同的概念,尽管二者有很大程度的重叠。就个人而言,居民是以其通常的利益中心所在为判断标准的,而不是以其临时居住地为判断标准的。如果某人通常的利益中心在某个经济的领土上,也就是说,他消费这个经济中的商品和服务,参与这个经济的生产或其他经济活动,那么,即使他是一个外国公民,也应算作这个国家的居民。据此,IMF 的《国际收支手册》提出了一系列原则来判断居民和非居民。例如,移民者被看作他所工作的那个国家的居民,即使他保留着原来的国籍;而学生、旅行者、商业旅行者被看成原国籍的居民,即使他们在国外逗留的时间比国内长;外交使节、国外驻军等在任何情况下都是原国籍的居民,等等。

就非个人而言,如政府机构、私人非营利组织等应为相应国家的居民;企业(私人的或公共的)的情况则较为复杂。按 IMF 的《国际收支手册》的规定,具有国际性质的企业,应将其分解成单一法人主体,每个主体都被当作其业务经营所在国的居民。

而对于国际组织而言,如世界银行、国际货币基金组织、世界贸易组织、联合国等,它们不属于任何一个国家的居民。因此,国际组织与其所在国的经济交易,都是非居民与居民的交易,都应该记入该国的国际收支平衡表。

标准的国际收支平衡表包括两个部分:第一部分称为经常账户(current account),它包括所有的实际转移(real transfer);第二部分称为资本和金融账户(capital and financial account),它表明一国的外国金融资产和负债的所有权变化和其他特定的变化(包括一国国际储备的变化)。关于这两类账户的详细分类,将在后面专门介绍。

2. 国际收支平衡表的记账原则

国际收支平衡表账户的登记服从复式记账(double-entry bookkeeping)原则。也就是说,一国居民与外国居民的任何一项经济交易,都将导致国际收支中两个或两个以上的项目发生增减变动,如果按照借贷记账法进行登记,其结果是,每项国际交易的借方金额必然等于其贷方金额。因而,一国一定时期全部国际交易按借贷记账法记入国际收支平衡表的结果是,全部借方金额等于全部贷方金额,即一国国际收支平衡表总是平衡的。

按照惯例,国际收支账户的贷方登记的内容包括:①出口;②一国国外资产的减少或一国国外负债的增加。而国际收支账户的借方登记的内容包括:①进口;②一国外国资产的增加或一国外国负债的减少。换句话说,借方表示资产的增加和负债的减少,贷方表示资产的减少和负债的增加。

根据经验,所有引起国外对本国支付增加的交易(即收入外汇的交易)都应记入相应国际收支账户的贷方;而所有引起本国对国外支付增加的交易(即支出外汇的交易)都应记入相应国际收支账户的借方。就贸易项目而言,出口引起外汇收入的增加,应记入经常账户的贷方;进口则引起外汇支出的增加,应记入经常账户的借方。就资本项目而言,资本流入引起外汇收入的增加,应记入资本账户的贷方;资本流出引起外汇支出的增加,应记入资本账户的借方。

下面通过 5 类典型的国际经济业务,举例说明国际收支账户的登记方法。

1) 进出口贸易

例如,当 1 国向 2 国出口价值为 100 个单位的商品,用 2 国的货币支付时,两国在经常账户和资本账户登记的情况如下:

1 国

经常账户	
借方	贷方
	出口 100

资本账户	
借方	贷方
	在 2 国银行存款 100

2 国

经常账户	
借方	贷方
进口 100	

资本账户	
借方	贷方
	对 1 国出口商负债 100

2) 易货贸易

例如,1 国向 2 国出口价值为 100 个单位的石油,2 国向 1 国出口价值为 100 个单位的机器作为交换,则两国在经常账户的登记情况如下:

1 国

经常账户	
借方	贷方
	出口石油 100
进口机器 100	

2 国

经常账户	
借方	贷方
进口石油 100	
	出口机器 100

3) 金融交易

例如,1 国用其在 2 国的存款购买 2 国的债券价值为 200 个单位,则两国在资本账户的登记情况如下:

1 国

资本账户	
借方	贷方
2 国债券 200	
	2 国存款 200

2 国

资本账户	
借方	贷方
	1 国购买的债券 200
1 国存款 200	

4) 单边实际转移

例如,1 国向 2 国赠送价值为 100 的生活必需品以救济灾民,则两国在经常账户的登记如下:

1 国

经常账户	
借方	贷方
	出口 100
单边转移 100	

2 国

经常账户	
借方	贷方
进口 100	
	单边转移 100

5) 单边金融转移

例如,1 国用 1 国的货币向 2 国赠送价值为 200 个单位的养老金,并进入 2 国的国际

储备,则两国在经常账户和资本账户的登记情况如下:

1国

经常账户		资本账户	
借方	贷方	借方	贷方
单边转移200			2国负债200

2国

经常账户		资本账户	
借方	贷方	借方	贷方
	单边转移200	1国资产200	

根据IMF的《国际收支手册》的建议,国际收支的记账时间应遵循所有权改变的原则,也就是会计中的权责发生制原则(accrual basis)。根据这一原则,当进口货物延期支付时,应在经常账户的借方登记进口增加,同时在资本账户的贷方登记国外负债增加;当进口商以外汇支付进口货款时,则应同时在资本账户登记国外负债的减少(借方)和国外资产的减少(贷方)。

由于出口国一般以离岸价格(free on board,FOB)估计出口价值,而进口商则通常以到岸价格(cost,insurance and freight,CIF)估计进口价值,因而产生进出口价值估计的差异。为了达到进出口价值估计的一致性,IMF建议对进出口统一采用离岸价格估计其价值。

3.国际收支平衡表的标准组成项目

国际收支平衡表的经常账户和资本账户两个部分可以进一步划分为若干标准的组成项目。

1)经常账户

经常账户包括货物和服务贸易、资本收益和单边转移三个具体组成项目。

(1)货物和服务贸易。

货物和服务贸易可进一步划分为货物贸易(又称为有形贸易,visible items of trade)和服务贸易(又称为无形贸易,invisible items of trade)两个部分。货物贸易应采用FOB价值登记,保险费和运输费则应包含在服务贸易中,但为简化起见,把旅游者在国外的所有支出都包含在服务贸易中。服务贸易通常包括货物的保险费和运输费、旅客运输费、电影拷贝费、银行服务费、无形资产或权利(如专利权、商标权、版权)使用的费用等。就劳动收入而言,只有非居民的劳动收入才计入服务贸易。

(2)资本收益。

根据IMF的《国际收支手册(第五版)》的建议,要素收益(包括劳务收入和投资收益)应该在经常账户中单独列项反映。其中,劳务收入是指非居民的劳动收入。

(3)单边转移。

单边转移可以细分为私人单边转移和官方单边转移两个方面。IMF的《国际收支手册(第五版)》建议,单边转移只包括经常转移(current transfer),资本转移(capital transfer)则应放在资本和金融账户中反映。

2) 资本账户

资本账户包括一国所有国外金融资产和负债的变化(包括储备资产的变化在内),即所有的资本运动都要在资本账户中反映。根据IMF的《国际收支手册(第五版)》的建议,"资本和金融账户"应该划分为资本账户(capital account)和金融账户(financial account)两大部分。资本账户包括所有的单边资本转移,金融账户则是以前所称的资本账户,可以有不同的分类方法:①按投资形式可分为直接投资、证券投资、储备资产及其他资本;②按投资期限长短可分为短期资本和长期资本,其中短期资本是投资期限少于1年的资本,长期资本则指1年以上的投资;③按投资者的性质可分为私人投资和官方投资。IMF的《国际收支手册(第五版)》建议采用第一种分类方法,将金融账户划分为直接投资、证券投资、其他投资和储备资产4个部分。其中,储备资产是一国中央银行或货币当局可以利用的用于平衡国际收支的全部资产,包括货币黄金(monetary gold)、在IMF的特别提款权(special drawing rights,SDRs)、在IMF的储备头寸(reserve position)、外汇以及中央银行或货币当局掌握的可用于平衡国际收支的其他资产。这些称为一国的总官方储备(gross official reserves)。如果从总官方储备中减去中央银行或货币当局的短期外债,可以得到一国的净官方储备(net official reserves)。更广义上的总官方储备也可以定义为官方储备加上中央银行(货币当局)的中长期国外资产,更广义上的净官方储备则可以从广义总官方储备中减去中央银行(货币当局)的所有国外负债得到。

3) 错误和遗漏净额

按照复式记账原则,如果不发生错误和遗漏(errors and omissions),国际收支平衡表的借贷双方净差额应该为0。但在实际中并非如此,其原因主要有:①在统计国际收支有关数据时发生的遗漏,如走私、民间货币收付、携带现钞出入境等官方监控以外的交易;②资料来源和口径不同造成的误差,例如,商品进口的数据来源于海关统计,而货款的支付则来源于银行的记录,这样就会发生货币支付数据与进口商品价值的差异。为了解决这个问题,就在国际收支平衡表中人为地设立了一个平衡项目,即错误和遗漏项目。当经常项目、资本和金融项目贷方总计超过借方总计时,错误和遗漏净额项目在借方记入这个差额数;相反,则在错误和遗漏净额项目的贷方记入这个差额数,以保证国际收支平衡表的平衡。

第二节 国际收支的平衡和失衡

国际收支平衡表是采用复式记账法登记的,因此,在国际收支平衡表中,国际收支总是平衡的（balance）。但是，国际金融理论研究的重点就在于国际收支的不平衡（disequilibrium）及其调节。因此，首先须定义有关国际收支平衡（equilibrium）以及失衡（disequilibrium）的概念，以便于今后的分析。

为了定义国际收支的平衡和失衡，可以把记入国际收支平衡表的经济交易分为两种性质不同的交易：一种称为自主性交易（autonomous transactions），也称非补偿性交易（non-compensatory transactions），它是指一国居民的自主的经济交易，通常是为获取国际价格、国民收入或利率等的差异而进行的各种交易活动，如商品和劳务的进出口、单方面转移支付、长期资本流动以及部分短期私人资本流动（如因利率变化引起的套利资本流动）等，这些交易有时也称为事前交易（ex ante transactions）。这部分国际收支的借方总值不一定等于贷方总值，这是引起国际收支失衡的主要原因。通常所说的国际收支平衡或失衡，实质上就是指自主性交易收支的平衡或失衡。另一种交易称为调节性交易（accomodating transactions），也称为补偿性交易（compensatory transactions），它是指一国居民为弥补自主性交易收支的差额而进行的各种交易活动，如大部分短期私人资本流动和官方短期资本流动等，这些交易有时也称为事后交易（ex post transactions）。有些经济学家将国际收支平衡表上的自主性交易与调节性交易之间加一条横线隔开，以示区别，因而也将自主性交易项目称为线上项目（Items above the line），而将调节性交易项目称为线下项目（Items below the line）。线上项目主要包括经常项目和长期资本流动项目，其差额称为基本差额（basic balance），即自主性交易的收支差额。线下项目包括私人短期资本流动（因为其绝大部分是由经常项目收支引起的，属于调节性交易，因而为简单起见，将其全部划入线下项目）和官方短期资本流动，主要起调节性的平衡作用。基本差额加上短期资本流动差额称为总差额，这个差额最后靠官方储备的增减变动来平衡。可见，自主性交易所引起的基本差额是国际收支总差额的主体，因而它也是研究国际收支平衡与失衡的重点。

按照国际收支平衡表的排列顺序，可以有如下几个层次的国际收支差额概念：①商品贸易差额，即商品出口与进口之间的差额。如果出口大于进口，称为商品贸易顺差；如果出口小于进口，称为商品贸易逆差；如果出口等于进口，称为商品贸易平衡。②商品和服务贸易差额，即在商品贸易差额的基础上，再加上服务贸易的差额，也分为顺差、逆差和平衡三种情况。③经常项目（账户）差额（current balance），即在商品和服务贸易差额的基础上，再加上要素收入差额和单边转移差额，同样有顺差、逆差和平衡三种情况。④经常账户和长期资本项目差额，也称为基本差额（basic balance），即在经常账户差额的基础上，再加上长期资本项目差额。如果长期资本流入大于流出，则称长期资本项目顺差；如果长期资本流入小于流出，则称长期资本项目逆差；如果长期资本流入等于流出，则称长期资本项目平衡。⑤总差额（overall balance），指在基本差额的基础上，再加上私人和官方短期资本项目差额以及错误和遗漏项目净额所形成的差额，这个差额最终由官方储备的增减来平衡，因而也称为官方结算差额。如果官方结算差额为顺差，则官方储备增加或官方对外国的流动负债减少；如果官方结算差额为逆差，则官方储备减少或官方对外国的流动负债增加。

根据一国国际收支不平衡产生的原因不同，可将国际收支不平衡分为4种类型：

①周期性不平衡,即由经济周期而产生的国际收支不平衡。在经济衰退阶段,收入减少,有效需求下降,从而导致进口下降,因此可能引起贸易收支顺差;但经济的衰退也可能造成资本的外逃,从而可能引起资本项目逆差。相反,在经济景气阶段,由于收入迅速上升,有效需求增加,从而导致进口增加,可能引起贸易收支逆差;但经济景气也可能吸引国外投资,引起资本项目顺差。在经济日益全球化的今天,国际收支的周期性不平衡,会使各国之间经济周期相互传播,从而对一国国际收支产生更为复杂的影响。②结构性不平衡,即因国内生产结构变动不能适应国际市场变化而引起的国际收支不平衡。例如,大多数发展中国家出口以初级产品为主,进口以制成品为主。但近年来,由于国际市场上制成品价格大幅度上扬,而初级产品价格增长缓慢,导致这些发展中国家的贸易条件恶化,国际收支困难。③价格性不平衡,是指在一定汇率条件下,一国物价水平的普遍上涨高于其他国家物价水平上涨的幅度时,导致该国出口下降,进口增加,从而引起国际收支逆差,以及在相反的情况下引起国际收支顺差的情况。价格性不平衡表明在汇率一定的条件下,国内外通货膨胀差异会导致一国国际收支的差异。④收入性不平衡,即由国民收入变动所引起的国际收支失衡现象。国民收入变化包括周期性变化和长期增长两种情况,周期性收入变化所引起的国际收支失衡也就是周期性不平衡,而收入的长期增长差异则引起国际收支的持久性不平衡。

在开放经济中,国际收支平衡(对外平衡)是国民经济均衡的重要组成部分,因而国际收支的失衡必然对国民经济的均衡发展产生重要的影响。因此,有必要对国际收支的均衡和失衡进行调节,以促进国民经济的稳定持续发展。

第三节 国际收支与国民账户

为了方便国际收支调整过程的分析,需要找到国民经济核算与资金流量分析中一些主要的宏观经济总量之间基本关系的会计等式,在这些会计等式中,国际收支是与整体经济系统相适应的。

表13-1给出了一个简化的会计核算框架,在这个框架中,所记录的都是流量(flows),即一定时期各种实际变量和金融经济变量的运动或变化量。

在表13-1中,各纵列表示不同的部门,如私人部门、政府部门、银行部门、中央银行、国外部门等;各横行则表示不同的市场,如商品和服务、国内基础货币、国内银行存款、国内证券、外国货币、外国证券等。

表 13-1 实际和金融流量的简化会计核算框架

市场	部门					
	私人	政府	银行	中央银行	国外	合计
商品和服务	$(I-S)$	$(G-T)$	—	—	$(X-M)$	0
国内基础货币	ΔH_p	—	ΔH_b	ΔH^c	—	0
国内银行存款	ΔD_p		ΔD^b	—	ΔD_f	0
国内证券	ΔN_p	ΔN^g	ΔN_b	ΔN_c	ΔN_f	0
外国货币	ΔR_p		ΔR_b	ΔR_c	ΔR^f	0
外国证券	ΔF_p		ΔF_b	ΔF_c	ΔF^f	0
合计	0	0	0	0	0	0

值得指出的是,在表 13-1 中,私人部门包括生产部门和家庭部门;政府部门包括除中央银行(货币当局)以外的所有政府机构及各级政府;银行部门包括所有商业银行、储蓄银行和其他金融机构;中央银行部门包括中央银行和专设的外汇稳定基金机构(如果分设的话);国外部门包括所有的非居民。

从各市场来看,商品和服务市场即实际市场,包括所有商品和服务的交易(生产、交换、转移等)。国内货币被区分为两个市场:一是基础货币(montary base),亦称高能货币(high-powered money);二是银行存款(bank deposits)。通常,基础货币是中央银行的负债,包括硬币、纸币和商业银行在中央银行的存款余额。银行存款则指不属于国内证券的所有银行存单和银行票据。国内证券包括证券本身以及任何形式的可交易信用工具(marketable debt instrument)。外国货币包括现金和存款,外国债券包括债券本身以及可交易的信用凭证。

表 13-1 的横行相加为 0,纵列相加也为 0。具体来说,各横行相加为 0 表明各市场的供给和需求达到均衡状态,也就是说,从事后来看,需求总量和供给总量是相等的。各纵列相加为 0 表示每个部门的预算约束,也就是说,各部门的总收入等于其总支出,这里总收入和总支出当然包括金融资产和负债的变化在内,因而就可以建立起金融流量与实际流量之间的联系,根据这种联系,每个交易者的投资超过储蓄的数量等于其净负债的增量。

下面具体分析表 13-1 中各横行和各纵列所代表的等式关系。

第一横行给出如下关系:

$$(I-S)+(G-T)+(X-M)=0 \tag{13-1}$$

其中,第三栏和第四栏的一字线表示一种简化假定,即银行部门和中央银行的实际交易可以忽略不计,这些部门既不生产也不消费商品和服务,因而不参与实际市场交易,只参与金融市场的交易。

式(13-1)即为宏观经济学中商品市场均衡的关系式。其中,I 和 S 分别表示私人部门的投资和储蓄;G 和 T 分别表示政府开支和税收;X 和 M 分别表示出口和进口。

在以下各行中,Δ 表示变化量(可以为正,也可以为负),下标表示持有部门,上标表示发行部门。

这样,对第二行来说,其等式关系为

$$\Delta H_p + \Delta H_b + \Delta H^c = 0 \tag{13-2}$$

其中,H 表示国内基础货币,它是由中央银行发行的(ΔH^c),被私人部门(ΔH_p)和银行部门(ΔH_b)持有;第二栏和第五栏的一字线表示一种简化假定,即政府和国外部门不持有国内基础货币。

第三行的关系式为

$$\Delta D_p + \Delta D_f + \Delta D^b = 0 \tag{13-3}$$

其中,假定只有银行部门发行银行存款单且被私人部门和国外部门持有;第四栏的横线表示中央银行不持有银行部门的存单,或者说中央银行与银行部门的存贷关系都作为基础货币考虑。

第四行的关系式为

$$\Delta N_p + \Delta N^g + \Delta N_b + \Delta N_c + \Delta N_f = 0 \tag{13-4}$$

这里的简化假定是只有政府部门发行国内证券而被私人部门、银行部门、中央银行和国外部门持有。

第五行的关系式为

$$\Delta R_p + \Delta R_b + \Delta R_c + \Delta R^f = 0 \tag{13-5}$$

这里假定政府不持有外国货币(政府持有的外国货币即为中央银行持有的外国货币)。

第六行的关系式为

$$\Delta F_p + \Delta F_b + \Delta F_c + \Delta F^f = 0 \tag{13-6}$$

这里也假定政府不持有外国证券。

现在考察各纵列所代表的等式关系,即各部门的预算约束情况。第一列的关系式为私人部门的预算约束,即

$$(I - S) + \Delta H_p + \Delta D_p + \Delta N_p + \Delta R_p + \Delta F_p = 0 \tag{13-7}$$

式(13-7)的另一种表达方法是

$$S - I = \Delta H_p + \Delta D_p + \Delta N_p + \Delta R_p + \Delta F_p \tag{13-7a}$$

式(13-7a)表明,私人部门储蓄超过投资的部分,用于持有基础货币(ΔH_p)、银行存款(ΔD_p)、国内债券(ΔN_p)、外国货币(ΔR_p)和外国债券(ΔF_p)。第一列的关系还可以表达为

$$I - S = -\Delta H_p - \Delta D_p - \Delta N_p - \Delta R_p - \Delta F_p \tag{13-7b}$$

式(13-7b)表明私人部门投资超过储蓄的差额,可以通过减持国内货币($-\Delta H_p$)、银行存款($-\Delta D_p$)、国内债券($-\Delta N_p$)、外国货币($-\Delta R_p$)和外国证券($-\Delta F_p$)来融资。

第二列表示政府部门的预算约束,其关系式为

$$G - T + \Delta N^g = 0 \tag{13-8}$$

或
$$G - T = -\Delta N^g \tag{13-8a}$$

式(13-8a)表明政府预算赤字可以通过发行债券融资。

第三列为银行部门的预算约束,其关系式为

$$\Delta H_b + \Delta D^b + \Delta N_b + \Delta R_b + \Delta F_b = 0 \tag{13-9}$$

在假定银行部门不参与实际市场交易的条件下,银行持有国内基础货币(ΔH_b)、国内债券(ΔN_b)、外国货币(ΔR_b)、外国证券(ΔF_b)等资产的增量应等于银行发行的银行存款单(即负债)的增量($-\Delta D^b$)。

第四列为中央银行的预算约束,其关系式为

$$\Delta H^c + \Delta N_c + \Delta R_c + \Delta F_c = 0 \tag{13-10}$$

式(13-10)表明中央银行发行的基础货币(负债)的增量等于它持有的国内证券(ΔN_c)、外国货币(ΔR_c)以及外国证券(ΔF_c)等资产的增量。

第五列为国外部门的预算约束,其关系式为

$$(X - M) + \Delta D_f + \Delta N_f + \Delta R^f + \Delta F^f = 0 \tag{13-11}$$

利用式(13-5)和式(13-6)将 ΔR^f 和 ΔF^f 替换掉,可以得到如下关系式:

$$(X - M) + \{(\Delta D_f + \Delta N_f) - [(\Delta R_p + \Delta F_p) + (\Delta R_b + \Delta F_b)]\} = \Delta R_c + \Delta F_c \tag{13-11a}$$

式(13-11a)表明一国经常项目以及资本和金融项目的总差额,最终是通过一国官方储备($\Delta R_c + \Delta F_c$)的增减来平衡的。因此,上式实际上是国际收支平衡表的基本等式关系。

在讨论了表 13-1 中的各种会计等式关系后,需要强调一点,从上述会计等式关系中是可以发现一些变量之间的逻辑关系的。例如,对于式(13-1),可以重新写成如下形式:

$$M - X = (I - S) + (G - T) \tag{13-1a}$$

从这个等式关系中,也许可以推断,政府财政赤字($G-T$)可能是引起经常项目逆差($M-X$)的原因,因此在对外逆差产生的众多原因中,可以发现预算赤字可能是其中之一,而预算赤字的减少,可能有利于改善国际收支。

同样,式(13-1a)还可以改写为

$$G - T = (M - X) + (S - I) \tag{13-1b}$$

式(13-1b)表明经常项目逆差可能是产生政府预算赤字的原因之一。

如果将 $S = Y_d - C = Y - T - C$ 代入式(13-1a)并做重新安排,可以得到

$$X - M = Y - I - C - G = Y - A \tag{13-1c}$$

其中,$A = I + C + G$ 被定义为国内吸收(domestic absorption),而式(13-1c)即为国际收支的吸收分析法的基本关系式。

这个例子说明,表 13-1 中所探讨的各种等式关系,可能需要深入研究,我们从中发现一些内在的逻辑联系,从而为分析国际收支失衡的原因及调节服务。

第四节 国际收支调节概述

关于国际收支调节的研究,如果从大卫·休谟1752年提出"物价-铸币-流动机制"算起,已经有250余年的历史了。研究国际收支调节,不仅具有理论上的重要意义,更具有实际上的应用价值。研究这一问题,一方面可以探索国际收支在没有政策干预的情况下如何通过自动调节机制(automatioc adjustment mechanism)实现平衡;更重要的是,如何通过特定的政策干预,使国际收支差额朝有利于一国经济稳定和发展的方面转化,即研究关于国际收支调节的政策(balance of payments adjustment policies)。而且,关于自动调节机制的研究,有利于为调节政策的制定提供理论依据。

国际收支调节的过程可以按不同标准划分成不同类型,如按汇率制度,可以分成固定汇率制下的国际收支调节与浮动汇率制下的国际收支调节;根据货币在国际收支调节中的作用,可以划分为有货币作用的国际收支调节与无货币作用的国际收支调节;根据分析框架的均衡性质,可以划分为一般均衡的国际收支调节和局部均衡的国际收支调节;按调节过程中是否有政策干预,可以划分为自动调节和政策调节;按国际收支调节理论发展的先后顺序,则可以划分为传统的国际收支调节理论和更复杂的现代调节模型等。

所谓传统的国际收支调节理论,包括:①基于汇率变化(假定其他因素不变,特别是国民收入不变,即国民收入处于潜在产出水平)的国际收支调节机制,有时称为自动价格调节机制(automatic price adjustment mechanism),由于这种调节机制要求进出口商品需求有充分的弹性,因此又称为国际收支调节的弹性分析方法(elasticity approach)。②基于收入变化(假定其他因素不变,特别是汇率不变,因而价格不变)的调节机制,有时称为自动收入调节机制(automatic income adjustment mechanism),它利用凯恩斯主义的乘数原理,分析收入变动对贸易差额的影响。③将上述两种方法结合起来的吸收分析法(absorption approach)。

传统的国际收支调节分析方法的特点是,把分析的重点放在经常账户上,认为国际收支不平衡主要是流量的不平衡(flow disequilibria),也就是说,国际收支不平衡是由主要具有流量性质的宏观经济总量(如商品和服务的进出口及消费、投资、国民收入等)之间的不平衡(imbalance)所引起的,因此,国际收支不平衡,是一个纯粹的流量问题,而与存量调整(stock adjustment)无关。这样,在传统分析方法中,虽然有货币存在,但货币并不发挥基础性的作用。

国际收支调节的现代分析方法则认为,国际收支不平衡既是一个流量不平衡问题,更是一个存量不平衡(stock disequilibrium)问题。也就是说,主要具有存量性质的宏观经济总量(如货币存量以及其他金融资产存量)之间的不平衡,也是引起国际收支不平衡的原因,或者说是更为重要的原因。事实上,流量是从存量调整中导出的,因此,分析国际收支调节,更应重视对存量的分析。这样,就要重视货币在调整过程中所发挥的基础性作用。有意思的是,最古老的"物价-铸币-流动机制"就是一种存量不均衡的分析模型,它是一种以"货币数量论"为基础的分析,同样,现代国际收支调节的货币分析法(monetary approach)也是一种存量不均衡的分析模型。但这两种模型都只考虑了影响国际收支不平衡的存量不均衡方面,而忽视了流量不均衡方面对国际收支的影响,资产组合平衡分析法(portfolio equilibrium approach)和开放经济中的宏观经济均衡分析,则试图综合存量分析和流量分析两种方法,形成一种国际收支调节的一般理论。

尽管在国际收支调节研究中存在着"实际不均衡与金融不均衡"(real versus financial disequilibria)、"存量不均衡与流量不均衡"(stock versus flow disequilibria)的争论,但总的来说,分析国际收支调节这样复杂的问题,折中的方法(eclectic approach)往往要比武断的方法(dogmatic approach)好得多。在下一篇,将按国际收支调节理论发展的先后顺序,首先介绍3种传统的国际收支调节理论和政策,然后按固定汇率和浮动汇率两种不同制度,介绍国际收支调节的现代分析方法和调节政策。此外,还要介绍国际货币制度的演变。最后作为全书的总结,讨论一下国际贸易理论与国际金融理论的综合问题。

附录 13.1

本章小结

1. 本章作为开放经济宏观经济学的基础,主要介绍了国际收支、国际收支平衡表、国际收支平衡与失衡等基本概念。
2. 本章重点分析了国际收支与国民收入核算之间的各种等式关系,概述了国际收支调节的有关理论。

进一步阅读导引

1. Gandolfo G. International Economics, Vol. 2. 2nd ed. Berlin:Springer-Verlag,1995,ch. 12.
2. 薛敬孝,等. 国际经济学. 北京:高等教育出版社,2000.
3. 蒋振中. 国际经济学原理. 上海:上海财经大学出版社,1997.

思考题

1. 基本概念
国际收支平衡表　国际收支平衡　顺差　逆差　经常项目
2. 讨论与回答
(1)国际收支平衡表的组成内容有哪些?编制的原则是什么?

(2) 为什么说国际收支平衡表总是平衡的?

(3) 国际收支与国民账户之间存在哪些等式关系?试举例说明。

(4) 哪些因素会导致国际收支不平衡?

(5) 国际收支调节分析的方法有哪些?

(6) 国际收支的调节政策有哪些?各有什么缺陷和功能?

第四篇

开放经济宏观经济学

第十四章
国际收支调节中汇率的作用:弹性分析法

本章把国际收支看成商品和服务的贸易收支,考虑汇率变化对国内外商品相对价格的影响,进而考虑这种变化对于贸易流量的影响。在这里,将商品相对价格(或国际贸易条件)定义为如下比率:

$$\pi = \frac{P_x}{rP_m} \tag{14-1}$$

其中,P_x 是以本币表示的出口商品价格;P_m 是以外币表示的进口商品价格;r 为外币的直接标价汇率;π 的增加意味着一国单位出口商品可以换回更多的进口商品,因而贸易条件改善。

值得指出的是,式(14-1)也可以表达成另一种形式,即

$$\pi = \frac{\frac{1}{r}P_x}{P_m} \tag{14-1a}$$

显然,这两个式子在数学上是完全等价的,但从经济意义上看,式(14-1)是把进出口的价格都表示成本币价格,然后计算其比率,式(14-1a)则先把进出口价格都表示成外币价格,然后再计算其比率。但不论采取哪一种计算方法,其结果是一样的。这样,贸易条件 π 就可以用于发生贸易的两个国家进行相关的价格比较。国内消费者会用本币价格在进口商品与国内进口替代商品之间进行比较,以做出消费选择;国外消费者则会用外币价格比较出口商品与外国本地的同类商品的价格,以做出消费选择。

本章所讨论的国际收支调节机制,就是在假定其他条件不变的情况下,分析商品相对价格的变化,如何影响国内外消费者的需求,从而影响一国进出口商品流量(flows)的变化,进而实现国际收支不平衡调节的过程。

事实上,贸易条件 π 可以因进出口商品价格 P_m 和 P_x 本身改变而改变,也可以因汇率 r 变化而改变。但在本章中,假定进出口商品价格以及其他变量都不变,只考虑汇率 r 的变化如何影响国际收支,因而是一种局部均衡分析方法。

值得注意的是,这里要讨论的汇率变化,既可以是自由浮动汇率制条件下的汇率变化(即本币的自动升值或贬值),在这种情况下,所讨论的是价格自动调节机制;也可以是有管理的浮动汇率制条件下政府汇率政策所引起的汇率变化(即本币的法定升值或贬

值),在这种情况下,所讨论的是价格调节政策,有时将其称为支出转换政策(expenditure switching policy),即通过汇率变动引起国内外商品相对价格变动,从而引起消费者支出在国内外商品之间发生转换(替代)。

值得注意的另一点是,本章的分析方法,假定国际收支仅为贸易收支,不考虑资本流动对国际收支的影响,从而假定了外汇需求与供给纯粹是由进出口贸易提供的,因而,汇率的变化也主要是由进出口贸易影响的。显然,这样的假设与现实是不相符合的,因而本章所介绍的分析方法存在着明显的缺陷。

第一节 马歇尔-勒纳条件

假定在其他条件不变的情况下,汇率变化是影响商品进出口流量的唯一因素。这样,在出口商品的本币价格和进口商品的外币价格不变时,汇率上升(本币贬值)就意味着国内市场上进口商品变得更贵(rP_m上升),而在国外市场上出口商品变得更便宜($\frac{1}{r}P_x$下降);相反,汇率下降(本币升值)则意味着国内市场上进口商品变得更便宜,而在国外市场上出口商品则变得更贵。根据传统的需求理论,就可以断定,出口商品的国外需求的变动与汇率的变动方向相同,即汇率上升(本币贬值)则出口商品的国外需求增加,出口增加;汇率下降(本币升值)则出口商品的国外需求下降,出口下降。同样,进口商品的国内需求的变动与汇率的变动方向相反,即汇率上升(本币贬值)则进口商品的国内需求减少,进口减少;汇率下降(本币升值)则进口商品的国内需求增加,进口增加。

但是,仅根据这些还无法判断,汇率变化是否能产生平衡国际收支的效果。国际收支是用货币表示的,进出口数量的变化能否刚好产生所需要的货币收入和支出的变化,以满足实现国际收支平衡的要求,取决于进出口商品需求的价格弹性。正是在这个意义上,把分析汇率变化调节国际收支的方法称为弹性分析法(elasticity approach)。

如果按如下方式定义出口的汇率弹性 η_x 和进口的汇率弹性 η_m,即

$$\begin{cases} \eta_x = \dfrac{\Delta X/X}{\Delta r/r} \\ \eta_m = -\dfrac{\Delta M/M}{\Delta r/r} \end{cases} \tag{14-2}$$

其中,Δ 表示变化量;X 和 M 分别表示出口数量和进口数量;r 表示汇率(直接标价)。那么,η_x 和 η_m 满足什么条件时,才能使汇率变化起到调节国际收支平衡的效果呢?

一、马歇尔-勒纳条件的提出

由于各国通常采用本币来记录国际收支,因此,首先讨论用本币表示国际收支的情况。定义国际收支 B 等于贸易收支,则

$$B = P_x X - r P_m M \tag{14-3}$$

其中,P_x 为本币价格,P_m 为外币价格,并假定这些价格不变。

如果汇率上升 dr 时,$dB > 0$,则汇率变化就能起到平衡国际收支的作用。对式(14-2)求导,得

$$\frac{dB}{dr} = \frac{d(P_x X)}{dr} - \frac{d(rP_m M)}{dr} = \left(X\frac{dP_x}{dr} + P_x \frac{dX}{dr} \right) - \left(P_m M + rM\frac{dP_m}{dr} + rP_m \frac{dM}{dr} \right)$$

由于

$$\frac{dP_x}{dr} = 0, \frac{dP_m}{dr} = 0 \text{(价格不变)}$$

故

$$\frac{dB}{dr} = P_x \cdot \frac{dX}{dr} - \left(P_m M + rP_m \frac{dM}{dr} \right) > 0$$

即

$$\frac{dX}{X} \cdot \frac{r}{dr} - \frac{rP_m M}{P_x X}\left(1 + \frac{dM}{M} \cdot \frac{r}{dr}\right) > 0$$

由于

$$\eta_x = \frac{dX}{X} \Big/ \frac{dr}{r}, \eta_m = -\frac{dM}{M} \Big/ \frac{dr}{r}$$

故

$$\eta_x - \frac{rP_m M}{P_x \cdot X}(1 - \eta_m) > 0$$

假定汇率上升之前国际收支是平衡的,即

$$B = P_x X - rP_m M = 0, P_x X = rP_m M$$

则

$$\eta_x - (1 - \eta_m) > 0$$

即

$$\eta_x + \eta_m > 1 \tag{14-4}$$

也就是说,当出口商品的汇率弹性与进口商品的汇率弹性之和大于1时,汇率上升(本币贬值)有利于改善一国的国际收支。这就是马歇尔-勒纳条件(Marshall-Lerner condition)[①]。

二、汇率变化效应的分析

汇率下降和上升意味着本币升值和贬值,而货币升值的效应与贬值的效应是相反的,因此,这里仅分析本币贬值效应情况。

1. J 曲线效应

J 曲线效应指货币贬值引起的价格变化导致贸易变化并进一步影响国际收支的变化。由式(14-3)可知:当贸易品受制于先前的合同时,贬值并不立即影响贸易品与非贸易

---

① 马歇尔(A. Marshall)是在研究纯贸易理论时,在提供曲线的讨论中探讨易货贸易均衡稳定性时,提出弹性条件的,而关于国际收支中弹性条件的研究则主要是勒纳(A. P. Lerner)的贡献。参见:Lerner A P. The Economics of Control. New York:Macmillan,1944.

品的相对价格;在长期合同下,由于货币贬值,进口的外汇收入减少,国际收支恶化;即使相对价格发生变化,但由于认识和决策、传递与生产的时滞,致使短期内进出口变化的幅度小于货币价格下降的幅度,如果贸易商预期货币进一步贬值,进口商担心未来支付更多的本币,便加速订货和支付;而国外的进口商推迟从该国进口,贬值导致国际收支反而进一步恶化。

J曲线效应如图14-1所示,由于合同期的存在,货币贬值之后,价格和供给的滞后反应将在初期导致国际收支恶化(A到B),然后相对价格的变动将开始纠正贸易逆差(B到C),如果弹性条件满足,则会消减初期的贸易差额,沿C上升改善国际收支,其改善的幅度同样取决于弹性的大小。

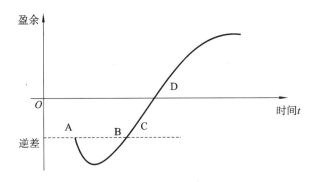

图14-1 贬值的J曲线效应

由图14-1可知,要消除货币贬值的影响,不仅要考虑国际收支恶化到改善的阶段(A到C),还要考虑使贬值的损失得到补偿的阶段(C到D)。一般认为,第一阶段要经历一年半左右,而贸易对价格做出反应相当缓慢,适度的调整可能需要3~4年。

2. 货币贬值与收入效应

马歇尔-勒纳条件并未考虑货币贬值的收入效应。实际上,因为存在失业,当贬值改善国际收支后,贬值国的收入增加,导致对进口需求的增加;如果非贬值国的收入下降,则减少对贬值国的进口需求。把收入的作用加入马歇尔-勒纳条件后,虽然不会改变使贬值取得成功的弹性条件,但会降低贬值改善国际收支的程度。

3. 贬值对价格的影响

上述分析以两国的价格水平不变为前提。实际上,价格水平是变化的,这就需要引进价格变动因素进一步分析。决定一国产品竞争力的是实际汇率,而不是名义汇率。只有实际汇率上升时,才能促进出口,推动进口替代。但是,当价格上升时,贬值的结果将阻止贸易差额进一步恶化,贬值的效应在于抵消国内的过度通货膨胀。货币贬值容易引起国内价格的提高。货币贬值可以通过多种途径提高价格:最直接的是提高进口品的本币价格,增加生产成本,并提高使用进口品的国内产品的价格。出口和进口替代品的价格也可能上升,或许由于产品的同质性,或许是贬值减轻了竞争压力,导致成本加价部分增加。此外,国内面临物价上涨的预期,工资会增加。因此,贬值会引起通货膨胀,贬值的效应则在很大程度上为通胀所抵消。

三、关于弹性问题

在马歇尔-勒纳条件中,使用的是局部均衡情况下的弹性,即假定其他条件不变,只考虑汇率变化对国际收支的影响。毫无疑问,在假定与现实相符的条件下,分析和结论是正确的。但一般来说,局部均衡分析的假设条件是难以全部满足的,因而局部均衡分析的结果,是否为一般均衡分析的一个好的近似结果,就须考察局部均衡分析的假设条件在多大程度上是现实情况的一个近似反映,即局部均衡分析时所假定不变的因素,是否只对分析的结论产生次要的、可以忽略的影响。

考察影响国际收支的因素时发现,直接影响国际收支的因素除了汇率变动以外,还有国民收入和货币存量等。国民收入的变化通过边际进口倾向(marginal propensity to import)影响国际收支;货币存量的变化则通过各种方式(货币分析法和资产组合平衡分析法讨论的那些影响方式)对国际收支产生重要的影响。这些影响都是不能忽略的。而且,汇率上升(本币贬值)除了按上面分析的情况影响国际收支以外,它还会对国内价格产生通货膨胀性质的影响,从而按照购买力平价的作用,汇率上升和通货膨胀会产生恶性循环(vicious circle)等。所有这些影响都是非常重要的,不应该被假定掉(assume away)。

解决这一难题的方法之一是重新定义弹性,用总弹性(total elasticities)来取代前面分析中使用的局部弹性(partial elasticities)。总弹性的意思是指,在计算弹性时,不仅要包括汇率变动对进出口数量的直接的局部均衡影响,而且要考虑其他所有因素变化对进出口量变动的间接影响之和。在实际中,可以通过观察汇率变动以后所引起的进出口量的实际变化来计算给定的汇率变化的进出口汇率弹性。

在第二次世界大战结束至20世纪50年代期间,还存在着关于弹性悲观主义(elasticity pessimism)和弹性乐观主义(elasticity optimism)的争论[①]。根据弹性悲观主义的观点,现实的进出口汇率弹性是很低的,它们不足以满足临界弹性条件(critical elasticity condition),因而汇率上升(本币贬值)不仅不能起到改善国际收支的作用,相反会使国际收支恶化。弹性乐观主义者则认为,现实的弹性能满足临界弹性条件的要求,因此汇率上升(本币贬值)必定能起到改善一国国际收支的作用。但大量的经验研究并不能使这个争论达成一致的观点[②]。这并不奇怪,因为在局部均衡的框架下估计进出口的汇率弹性是难以得出准确结果的,要做出准确的弹性估计,必须在整体经济范围内建立联立的计量经济模型,在一般均衡框架下进行估计。

---

① 关于弹性悲观主义与乐观主义的争论,参见:Sohmen E. Flexible Exchange Rates. 2nd ed. Chicago:University of Chicago Press,1969.

② 关于弹性的经验研究,参见:Stern R M, et al. Price Elasticites in International Trade:An Annotated Bibliography. London:Macmillan,1976. Himarios D. Do Devaluations Improve the Balance of Payments? The Evidence Revisited. Economic Inquiry,1989(27):143-168.

第二节 汇率均衡与稳定性

在讨论了汇率变化对国际收支的影响之后,接下来讨论汇率变化对外汇市场的影响。在这里,仍然假定外汇供给完全是由出口产生的,而外汇需求则完全是由进口产生的。在这种假设条件下,可以得到外汇供给与汇率以及外汇需求与汇率的关系式,如下:

$$\begin{cases} D(r) = P_m \cdot M(r) \\ S(r) = \dfrac{1}{r} P_x \cdot X(r) \end{cases} \tag{14-5}$$

这里,在假定其他条件不变的情况下,进口量 M 和出口量 X 都只是汇率 r 的函数,且这里所考察的是即期汇率,关于远期汇率的问题留待下一节讨论。

外汇市场均衡的条件是:

$$D(r) = S(r) \quad \text{或} \quad D(r) - S(r) = 0 \tag{14-6}$$

当外汇市场达到均衡时,就决定了均衡汇率 r,这里显然是一个局部均衡解。与其他任何市场一样,在外汇市场上交易的"商品"是外汇,外汇供求的均衡决定外汇的均衡价格,即均衡的汇率。这里使用的是直接标价汇率。

将式(14-5)代入式(14-6),可以得到

$$P_x X(r) - r P_m M(r) = 0 \quad \text{或} \quad \dfrac{1}{r} P_x X(r) - P_m M(r) = 0 \tag{14-7}$$

这样,外汇市场的均衡就与国际收支的均衡完全一致了(因为假定国际收支等于贸易收支,且外汇供求完全是由出口和进口引起的)。如果用 $E(r) = D(r) - S(r)$ 来定义对外汇的超额需求(excess demand),则

$$E(r) \gtreqless 0 \text{ 等价于 } B \lesseqgtr 0 \text{ 和 } B' \lesseqgtr 0$$

其中,$B = P_x X(r) - r P_m M(r)$ 为用本币表示的国际收支;$B' = \dfrac{1}{r} B = \dfrac{1}{r} P_x X(r) - P_m M(r)$ 为用外币表示的国际收支。也就是说,对外汇的正的超额需求等价于国际收支逆差,而对外汇的负的超额需求则等价于国际收支顺差。这是一个非常直观的结果,因为假定国际收支等于贸易收支,那么出口和进口就是外汇供给和需求的唯一源泉。

这里讨论的外汇供求曲线有一些独特的性质,必须加以研究。

一、外汇供求曲线的推导与供求均衡的稳定性条件

外汇供给曲线和外汇需求曲线的最大特点是其引申性或间接性。事实上,外汇供给曲线是由国外市场对本国出口产品的需求曲线推导出来的;而外汇需求曲线则是由国内

市场对外国进口产品的需求曲线推导出来的。换句话说,外汇交易者并不直接需求和供给外汇,外汇的供需是他们需要出口和进口商品的结果。这样一来,即使假定国外对本国出口产品的需求曲线和国内对进口产品的需求曲线都是完全正常的(即服从需求曲线向下倾斜的需求规律),外汇供给曲线也可能表现出不正常的行为,如背弓的供给曲线、负斜率倾向的供给曲线(这些都与正常的供给曲线服从正斜率倾向的供给规律相违背),甚至与外汇需求曲线多次相交、产生多重均衡的结果(见图 14-2)。

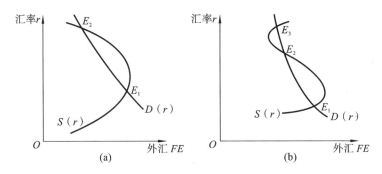

图 14-2 外汇供求曲线与多重均衡

下面假定式(14-5)中进口商品的国内需求 $M(r)$ 和出口商品的国外需求 $X(r)$ 都是正常的。也就是说,当 r 上升时(本币贬值),进口需求单调递减(monotonically decrease),因为 r 上升,在进口的外币价格 P_m 不变时,进口商品的本币价格 rP_m 上升。同样,当 r 上升时(本币贬值),出口商品的国外需求单调递增,因为 r 上升,在出口的本币价格 P_x 不变时,出口商品的外币价格 $\frac{1}{r}P_x$ 下降。那么,仅根据这些条件,能否判断外汇供给曲线和外汇需求曲线是正常的呢?也就是说,外汇需求是不是汇率 r 的单调递减函数,外汇供给是不是汇率 r 的单调递增函数呢?答案有一部分是否定的。

事实上,对式(14-5)求导可得:

$$\frac{dD(r)}{dr} = P_m \frac{dM(r)}{dr}; \frac{dS(r)}{dr} = P_x \cdot \frac{\frac{dX(r)}{dr} \cdot r - X(r)}{r^2}$$

如果 $\frac{dM(r)}{dr}<0$,即国内对进口商品的需求是正常的时候,有

$$\frac{dD(r)}{dr} < 0$$

即外汇需求函数是正常的。

但是,要使 $\frac{dS(r)}{dr}>0$,则必须假定:

$$\frac{dX(r)}{X(r)} / \frac{dr}{r} - 1 = \eta_x - 1 > 0, \quad \eta_x > 1$$

也就是说,外汇供给曲线是正常的,其条件是出口商品的汇率弹性要大于1。因此,仅仅假定 $\frac{dX(r)}{dr}>0$,即仅仅假定国外对出口商品的需求曲线是正常的,还不足以保证外汇供

给曲线是正常的。

为了讨论外汇市场的稳定性问题,用图 14-3 来加以分析。

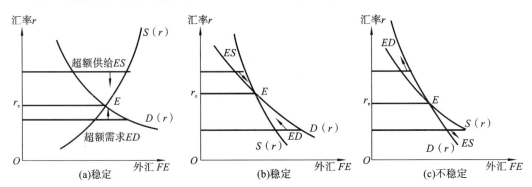

图 14-3　外汇供求曲线与汇率稳定

(1)图 14-3(a)是外汇供求曲线都为正常的情况(假定 $\eta_x > 1$)。在这种情况下,均衡汇率 r_e 由外汇供求曲线的交点 E 决定。如果汇率低于 r_e,则外汇市场上会存在超额需求,导致汇率上升;如果汇率高于 r_e,则外汇市场上会存在超额供给,导致汇率下降。因而均衡点 E 是稳定的,汇率 r_e 为稳定的均衡汇率。

(2)在图 14-3(b)中,外汇需求曲线是正常的,而外汇供给曲线不正常($\eta_x < 1$),但是假定:

$$\left|\frac{\mathrm{d}S(r)}{\mathrm{d}r}\right| < \left|\frac{\mathrm{d}D(r)}{\mathrm{d}r}\right| \quad \text{或} \quad -\frac{\mathrm{d}S(r)}{\mathrm{d}r} < -\frac{\mathrm{d}D(r)}{\mathrm{d}r}$$

即

$$-P_x \frac{X(r)}{r^2}(\eta_x - 1) < -P_m \frac{\mathrm{d}M(r)}{\mathrm{d}r}$$

$$1 - \eta_x < -\frac{\mathrm{d}M(r)}{M(r)} \Big/ \frac{\mathrm{d}r}{r} \cdot \frac{P_m M(r)}{\frac{1}{r}P_x X(r)}$$

$$\eta_x + \frac{P_m M(r)}{\frac{1}{r}P_x X(r)} \eta_m > 1$$

当 $P_m M(r) = \frac{1}{r} P_x X(r)$ 时,有 $\eta_x + \eta_m > 1$。也就是说,在国际收支均衡时,如果进出口商品的汇率弹性之和大于 1(满足马歇尔-勒纳条件),供求曲线的交点 E 决定的均衡 r_e 是稳定的。因为高于 r_e 的汇率产生超额供给,使汇率下降;低于 r_e 的汇率则产生超额需求,使汇率上升。

(3)在图 14-3(c)中,外汇需求曲线正常,而外汇供给曲线不正常($\eta_x < 1$),但假定 $\left|\frac{\mathrm{d}S(r)}{\mathrm{d}r}\right| > \left|\frac{\mathrm{d}D(r)}{\mathrm{d}r}\right|$,这与图 14-3(b)的情况刚好相反,这样可以得到,当 $\eta_x + \frac{P_m M(x)}{\frac{1}{r}P_x X(r)} \eta_m < 1$ 或在 $P_m M(r) = \frac{1}{r} P_x X(r)$ 时,$\eta_x + \eta_m < 1$ 的情况下,外汇市场是不稳

定的。此时,外汇供求曲线的交点 E 所决定的汇率 r_e 是不稳定的,因为当汇率高于 r_e 时产生了超额需求,使汇率进一步上升;而当汇率低于 r_e 时又产生了超额供给,使汇率进一步下降。

由此可见,马歇尔-勒纳条件(临界弹性条件)也是汇率市场稳定的条件。

上面讨论的只是假定外汇供求曲线只相交一次的情况。如果外汇供给曲线很不正常,像图 14-2 中所表现的那样,外汇供求曲线就会相交多次,从而产生多重均衡汇率。在图 14-2(a)中,均衡点 E_1 是稳定的,而均衡点 E_2 是不稳定的。在图 14-2(b)中,均衡点 E_1 和 E_3 是稳定的,而均衡点 E_2 则是不稳定的。

二、货币当局对钉住汇率的干预

根据上面的分析,不难得出这样的结论,即在自由浮动汇率制情况下,如果进出口商品的外汇弹性满足马歇尔-勒纳条件,则汇率的自由浮动会自动调节一国的国际收支,使其达到平衡。也就是说,国际收支顺差(存在对外汇的超额供给)会导致汇率的自动下降(本币自动升值,appreciation),从而消除国际收支顺差;国际收支逆差(存在对外汇的超额需求)会导致汇率自动上升(本币自动贬值,depreciation),从而消除国际收支逆差。

在实行可调整的钉住汇率制(adjustable peg exchange rate regime)的情况下,汇率的变动是货币当局干预的结果。如图 14-4 所示,如果钉住汇率水平为 $r_1 > r_e$,则在货币当局不干预汇率的情况下,外汇的超额供给(国际收支顺差)会自动引起汇率下降(本币升值),直至达到均衡汇率 r_e。为了阻止本币的升值,保持人为的本币低估(devaluation),货币当局就必须在外汇市场上吸收过量

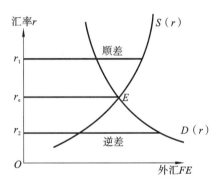

图 14-4 可调整的钉住汇率制与货币当局的干预

的外汇供给,同时供应相应数量的本币。其结果是汇率被稳定在 r_1 的水平上,该国的国际储备也增加。通过这种汇率的干预,使进口商品的本币价格高于其应有的均衡水平,出口商品的外币价格低于其应有的均衡水平,从而引起国内消费支出由进口商品向国内进口替代商品转换,国外消费支出由国外替代商品向国内出口商品转换。

同样,当钉住汇率水平为 $r_2 < r_e$ 时,则在货币当局不干预汇率的情况下,外汇的超额需求(国际收支逆差)会自动引起汇率上升(本币贬值),直至达到均衡汇率 r_e。为了阻止汇率的上升,保持人为的本币高估(avaluation),货币当局就必须向外汇市场提供外汇,以满足对外汇的超额需求,同时回笼相应数量的本币。其结果是汇率被稳定在 r_2 的水平上,该国国际储备减少。通过这种手段,引起国内消费支出向进口商品转移,国外消费支出则向国外替代商品转移。

值得指出的是,这里所讨论的超额外汇供给和超额外汇需求都是流量的概念,因此,货币当局为保持本币的人为低估或人为高估,就必须持续不断地吸收外汇的过量供给,或持续不断地提供外汇,以满足对外汇的超额需求。这样做的一个显著问题是,持续不

断地吸收过量的外汇供给,并向国内市场持续不断地投放本币,在本币供应超过实际需求时,就会引起国内通货膨胀。解决这一问题的办法之一就是将过量的外汇储备用于从国外进口商品,供应国内市场,即让 $D(r)$ 曲线向左移动。更为严重的问题是,在 $r_2 < r_e$ 的情况下,货币当局不得不持续不断地减少其国际储备,这将很可能导致该国国际储备的枯竭。一旦发生这种情况,本币就会严重贬值,造成严重的货币危机和金融危机,从而严重破坏该国的经济发展。

第三节　即期汇率与远期汇率之间的关系

前面讨论了即期均衡汇率的决定问题,实际上外汇供求还包括远期市场,因此有必要探讨远期外汇市场的均衡和远期汇率的决定问题。

一、远期外汇的超额需求

为了讨论远期外汇的供求关系,先分析远期外汇市场参与者对远期外汇超额需求的不同情况。

1. 无风险套利(covered interest arbitrage)

在外汇市场交易中曾经探讨过,当远期汇率 r^F 与即期汇率 r 以及国内外利率 i_h 和 i_f 满足如下关系时,短期资金将倾向于流入国内、达到平衡(既不流入也不流出)或从国内流出:

$$r^F \genfrac{}{}{0pt}{}{<}{>} = r \frac{1+i_h}{1+i_f} \tag{14-8}$$

很清楚,在无风险套利的情况下,短期资金流出时,一方面产生对现汇的需求,另一方面又产生对远期外汇的供给;相反,当短期资金流入时,一方面产生对现汇的供给,另一方面又产生对远期外汇的需求。因此,如果以 E_{AF} 表示对远期外汇的超额需求(E_{AF} 大于 0 时为超额需求,小于 0 时为超额供给),以 $r_N^F = r \frac{1+i_h}{1+i_f}$ 表示远期汇率的平价(即满足中性条件的远期汇率,此时不发生无风险套利资金流动),则当 $r^F = r_N^F$ 时,$E_{AF} = 0$;当 $r^F < r_N^F$ 时,$E_{AF} < 0$(套利资金流出,产生对远期外汇的超额供给);当 $r^F > r_N^F$ 时,$E_{AF} > 0$(套利资金流入,产生对远期外汇的超额需求)。

由于在 $r^F \neq r_N^F$ 时,在两国之间移动短期资金具有可盈利性,且又不存在汇率风险,显然可以假定,在 $r^F = r_N^F$ 附近,短期资金的流动具有无限弹性(infinite elasticity)。如果真是这样,传统理论的中性条件就能决定远期外汇的均衡。事实上,如果短期资金的流动具有无限的弹性,则远期汇率 r^F 对 r_N^F 的任何偏离,都会使得无风险套利资金流动所产生的对远期外汇的超额供给或需求,远远超过其他市场参与者(如商业对冲者和投机者)所能提供的对远期外汇的超额需求或供给,从而其他市场参与者的活动就与远期汇率的决定无关了,而汇率中性条件也就是远期外汇市场均衡的条件,均衡的远期汇率也就是无风险利率平价汇率。

然而,有几种观点认为套利资金的流动并非无限弹性的,因而远期汇率会偏离利率平价。

(1)凯恩斯早在1923年就指出[①],在任何情况下,套利资金总是有限的,因而远期汇率r^F在接近利率平价r_N^F时,套利者的资金会用罄,或不可能再在金融市场上借到款。此时,r^F与r_N^F仍然保持一定的差距。持这种以套利者资金有限为基础的观点的还有斯普劳斯(J. Spraos)等人。[②]

(2)蒋硕杰(S. C. Tsiang)在1959年发表的一篇文章中指出[③],事实上,套利者在任何一个特定地点的资金都不会减少到0,因为当套利者向同一方向转移资金时,他会对继续向该方向转移资金变得越来越迟疑不决,其理由是,这些资金除带来以利率衡量的利益外,还有一些像"方便"之类的无形的回报,如日常业务运作使用资金的方便、与银行或其他金融机构打交道的方便,等等,这就使得套利者必须在每一个主要金融中心以及在自己手中保留一些资金,而不能使之减少到0。出于这种考虑,可以认为,无风险套利可以消除汇率风险,但却不能消除其他形式的风险,如政治风险、赖账风险等。因此可以假定,边际方便收益(marginal convenience yield)是套利资金置于同一金融中心资金量的递减函数,而非汇率风险则是其增函数。这样,对原来的资金所在地来说,资金转出量越大,边际方便收益越高,非汇率风险越小;而对资金流向的目的地来说,资金转入量越大,边际方便收益越低,非汇率风险越高。当资金转移达到一定程度时,两地的利差就不足以补偿资金转移造成的方便损失和风险,套利资金的流动将停止。此时两地的利差并不能满足利率平价条件。

(3)肯能(P. B. Kenen)等人则从最优资产组合选择的角度说明了套利资金流动的非完全弹性。[④] 他们认为,当经济活动者的资产组合中没有国外资产时,很小的国内外利差就会引起对国外资产的大量购买,使得在开始时套利资金的流动具有很大的弹性,而随着经济活动者资产组合中外国资产存量的增加,为吸引他进一步购买国外资产,则国外资产的报酬率要显著高于国内才会对他有吸引力。也就是说,随着套利资金的流出,套利资金流动的弹性越来越小。

根据以上分析,可以用图14-5表示无风险套利者的远期外汇超额需求曲线。

[①] Keynes J M. A Tract on Monetary Reform. London:Macmillan,1923.

[②] Spraos J. The Theory of Forward Exchange and Recent Practice. Manchester School of Economics and Social Studies,1953,21:87-117.

[③] Tsiang S C. The Theory of Forward Exchange and Effects of Government Intervention on the Forward Exchange Market. IMF Staff Papers,1959,7:75-106.

[④] Kenen P B. Trade,Speculation,and the Forward Exchange Market//Caves R E,et al. Trade,Growth and the Balance of Payments:Essays in Honor of G. Haberler. Chicago:Rand and McNally,1965:134-169.

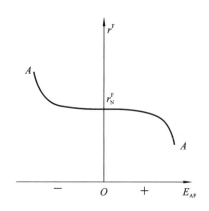

图 14-5　无风险套利者的远期外汇超额需求

2. 商业对冲 (commercial hedging)

进出口商在从事进出口贸易时,双方总是约定不马上收付外汇。这样,出口者为了避免汇率下降的风险,会卖出远期外汇;进口者为了避免汇率上升的风险,会买入远期外汇。一般来说,在其他条件不变的情况下,出口者对远期外汇的供给是远期汇率 r^F 的增函数,而进口者对远期外汇的需求则是远期汇率 r^F 的减函数。这样,可以推导出进出口者(即商业对冲者)对远期外汇的超额需求曲线,如图 14-6 所示。

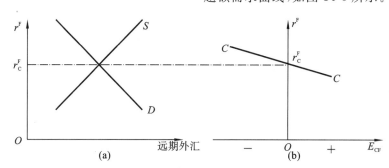

图 14-6　商业对冲者的远期外汇超额需求曲线

3. 投机 (speculation)

远期外汇投机是由现在的远期汇率 r^F,与预期未来远期外汇到期时的即期汇率 r_e 的差异引起的。当投机者预期远期外汇到期时的即期汇率 r_e 高于现在的远期汇率 r^F 时,投机者就会买进远期外汇,等到期到时再在即期市场出售,以赚取投机利润;相反,当投机者预期远期外汇到期时的即期汇率 r_e 低于现在的远期汇率 r^F 时,投机者就会卖出远期外汇,等远期外汇到期时,再在即期市场买进外汇,实现交割。当投机者预期 $r_e = r^F$ 时,就不会有对远期外汇的需求或供给。

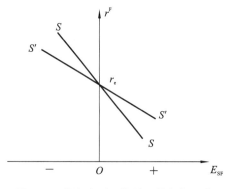

图 14-7　投机者对远期外汇的超额需求

如果假定 r_e 是外生变量,则随 r^F 上升,$(r_e - r^F)$ 下降,投机者对远期外汇的超额需求减少。图 14-7 给出了风险偏好不同的两个投机者对远期外汇的超额需求曲线,其中较平坦者风险偏好较大,即较少的风险利差 $(r_e - r^F)$ 就能引起投机者较大的远期外汇超额需求。

二、远期外汇市场均衡与即期汇率

在讨论了不同类型的远期外汇市场参与者对远期外汇的超额需求曲线之后,就可以分析远期外汇市场的均衡了。

在图 14-8 中,把无风险套利者(A)、商业对冲者(C)和投机者(S)对远期外汇的超额需求曲线画在同一个平面上,其中无风险套利者和商业对冲者的超额需求在 $r^F = r_N^F$ 时为 0,而投机者的超额需求在 $r_e = r^F$ 时为 0。这里假定投机者具有高估未来价格的倾向($r_e > r_N^F$)。显然,当 $r^F = r_E^F$ 时,套利者和商业对冲者对远期外汇的超额供给刚好等于投机者对远期外汇的超额需求,即

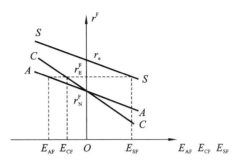

图 14-8 远期外汇市场均衡

$$E_{AF} + E_{CF} + E_{SF} = 0$$

此时,外汇市场达到均衡,汇率 r_E^F 即为均衡的远期汇率。$r_e < r_N^F$ 的情况,读者可以进行类似的分析。

当即期汇率 r 变化时,利率平价 r_N^F 也会随之发生变化,从而 AA 曲线、CC 曲线会发生移动;当预期未来即期汇率 r_e 变化时,SS 曲线将发生移动,从而均衡的远期汇率 r_E^F 也会随之发生变化,但 r_N^F 的时间路径只有通过考虑即期汇率 r 与远期汇率 r^F 相互关系的动态分析才能得到。值得指出的是,如果即期汇率 r 是独立决定的,可以通过将远期外汇的各种超额需求表达成 r 和 r_e 的函数来决定远期外汇市场均衡,然后决定 r^F 的时间路径。当 r^F 与 r 是同时决定的时候,就必须建立 r 与 r^F 的联立动态方程,同时决定两个市场的均衡。①

三、货币当局的干预

根据无风险套利的条件,一国为了鼓励套利资金的流入,货币当局必须通过干预来保证下面不等式成立,即

$$r^F < r \frac{1 + i_h}{1 + i_f} \tag{14-9}$$

如果假定即期汇率 r 和国外利率 i_f 是外生变量,则为了保证式(14-9)成立,一国政府可以有两种选择:一是提高 i_h;二是降低 r^F。例如,当一国政府为了弥补经常项目逆差,需要吸引资本流入时,通常不愿意操纵(mavoeuvre)国内利率 i_h(因为这会引起国内市场的不均衡,如当 i_h 提高时会抑制投资),而试图通过卖出远期外汇来调低远期汇率 r^F。

关于官方的远期汇率调整在本国货币受到投机攻击时是否有利于支持本国货币不至于过度贬值,是一个值得争论的问题。这种官方支持包括货币当局卖出远期外汇,以阻止 r^F 不至于上升太多。

一方面,必须观察到,第一,官方支持是否倾向于吸引无风险套利资金的流入(或阻止资金流出),从而在投机性外汇流失约束下带来官方储备的增加。第二,官方支持是否能增强人们对受投机攻击下的本币的信心,从而减轻投机的压力。第三,在不存在官方支持时,商业贸易者进行对冲的成本是否太高以致阻碍了他们的对冲行为,使他们不去

---

① Gandolfo G. International Economics,Vol. 2. 2nd ed. Berlin:Springer-Verlag,1995.

从事对冲交易而变成投机者。

另一方面，必须观察到，第一，如果货币当局不能成功地克服投机攻击而使得即期汇率上升，则官方对远期汇率的支持会给官方造成更大的损失，因为当远期外汇到期时，官方必须在即期市场以更高的价格购买外汇来实现交割。第二，官方对远期汇率的支持实际上起到了降低投机风险的作用。因为在没有官方支持的情况下，投机者对远期外汇的投机会使 r^F 上升，从而使投机者面临较大的 $r^F > r$ 的风险，但在官方支持的情况下，r^F 会下降，从而投机者损失（$r^F - r$）的风险也下降，因而会鼓励投机者对远期外汇的投机。

由此可见，官方对本币价值的远期支持，在本币面临投机攻击的情况下，是有很大风险的。因此，在做出这种决策时，一国必须谨慎从事。

第四节　弹性分析法的缺陷

"弹性分析法"得名于"汇率变化调节国际收支的效果取决于进出口商品的汇率弹性"，它假定本币贬值只改变贸易双方的相对价格，而不改变其国内价格，这种假定显然并不合理。实际情况往往是，本币贬值必然导致国内价格上涨，从而促使国内生产成本提高，实际汇率与出口竞争力下降。这其中有诸多原因，而最主要的有两方面的因素：首先，随着本币的贬值，进口原料、中间产品和最终产品的国内价格（本币价格）上涨，使得依赖进口原料和中间产品的国内生产成本上升，而进口的最终产品的国内价格上涨，则造成工资上升的压力，从而提高国内生产的工资成本；其次，本币贬值促进出口增加，促使生产要素向出口部门转移，从而减少非贸易部门可利用的资源，随之导致非贸易商品供给量的下降，价格上涨，进而推动社会一般物价水平上升，造成通货膨胀。因此，本币贬值后，要想保持国内价格不变，是非常困难的。通常情况下，国内价格不仅会很快随本币贬值而发生变化，而且很可能造成通货膨胀。这一点可以通过观察现实中各国汇率贬值政策实施之后的实际效果得到验证。

附录 14.1

如果某国采取货币贬值措施，但随之而来的是上面所提到的国内价格上升，甚至出现较为严重的通货膨胀，那么，通过货币贬值所带来的名义货币的贬值效果，就会被国内价格上涨而导致的实际汇率下降所抵消。最终的结果是，整个调整只导致国内价格的上涨，而国际收支得不到预期的改善。正由于这个原因，人们对国际收支调节的弹性论一直存有怀疑。

第十四章　国际收支调节中汇率的作用：弹性分析法

本章小结

1. 本章主要介绍了国际收支调节的弹性分析法，即讨论了汇率变动在调节国际收支中的作用。

2. 马歇尔-勒纳条件（或临界弹性条件）主要说明要使汇率上升（本币贬值）能起到改善国际收支的作用，必须要求一国进出口商品的汇率弹性之和在国际收支均衡时要大于1，即 $\eta_x + \eta_m > 1$。如果不满足这一条件，本币贬值就不能改善一国的国际收支，相反会使一国国际收支恶化。

3. 即期市场的汇率均衡及其稳定性条件，在假定汇率供求完全由出口商品和进口商品贸易产生的情况下，也必须满足马歇尔-勒纳条件。

4. 远期外汇市场的均衡取决于远期外汇市场上各参与者对远期外汇的超额需求。当远期市场上各参与者对远期外汇的超额需求之和等于0时，远期外汇市场即达到均衡。如果即期汇率是在远期汇率之外独立决定的，则可能将均衡的远期汇率用即期汇率表示；如果即期汇率与远期汇率必须同时决定，则需要通过联立的动态方程来求解均衡的即期汇率和远期汇率。

5. 货币贬值调节一国的国际收支，由于各种时滞的存在，在本币贬值的初期（通常是6个月左右）会有一个国际收支进一步恶化的过程，只有经过一段时期之后，在马歇尔-勒纳条件满足时，本币贬值才会改善一国的国际收支。这就是通常所说的货币贬值的滞后效应或J曲线效应。除了滞后效应以外，国际收支调节的弹性分析法还存在着其他缺陷。

进一步阅读导引

1. 关于马歇尔-勒纳条件，参见：

① Marshall A. Money, Credit and Commerce. London：Macmillan，1923.

② Lerner A P. The Economics of Control. London：Macmillan，1944.

③ Stern R M. The Balance of Payments. Chicago：Aldine，1973：62-69.

2. 关于国际贸易弹性的评估，参见：

① Stern R M, et al. Price Elasticities in International Trade：An Annotated Bibliography. London：Macmillan，1976.

② Himarios D. Do Devaluations Improve the Balance of Payments? The Evidence Revisited. Economic Inquiry，1989，27：143-168.

③Sohmen E. Flexible Exchange Rates. 2nd ed. Chicago: University of Chicago Press,1969.

3.关于J曲线效应,参见:

①Junz H,Rhomberg R. Price Competitiveness in Export Trade among Industrial Countries. American Economic Review,1973:412-418.

②Magee S P. Currency,Pass-Through,and Devaluation. Brookings Papers on Economic Activity,1993(1):303-323.

③Spitaeler E. Short-Run Effects of Exchange Rate Changes on the Terms of Trade and Trade Balance. IMF Staff Papers,1980:320-348.

4.关于远期汇率对无风险利率平价的偏离,参见:

①Keynes J M. A Tract on Monetary Reform. London: Macmillan,1923.

②Spraos J. The Theory of Forward Exchange and Recent Practice. Manchester School of Economics and Social Studies, 1953,21:87-117.

③Tsiang S C. The Theory of Forward Exchange and Effects of Government Intervention on the Forward Exchange Market. IMF Staff Papers,1959,7:75-106.

④Kenen P B. Trade, Speculation, and the Forward Exchange Market//Caves R E, et al. Trade,Growth and the Balance of Payments: Essays in Honor of G. Haberler. Chicago:Rand and McNally,1965:134-169.

5.关于即期与远期外汇市场的同时均衡,参见:

Gandolfo G. International Economics, Vol. 2. 2nd ed. Berlin:Springer-Verlag,1995.

思考题

1.基本概念

进出口商品的汇率弹性　马歇尔-勒纳条件　即期汇率　远期汇率

2.讨论与回答

(1)外汇供求曲线是如何推导的?

(2)试分析无风险套利者对远期外汇的超额需求的情况。

(3)弹性分析法有何缺陷?

(4)运用弹性理论分析人民币升值的效应。

(5)马歇尔-勒纳条件成立的充分条件是什么?其前提假设包括哪些?

(6)简述即期汇率与远期汇率之间的关系。

第十五章
国际收支调节中收入变动的作用：乘数原理

乘数理论在开放经济中的应用兴起于 1938—1941 年。[①] 当时存在着关于国外部门的引入只是被乘数的改变，还是被乘数和乘数同时发生改变的激烈争论。[②] 正是这场争论，产生了一条众所周知的一般原则，即总需求中的自主变量部分都必须包括在被乘数中，而由收入决定的那部分总需求则会改变乘数。具体来说，像投资 I 一样，出口 X 也应被包括在被乘数中；而正像消费 C 是由收入 Y 决定的一样，进口 M 也是由收入 Y 决定的，因而，正像边际消费倾向影响乘数的大小一样，边际进口倾向也会对乘数的大小产生影响。

本章运用乘数原理，分析开放经济中的乘数，并将其运用于国际收支调节的分析。首先探讨小国的情况，即讨论没有国外反响(repercussions)的情况，在这种情况下，出口是纯粹的外生变量。实际上，小国假设是指该国发生的事情不会对国外产生可察觉的影响，特别是，小国进出口的变化不会对国外收入的变化产生可察觉的影响，这样，国外的变量就可以看成是外生变量，是给定不变的。然后探讨两国模型，在这个模型中，要考虑国外的反响。

值得指出的是，在本章的讨论中，仍然假定不存在国际资本流动，因而国际收支仍然被定义为贸易收支（这一点与弹性分析法相同，即只考虑贸易流量对国际收支的影响）。此外，分析遵从凯恩斯主义的假定，即经济中存在失业和价格刚性(rigidity of prices)，包括汇率和利率刚性，并假定出口是当前生产的结果。为了简化分析，还假定所有的函数都是线性函数。

[①] 值得指出的是，第一个提出外贸乘数(foreign trade multiplier)的经济学家是哈罗德(R. F. Harrod)，他在 1933 年出版的著作中就提出了外贸乘数，这比凯恩斯(J. M. Keynes)的《通论》要早 3 年。参见：Harrod R F. International Economics. Cambridge：Cambridge University Press，1933.

[②] Polak J J. The Foreign Trade Multiplier. American Econmic Review，1947(37)：889-897.

第一节 无国外反响时的乘数与国际收支

一、基本模型

假定某小国的消费函数、投资函数、进口函数均为线性形式,出口是外生给定的,则该国不包括政府部门的国民收入决定系统,可以用如下一组关系式表示:

$$C = C_0 + bY \quad 0 < b < 1 \tag{15-1}$$

$$I = I_0 + hY \quad 0 < h < 1 \tag{15-2}$$

$$M = M_0 + \mu Y \quad 0 < \mu < 1 \tag{15-3}$$

$$X = X_0 \tag{15-4}$$

$$Y = C + I + X - M \tag{15-5}$$

在消费方程式(15-1)中,C_0 是不依赖于收入的自主消费部分,b 是边际消费倾向(marginal propensity to consume),Y 为国民收入;在投资方程式(15-2)中,I_0 是不依赖于收入的自主投资部分,h 是边际投资倾向(marginal propensity to invest);在进口方程式(15-3)中,M_0 是不依赖于收入的自主进口部分,μ 是边际进口倾向(marginal propensity to import);在出口方程式(15-4)中,由于假定不存在国外反响,因而出口完全是外生决定的;国民收入恒等方程式(15-5)表明,在开放经济中,在不存在政府部门的情况下,总需求等于消费 C 加投资 I 再加上净出口 $(X-M)$。

方程式(15-5)可以写成多种不同的形式,例如按照储蓄 S 的定义,$S=Y-C$(国民收入超过消费的部分即为储蓄),则式(15-5)可改写为

$$S+M=I+X \tag{15-5a}$$

这就是宏观经济学中开放经济条件下(不包括政府部门)国民收入均衡的条件(商品市场均衡)。式(15-5a)还可以写成

$$S-I=X-M \tag{15-5b}$$

$$I-S=M-X \tag{15-5c}$$

也就是说,国内储蓄超过投资的部分即为净出口,或者说,贸易顺差可以表现为对外投资;相反,国内投资超过储蓄的部分即为净进口,或者说,贸易逆差可以表现为国外资金的流入,这就是人们熟知的两缺口模型(two-gap model,20 世纪 60 年代由 H. B. 钱纳里提出),即外资的引进可以同时弥补贸易逆差和国内储蓄的不足。

方程式(15-1)~式(15-5)实际上已经构成了分析外贸乘数(foreign trade multiplier)的完整体系,但由于此处的目的是国际收支调节分析,因而需要在以上 5 个方程的基础

上,再加上定义国际收支的方程。在这里,假定国际收支等于贸易收支,即

$$B = X - M \tag{15-6}$$

当前所要讨论的问题是,收入变化是否具有以及在何种程度上具有调节国际收支的作用。例如,假定由于出口的增加改变了国民经济的均衡,国际收支出现顺差,那么,自动调节的力量如何使国际收支重新恢复均衡呢?答案非常简单,那就是,因出口增加通过乘数作用引起的国民收入增加,将通过边际进口倾向引起进口增加,这种进口的增加倾向于弥补开始时出口的增加。但必须分析,进口的增加是否能刚好等于出口的最初增加,从而使国际收支恢复均衡。如果因收入增加而引起的进口增加不等于出口的最初增加,则国际收支仍会处于顺差或逆差状态。再比如,如果外生的进口部分发生增长,它可能会通过乘数作用引起国民收入的下降,并通过边际进口倾向引起进口的减少,从而补偿最初进口的自主增长。然而事情可能并非如此简单。事实上,还需要考察进口的自主增长是否伴随着对国内产出的需求的自主下降(即是否发生了进口对国内商品的替代),如果答案是肯定的,则进口的自主增加倾向于减少收入;如果答案是否定的,则进口的自主增加意味着国内储蓄的减少,因而并不引起国民收入的减少,这时就不能通过边际进口倾向来调节进口,使其恢复平衡。

要清晰地分析上述问题,第一步必须得出包括国外部门时的乘数公式。将方程式(15-1)~式(15-4)代入方程式(15-5),可解出 Y,即

$$Y = \frac{1}{1-b-h+\mu}(C_0 + I_0 + X_0 - M_0) \tag{15-7}$$

式(15-7)表明了乘数理论的基本原理,即需求中由国民收入引起的诱致部分(各种边际倾向)进入乘数的公式,而需求中的自主决定部分(各种外生变量)则被包含在被乘数中。值得指出的是,如果投资的诱致部分为 0,即 $h=0$ 时,开放经济的乘数即为通常宏观经济学中所介绍的乘数公式,其中 $1-b=s$ 为边际储蓄倾向(marginal propensity to save)。

对方程式(15-7)求差分,得

$$\Delta Y = \frac{1}{1-b-h+\mu}(\Delta C_0 + \Delta I_0 + \Delta X_0 - \Delta M_0) \tag{15-8}$$

从经济学意义上说,消费、投资、出口的增加将引起国民收入的增加,进口的增加则引起国民收入的减少。因而,为了使式(15-8)具有经济意义,必须要求下式成立,即

$$1 - b - h + \mu > 0 \tag{15-9}$$

或

$$b + h < 1 + \mu \tag{15-9a}$$

$$b + h - \mu < 1 \tag{15-9b}$$

可以证明,小国模型的动态稳定性条件(充分必要条件)也是要求式(15-9)成立。也就是说,经济模型的动态稳定性条件与有经济意义的比较静态分析是一致的,这就是通

常所说的萨缪尔逊对应原理(Samuelson's correspondence principle)。①

从经济学含义上来看,式(15-9a)表明,边际支出倾向(marginal propensity to spend)$(b+h)$必须小于 1 加上边际进口倾向,否则会引起物资短缺和通货膨胀;而式(15-9b)表明,在国内产出上的边际支出倾向$(b+h-\mu)$必须小于 1。为了分析在国内产出上的边际支出倾向的意义,考察国民收入的单位增量,1 单位国民收入的增加将诱致不同支出函数的增加,如 1 单位国民收入的增加引起$(b+h)$量的消费和投资支出增加,这些支出都包括对进口商品的支出,也就是说,国内对进口商品的支出已经包含在消费和投资支出中。从数学上看,如果用下标 d 和 f 分别表示国内和国外,则$b=b_d+b_f$,$h=h_d+h_f$,而$\mu=b_f+h_f$,因而$b+h-\mu=b_d+h_d$,即$(b+h-\mu)$所衡量的是国内居民对国内产出的边际支出倾向。如果这种边际支出倾向大于 1,则总需求大于总供给,将导致国内通货膨胀,经济失衡。

结合方程式(15-8),分别考察各种自主变量变化对国民收入和国际收支的影响。

二、出口自主增加时的国际收支调节

将方程式(15-3)代入方程式(15-6)中,得到

$$B = X_0 - (M_0 + \mu Y) \tag{15-10}$$

对上式求差分,得

$$\Delta B = \Delta X_0 - \Delta M_0 - \mu \Delta Y \tag{15-11}$$

式(15-11)表明,国际收支的变化取决于自主出口、自主进口的变化以及国民收入的变化,而国民收入的变化又是由方程式(15-8)决定的(包括开放经济条件下的国民收入乘数 $k = \dfrac{1}{1-b-h+\mu}$ 和被乘数 $\Delta C_0 + \Delta I_0 + \Delta X_0 - \Delta M_0$)。

首先考察仅有自主出口变化的情况,即假定 $\Delta C_0 = \Delta I_0 = \Delta M_0 = 0$,则

$$\Delta B = \Delta X_0 - \mu \Delta Y, \quad \Delta Y = \frac{1}{1-b-h+\mu}\Delta X_0$$

从而

$$\Delta B = \frac{1-b-h}{1-b-h+\mu}\Delta X_0 \tag{15-12}$$

显然,当 $b+h<1$ 时,ΔB 与 ΔX_0 呈同方向变化,但 $\Delta B < \Delta X_0$。也就是说,收入变化所诱致的进口变化不能完全补偿出口的自主变化,即当 $\Delta X_0 > 0$ 时,$\Delta B > 0$,自主出口增加将导致国际收支顺差(假定开始时 $B=0$);而当 $\Delta X_0 < 0$ 时,$\Delta B < 0$,自主出口减少将导致国际收支逆差。图 15-1 给出了这一调整过程的直观解释。其中,假设条件 $b+h<1$ 或 $h<1-b$,表示投资曲线的斜率小于储蓄曲线的斜率,而稳定性条件要求 $1-b-h+\mu>0$,即储蓄加进口曲线的斜率$(1-b+\mu)$大于投资加出口曲线的斜率 h。

在图 15-1 中,E 为初始均衡点,对应的国民收入为 Y_0,出口以 $(I+X)$ 曲线与 I 曲线的纵向距离衡量,进口则以 $(S+M)$ 曲线与 S 曲线的纵向距离衡量,$X_0 = M_0$。现在假定

---

① 关于动态稳定性条件的推导,参见:Gandolfo G. International Economics, Vol. 2. 2nd ed. Berlin: Springer-Verlag,1995.

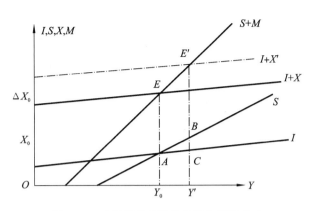

图 15-1　无国外反响时的乘数与国际收支

出口发生自主增长,由 X_0 增加到 $X_0+\Delta X_0=X'$,则国民经济的新均衡点为 E'($I+X'$ 与 $S+M$ 的交点),对应的国民收入为 Y',出口为 $E'C=X_0+\Delta X_0$,进口为 $E'B<E'C$,国际收支(贸易收支)发生顺差 $\Delta B=BC<\Delta X_0$。值得指出的是,BC 也表示国内储蓄超过投资的差额,这表明在贸易收支顺差时,要保证国民经济均衡,必须有国内储蓄向国外的投资存在,即发生国内资金的流出,这一资金流出量刚好弥补了贸易收支的顺差。由此可见,将国际收支仅定义为贸易收支是不恰当的。

图 15-2 给出了另外一种图示分析法。在图 15-2 中,横轴表示国民收入,纵轴表示净出口($X-M$)和净储蓄($S-I$)。初始均衡点 E 由($X-M$)与($S-I$)两条曲线的交点决定,对应的国民收入为 $Y_0=OE$(假定此时 $X=M$,则均衡点 E 应落在 Y 轴上,即 $X-M=S-I=0$)。当出口发生自主增长,由 X_0 增长到 $X_0+\Delta X_0$ 时,$X-M=X_0-M_0-\mu Y$ 曲线平行向上移动到 $X'-M=X_0+\Delta X_0-M_0-\mu Y$ 位置,与 $S-I=S_0-I_0+(1-b-h)Y$ 曲线相交于 E'($1-b-h>0$,因此 $S-I$ 曲线的斜率为正),此时对应的国民收入为 $Y'=OB$,净出口量等于净储蓄量等于 $E'B<\Delta X_0=AE$。

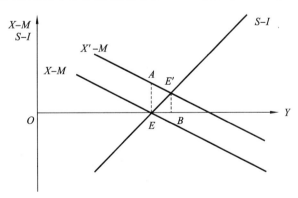

图 15-2　国际收支与国民收入:自主出口增加

事实上,以上所讨论的收入变动引致的进口变动对出口自主变动的调整不足(underadjustment),并不是唯一的情况。例如,当 $1-b-h=0$,即 $b+h=1$ 时,$\Delta B=0$,此时,收入变动引致的进口变动刚好能补偿出口的自主变动;而当 $1-b-h<0$ 时,

ΔB 与 ΔX_0 呈反方向变动,即收入变动引致的进口变动将对出口的自主变动发生过度调整(overadjustment)。因此,从理论上说,乘数作用有时并不能自动实现国际收支均衡。

三、自主进口增加时的国际收支调节

现在讨论仅有自主进口变化的情况,即假定 $\Delta C_0 = \Delta I_0 = \Delta X_0 = 0$,则

$$\Delta B = -\Delta M_0 - \mu \Delta Y, \quad \Delta Y = \frac{1}{1-b-h+\mu} \cdot (-\Delta M_0)$$

从而

$$\Delta B = -\frac{1-b-h}{1-b-h+\mu} \Delta M_0 \tag{15-13}$$

显然,ΔM_0 与 ΔX_0 对 ΔB 的影响刚好相反。当 $b+h=1$ 时,$\Delta B=0$,即自主进口变动引起国民收入的反方向变动,这种国民收入变动所引起的进口变动,刚好补偿初始的进口自主变动;当 $b+h<1$ 时,ΔB 与 ΔM_0 变动方向相反,即自主进口增加导致国际收支逆差,自主进口减少导致国际收支顺差,这是调节不够的情况;当 $b+h>1$ 时,ΔB 与 ΔM_0 变动的方向相同,即自主进口的增加引起较大的国民收入减少,使得因收入减少而诱致的进口减少超过了初始的自主进口增加,导致国际收支顺差,这是过度调节的情况。

值得指出的是,从方程式(15-8)和方程式(15-11)可以发现,当 $\Delta C_0 + \Delta I_0 + \Delta X_0 - \Delta M_0 = 0$ 时,$\Delta Y = 0$,则 $\Delta B = \Delta X_0 - \Delta M_0$。当 $\Delta X_0 = 0$ 时,$\Delta B = -\Delta M_0$,此时 $\Delta M_0 = \Delta C_0 + \Delta I_0$,这就是说,当自主进口的增加刚好等于自主消费和自主投资的增加时(即自主进口的增加刚好满足自主支出增加的需求时),国际收支逆差刚好等于自主进口的增加量,此时,国内投资超过国内储蓄的差额,也刚好等于这一数量,即 $X - M = S - I = -\Delta M_0$,这种情况,可以用图 15-3 表示。

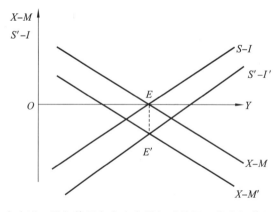

图 15-3 自主进口增加等于自主支出增加时的国际收支调整($\Delta X_0 = 0$)

事实上,利用方程式(15-8)和方程式(15-11),可以分析各种自主变量的变动对国际收支的影响及其自动调节过程和结果。读者可以作为练习进行这种分析,在此不再一一介绍。

第二节 国外反响:两个国家模型

一、简化的两个国家模型

在假定不存在国外反响的情况下,一些重要的反馈被忽略了。实际上,一个国家的出口必然是另一个(或一些)国家的进口;同样,一个国家的进口必然是另一个(或一些)国家的出口。这样,国家之间的进出口联系再通过边际进口倾向和乘数作用,就会引起一系列的反响(或相互影响),其结果是一国自主变量的变化对该国国际收支的影响,就会与没有外国反响时的情况明显不同。下面采用罗宾逊(R. Robinson)的模型介绍在两国模型中,国外反响对两国国民收入的影响。[①]

假定两个国家的国民收入系统由如下方程组决定:

1 国	2 国
$C_1 = C_{01} + b_1 Y_1$	$C_2 = C_{02} + b_2 Y_2$
$I_1 = I_{01} + h_1 Y_1$	$I_2 = I_{02} + h_2 Y_2$
$M_1 = M_{01} + \mu_1 Y_1$	$M_2 = M_{02} + \mu_2 Y_2$
$X_1 = M_2$	$X_2 = M_1$
$Y_1 = C_1 + I_1 + X_1 - M_1$	$Y_2 = C_2 + I_2 + X_2 - M_2$

值得注意的是,$X_1 = M_2$ 和 $X_2 = M_1$ 有两层含义:第一,对于两国模型,进出口发生在两个国家之间,因而 1 国的出口必然是 2 国的进口,2 国的出口必然是 1 国的进口;第二,从供求均衡的角度来看,它表明在不充分就业条件下,两国的进出口价格弹性都是完全弹性的,即在价格不变的条件下,两国都愿意提供任何数量的出口供给和进口需求。

如果将方程组中的 C、I、X、M 代入国民收入的定义式,可以得到

$$\begin{cases} Y_1 = (b_1 + h_1 - \mu_1)Y_1 + \mu_2 Y_2 (C_{01} + I_{01} + M_{02} - M_{01}) \\ Y_2 = (b_2 + h_2 - \mu_2)Y_2 + \mu_1 Y_1 (C_{02} + I_{02} + M_{01} - M_{02}) \end{cases} \quad (15\text{-}14)$$

或

$$\begin{cases} (1 - b_1 - h_1 + \mu_1)Y_1 - \mu_2 Y_2 = C_{01} + I_{01} + M_{02} - M_{01} \\ (1 - b_2 - h_2 + \mu_2)Y_2 - \mu_1 Y_1 = C_{02} + I_{02} + M_{01} - M_{02} \end{cases} \quad (15\text{-}14a)$$

---

① Robinson R. A Graphical Analysis of the Foreign Trade Multiplier. Economic Journal,1952,62:546-564.

上式也可以改写为

$$\begin{cases} Y_1 = \dfrac{\mu_2}{1-b_1-h_1+\mu_1} Y_2 + \dfrac{C_{01}+I_{01}+M_{02}-M_{01}}{1-b_1-h_1+\mu_1} \\ Y_2 = \dfrac{\mu_1}{1-b_2-h_2+\mu_2} Y_1 + \dfrac{C_{02}+I_{02}+M_{01}-M_{02}}{1-b_2-h_2+\mu_2} \end{cases} \quad (15\text{-}14\mathrm{b})$$

将上面两国国民收入的反应函数用图形表达出来,可以得到图 15-4。在图 15-4 中,两国反应曲线的交点 E 即为两国国民收入的均衡点。

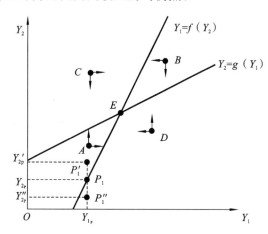

图 15-4　有国外反响时的乘数:反应曲线

解方程组式(15-14b)可得两国均衡的国民收入为

$$\begin{cases} Y_1 = \dfrac{(1-b_2-h_2)(C_{01}+I_{01}+M_{02}-M_{01}) + \mu_2(C_{01}+I_{01}+C_{02}+I_{02})}{(1-b_1-h_1+\mu_1)(1-b_2-h_2+\mu_2) - \mu_1\mu_2} \\ Y_2 = \dfrac{(1-b_1-h_1)(C_{02}+I_{02}+M_{01}-M_{02}) + \mu_1(C_{02}+I_{02}+C_{01}+I_{01})}{(1-b_2-h_2+\mu_2)(1-b_1-h_1+\mu_1) - \mu_2\mu_1} \end{cases}$$

(15-15)

下面讨论两国反应函数所具有的一些性质。

(1)由于稳定性条件要求 $1-b_i-h_i+\mu_i>0\,(i=1,2)$,因此,两国反应函数都是递增函数,即两国国民收入都随对方国民收入的增加而增加。也就是说,两国国民收入的增长都有正的外溢效应(positive spillover effect);而当一国国民收入下降时,另一国国民收入也会随之下降。正是在这个意义上,要求国家间的合作和政策协调,以防止经济萧条的相互传递。

(2)由于 $(C_{01}+I_{01}+M_{02}-M_{01})$ 和 $(C_{02}+I_{02}+M_{01}-M_{02})$ 为正(因为 M_{0i} 只是 $C_{0i}+I_{0i}$ 中的进口部分,$C_{0i}+I_{0i}$ 中还包含国内产出部分,因而 $C_{0i}+I_{0i}>M_{0i}$,从而 $C_{0i}+I_{0i}+M_{0j}-M_{0i}>0,j\neq i$),因此,两国的反应函数在各自的国民收入轴上有正的截距。

(3)如果考虑两国反应曲线对 Y_1 轴的斜率,可以得到,1 国反应曲线 $Y_1=f(Y_2)$ 的斜率为 $\dfrac{\mathrm{d}Y_2}{\mathrm{d}Y_1} = \dfrac{1}{\dfrac{\mathrm{d}Y_1}{\mathrm{d}Y_2}} = \dfrac{1}{\dfrac{\mu_2}{1-b_1-h_1+\mu_1}} = \dfrac{1-b_1-h_1+\mu_1}{\mu_2}$,2 国反应曲线 $Y_2=g(Y_1)$ 的

斜率为 $\dfrac{\mathrm{d}Y_2}{\mathrm{d}Y_1} = \dfrac{\mu_1}{1-b_2-h_2+\mu_2}$。由两国均衡的国民收入等式[式(15-15)]可知,两国国民收入均衡的稳定性条件为

$$(1-b_1-h_1+\mu_1)(1-b_2-h_2+\mu_2) - \mu_1\mu_2 > 0 \tag{15-16}$$

即

$$\frac{1-b_1-h_1+\mu_1}{\mu_2} > \frac{\mu_1}{1-b_2-h_2+\mu_2}$$

就是说,1国反应曲线对其自身国民收入轴的斜率大于2国反应曲线对1国国民收入轴的斜率,在这种条件下,两国的相互作用将使两国国民收入达到稳定的均衡。

(4)以2国为例,可以将其反应函数改写成如下形式:

$$\begin{aligned} Y_2 &= (C_{02}+I_{02}-M_{02}) + (b_2+h_2-\mu_2)\cdot\frac{1}{1-b_2-h_2+\mu_2}(C_{02}+I_{02}-M_{02}) \\ &\quad + (M_{01}+\mu_1 Y_1) + (b_2+h_2-\mu_2)\cdot\frac{1}{1-b_2-h_2+\mu_2}(M_{01}+\mu_1 Y_1) \end{aligned}$$

其中,$(C_{02}+I_{02}-M_{02})$ 为2国国民收入中自主消费和自主投资在国内产出上的支出(国民收入在国内产出上的自主总支出);$(b_2+h_2-\mu_2)\cdot\dfrac{1}{1-b_2-h_2+\mu_2}(C_{02}+I_{02}-M_{02})$ 为2国国民收入通过乘数作用所引起的在国内产出上的消费和投资支出(国民收入在国内产出上通过乘数作用所引起的总支出);$(M_{01}+\mu_1 Y_1)$ 是得自出口的收益;$(b_2+h_2-\mu_2)\cdot\dfrac{1}{1-b_2-h_2+\mu_2}(M_{01}+\mu_1 Y_1)$ 则为出口收益通过乘数作用所引起的国内居民在国内产出上的支出。1国的反应函数也可以做同样的分解,请读者自己思考。

下面讨论一下两国国民收入均衡的稳定性问题。首先考虑图15-4中1国的反应曲线 $Y_1 = f(Y_2)$。在反应曲线 $Y_1 = f(Y_2)$ 上的点,表示1国的国民收入均衡点,如图15-4中的 P_1 点;而位于反应曲线左边的点,表示总需求超过总供给,即存在超额需求,如图15-4中的 P'_1 点;位于反应曲线右边的点,表示存在超额供给,如图15-4中的 P''_1 点。值得指出的是,P_1、P'_1 和 P''_1 三点对1国来说具有相同的国民收入 Y_{1p},但对2国来说则对应于不同的国民收入 Y_{2p}、Y'_{2p} 和 Y''_{2p}。其中,Y_{2p} 是使1国总供求平衡的2国国民收入,而 $Y'_{2p} > Y_{2p}$,表明1国的总需求超过总供给,发生超额需求;$Y''_{2p} < Y_{2p}$,则表明1国的总供给超过总需求,发生超额供给。

按照同样的道理,可以分析,落在2国反应曲线 $Y_2 = g(Y_1)$ 上的点,表示2国国民收入的均衡点;而位于2国反应曲线左上方的点,表示2国的总需求小于总供给,发生超额供给;位于2国反应曲线右下方的点,表示2国存在超额需求。

假定任何国家对超额需求的反应是增加国民收入,而对超额供给的反应则是减少国民收入,这样,就可以用箭线图(见图15-4)来反映两国的调整力量,如何使两国国民收入达到均衡点 E 点。以 A 点为例,A 点位于1国反应曲线的左边,表明1国存在超额需求,则1国试图增加其国民收入,使 A 点向右移动到其反应曲线上,以实现其国民收入均衡;同时,A 点又位于2国反应曲线的右下方,表明2国也存在超额需求,则2国也试图增加其国民收入,使 A 点向上移动到其反应曲线上,以实现其国民收入均衡。这样,两种力量

的共同作用,最终将使 A 点向 E 点移动,实现两国国民收入的同时均衡。图 15-4 中 B、C、D 点的情况,读者可以进行类似的分析。

二、乘数与国际收支调节

由式(15-15)可以看到,当自主变量 C_{0i}、I_{0i}、M_{0i} ($i=1,2$) 变动时,两国国民收入也会发生相应的变化。对式(15-15)求差分,可以得到

$$\begin{cases} \Delta Y_1 = \dfrac{(1-b_2-h_2)(\Delta C_{01}+\Delta I_{01}+\Delta M_{02}-\Delta M_{01})+\mu_2(\Delta C_{01}+\Delta I_{01}+\Delta C_{02}+\Delta I_{02})}{(1-b_1-h_1+\mu_1)(1-b_2-h_2+\mu_2)-\mu_1\mu_2} \\ \Delta Y_2 = \dfrac{(1-b_1-h_1)(\Delta C_{02}+\Delta I_{02}+\Delta M_{01}-\Delta M_{02})+\mu_1(\Delta C_{02}+\Delta I_{02}+\Delta C_{01}+\Delta I_{01})}{(1-b_1-h_1+\mu_1)(1-b_2-h_2+\mu_2)-\mu_1\mu_2} \end{cases}$$
(15-17)

通过式(15-17),读者可以分析任何自主变量变动对国民收入变动的乘数作用及其性质。这里只集中讨论如下两个方面的问题:

(1)封闭经济乘数、无国外反响的开放经济乘数,以及有外国反响时的开放经济乘数之间的相互关系。

(2)有国外反响时的国际收支调节。

关于第一个问题,通常的结论是,有国外反响时的乘数,虽然比封闭经济条件下的乘数小,但却比无国外反响时开放经济条件下的乘数大(假定 b 和 h 保持不变)。这看起来是有经济道理的。没有国外反响时的开放经济乘数必然比封闭条件下的乘数小,因为与封闭经济相比,开放经济条件下又增加了一个漏出项(leakage),即进口;而有国外反响时,国外反响可以部分地弥补进口的漏出。因为国内进口的增加,意味着国外出口的增加,从而引起国外收入增加,这又导致国外进口增加,从而本国出口增加。这样,在有国外反响时,本国进口的增加,通过国外反响,引起本国出口增加,从而部分补偿了进口的漏出。因此,有国外反响的开放经济乘数,与无国外反响的开放经济乘数相比,就要大一些。但由于进口漏出只得到出口增加的部分补偿,因而,与封闭经济条件下的乘数相比,有国外反响时的开放经济乘数又要小一些。值得指出的是,这三种乘数之间的这种关系,是以稳定性条件满足为前提的(即各国封闭经济是稳定的;无国外反响时各国开放经济也是稳定的;有国外反响时各国开放经济仍然是稳定的)。

关于第二个问题,必须记住,在两国模型中,以同种货币表示的两国国际收支是平衡的(这一点可以推广到 n 个国家的情况)。因此,对 1 国来说,由于 $B_1+B_2=0$,根据定义,有

$$B_1 = X_1 - M_1 = M_2 - M_1 = (M_{02}-M_{01}) + \mu_2 Y_2 - \mu_1 Y_1 \tag{15-18}$$

对上式求差分,得

$$\Delta B_1 = (\Delta M_{02}-\Delta M_{01}) + \mu_2 \Delta Y_2 - \mu_1 \Delta Y_1 \tag{15-19}$$

其中,ΔY_1 和 ΔY_2 由式(15-17)给出。这样,通过式(15-19)和式(15-17),可以讨论所有自主变量变动对 1 国国际收支的影响。

例如,仅考虑 1 国自主出口变化的影响,而假定 $\Delta C_{01}=I_{01}=\Delta M_{01}=0$。为了避免错误,必须记住,1 国自主出口的增加同时也是 2 国自主进口的增加,即 $\Delta X_{01}=\Delta M_{02}$。因此,有必要确定这种变化将对 2 国居民对 2 国产出的自主支出产生何种影响。这个问题

实际上类似于无国外反响时的乘数的情况。例如，仅考虑一种情况，即假定 2 国居民在需求更多的国外商品的同时，并不减少其对国内产出的自主支出，即假定 $\Delta M_{02} = \Delta C_{02} + \Delta I_{02}$。在以上假定的情况下，式(15-17)可以写成

$$\begin{cases} \Delta Y_1 = \dfrac{1 - b_2 - h_2 + \mu_2}{(1 - b_1 - h_1 + \mu_1)(1 - b_2 - h_2 + \mu_2) - \mu_1 \mu_2} \cdot \Delta M_{02} \\ \Delta Y_2 = \dfrac{\mu_1}{(1 - b_1 - h_1 + \mu_1)(1 - b_2 - h_2 + \mu_2) - \mu_1 \mu_2} \cdot \Delta M_{02} \end{cases} \quad (15\text{-}20)$$

注意，1 国自主出口的增加不仅引起 1 国收入的增加，而且也通过国外反响，引起 2 国的收入增加。

把式(15-20)代入式(15-19)，可以得到

$$\Delta B_1 = \dfrac{(1 - b_1 - h_1)(1 - b_2 - h_2 + \mu_2)}{(1 - b_1 - h_1 + \mu_1)(1 - b_2 - h_2 + \mu_2) - \mu_1 \mu_2} \cdot \Delta M_{02} \quad (15\text{-}21)$$

根据稳定性条件，$(1 - b_2 - h_2 + \mu_2) > 0$，$(1 - b_1 - h_1 + \mu_1)(1 - b_2 - h_2 + \mu_2) - \mu_1 \mu_2 > 0$。因此，$\Delta B_1$ 如何随 ΔM_{02} 变化，就取决于 $(1 - b_1 - h_1)$ 的符号了。

① 如果 $1 - b_1 - h_1 > 0$，即 $b_1 + h_1 < 1$，也就是说，如果 1 国的边际支出倾向小于 1，则 1 国自主出口的增加倾向于改善其国际收支。在这种情况下，即使考虑所有的国外反响所引起的 1 国最终进口的增加，这种进口的增加也不会超过开始时 1 国自主出口的增加再加上由于国外反响而引起的最终诱致的出口增加之和，从而 1 国自主出口的增加倾向于改善其国际收支，自动调节机制调节不足。

② 如果 $b_1 + h_1 > 1$，即当 1 国的边际支出倾向大于 1 时，1 国自主出口的增加反而会导致其国际收支状况恶化，自动调节机制发生过度调节。

③ 如果 $b_1 + h_1 = 1$，即当 1 国的边际支出倾向等于 1 时，$\Delta B_1 = 0$，即 1 国自主出口的增加不影响其国际收支，或者说，1 国自主出口的增长，在有国外反响存在时，被诱致的进出口变动所自动抵消，自动调节机制刚好使国际收支恢复平衡。

读者可以将这里的分析与第一节中无国外反响时，一国自主出口增长对该国国际收支的影响进行对比，很容易就能发现，二者的结论是非常类似的(影响的方向相同，只是数量不同而已)。值得指出的是，在两个国家组成的世界经济中，一个国家的封闭经济可以是不稳定的(即其边际支出倾向可以大于 1)，只要其边际支出倾向小于 1 加上边际进口倾向，世界经济就是稳定的。然而，如果两个国家的封闭经济都不稳定，则世界经济也将是不稳定的。这一点，在分析有国外反响的乘数时必须加以注意。

第三节 开放经济乘数与支出改变政策

以上两节探讨了自动收入调整机制的运作，它依靠逆差国或顺差国国民收入的变

动,来影响国际收支状况。自动收入调节机制代表了凯恩斯经济学在开放经济中的应用,它区别于依靠价格自动变动来调节国际收支的弹性分析法(参见第十四章)。

同第十四章一样,本章所介绍的自动收入调节机制,仍然假定了国际收支顺差或逆差仅发生在经常项目中,特别是发生于进出口贸易项目中。只不过在弹性分析法(自动价格调节机制)中,假定一国国民收入处于充分就业均衡的水平,因而是不变的,国际收支调节,主要依靠的是汇率变动所引起的商品相对价格变动。因而,这种自动调节机制的政策含义是,政府可以通过调控汇率(汇率政策)来调控进出口商品的相对价格,从而引起支出在国内外商品之间相互转换,发挥价格在国际收支调节中的作用。正是在这个意义上,把汇率变化(从而引起商品相对价格变动)调节国际收支的政策称为支出转换政策(expenditure switching policy)。

与弹性分析法不同,自动收入调节机制假定一国国民收入通常处于非充分就业均衡水平,即一国经济中通常存在着未充分就业的资源。在这种情况下,一国国民收入是可以改变的,但价格却是不变的。因而,价格不能发挥自动调节国际收支的作用。相反,收入的变动通过边际进口倾向,则能自动调整国际收支,使国际收支趋于平衡。这样,自动收入调节机制的政策推论就是,通过支出改变政策(expenditure changing policy)来调节国际收支,使之达到平衡。

在有政府部门的封闭经济中,国民收入可以用下式表示:
$$Y = C + I + G$$
若 $C = C_0 + bY', Y' = Y - T, I = I_0 + hY, G = G_0, T = tY$,则
$$Y = \frac{1}{1-b(1-t)-h}(C_0 + I_0 + G_0)$$
对上式求差分,得
$$\Delta Y = \frac{1}{1-b(1-t)-h}(\Delta C_0 + \Delta I_0 + \Delta G_0)$$
如果 $\Delta C_0 = \Delta I_0 = 0$,则
$$\Delta Y = \frac{1}{1-b(1-t)-h}\Delta G_0$$
即政府开支的增加(由政府政策决定),具有增加一国国民收入的作用。

在有政府部门的开放经济中,如果不存在国外反响,则由
$$Y = C + I + G + (X - M)$$
可得(假定 $X = X_0, M = M_0 + \mu Y$):
$$Y = \frac{1}{1-b(1-t)-h+\mu}(C_0 + I_0 + G_0 + X_0 - M_0)$$
对上式求差分,得
$$\Delta Y = \frac{1}{1-b(1-t)-h+\mu}(\Delta C_0 + \Delta I_0 + \Delta G_0 + \Delta X_0 - \Delta M_0)$$
如果 $\Delta C_0 = \Delta I_0 = \Delta X_0 = \Delta M_0 = 0$,则
$$\Delta Y = \frac{1}{1-b(1-t)-h+\mu}\Delta G_0$$

即政府开支的增加具有增加一国国民收入的作用。

如果定义 $B = X - M = X_0 - M_0 - \mu Y$，则
$$\Delta B = \Delta X_0 - \Delta M_0 - \mu \Delta Y$$

从而当 $\Delta X_0 = \Delta M_0 = 0$ 时，有
$$\Delta B = -\mu \Delta Y = -\frac{\mu}{1-b(1-t)-h+\mu}\Delta G_0$$

即政府开支的增加，将减少一国的国际收支。因而，当一国处于国际收支顺差状态时，可以通过政府开支的增加，来减少该国的国际收支顺差，从而使该国国际收支趋于平衡。

值得指出的是，如果 $\Delta C_0 = \Delta I_0 = \Delta X_0 = 0$，即政府支出的增加完全用于购买进口商品，则 $\Delta Y = 0$，即政府支出的增加并不增加一国收入，从而政府支出政策也就不能起到调节国际收支的作用。

当然，改变消费、投资、出口和进口等的政策，也会对一国的国民收入的变化产生影响，从而对一国国际收支起调节作用，对此，读者可以采用类似的方法进行分析。

在存在国外反响的开放经济中，支出改变政策的作用，可以采用与第二节类似的两国模型进行分析，在此不做专门的讨论。

根据前面对自动收入调整机制的分析，由于一国边际支出倾向可能小于 1、等于 1 或者大于 1，从而相应地，收入改变对该国国际收支的调节，可能发生调整不足、调整恰当和调整过度的情况。从这个意义上说，自动收入调节机制，以及以此为基础的收入改变政策，都是有缺陷的。此外，在分析中假定了各种价格（包括商品价格、工资、利率和汇率等）不变，而现实中，这些价格是会发生变化的。因而，现实的自动调整机制，可能是价格和收入的自动变化同时对国际收支起调节作用；而从政策上看，则可以同时运用支出转换政策和支出改变政策。分析价格和收入同时变化对国际收支调节的作用，就是下一章要介绍的吸收分析法。

附录 15.1

本章小结

1. 本章分析了在无国外反响（小国情形）和有国外反响（大国情形）情况下，收入变化自动调节国际收支的机制，即自动收入调节机制（automatic income adjustment mechanism）。从政策意义上看，利用收入变动调节国际收支的政策，可以称为支出改变政策。

2. 在无国外反响时，开放经济的乘数小于封闭经济条件下的乘数。在开放经济中，当不存在国外反响时，可以分析影响收入变动的各因素如何对国际收支的变动产生影响。

3. 在有国外反响时，开放经济的乘数比较复杂，主要讨论了一种简单的两国模型，通过两国的国民收入反应曲线，分析了两国国民收入的相互影响，进而讨论了影响一国国民收入变动的

因素,是如何对该国国际收支变动 ΔB 产生影响的。通过分析发现,在有国外反响时,影响一国国民收入变动的各因素,对该国国际收支变动的影响,与无国外反响时的影响,具有相同的性质,所不同的是,影响的数量不同。由于国外反响的存在,有国外影响时开放经济的乘数,比没有国外影响时开放经济的乘数大一些,但又比封闭经济条件下的乘数要小一些。

4. 自动收入调节机制认为,收入变化能通过边际进口倾向和乘数作用,自动调节一国的国际收支。其政策含义是,通过改变一国国民收入的支出改变政策,可以调节一国的国际收支。

进一步阅读导引

1. 关于开放经济中的乘数,参见:

① Harrod R F. International Economics. Cambridge:Cambridge University Press,1933.

② Polak J J. The Foreign Trade Multiplier. American Economic Review,1947(37):889-897.

2. 关于有国外反响时,开放经济条件下,收入决定的凯恩斯经济学应用,参见:

① Machlup F. International Trade and the National Income Multiplier. Philadelphia:Blackston,1943.

② Meade J E. The Theory of International Economic Policy,Vol. 1. New York:Oxford University Press,1951.

③ Robinson R. A Graphical Analysis of the Foreign Trade Multiplier. Economic Journal,1952(62):546-564.

思考题

1. 名词解释

自动收入调节机制　开放经济乘数

2. 讨论与回答

(1)试分析无国外反响时自主出口增加对一国国际收支的影响。

(2)试运用有国外反响时的简单两国模型,分析一国自主出口增加对该国际收支的影响。

第十六章
国际收支调节中汇率与收入的交互作用:吸收分析法

第一节 国际收支调节的吸收分析法

前面两章分别考察了汇率变化和收入变化在国际收支调节中的作用。我们知道,汇率变化对国际收支的影响是以弹性分析为基础的。如果把弹性定义为局部均衡弹性,则这种分析就是不完善的,因为这种分析忽略了汇率变化对其他变量的直接和间接影响,从而也就忽略了这些因素变化对国际收支和汇率变化的影响。相反,如果将弹性解释为总弹性,则会产生无谓的重复,因为总弹性只能在事后决定,从而总弹性也就不能从可操作的意义上解决国际收支调节问题。例如,如果汇率变化引起进出口发生变化,则这种进出口的变化又会引起国民收入和其他变量发生变化,这些变化反过来又会影响到进出口发生变化,如此等等。如果假定这一过程是收敛的,就可以确定进出口的总变化,从而可以确定进出口的总弹性。但是很显然,"这种表述把汇率变动对国际收支的调节作用取决于弹性,变成了汇率变动对国际收支的调节作用取决于经济系统的运行"[①],这种认识成为亚历山大(S. S. Alexander)提出国际收支调节的吸收分析法(absorption approach),以取代传统的弹性分析法的出发点。

此外,自动收入调节机制假定国民收入变动时价格不变,这也是有问题的。事实上,国民收入变化时,价格不可避免地会随之发生变化。因此,现实中的国际收支调节是价格变化和收入变化共同作用的结果。故此,较完整的国际收支调节分析,应该把价格和收入同时变化的作用考虑在内,这也就是国际收支调节的吸收分析法的特点。

如果用 Y 表示国民收入(或国民产品),用 A 表示国内消费和投资总需求(或国内总

---

① Alexander S S. Effects of a Devaluation on a Trade Balance. IMF Staff Papers,1952(2):263-278.

吸收,domestic absorption),用 B 表示国际收支(仍然假定国际收支等于商品和服务贸易的收支),假定不存在政府部门,则国民收入的基本会计等式为:

$$Y = A + B \tag{16-1}$$

或

$$B = Y - A \tag{16-2}$$

对上式求差分,得

$$\Delta B = \Delta Y - \Delta A \tag{16-3}$$

式(16-3)表明,本币贬值(汇率上升)要起到改善国际收支的作用,必须要求在国民收入不变的条件下,本币贬值能减少国内吸收;或者在国内吸收不变的条件下,本币贬值能增加国民收入;或者更好的情况是,本币贬值同时造成国民收入的增加和国内吸收的减少;或者当本币贬值引起国民收入和国内吸收同时增加时,国民收入的增加超过国内吸收的增加,而当本币贬值引起国民收入和国内吸收同时减少时,国民收入的减少小于国内吸收的减少。由于式(16-3)是一个会计恒等式(accounting identity),为了给这个会计恒等式一种因果关系的解释,必须解决如下三个问题:①本币贬值(汇率上升)如何影响一国国民收入;②国民收入的变化如何影响国内吸收;③本币贬值(汇率上升)如何直接影响给定国民收入水平下的国内吸收。为了解决这些问题,把国内吸收表达为国民收入的函数(假定为线性函数)。由于国内吸收被定义为国内消费和国内投资之和(不考虑政府部门),因此,当 $C = C_0 + bY$, $I = I_0 + hY$ 时,有

$$A = C + I = C_0 + I_0 + (b+h)Y$$

对上式求差分,得

$$\Delta A = \Delta C_0 + \Delta I_0 + (b+h)\Delta Y \tag{16-4}$$

其中,$(b+h)$ 为边际收支倾向(边际消费倾向与边际投资倾向之和);$(\Delta C_0 + \Delta I_0)$ 为本币贬值对国内吸收(国内自主消费和自主投资,即国内自主支出)的直接影响。为了简化表达,令 $b+h=c$,$\Delta C_0 + \Delta I_0 = -d$(因为本币贬值时,国内商品和资产的本币价格上升,因此,本币贬值对国内吸收的直接影响,从直观上来看,应该是减少国内吸收),这样,式(16-4)又可以表达为

$$\Delta A = c\Delta Y - d \tag{16-4a}$$

将式(16-4a)代入式(16-3),得

$$\Delta B = (1-c)\Delta Y + d \tag{16-5}$$

由式(16-5)可知,在要解决的上述 3 个问题中,问题①所要解决的是,当本币贬值(汇率上升)时,ΔY 如何取值;问题②所要解决的是,当本币贬值(汇率上升)时,c 的大小如何变化;问题③所要解决的是,当本币贬值(汇率上升)时,d 的大小如何变化。表 16-1 归纳了马克纳普(F. Machlup)对本币贬值(汇率上升)的各种效应的总结。①

---

① Machlup F. Relative Prices and Aggregate Spending in the Analysis of Devaluation. American Economic Review,1955,45:255-278.

表 16-1 吸收法下本币贬值的效应

对收入以及通过收入对国际收支的影响 $[(1-c)\Delta Y]$	对国内吸收的直接影响(d)
闲置资源效应 贸易条件效应 资源配置效应	现金余额效应 收入再分配效应 货币幻觉效应 对国内吸收的三种其他直接效应

1. 本币贬值(汇率上升)对收入的效应

本币贬值对收入的效应主要有三种[1][2]：闲置资源效应、贸易条件效应和资源配置效应。

(1) 闲置资源效应(idle-resources effect)，即如果经济中存在闲置的资源，则本币贬值(汇率上升)引起出口增加，出口增加通过外贸乘数引起国民收入增加。尽管贬值有望提高国民收入，但边际吸收倾向可能大于1，这就是说，货币贬值后，伴随收入的增加，国内消费和投资增加的幅度将超过收入的增加，国际收支反而恶化。

(2) 贸易条件效应(terms-of-trade effect)，即本币贬值(汇率上升)引起本国贸易条件恶化，从而降低本国的实际收入。

本币贬值(汇率上升)的这两种效应对国民收入的影响方向相反，因此，本币贬值(汇率上升)后，国民收入究竟是增加还是减少，即 ΔY 究竟是正还是负，是不确定的，因而对问题①也不可能有确切的答案。但关于问题②，亚历山大认为，c 是大于1的，因而 $(1-c)$ 为负数，这样，当本币贬值(汇率上升)的净效应是使国民收入下降($\Delta Y < 0$)时，本币贬值(汇率上升)就会导致国际收支改善。

(3) 资源配置效应。货币贬值放松了管制和限制，导致进口替代或出口品生产量的提高，资源从国内生产率相对较低的部门向生产率相对较高的部门转移，而生产率的提高可以抵消贸易条件的恶化，净结果是提高实际收入。

就长期来说，资源更经济、更有效的利用是提高一国生活水平的最重要因素。在短期内，就业量和贸易条件的变化，掩盖了资源改变使用对实际收入的影响，但是三种效应都会受到货币贬值的影响。当闲置资源效应很小或为零时，货币贬值的资源配置效应尤其重要。在总就业不变的条件下，如果资源更经济、更有效地配置，则产量仍然可以增加。

2. 本币贬值(汇率上升)对国内吸收的直接效应

考察货币贬值的直接吸收效应，不是考察由实际收入变动所引起的变化对吸收产生的影响。如果实行充分就业，而且收入不能再提高，导致的引致吸收增加与收入增加一

---

[1] Machlup F. Relative Prices and Aggregate Spending in thd Analysis of Devluation. American Economic Review,1955,45:255-278.

[2] Alexander S S. Effects of a Devaluation on a Trade Balance. IMF Staff Papers,1952,2:263-278.

样多甚至更多,则货币贬值对贸易差额的任何有利的影响将必须来源于吸收的直接减少。本币贬值对国内吸收的直接效应包括现金余额效应、收入再分配效应和货币幻觉效应。

(1)现金余额效应(cash-balance effect)。本币贬值(汇率上升)使得进口商品的国内价格上升,从而引起国内一般物价水平上升。国内一般物价水平的上升,导致以货币形式(现金余额)持有财富的实际价值下降。这样,为了保持货币资产实际价值不变,公众将通过减少国内吸收或出售债券等方式增加其手中的现金余额。公众出售债券将导致债券价格的下降,即引起利率上升,这将进一步减少国内吸收。

(2)收入再分配效应(income-redistribution effect)。本币贬值(汇率上升)所引起的国内一般物价水平上升,将导致国内收入的再分配(例如,发生固定收入领取者的收入向其他人的再分配)。这样,当不同收入领取者具有不同的边际支出倾向时,这种收入的再分配将对国内吸收产生影响。

(3)货币幻觉效应(money-illusion effect)。如果价格和货币收入以相同的比例增加,那么实际收入并不会发生变化,但当人们受货币幻觉的影响,认识不到实际收入没有发生变化时,货币收入的增加将使人们改变他们的国内吸收。

此外,本币贬值(汇率上升)还会对国内吸收产生另外三种直接效应:①当人们预期将来价格会进一步上涨时,他们就会提前购买商品,以避免将来支付更高的价格;②进口投资品价格的上涨,将对国内投资产生负的刺激;③进口商品价格的上涨,将对人们在一般进口商品上的支出产生负的刺激。

由此可见,国际收支调节的吸收分析法,就是通过分析汇率变动对国民收入和国内吸收的各种影响,来分析汇率变动对国际收支的调节作用的。

第二节 弹性分析法与吸收分析法的争论与综合

吸收分析法认为,传统的弹性公式是有问题的,因而弹性分析法不能很好地用于国际收支调节的分析,这就引起了20世纪50年代关于弹性分析法与吸收分析法的激烈争论。作为弹性分析法的支持者之一,马克纳普指出[1],在国际收支调节的分析中,只关注国内吸收和国民收入变动的分析,而忽略进出口商品的相对价格以及弹性的分析,显然是不正确的。这些相对价格对于决定贸易条件效应,以及决定边际支出倾向的大小,具

---

[1] Machlup F. Relative Prices and Aggregate Spending in the Analysis of Devaluaiton. American Economic Reoiew,1955,45:255-278.

有重要的作用。此外,马克纳普还指出,吸收分析法的理论基础,如前面一节所介绍的式(16-2)和式(16-3),纯粹是定义上的无谓重复(tautology),这些会计定义式并不能表明国际收支 B 与国民收入 Y 以及国内吸收 A 之间存在因果关系。为了对吸收分析法做出恰当的评价,还必须对本币贬值(汇率上升)、国民收入变化、国内吸收变化以及国际收支变化之间的因果关系做出额外的假定。例如,吸收分析法对这些因素之间的因果关系的假定,可以用图 16-1 中的实箭线表示。也就是说,在吸收分析法的主张者来看,本币贬值影响国民收入 Y,而国民收入 Y 又影响国内吸收 A,同时本币贬值又直接影响国内吸收 A,最后,本币贬值对国民收入 Y 和国内吸收 A 的净影响,决定国际收支的变化。但是,这些并不是本币贬值所产生的全部影响。事实上,本币贬值直接影响国内吸收,而国内吸收的自主变化又会影响国民收入,如图 16-1 中的虚箭线所示,这种影响是吸收分析法的提倡者没有注意到的。例如,如果本币贬值对国内吸收的直接净影响之和为负数,则这种变化可以看成是国内自主支出的减少,而国内自主支出的减少会通过乘数作用,导致国民收入的下降,这种变化将倾向于抵消本币贬值对国民收入的闲置资源效应(即使国民收入增加的效应)等。此外,吸收分析法还忽略了由此而产生的国民收入 Y 与国内吸收 A 之间的相互动态影响(在 Y 与 A 之间,除了实箭线关系外,还有虚箭线关系,这样就形成了二者之间复杂的动态反馈关系)。

在关于弹性分析法和吸收分析法的争论过程中,还有些学者试图将两种分析方法综合起来。亚历山大本人(吸收分析法的最初提出者)对弹性分析法和吸收分析法的综合(synthesis)①,结束了两种分析方法主张者之间的争论。这一综合,既像传统的弹性分析一样(弹性被定义为局部均衡弹性),考

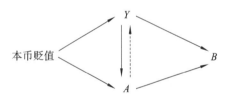

图 16-1　本币贬值与 Y、A、B 之间的关系

虑了本币贬值(汇率上升)对国际收支的初始影响,同时又考虑了这种初始影响通过乘数作用对两国(本币贬值国及世界其他国家)国民收入的影响,进而对国内进出口的诱致影响,从而比较全面地考虑了本币贬值对国际收支的最终影响(包括初始影响和诱致影响两部分)。在这种综合分析中,乘数与有国外反响时的标准外贸乘数没有什么差别,其中各种通常的边际倾向(如边际消费倾向、边际进口倾向等),都被包含在乘数的计算公式中。必须注意的是,在这里,本币贬值的初始影响是被乘数,这与固定汇率(汇率不变)情况下,分析自主变量变化对国际收支的影响是一样的。也就是说,在这种综合分析中,本币贬值的影响只在于决定被乘数,而要决定本币贬值的最终影响,就必须运用与在汇率不变条件下,用于分析自主变量变化对国际收支的影响相同的乘数,来进行分析。在这个意义上,可以将这种综合分析方法的基本关系用下式表示:

本币贬值对国际收支的最终影响＝本币贬值对国际收支的初始影响(完全由弹性决定)×乘数(由各种边际倾向决定)

---

① Alexander S S. Effects of a Devaluation: A Simplified Synthesis of Elasticties and Absorption Approaches. American Economic Review,1959,49:22-42.

更准确地说,如果用 E_h 表示 1 国本币贬值对其国际收支的初始影响,由于假定汇率变化能瞬间引起国际收支的初始变化 E_h,然后汇率又在新的水平上固定不变,这样,在亚历山大看来,本币贬值对经济系统所发生的进一步影响,就完全与固定汇率制情况下外贸乘数的作用过程一致了。运用上一章分析两国模型时的符号,则 $E_h = \Delta M_{02} - \Delta M_{01}$(汇率变化对 1 国出口 $X_1 = M_2$ 的最初影响 ΔM_{02},以及对 1 国进口的最初影响 ΔM_{01})。事实上,在现在的分析中,1 国本币贬值对 1 国出口(也就是 2 国的进口)和进口的影响,被表示成为两国进口函数中自主进口部分的变化。当然,也可以将 $(\Delta M_{02} - \Delta M_{01})$ 表达成弹性的函数。如果进出口商品的弹性满足一定的临界弹性条件,则可以发现 $(\Delta M_{02} - \Delta M_{01}) > 0$,因为在临界弹性满足时,一国本币贬值将改善该国的国际收支。按照亚历山大的分析方法,还可以假定,本币贬值所引起的两国总支出的初始外生变化和国民收入的变化分别等于各国国际收支的变化,对 1 国来说,这种变化等于 $(\Delta M_{02} - \Delta M_{01})$,而对于 2 国来说,这种变化则等于 $(\Delta M_{01} - \Delta M_{02})$。在这里,还是像在通常的乘数分析中一样,假定汇率 $r = 1$。以上分析表明,消费 C 和投资 I 中的自主部分不发生变化(即 $\Delta C_{0i} = \Delta I_{0i} = 0, i = 1,2$),从而相当于假定居民对国内商品需求的自主部分的变化,与居民对进口商品需求的自主部分的变化,在数量上相等,而在方向上相反,即发生了支出在国内商品与进口商品之间的相互替代。因此,根据上一章两国模型中的乘数公式,可以得到

$$\Delta Y_1 = \frac{(1 - b_2 - h_2)(\Delta M_{02} - \Delta M_{01})}{D} \tag{16-6}$$

$$\Delta Y_2 = \frac{(1 - b_1 - h_1)(\Delta M_{01} - \Delta M_{02})}{D} \tag{16-7}$$

其中,$D = (1 - b_1 - h_1 + \mu_1)(1 - b_2 - h_2 + \mu_2) - \mu_1 \mu_2$。

考虑 1 国的国际收支,有

$$\Delta B_1 = (\Delta M_{02} - \Delta M_{01}) + \mu_2 Y_2 - \mu_1 Y_1 \tag{16-8}$$

将式(16-6)和式(16-7)代入式(16-8),得

$$\Delta B_1 = \frac{(1 - b_1 - h_1)(1 - b_2 - h_2)}{D}(\Delta M_{02} - \Delta M_{01}) \tag{16-9}$$

这就是亚历山大提出的综合分析法的公式。显然,在这个公式中,本币贬值的最终影响,等于乘数 $\frac{(1 - b_1 - h_1)(1 - b_2 - h_2)}{D}$ 乘以本币贬值的初始影响 $(\Delta M_{02} - \Delta M_{01})$。

然而,根据蒋硕杰的观点[①],这种综合分析方法是有问题的,因为它仅仅是在本币贬值影响的弹性解的基础上添加了一个乘数,而且这种添加也是不精确的。因为国际收支初始变化的乘数影响,还会引起商品相对价格的进一步变化,进而国内外商品之间还会发生进一步的替代,如此等等。因此,乘数本身也会被包含在作为被乘数的相关弹性中,但亚历山大的模型并没有考虑这种进一步的影响。在蒋硕杰看来,一种合意的综合,应该同时考虑价格和收入变化的相互作用。事实上,在吸收分析法和弹性分析法之争以

---

① Tsiang S C. The Role of Money in Trade-Balance Stability: Synthesis of the Elasticity and Absorption Approaches. American Economic Review, 1961, 51: 912-936.

前,就有不少人做过类似的综合研究①。这说明,若弹性分析法与吸收分析法之争,只是为了引出对这两种方法进行综合的结果,其意义就不大。按照蒋硕杰的观点,弹性分析法与吸收分析法之争的意义,在于通过这场争论,使人们认识到,货币因素在国际收支调节中具有重要作用,因而,仅仅把国际收支当作这个部门本身来考虑,是不正确的,正确地分析国际收支问题,必须把国际收支放到整体经济系统中,在动态学的背景下进行考虑②。

第三节　国际收支调节中汇率与收入变化的相互作用

20世纪50年代,不少经济学家都试图把基于收入和乘数的国际收支调节机制,以及基于商品相对价格和弹性的传统国际收支调节机制综合起来,形成一种统一的理论。这种努力表明,人们对国际收支调节的统一理论有着迫切的需要。本节主要介绍劳森(S. Laursen)和梅茨勒(L. A. Metzler)所提出的动态综合模型③。

一、基本模型

劳森和梅茨勒提出的动态综合模型,是一种两国模型,即考虑到国外反响。这里介绍一种简化了的劳森和梅茨勒模型,只考虑一个国家的情况,不考虑国外反响。

在所要介绍的简化模型中,包含两个方程:一是开放经济中国民收入决定的方程;二是表达国际收支均衡的方程。

首先讨论第一个方程。我们知道,在不考虑政府部门时,开放经济的国民收入可以用下式表示:

$$Y = C + I + X - M = (C + I - M) + X$$

其中,$(C+I-M)$表示居民对国内产出的需求;X表示非居民对国内产出的需求。如果用$D = C + I - M$表示居民对国内产出的需求,则国民收入Y可以表示为

---

① 如劳森(S. Laursen)和梅茨勒(L. A. Metzler)、哈伯格(A. C. Harberger)、斯托尔珀(W. F. Stolper)等,都做过这种综合。参见:Laursen S, Metzler L A. Flexible Exchange Rates and the Theory of Employment. Review of Economics and Statistics, 1950, 32: 251-299; Harberger A C. Currency Depreciation, Income and Balance of Trade. Journal of Political Economy, 1950, 58: 47-60; Stolper W F. The Multiplier, Flexible Exchanges and International Equilibrium. Quarterly Journal of Economics, 1950, 64: 559-582.

② Tsiang S C. The Role of Money in Trade-Balance Stability: Synthesis of the Elasticity and Absorption Approaches. American Economic Review, 1961, 51: 912-936.

③ Laursen S, Metzler L A. Flexible Exchange Rates and the Theory of Employment. Review of Economics and Statistics, 1950, 32: 251-299.

$$Y = D + X$$

如果假定 $C = C_0 + bY$, $I = I_0 + hY$, $M = M_0 + \mu Y$, 则 $D = (C_0 + I_0 - M_0) + (b + h - \mu)Y$, 其中, b 为边际消费倾向, h 为边际投资倾向, μ 为边际进口倾向, 则 $d = b + h - \mu$ 为居民对国内产出的边际需求倾向(或边际支出倾向)。显然, 居民对国内产出的需求是国民收入 Y 的函数。

在介绍弹性分析法时, 我们讨论过, 当出口商品的本币价格 P_x 和进口商品的外币价格 P_m 不变时, 汇率 r 的变化, 引起出口作同方向的变化($dX/dr > 0$), 而引起进口作反方向的变化($dM/dr < 0$)。也就是说, 进出口都是汇率 r 的函数。

就居民对国内产出的需求 D 而言, 显然它不仅是国民收入 Y 的函数, 而且也是汇率 r 的函数。由于汇率的变化必然引起国内外商品相对价格发生变化(假定进出口商品按各自的本币表示的价格不变), 因此, 汇率的变化必然引起居民需求在国内外商品之间发生替代, 从而影响居民对国内产出的需求。汇率上升, 进口商品的本币价格上升, 则居民对国内产出的需求增加; 汇率下降, 进口商品的本币价格下降, 则居民对国内产出的需求减少。因此, 居民对国内产出的需求与汇率作同方向变化, 即 $dD/dr > 0$。

关于第二个方程, 还是假定国际收支等于贸易收支。当国际收支均衡时, 进出口用同一种货币衡量, 其价值应该相等。

根据以上分析, 可以得到基本模型的两个方程如下:

$$Y = D(Y, r) + X(r) \tag{16-10}$$

$$X(r) - rM(Y, r) = 0 \tag{16-11}$$

在这两个方程中, 有两个未知数(内生变量): 国民收入 Y 和汇率 r。因此, 从原理上讲, 通过这个体系, 可以同时决定国民收入 Y 和汇率 r, 以保证商品市场和国际收支同时达到均衡(前者称为实际均衡, 后者称为金融均衡)。

二、图示分析

通过图形可以对上述模型进行更直观的分析。先考虑商品市场的均衡, 即实际均衡的情况。

在式(16-10)和式(16-11)中, 显然有如下关系存在:

① $0 < \dfrac{\partial D}{\partial r} < 1$, 居民对国内产出的边际支出倾向大于 0, 但小于 1;

② $\dfrac{\partial D}{\partial r} > 0$, 居民对国内产出的需求随汇率上升而上升;

③ $\dfrac{\partial X}{\partial r} > 0$, 汇率上升(本币贬值), 则出口增加;

④ $0 < \dfrac{\partial M}{\partial Y} < 1$, 边际进口倾向大于 0, 但小于 1;

⑤ $\dfrac{\partial M}{\partial r} < 0$, 汇率上升(本币贬值), 则进口减少。

根据隐函数的求导法则, 对方程式(16-10)和式(16-11)求 Y 对 r 的导数, 得

$$\begin{cases} \left(\dfrac{\mathrm{d}Y}{\mathrm{d}r}\right)_{RR} = \dfrac{\partial D}{\partial Y}\left(\dfrac{\mathrm{d}Y}{\mathrm{d}r}\right)_{RR} + \dfrac{\partial D}{\partial r} + \dfrac{\partial X}{\partial r} \\ \dfrac{\partial X}{\partial r} - \left[M + r\dfrac{\partial M}{\partial Y}\left(\dfrac{\mathrm{d}Y}{\mathrm{d}r}\right)_{BB} + r\dfrac{\partial M}{\partial r}\right] = 0 \end{cases}$$

即

$$\left(\dfrac{\mathrm{d}Y}{\mathrm{d}r}\right)_{RR} = \dfrac{\dfrac{\partial D}{\partial r} + \dfrac{\partial X}{\partial r}}{1 - \dfrac{\partial D}{\partial Y}} \quad (16\text{-}12)$$

$$\left(\dfrac{\mathrm{d}Y}{\mathrm{d}r}\right)_{BB} = \dfrac{\dfrac{\partial X}{\partial r} - M - r\dfrac{\partial M}{\partial r}}{r\dfrac{\partial M}{\partial Y}} \quad (16\text{-}13)$$

定义 $\eta_x = \dfrac{\partial X}{\partial r} \cdot \dfrac{r}{X}$ 和 $\eta_m = -\dfrac{\partial M}{\partial r} \cdot \dfrac{r}{M}$ 分别为出口商品和进口商品的汇率弹性,则式(16-13)也可以写成

$$\left(\dfrac{\mathrm{d}Y}{\mathrm{d}r}\right)_{BB} = \dfrac{M(\eta_x \dfrac{X}{rM} - 1 + \eta_m)}{r\dfrac{\partial M}{\partial Y}} \quad (16\text{-}13a)$$

显然 $\left(\dfrac{\mathrm{d}Y}{\mathrm{d}r}\right)_{RR} > 0$,即商品市场均衡曲线 RR 具有正的斜率,因而,在 YOr 平面上,可以用一条向上倾斜的曲线 RR 表示商品市场均衡时国民收入 Y 与汇率 r 的各种不同组合,如图 16-2 所示。在图 16-2 中,位于 RR 曲线上的点(如 A 点),表示商品市场均衡的国民收入 Y 与汇率 r 的组合,在这一点上,如果汇率不变,商品市场达到总供求平衡,不存在超额需求或超额供给,国民收入 Y 趋于稳定。位于 RR 曲线上方的点(如 A' 点),

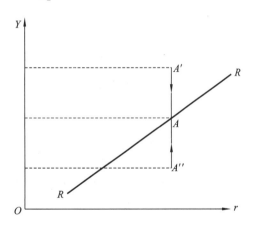

图 16-2 浮动汇率与收入水平:商品市场均衡

则表示在一定的汇率水平上,商品市场的总供给超过总需求,存在超额供给。如果汇率固定不变,则表明存在本币价值的高估,从而会引起出口减少、进口增加,国民收入下降,A' 点将向下移动到 RR 曲线上,实现商品市场均衡。位于 RR 曲线下方的点(如 A″ 点),则表示在一定的汇率水平上,商品市场的总需求超过总供给,存在超额需求。如果汇率固定不变,则表明存在本币价值的低估,从而会引起出口增加、进口减少,国民收入上升,A″ 点将向上移动到 RR 曲线上,实现商品市场均衡。

对式(16-13a)而言,有两种情况:

① 当 $\eta_x \dfrac{X}{rM} + \eta_m - 1 > 0$ 时,$\left(\dfrac{\mathrm{d}Y}{\mathrm{d}r}\right)_{BB} > 0$,即当进出口商品的汇率弹性满足临界弹性

条件时,BB曲线(国际收支均衡曲线)有正的斜率。此时,汇率上升(本币贬值)有利于改善国际收支和增加国民收入,这种情况可用图16-3(a)表示。在图16-3(a)中,位于BB曲线上的点(如N点),表示国际收支均衡时的国民收入Y与汇率r的组合。在这一点,没有力量使汇率发生变化。位于BB曲线左上方的点(如N'点),表示汇率低于国际收支均衡的汇率水平,存在国际收支逆差。如果允许汇率上升(本币贬值),则N'点应向左移动到BB曲线上,实现国际收支均衡。位于BB曲线右下方的点(如N''点),表示汇率高于国际收支均衡的汇率水平,存在国际收支顺差。如果允许汇率下降(本币升值),则N''点应向左移动到BB曲线上,实现国际收支均衡。值得指出的是,进出口商品的汇率弹性越大,则BB曲线的斜率越大,如图16-3(a)中$B'B'$曲线所示。

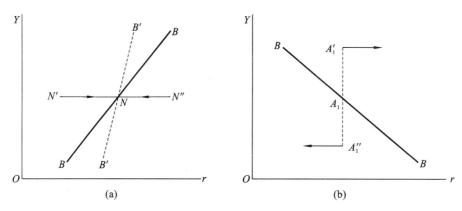

图16-3 浮动汇率与收入水平:国际收支均衡

② 当 $\eta_x \dfrac{X}{rM} + \eta_m - 1 < 0$ 时,$\left(\dfrac{\mathrm{d}Y}{\mathrm{d}r}\right)_{BB} < 0$,即当进出口商品的汇率弹性不满足临界弹性条件时,$BB$曲线的斜率为负。此时,汇率上升(本币贬值),反而使国际收支状况恶化,国民收入下降,这种情况可以用图16-3(b)表示。在图16-3(b)中,位于BB曲线上的点(如A_1点),表示国际收支均衡时的国民收入Y和汇率r的组合。位于BB曲线左下方的点(如A_1''点),表示汇率低于国际收支均衡的汇率水平,存在国际收支顺差(注意,这里汇率与国际收支成反方向变动)。如果允许汇率下降(本币升值),则A_1''点应向左移动,远离BB曲线,国际收支失衡更为严重。位于BB曲线右上方的点(如A_1'点),表示汇率高于国际收支均衡的汇率水平,存在国际收支逆差。如果允许汇率上升(本币贬值),则A_1'点向右移动,远离BB曲线,国际收支状况更加恶化。

综合上面两种情况,可得到如下结论:不管进出口商品的汇率弹性如何,位于BB曲线上的点,表示国际收支均衡;位于BB曲线上方的点,表示国际收支逆差;位于BB曲线下方的点,则表示国际收支顺差。

有了RR和BB两条曲线后,就可以在同一个YOr平面上,通过RR和BB曲线的交点,同时决定国民收入Y和汇率r的均衡解。而且还可以区分不同情况,分析这种均衡的稳定性。

三、均衡的稳定性和比较静态分析

为了分析均衡的动态稳定性,首先必须考察当国民收入或汇率不均衡时,影响国民收入和汇率变动的力量,然后还应考察,在什么条件下,这些力量会使偏离均衡的变量趋向于均衡点。为此,首先对经济系统的动态行为做出如下假定。

(1)国民收入(产出)的变动与商品市场的超额需求(excess demand,ED)相关。更准确地说,当商品市场存在超额需求时,国民收入趋于上升;当商品市场存在超额供给时,国民收入趋于下降。实际上,这通常是在国民经济存在不充分就业和价格刚性条件下所采用的假设,这个假设与前面对乘数的动态分析是一致的。

(2)汇率(即外汇的价格)的变动与外汇市场的超额需求相关。我们知道,当假定外汇供给完全来自出口贸易,而外汇需求完全来自进口贸易,即假定国际收支等于贸易收支时,外汇市场的超额需求,等价于国际收支逆差($B<0$);而外汇市场的超额供给,则等价于国际收支顺差($B>0$)。因此,当存在国际收支顺差时(外汇市场存在超额供给),汇率下降;而当存在国际收支逆差时(外汇市场存在超额需求),汇率上升。

根据上述两条基本假设,就可以用图示法分析经济系统的动态行为和稳定性条件了。这里分三种情况讨论。

①如图 16-4(a)所示,BB 曲线的斜率为负,进出口商品的汇率弹性不满足临界弹性条件,均衡点 E 是不稳定的。以 A_1 点为例进行分析。图 16-4(a)中的 A_1 点位于 RR 曲线下方,表明商品市场存在超额需求($ED>0$),导致国民收入上升,即 A_1 点应向上移动到 RR 曲线上;同时,A_1 点又位于 BB 曲线的上方,表明外汇市场存在超额需求($B<0$),导致汇率上升,即 A_1 点应向右移动。这样,两种力量的作用使 A_1 越来越远离均衡点 E。同样,可以分析图 16-4(a)中 A_2、A_3、A_4 点在两种力量作用下会远离均衡点 E。①

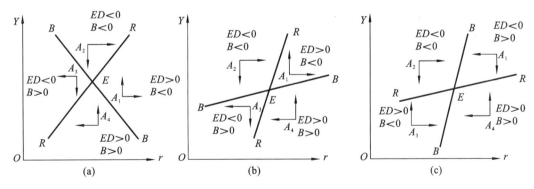

图 16-4 浮动汇率与收入水平:调整过程的动态分析

②如图 16-4(b)所示,BB 曲线的斜率为正,即进出口商品的汇率弹性满足临界弹性条件,但 BB 曲线的斜率小于 RR 曲线的斜率,即

---

① 读者也许会怀疑,A_2、A_4 点好像会向均衡点 E 移动,但实际情况是,A_2 和 A_4 点在调整过程中会向 A_1 和 A_3 所在区域运动,从而远离均衡点。关于在这种情况下以及在图 16-4(b)所示的情况下,均衡的不稳定性的证明,参见:Gandolfo G. International Economics, Vol. 2. Berlin:Springer-Verlag,1995.

$$\frac{M(\eta_x \frac{X}{rM} - 1 + \eta_m)}{r\frac{\partial D}{\partial Y}} < \frac{\frac{\partial D}{\partial r} + \frac{\partial X}{\partial r}}{1 - \frac{\partial D}{\partial Y}}$$

或

$$\eta_x \cdot \frac{X}{rM} + \eta_m - 1 < \frac{r\frac{\partial D}{\partial Y}(\frac{\partial D}{\partial r} + \frac{\partial X}{\partial r})}{M(1 - \frac{\partial D}{\partial Y})}$$

此时，均衡点 E 也是不稳定的。也可以采用图16-4(b)中 A_1、A_2、A_3、A_4 各点箭头所代表的力量，分析各点的运动趋势，从而得出均衡点 E 不稳定的结论。

由此可见，即使在进出口商品的汇率弹性满足临界弹性条件时，如果同时考虑收入和汇率变化的影响，经济系统也可能发生不稳定的情况，这就与单纯考虑汇率变动的弹性分析法的结论明显不同。

③如图16-4(c)所示，BB 曲线具有正的斜率，且其斜率大于 RR 曲线的斜率，即进出口商品的汇率弹性不仅满足临界弹性条件，而且还满足如下条件：

$$\eta_x \cdot \frac{X}{rM} + \eta_m - 1 > \frac{r\frac{\partial D}{\partial Y}(\frac{\partial D}{\partial r} + \frac{\partial X}{\partial r})}{M(1 - \frac{\partial D}{\partial Y})}$$

这时，均衡点 E 是稳定的，即对均衡点 E 的任何偏离，都会在两种力量的作用下，使之恢复均衡。从经济意义上讲，这个结果是非常直观的。例如，假定国际收支处于逆差状态（$B<0$），则汇率上升（本币贬值），在进出口商品的汇率弹性满足临界弹性条件时，汇率上升将减少国际收支逆差。同时，汇率上升（本币贬值）也引起对国内产出的总需求增加（包括居民和非居民对国内产出的需求），从而导致国民收入增加，国民收入的增加又通过边际进口倾向增加进口，从而部分抵消初始的本币贬值所引起的出口增加。很显然，在没有收入变化时，弥补既定的国际收支逆差，所要求的弹性就会小一些，而当考虑收入变化的影响时，必然要求弹性大一些，因为弹性的影响，既要弥补初始的赤字，又要弥补因本币贬值、收入增加所诱致的进口增加。

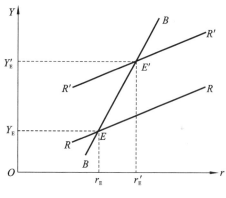

图16-5 浮动汇率与收入水平：比较静态分析

在考察了均衡的稳定性条件之后，我们来分析一下均衡的变动情况，即均衡的比较静态影响。考虑经济系统从一个稳定的均衡点 E 向另一个稳定的均衡点 E' 移动的情况。例如，在图16-5中，假定居民对国内产出的需求因某种外生因素的变化而增加，则 RR 曲线向上移动到 $R'R'$ 位置，与 BB 曲线相交于 E' 点。很显然，当均衡点 E 移动到均衡点 E' 以后，新的均衡点 E' 所对应的国民收入，高于原来的均衡点 E 所对应的国民收入。这里国民收入增加是由外生的（或自主的）居民对国内产出的需求增加，通过乘数作用引起的。在国民收入增加的同时，E'点所对应的均衡汇率也上升了（本币贬值了）。因为国民收入的增加，通过边际进口倾向，使进口增加，从而造成国际收支逆差，国际收支逆差又产生对本币贬值的压力，从而使汇率上升，以消除国际收支逆差。而与此同时，本币的贬值又使出口增加，引起国民收入增加。因此，与不考虑汇率的变化相比，这里的国民收入增加将更大一些。这是综合分析方法与固定汇率制下的乘数分析方法的差别所在。

四、国际收支调节吸收理论的政策主张

在吸收理论的框架下，纠正国际收支逆差的政策有两种，即增加产量或减少支出，约翰逊分别称为支出转换政策和支出减少政策。

1. 支出转换政策

支出转换政策可选择贬值和贸易控制，贸易控制包括关税、补贴及数量限制。贬值的目的是通过相对价格控制的变动把国外支出转向国内产品，而贸易控制一般针对进口，把国内支出从进口转向购买国内产品，有时也用于刺激出口，目的是把国外的支出转向本国产品。

两种支出转换政策都对支出有直接影响。贬值可以通过贸易条件的变化导致在最初收入水平上增加支出，贸易控制则可以通过限制选择自由而导致实际收入减少。支出转换政策都是试图通过把需求从国外商品转向国内商品，以纠正逆差。其成功与否，不仅取决于在正确的方向上转换需求，而且也取决于经济上可以提供额外的产量，以满足增加了的需求。[①]

2. 支出减少政策

支出减少政策可选择货币限制、预算限制甚至直接控制等方式。这些政策往往减少就业和收入。如果一国不仅存在国际收支逆差，而且还有通货膨胀的压力，则这些政策将有额外的吸引力；但国内如果处于失业状态，则加剧经济的衰退。

五、对国际收支调节吸收理论的评价

吸收理论的贡献之一在于，把国际收支当作宏观经济变量，把国际收支与整个国民经济联系起来，因此，吸收理论较为清楚地表明了国际收支调整的先决条件，尤其是强调了弹性理论所忽视的条件，即在充分就业条件下，如果要贬值，需要有支出减少政策，否则就没有资源用于供给更多的出口和进口替代品的生产（除非提高生产率）。吸收理论的另一个贡献在于，指出了弹性理论所忽视的国际收支逆差的货币方面。因此，可以说，吸收理论是国际收支调节分析的货币分析说的先导。

---

① Frenkel J A, Johnson H G. The Monetary Approach to the Balance of Payments. Toronto and Buffalo: University of Toronto Press, 1976.

本章小结

1. 本章介绍了吸收分析法,吸收分析法与弹性分析法之间的争论,以及综合考虑价格变动和收入变动的动态相互影响的国际收支调节模型。

2. 吸收分析法是弹性分析法与乘数原理的静态结合,它分析国际收支调节过程的基本思路是,首先假定收入不变,利用传统的弹性分析法确定汇率变动对国际收支的初始影响;然后以这种初始影响为被乘数,在假定汇率不变(价格不变)的条件下,利用开放经济中的乘数,计算汇率变动对国际收支的最终影响。

3. 弹性分析法和吸收分析法各有缺陷,因而有必要进行新的综合,那就是要考虑收入变化和价格变化相互之间的动态作用过程,只有这样,才能较完整地分析影响国际收支变化的因素。但按照蒋硕杰的观点,如果20世纪50年代弹性分析法与吸收分析法的激烈争论,其结果只是导致这两种方法的综合,则这种争论的意义是不大的,因为在这两种方法之间产生争论之前,就有不少经济学家提出了综合这两种方法的静态模型和动态模型。因而,蒋硕杰认为,弹性分析法与吸收分析法争论的一个有意义的结果是,使人们认识到货币在国际收支调节中的重要地位,从而产生了分析国际收支的现代方法,而这是在下两章要介绍的内容。

进一步阅读导引

1. 关于吸收分析法的最早提出,参见:

①Alexander S S. Devaluation versus Import Restriction as an Instrument for Improving Foreign Trade Balance. IMF Staff Papers,1951:379-396.

②Alexander S S. Effects of a Devaluation on a Trade Balance. IMF Staff Papers,1952:263-278.

③Machlup F. Relative Prices and Aggregate Spending in the Analysis of Devaluation. American Economic Review,1955,45:252-278.

2. 关于吸收分析法的评价及弹性分析法与吸收分析法的综合,参见:

①Machlup F. Relative Prices and Aggregate Spending in the Analysis of Devaluation. American Economic Review,1955,45:255-278.

②Alexander S S. Effects of a Devaluation:A Simplified Synthesis of Elasticities and Absorption Approaches. American Economic Review,1959,49:22-42.

③Tsiang S C. The Role of Money in Trade-Balance Stability: Synthesis of the Elasticity and Absorption Approaches. American Economic Review,1961,51:912-936.

④Laursen S,Metzler L A. Flexible Exchange Rates and the Theory of Employment. Review of Economics and Statistics,1950,32:251-299.

⑤Harberger A C. Currency Depreciation, Income and Balance of Trade. Journal of Political Economy,1950,58: 47-60.

⑥Stolper W F. The Multiplier, Flexible Exchanges and International Equilibrium. Quarterly Journal of Economics, 1950,64:559-582.

1. 基本概念

国际收支的吸收分析法

2. 讨论与回答

(1)弹性分析法和吸收分析法各有何缺陷?

(2)试运用一国模型讨论收入和汇率变动对国际收支的影响。

(3)请论述国际收支调节吸收理论的政策主张。

第十七章
货币和其他资产在国际收支调节中的作用:固定汇率制

前面所介绍的传统国际收支调节分析方法,都没有考虑货币及其对国际收支调节的重要作用。本章和下一章,将分别讨论在固定汇率制和浮动汇率制下,货币存量以及其他资产存量的不均衡对国际收支的重要影响。与此同时,还将把标准的凯恩斯主义 IS-LM 模型,扩展为开放经济条件下的 IS-LM-BP 模型,在这个模型中,除了货币市场对决定利率发挥作用,从而对决定国际资本流动发挥作用外,并没有改变传统的流量不平衡引起国际收支不均衡的观点。接着还要介绍关于资产组合平衡与开放经济宏观经济均衡之间的关系的分析(扫二维码可见)。最后将讨论旨在实现内部均衡(充分就业且无通货膨胀)和外部均衡(国际收支均衡)的政府政策问题。

第一节 古典的物价-铸币-流动机制

1752 年,大卫·休谟(David Hume)第一次提出了金铸币本位制下国际收支调节的完整理论。[①] 这一古典的国际收支调节理论,可以简要地概述如下:在金铸币本位制下,各国的货币数量与黄金储备之间存在严格的关系,各国货币之间的比价(汇率)完全由各国货币的含金量之比决定,汇率变动的幅度被严格限制在黄金输出点和输入点(由金铸币平价±黄金输送成本决定,黄金输送成本＝黄金输送的运费和保险费,大约相当于金铸币平价的 0.6%)的狭小范围内,一旦逆差国的货币贬值超过了黄金输出点,逆差国就要求以黄金的输出结算其贸易逆差;一旦顺差国的货币升值超过了黄金输入点,顺差国就要求以黄金的输入结算其贸易顺差。这样,顺差国因黄金的输入而导致国内货币供应量增加,逆差国则因黄金的输出而导致国内货币供应量减少。如果货币数量论成立,则

---

① Hume D. Of the Balance of Trade//Rotwein E. D. Hume: Writngs on Economics. London: Nelson, 1955.

货币的增减变动直接引起国内价格的上升和下降。在汇率固定不变的条件下,国内价格的升降就直接表现为外币价格的升降,从而改变了国内外商品的比价。逆差国因黄金流出、货币供应量减少、价格下降而使出口增加、进口减少,导致逆差消除;顺差国则因黄金流入、货币供应量增加、价格上升而使出口减少、进口增加,导致顺差消除。这一调节过程可以直观地用图 17-1 表示。

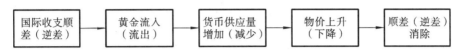

图 17-1 物价-铸币-流动机制

下面,通过数学模型来考察物价-铸币-流动机制(price-specie-flow mechanism)。首先,除假定存在金本位制和货币数量论成立以外,还做出如下几条假设:

(1)假定经济体系实行自由贸易,不存在政府干预和垄断。

(2)生产水平是固定不变的,且处于充分就业水平,货币流通速度为常数,因而货币供应量的变化直接转化为物价水平的变化。

(3)在金本位制下,汇率是给定不变的,因而不失一般性,可以假定汇率 $r=1$。

(4)货币供应量的变化仅仅是国际收支顺差或逆差的结果,在纸币流通条件下,黄金储备为纸币价值的 100%,或黄金储备为纸币价值的一个固定的百分比。在前一种情况下,纸币流通与黄金流通等价,货币数量的变化等于国际收支的不平衡数量;在后一种情况下,货币数量的变动等于储备比率的倒数(货币乘数)乘以国际收支不平衡的数量。

(5)假定不存在运输成本和保险费用等。

(6)只考虑一个国家,即不存在国外反响,因此,国外变量是外生给定不变的。

在以上若干假设的基础上,分两个阶段来建立物价-铸币-流动机制的模型,这两个阶段是相互独立的。第一个阶段与均衡状态相联系,第二个阶段则考虑不均衡的调节机制。这样,决定国际收支的系统可以用如下方程组表示:

$$MV = PY \tag{17-1}$$

$$x = x(P) \tag{17-2}$$

$$m = m(P) \tag{17-3}$$

$$B = Px(P) - P_m m(P) = 0 \tag{17-4}$$

其中,在式(17-1)中,M 为货币供应量,V 为货币流通速度,P 为国内物价水平,Y 为产出水平,并假定 V 和 Y 是固定不变的,这样,货币供应量 M 与物价水平 P 就成正比例关系。在式(17-2)和式(17-3)中,出口 x 和进口 m 都以实物数量表示,它们都取决于国内物价水平,其中 x 是物价水平 P 的减函数(即国内物价水平 P 上升,则出口数量 x 下降),m 是物价水平 P 的增函数(即国内物价水平 P 上升,则进口数量上升)。在式(17-4)中,国际收支 B 是以本币表示的,由于假定汇率 $r=1$,因而进口的本币价格也就等于进口的外币价格,即 $rP_m = P_m$;由于不考虑国外反响,因此假定 P_m 是外生给定不变的。

值得指出的是,在上述模型中,如果 Y 指的是实际国民收入,则 PY 为货币形式的国民收入(或名义国民收入),在这种情况下,Y 为复合商品的数量,P 为一般物价水平;同样,x 和 m 也都是复合商品。对 Y、x 和 m 还有另外一种解释,那就是假定一国只生产一种商品,其数量为固定不变的数量 Y,其中一部分 x 用于出口,另一部分 $(Y-x)$ 用于满足国内需求,同时进口另一种商品,进口量为 m。当第一种解释中复合商品的构成比例不变时,就与第二种解释毫无差别了,因而,上述模型的这两种解释,对分析国际收支调节来说,都是可以接受的,而且这对所得出的结论来说,不会引起什么差异。

在式(17-1)~式(17-4)所构成的系统中,由 4 个方程决定 4 个未知数 M、x、m、P 的均衡值 M^e、m^e、x^e 和 P^e,从理论上说,这个方程组系统是有解的。值得指出的是,M^e 是一个未知数,因为它是由经济系统决定的,且只有在国际收支均衡的条件下,才确切地知道货币的数量是否恰当,即是否刚好满足经济系统对货币的交易需求,因而式(17-1)事实上只是一个交易方程。正是从这个意义上说,物价-铸币-流动机制是以黄金在世界各国的最优分配为条件的(即黄金及其所支持的货币数量在各国最优分配,保证各国的均衡货币数量刚好满足各国的交易需求,同时保证各国国际收支均衡)。

下面讨论国际收支的调节过程。如果一国的国际收支不均衡,就会引起黄金的流动,从而引起货币供应量发生相应的变动,这一过程可以用如下方程表示:

$$\Delta M = P x(P) - P_m m(P) \tag{17-5}$$

也就是说,货币数量的变动在符号和数值上都等于国际收支的不平衡。

可以用简单的图形来反映国际收支不平衡时经济系统的动态行为。在图 17-2(a)中,用一条直线来反映国际收支 B 与物价水平 P 之间的关系,即假定 $B = P x(P) - P_m m(P)$ 为一条直线。这条直线与横轴的交点所对应的价格 P^e,即为国际收支均衡($B = 0$)时的均衡价格水平。在图 17-2(b)中,也用一条直线表示式(17-1),按其定义也应该是一条直线($M = \dfrac{Y}{V} \cdot P$),均衡的货币供应量为 M^e,这个货币供应量刚好对应于使国际收支均衡的价格水平 P^e。

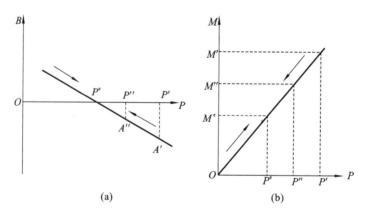

图 17-2 古典国际收支调节机制:物价-铸币-流动机制

现在,假定国际收支不均衡,例如,国内价格水平为 P',则对应的货币供应量为 M',对应的国际收支逆差为 $P'A'$,这样,就会引起 $P'A'$ 数量的黄金的流出,使货币供应量减少到 M'',且 $M'M'' = P'A'$,对应的价格为 P''。此时,国际收支仍然为逆差,从而引起 $P''A''$ 数量的黄金流出,使货币供应量进一步减少 $P''A''$。这一过程不断进行,直至货币供应量减少到 M^e,对应的价格下降到 P^e,国际收支达到均衡($B = 0$)时,才不会有进一步的黄金流出。

当一国国际收支发生顺差时,可以进行类似的推理。在这种情况下,黄金的流入使货币供应量增加,物价上升,直至达到均衡的货币供应量 M^e 和均衡的物价水平 P^e 时,黄金的流入才会停止。

在上述分析过程中,假定了一国的国际收支 B 与该国的物价水平成反方向变动的关系。但是,仅根据出口数量与物价水平成反向变动关系和进口数量与物价水平成同向变动关系的假设,还不足以保证国际收支与物价水平成反向变动关系,因为国际收支是用货币表示的。因此,为了考察国际收支与物价水平是否成反向变动关系,必须分析进出口商品的价格弹性。

如果定义进出口商品的价格弹性如下:

$$\begin{cases} \eta_m = \dfrac{\Delta m/m}{\Delta P/P} \\ \eta_x = -\dfrac{\Delta x/x}{\Delta P/P} \end{cases} \tag{17-6}$$

对式(17-4)求 B 对 P 的导数,得

$$\begin{aligned}
\frac{dB}{dP} &= x + P\frac{dx}{dP} - P_m\frac{dm}{dP} \\
&= x + \frac{dx}{dP} \cdot \frac{P}{x} \cdot x - P_m\frac{dm}{dP} \cdot \frac{P}{m} \cdot \frac{m}{P} \\
&= x - \eta_x \cdot x - \frac{P_m m}{P} \cdot \eta_m \\
&= x\left(1 - \eta_x - \frac{P_m m}{Px}\eta_m\right)
\end{aligned}$$

令 $\dfrac{dB}{dP} < 0$,则

$$1 - \eta_x - \frac{P_m m}{Px}\eta_m < 0$$

$$\eta_x + \frac{P_m m}{Px}\eta_m > 1 \tag{17-7}$$

当 $P_m m = Px$(即 $B = 0$)时,有

$$\eta_x + \eta_m > 1 \tag{17-8}$$

当 $P_m \cdot m > Px$(即 $B < 0$)时,式(17-7)比式(17-8)更容易满足;当 $P_m m < Px$(即 $B > 0$)时,则式(17-7)比式(17-8)更难以满足。

由此可见,物价-铸币-流动机制要发挥作用,除了应假定金铸币本位制和货币数量论成立外,还应该假定进出口商品的价格弹性要满足临界弹性条件。

通过以上分析注意到,作为货币分析法的物价-铸币-流动机制,与前面所介绍的弹性分析法,都是通过分析进出口商品相对价格 $\pi = \dfrac{Px}{rP_m}$ 的变化来分析国际收支调节过程的。区别在于,在物价-铸币-流动机制的分析中,假定汇率 r 不变,商品相对价格的变化,是由货币数量的变化(货币存量的变化)引起的;而在弹性分析法中,假定进口商品的外

币价格和出口商品的本币价格不变,商品相对价格的变化,是由汇率 r 的变化引起的。但从二者注重商品相对价格变化对国际收支的调节作用来说,二者都可以被称为自动价格调节机制,因而二者对国际收支的调节作用,都必须以进出口商品的弹性应满足临界弹性条件为前提。然而,这两种分析方法却存在着重要的区别,这里有必要加以指出。

第一,弹性分析法中,商品相对价格对国际收支的调节分析,所采用的是局部均衡分析方法,这在前面的分析中已经指出过;但在物价-铸币-流动机制中,商品相对价格对国际收支的调节分析,所采用的是一般均衡分析方法。其中关于产出水平不变的假定,是遵从了在充分就业均衡条件下实际产出水平不变这一古典的假设,在这种情况下,货币只是一层面纱(Money is a veil)[①],其作用仅在于决定绝对价格水平。在这种古典的关于宏微观的两分法[②]传统下,就可以在假定实际产出不变时,考察国民经济的货币方面。从而,物价-铸币-流动机制,不仅考虑了商品市场的均衡,同时也考虑了货币市场的均衡,考虑了货币在经济中的重要作用,因而是一种一般均衡分析。

第二,弹性分析法中,汇率变动对国际收支的调节,所注重的是流量不均衡(flow disequilibrium);但在物价-铸币-流动机制中,虽然仍假定国际收支不均衡是贸易流量的不均衡,但指出了这种不均衡的最终原因,在于货币存量不均衡(stock disequilibrium),即货币存量在各国的非最优配置,导致各国物价偏离其应有的均衡水平,从而引起进出口贸易的不均衡(或国际收支失衡)。正是在这个意义上说,物价-铸币-流动机制是一种古典的货币分析方法,是现代货币分析法的重要渊源,它与传统的弹性分析法有着重要的区别。

第二节 国际收支调节的货币分析法

一、基本假设及其含义

自休谟提出物价-铸币-流动机制以后,200 多年过去了,货币在国际收支调节中的作用一直被人们忽略。直到 20 世纪 60 年代国际收支分析的现代货币分析方法(modern

---

[①] "货币面纱论"最早由让·巴蒂斯特·萨伊(Say Jean Baptiste)、约翰·穆勒(John Stuart Mill)、古斯塔夫·卡塞尔(Gustav Cassel)等人倡导,这种理论认为,货币与商品的交换实质上是商品与商品的交换,货币本身没有价值,它只不过是一种便利交换的手段,对经济不发生任何实质性的影响,货币就像罩在实物经济上的一层面纱。

[②] 古典二分法是古典经济学家把经济分为两个互不相关部分的研究方法。当时经济学家认为经济分为实际经济与货币,相应地经济学分为经济理论和货币理论。经济理论研究实际经济中产量的决定,即产量是由制度、资源、技术等实际因素决定的,与货币无关。货币理论说明物价水平的决定,即我们所公认的货币数量论。宏观经济学中认为是名义变量和真实变量的理论区分。

monetary approach to the balance of payments, MABP)诞生, 并在 20 世纪 70 年代广泛流行, 货币及存量不均衡在国际收支调节中的作用, 才重新被人们普遍重视。货币分析法的提倡者, 都把货币分析法的起源追溯到休谟提出的物价-铸币-流动机制, 但这种追溯, 只在部分意义上是恰当的, 即就关于国际收支失衡的最终根源, 在于现存货币数量与最优货币数量的差异而言, 这种追溯是正确的。但就两者对国际收支调节的机制分析来看, 两种分析方法是有差异的。货币分析法强调货币存量的不均衡对支出函数(即对商品和服务的需求)的直接影响, 但并不影响商品相对价格, 或者说, 货币分析法假定价格水平保持在购买力平价水平上不变; 而休谟的物价-铸币-流动机制, 则强调货币存量的不均衡导致进出口商品相对价格的不均衡, 从而引起国际收支不均衡。因此, 就二者对国际收支调节机制的认识不同来看, 不能把货币分析法的起源追溯到物价-铸币-流动机制。

为了掌握货币分析法的主要观点, 有必要首先讨论货币分析法的主要假设及其经济和政策含义。货币分析法的主要假设包括如下三项。

1. 假设 I

国际收支本质上是一种货币现象, 因此, 国际收支调节的分析必须从货币存量的调节中去展开。更确切地说, 国际收支的不均衡反映了货币市场的不均衡(即货币市场存在超额需求或超额供给), 因此, 正是货币存量的不均衡才产生调节机制, 使货币存量向最优水平调整。如果假定货币需求是有关宏观经济变量的稳定函数, 则货币需求与货币供给的不均衡, 在理论上就是分析国际收支调节时必须考虑的重要关系。

为了充分理解这一假设的含义, 必须首先理解, 为什么说国际收支本质上是一种货币现象。我们在第十三章讨论了银行部门和中央银行的预算约束, 把银行部门和中央银行的预算约束相加, 可以得到

$$(\Delta H_b + \Delta D^b + \Delta N_b + \Delta R_b + \Delta F_b) + (\Delta H^c + \Delta N_c + \Delta R_c + \Delta F_c) = 0$$

上式也可以写成

$$(\Delta R_c + \Delta F_c) + (\Delta R_b + \Delta F_b + \Delta N_b + \Delta N_c) = -\Delta D^b - (\Delta H_b + \Delta H^c) \quad (17\text{-}9)$$

由基础货币市场的均衡, 有如下关系式:

$$-(\Delta H_b + \Delta H^c) = \Delta H_p \quad (17\text{-}10)$$

由银行存款市场的均衡, 有如下关系式:

$$-\Delta D^b = \Delta D_p + \Delta D_f \quad (17\text{-}11)$$

将式(17-10)和式(17-11)代入式(17-9)得

$$(\Delta R_c + \Delta F_c) + (\Delta R_b + \Delta F_b + \Delta N_b + \Delta N_c) = (\Delta D_p + \Delta D_f) + \Delta H_p \quad (17\text{-}12)$$

如果定义:

$$\Delta R = \Delta R_c + \Delta F_c \quad (17\text{-}13)$$

$$\Delta Q = \Delta R_b + \Delta N_b + \Delta F_b + \Delta N_c \quad (17\text{-}14)$$

$$\Delta M = \Delta D_p + \Delta D_f + \Delta H_p \quad (17\text{-}15)$$

则可以得到

$$\Delta R + \Delta Q = \Delta M \quad (17\text{-}16)$$

其中, ΔR 表示国际储备(international reserve)的变化; ΔQ 表示银行系统(包括中央银行和商业银行)除国际储备以外的其他资产的变化; ΔM 表示经济系统中货币存量(包

括高能货币/基础货币和银行存款)的变化。从式(17-16)可以得到

$$\Delta R = \Delta M - \Delta Q \tag{17-17}$$

在国际收支平衡表的介绍中,我们已经知道,一国国际储备的变化等于一国国际收支的差额,即 $\Delta R = \Delta B$。当一国发生国际收支顺差时,该国的国际储备减少。因此,式(17-17)实际上表明,一国国际收支的差额,等于该国货币存量的增加与其他金融资产存量的增加之差。很显然,从会计恒等式来看,国际收支是一种纯粹的货币现象。

再从产品市场来看,有

$$X - M = Y_d - A$$

其中,X 和 M 分别表示出口和进口;$Y_d = Y - T$ 为可支配收入(即等于国民收入减去税收);$A = C + I + G$ 为国内吸收。

为了从"国际收支本质上是一种货币现象"这个表述中推导出可行的结论,有必要引入一些关于经济行为的假设。具体来说,假定在其他条件不变的情况下,货币不均衡将对商品和服务总支出(即国内吸收)产生影响——货币的超额供给使国内吸收超过可支配的收入,从而引起贸易收支逆差;货币的超额需求则引起国内吸收小于可支配收入,产生贸易收支顺差。如果货币需求是有关宏观经济变量的稳定函数,就可以运用计量经济学方法,估计出经济系统的货币需求(等于最优货币供应量),再根据现有的货币供给,就能很容易地确定货币的超额需求或超额供给。

另外,由货币供求的不均衡所引起的可支配收入与国内吸收的偏差,事实上是由储蓄和投资的偏差所引起的①,因而这种不均衡可以表示为这些部门资产存量的变化。如果假定只存在货币一种资产,则货币存量的变化就完全等于国际收支的总差额了。这样,货币的超额供给或超额需求,引起国内对国民收入的过度吸收或吸收不足,从而引起国际收支逆差或顺差。换句话说,如果经济中存在超额货币供给,则导致国内吸收增加,货币的超额供给转变成对国外商品和服务的进口,从而导致国际收支逆差;如果经济中存在超额货币需求,则导致国内吸收减少,并通过向国外出口商品和服务换回货币,从而导致国际收支顺差。

在以上的推理中,事实上隐含地假定了价格水平是不变的(否则国内吸收与国民收入的不均衡,将导致价格变化),而这正是假设Ⅱ所要讨论的内容。

2. 假设Ⅱ

世界上商品市场、服务市场、资产市场等,都是有效的(efficient)。也就是说,在这些市场上,一价定律(law of one price)是成立的,即商品以及资产的价格,在任何地方都是一样的。如果用 P 表示本币价格,P_f 表示外币价格,r 为直接标价汇率,则根据一价定律,有如下关系:

$$P = rP_f \tag{17-18}$$

式(17-18)实际上是绝对购买力平价的公式。如果给定汇率 r 和外币价格 P_f,则本币价格 P 也是固定的。

---

① $X - M = Y_d - A = (Y - T) - (C + I + G) = (Y - T - C) - (I + G)$,其中,$S = Y - T - C$,$(I + G)$ 为私人投资和政府投资之和。

3. 假设Ⅲ

假定生产保持在充分就业水平不变。这是标准的古典经济假定(这里的古典是借用凯恩斯的说法,事实上是指国内通常所说的新古典)。

以上假设的主要政策含义是:

第一,在固定汇率制下,货币政策不能控制一国的货币供应,否则货币政策会失效。这个政策推论直接来自前两个假设,特别是假设Ⅰ。事实上,如果货币当局想要改变货币供应量,唯一的结果就是导致国际收支的失衡。

第二,国际收支的调节过程是自动进行的,货币当局最好不要实施任何干预。这个政策推论也直接来自前两个假设,特别是假设Ⅰ。国际收支失衡事实上是货币存量不均衡的症状(symptoms)或表现,如果让货币存量变化的自动机制发挥作用,这种症状将会随时间的推移而自动校正。例如,根据式(17-17),假定 $\Delta Q = 0$(不存在除货币以外的其他金融资产),一国存在国际收支逆差,只是货币超额供给的症状或表现,这种逆差会自动引起货币存量减少,使货币存量向最优货币存量接近,当现实货币存量等于最优货币存量时,国际收支逆差就会自动消失。然而,在不实行金本位制的固定汇率制条件下,如果逆差国的国际储备持续流失,在其达到国际收支均衡之前,有可能会趋于枯竭,在这种情况下,货币当局的干预是必要的。但货币当局的干预应仅限于货币的限制,以使货币供应更快地减少到最优水平,而不要直接采取本币贬值或其他措施,因为本币贬值或其他措施只能产生传递性影响,在货币超额供给存在时,这些措施并不能使国际收支逆差消失。

二、简单模型

在以下关于货币分析法模型的讨论中,假定价格水平是固定不变的。

第一个行为方程,表示国内对国民收入的超额吸收或吸收不足,完全取决于货币供给和货币需求之间的差额,即

$$A = \mathrm{PY} + \alpha(M-L), 0 < \alpha < 1 \tag{17-19}$$

其中,A 为国内吸收;PY 为名义国民收入;α 为一个系数,表示货币的超额供给($M-L$)对国内吸收的影响程度;M 和 L 分别表示货币供给和货币需求。

第二个行为方程表示货币需求是国民收入的稳定函数(假定货币需求只有交易需求)[①],即

$$L = k\mathrm{PY} \tag{17-20}$$

事实上,式(17-20)是货币数量论的另一种表达方式,若 $k = \dfrac{1}{V}$,则式(17-20)与式(17-1)完全一致。

然后,有一个会计等式。当假定货币是仅有的资产时(不存在货币以外的其他金融

---

① 在假定全部市场都是有效的条件下,利率 i 不能偏离利率平价条件,当汇率固定不变时,i 也就是固定不变的,因而货币需求可以仅看成是国民收入的函数。

资产),国民收入超过国内吸收的差额,即为社会公众所持有货币的增量①,即

$$\Delta M = PY - A \tag{17-21}$$

由于假定 $\Delta Q = 0$,因而式(17-17)变为

$$\Delta R = \Delta M \tag{17-22}$$

最后,假定国民收入处于充分就业均衡的国民收入水平,即

$$Y = \overline{Y} \tag{17-23}$$

将式(17-19)代入式(17-21),再代入式(17-22),得

$$\Delta R = \alpha(L - M) \tag{17-24}$$

上式表明,国际储备的变化(等于国际收支差额),取决于货币需求与货币供给的差额。

由式(17-20)、式(17-23)和式(17-24)可得

$$\Delta R = \alpha(kP\overline{Y} - M) \tag{17-25}$$

其中,$kP\overline{Y}$ 是国民经济充分就业均衡时的货币需求,即最优的货币存量;M 为现实的货币供应量。由式(17-25)及式(17-22)可知,当 $M > kP\overline{Y}$ 时,$\Delta R < 0$,$\Delta M < 0$,因而,国际收支发生逆差,是货币供应超过最优货币存量的结果,这将自动引起货币供应的减少,直至国际收支逆差消失。同样,当 $M < kP\overline{Y}$ 时,$\Delta R > 0$,$\Delta M > 0$,即国际收支顺差是货币供应不足的结果,这将自动引起货币供应量的增加,直至顺差消失。

下面用简单的图形来说明货币分析法关于国际收支调节过程的论述,以给读者一个直观的印象。

在图 17-3(a)中,横轴代表货币供应量,纵轴表示国民收入和国内吸收。$P\overline{Y}$ 为充分就业的国民经济产出水平(潜在产出水平)。由式(17-19)、式(17-20)和式(17-23)可得

$$A = (1 - \alpha k)P\overline{Y} + \alpha M \tag{17-26}$$

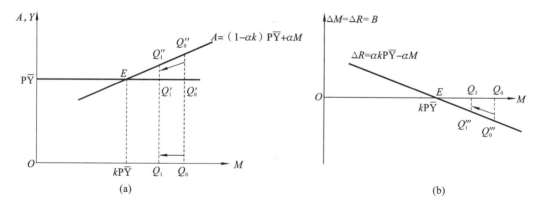

图 17-3 货币分析法的调节机制

A 直线与 $P\overline{Y}$ 直线的交点,决定均衡的货币供应量水平(最优货币存量水平)。当现实的货币供应量为 $Q_0 > kP\overline{Y}$ 时,国内吸收 A 超过 $P\overline{Y}$,国际收支也存在逆差,其差额为

---

① 由于 $S - I = Y - A$,故 $S - I = \Delta M = Y - A$,这里假定 $\Delta Q = 0$,即不存在货币以外的其他金融资产。

$Q'_0 Q''_0 = -\Delta M = (Q_0 - kP\overline{Y}) = \Delta R = Q_0 Q'''_0$，如图 17-3(b)所示。这将引起货币供应量减少至 Q_1，此时国内吸收 A 与 $P\overline{Y}$ 的差额减少为 $Q'_1 Q''_1$，国际收支逆差也减少至 $Q_1 Q'''_1$，这将进一步使货币供应量减少，直至达到均衡的货币供应量水平 $kP\overline{Y}$ 为止。

值得指出的是，货币分析法与弹性分析法有着明显的差别。在弹性分析法中，只有当进出口商品弹性满足临界弹性条件时，汇率变动所引起的商品相对价格变动，才能持续调节国际收支，使之达到均衡。但在货币分析法中，由于假定国民经济处于充分就业均衡水平，同时假定购买力平价成立，因而，汇率的变化除了引起国内价格水平变化以外，还引起最优货币供应量发生变化。如图 17-4 所示，当汇率变化引起国内价格水平由 P 上升到 P' 时，潜在名义产出水平由 $P\overline{Y}$ 上升到 $P'\overline{Y}$，因为吸收由 $A = (1-\alpha k)P\overline{Y} + \alpha M$ 上升到 $A' = (1-\alpha k)P'\overline{Y} + \alpha M$，$\Delta R = \alpha k P\overline{Y} - \alpha M$ 上升到 $\Delta R' = \alpha k P'\overline{Y} - \alpha M$，均衡点由原来的 E 点移动到 E' 点，最优货币供应量由 $kP\overline{Y}$ 增加到 $kP'\overline{Y}$。

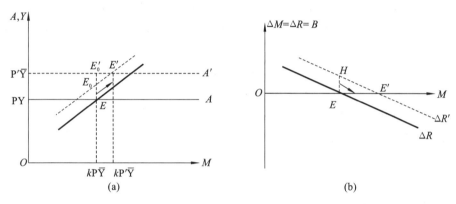

图 17-4　本币贬值的影响：货币分析法

如果本币贬值时，国际收支是均衡的，即经济系统处于 E 点，则汇率上升（本币贬值）后，新的均衡点为 E'，此时 E 不再是均衡点，而表示因货币供给不足（$kP\overline{Y} < kP'\overline{Y}$）而存在国际收支顺差 EH，国内吸收低于国民收入 $E_0 E'_0 = EH$，这将引起国内货币供应增加，直至达到新的均衡水平 E'，此时，国际收支顺差消失。可见，当货币供应的调整速度很快时，汇率的变化除了改变均衡的名义货币量以外，并不能改善一国的国际收支。

如果用 $\frac{L}{P} = k\overline{Y}$ 表示经济系统对货币的实际需求，用 $\frac{M}{P}$ 表示实际货币供应量，则很清楚，价格的变化并不改变最优实际货币供应量，而只是改变了现有名义货币供给的实际数量。本币贬值使价格上升，导致国内实际货币供应量减少，产生对实际货币的超额需求，从而表现为国际收支顺差，当名义货币供应量增加到使实际货币供应量等于最优实际货币供应量水平时，国际收支顺差就会自动消失。

三、国际收支调节货币主义的政策主张

货币理论认为，除非增加货币需求量，或国内信贷政策迫使居民通过国际收支盈余而增加所想要持有的额外货币，否则国际收支政策不会产生国际储备的流入。若存在国际收支顺差，顺差就会持续，直到顺差在增加国内货币持有的累积效应中满足货币需求

为止。货币理论的政策主张及其含义如下。

(1) 国际收支不平衡本质上是货币现象,所谓"结构性"逆差或盈余实际上不存在。

(2) 国际收支不平衡是暂时的。政府可以设法弥补逆差,但最终结果是耗尽储备,除非从国外借到储备。

(3) 所有国际收支不平衡都可以由国内货币政策解决,而无须汇率变动。

(4) 货币贬值只是国内信贷紧缩的替代,其目的在于降低一国的货币供给的世界价值,选择汇率变化而不是选择货币政策的变化,与价格和工资刚性及某种形式的货币幻觉有关。货币理论认为,要恢复实际货币余额,应该提高国内商品价格,提高的比例应近似于贬值的比例。这要求名义货币余额也有等比例增加,以维持货币均衡。如果名义货币增加由国内信贷膨胀所提供,其结果是通胀与货币贬值成比例,而没有国际储备收益。

(5) 为平衡国际收支而采取的进口限制、关税、外汇管制等其他干预贸易和金融的措施,只有其效果是提高货币需求,尤其是提高国内价格水平的时候,才能改善国际收支,而且这种影响是暂时的。如果施加的限制伴随国内信贷通货膨胀,则国际收支状况不一定改善,甚至可能恶化。

(6) 较快的经济增长往往通过对货币的需求而改善一国国际收支。国际收支总额的改善可能伴随贸易逆差和外国资本的流入。

国际收支调节的货币理论的中心论点是:如果一国长期处于国际收支逆差之中,那么,虽然可以采取传统的国际收支政策,如货币供给紧缩、总财政紧缩或实行货币贬值、进口限制、出口限制、出口补贴等进行改善,但这些措施仅仅是暂时有效,长期方法是降低国内信贷膨胀率。

四、对货币分析法的评论

按照货币分析法的观点,不仅本币贬值不能改善一国的国际收支,而且各种复杂的宏观经济政策也是无效的,因而必须抛弃。按照主张货币分析法的学者的看法,让经济系统的自动调节机制发挥作用,国际收支会自动恢复均衡。

货币分析法的这些观点,引起了经济学界对这种分析方法的大量批评。概括起来,主要有两种批评意见。

一是对充分就业均衡假设的批评。凯恩斯主义经济学认为,充分就业均衡在现实中是极少见的特例,非充分就业均衡才是现实中的通常情况,而且从长期趋势来看,自动调节机制是否倾向于使经济系统达到充分就业均衡,也是一个值得争论的问题。因此,假定经济系统处于充分就业均衡状态,是缺乏依据的。如果充分就业均衡这一假设不成立,货币分析法的结论也就有问题了。如果接受凯恩斯主义关于国民收入处于非充分就业均衡水平的假设,则在低于充分就业均衡水平时,国民收入就是可变的,这样不同的消费支出和投资支出函数就会存在,货币需求不再是稳定的,货币分析法的结论当然也就不真实了。

二是对货币分析法本身的内在逻辑结构的批评。这种批评主要来自资产分析方法的另一个分支,即资产组合平衡分析法的提倡者。根据前面对货币分析法的介绍,货币分析法关于国际收支失衡与货币的超额需求一致的结论,是以假定货币是唯一的金融资产,即假定对货币以外的其他金融资产的超额需求为 0 为前提的。但现实中,货币并不是唯一的资产,或人们对货币以外的金融资产也存在着超额需求(或超额供给),在这种情况下,根据 $\Delta R = \Delta M - \Delta Q$,则国际收支失衡不仅与货币供求有关,而且与货币以外的其他金融资产的供求有关。因而,分析国际收支问题,必须采用资产组合平衡的方法,这种方法将在第四节中介绍。

尽管货币分析法存在种种缺陷,但与其他两个理论一样,都是从不同的侧面解释国际收支,三种理论相互补充、不可替代,其互补性在于:与弹性理论和吸收理论注重短期和中期的均衡条件分析不同的是,货币理论注重长期收支条件的均衡分析。在分析对象上,弹性理论解释国际收支的贸易差额;吸收理论以凯恩斯经济理论为基础,解释经常账户差额;而货币理论以数量论为基础解释整个国际收支。弹性理论实际上是对商品市场的微观分析,后二者分别是商品市场和货币市场的宏观经济分析。其理论观点的差异势必导致政策的差异:弹性理论偏重汇率政策,但仅是局部分析;吸收理论侧重商品市场的均衡分析,政策上倾向总需求管理;货币理论认为国际收支是货币现象,主张用国内货币政策对付国际收支的失衡,但政策一定要通过相对价格变化对货币需求产生效应后才能起作用。

货币分析法有一个明显的基本优点,那就是,与传统的流量分析法相比,货币分析法将人们分析国际收支失衡及其调节的注意力,引向了存量不均衡及其调节方面,从而扩展了国际收支分析的视野。事实上,分析国际收支调节以及一般经济调节,都应该同时考虑流量和存量不均衡及其相互作用对经济不均衡的影响和调节作用,这种综合的分析方法,一定会比单纯的流量分析或单纯的存量分析方法得出更为符合实际的结论。

第三节 开放经济宏观经济均衡:蒙代尔-弗莱明模型

一、基本模型

在凯恩斯经济学中,开放经济宏观经济均衡是指这样一种状态,即商品市场、货币市场和国际收支同时达到均衡的状态。我们知道,凯恩斯理论的图示分析法,即著名的 IS-LM 分析,是由希克斯(John Hicks)于 1937 年提出的[①],这里暂且不讨论 IS-LM 分析法体系是不是对凯恩斯理论的准确解释,但 IS-LM 分析只适用于封闭经济的情况。为了把凯恩斯主义的 IS-LM 分析方法扩展成开放经济的模型,在 20 世纪 60 年代初期,蒙代尔

---

① Hicks J A. Mr. Keynes and the "Classics". Econometrica,1937,5:147-159.

(R. A. Mundell)和弗莱明(J. M. Fleming)分别提出了 IS-LM-BP 分析法,被称为蒙代尔-弗莱明模型(Mundell-Fleming Model)。[①][②][③]

前面在国际收支调节的收入/乘数分析法中,只考虑了商品市场均衡的情况,把凯恩斯的乘数原理扩展应用到开放经济中,分析了开放经济中的乘数作用。但这种分析没有考虑利率对商品市场的影响,只是一种局部均衡分析,因而是不完善的。本节主要介绍在固定汇率制下,开放经济的宏观经济一般均衡问题,即同时考虑商品市场、货币市场和国际收支的均衡。为了简化分析,假定不存在国外反响,考虑一种一国模型,并假定汇率和价格是固定不变的。

IS-LM-BP 模型,可以简化为由三个方程组成的经济体系:一个是表示商品市场均衡的方程(IS),另一个是表示货币市场均衡的方程(LM),再一个是表示国际收支均衡的方程(BP)。

就表示商品市场均衡的方程而言,可以采用与上一章介绍的式(16-10)相同的表达形式,即将国民收入 Y 表达为居民对国内产出的需求 D 和非居民对国内产出的需求 X。所不同的是,在这里假定汇率固定不变,因而非居民对国内产出的需求(即出口)X 完全是外生给定的,记为 X_0;同时,居民对国内产出的需求一方面取决于国民收入 Y,另一方面则取决于利率 i。一般来说,利率的变化引起居民对国内产出的需求作相反方向的变化,也就是说,利率上升,则居民对国内产出的需求下降(投资减少,消费也可能减少,而投资和消费支出中,既包含对国内商品的支出,也包含对国外商品的支出)。这样,可以用如下方程表达商品市场均衡:

$$Y = D(Y, i) + X_0 \tag{17-27}$$

就国际收支而言,此处所定义的国际收支不仅包括贸易收支,而且还包括资本流动(非补偿性的资本流动,主要是指无风险套利的短期资本的流动)。虽然将出口假定为外生变量,但进口 m 则可以表达为收入 Y 和利率 i 的函数。为什么进口会是利率的函数呢?事实上,利率 i 会影响投资和储蓄(等于可支配收入减去消费),从而影响投资和消费,而投资和消费支出中既包括对国内商品的支出,也包括对进口商品的支出,因而利率会影响进口。一般来说,进口是利率的减函数。因为利率上升使投资和消费减少,从而对进口投资品和进口消费品的支出减少,进口减少。就资本流动而言,资本流入与资本流出的差额 K 可以表达为利率的增函数(假定国外利率是外生给定的)。这里所考虑的主要是短期无风险套利(covered interest arbitrage)资本的流动,因而,在假定汇率固定不变和国外利率给定不变的条件下,按照利率平价理论,套利资本的流入和流出就完全取决于国内利率的高低。国内利率越高,越有利于资本的流入。因此,可以把包含贸易差额和资本差额的国际收支均衡方程表达如下:

---

① Mundell R A. The Appropriate use of Monetary and Fiscal Policy under Fixed Exchange Rates. IMF Staff Papers,1962,9:70-79.

② Mundell R A. Capital Mobility and Stabilization Policy under Fixed and Flexible Excnange Rates. Canadian Journal of Economics and Political Science,1963,29:475-485.

③ Fleming J M. Domestic Financial Policy under Fixed and under Floating Exchange Rates. IMF Staff Papers,1962,9:369-379.

$$X_0 - m(Y,i) + K(i) = 0 \qquad (17\text{-}28)$$

资本账户的引入,使上式左边所表达的应为总的国际收支差额。我们知道,当总国际收支均衡时,国际储备是固定不变的。

最后,考虑货币市场的均衡。采用通常的凯恩斯主义货币需求方程,即货币需求包括交易需求和投资需求两部分,货币的交易需求是国民收入的增函数,而货币的投资需求则是利率的减函数。这样,得到货币市场的均衡方程如下:

$$M = L(Y,i) \qquad (17\text{-}29)$$

其中,M 为经济体系中的货币存量;L 为货币需求。

在上述三个方程所组成的系统中,有三个未知数 Y、i 和 M,因而理论上可以通过上述三个方程组成的体系同时决定均衡的国民收入 Y^e、均衡的利率水平 i^e 和均衡的货币供应量(或货币存量)M^e,从而同时实现商品市场、货币市场和国际收支的均衡。

二、均衡条件的图示分析

首先讨论由式(17-27)所确定的 IS 曲线的情况。对式(17-27)求 Y 对 i 的导数,得

$$\left(\frac{dY}{di}\right)_{IS} = \frac{\partial D}{\partial Y}\left(\frac{dY}{di}\right)_{IS} + \frac{\partial D}{\partial i}$$

$$\left(\frac{dY}{di}\right)_{IS} = \frac{\frac{\partial D}{\partial i}}{1 - \frac{\partial D}{\partial Y}} \qquad (17\text{-}30)$$

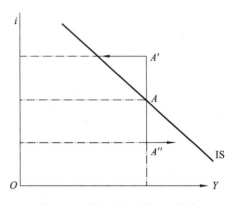

图 17-5 商品市场均衡:IS 曲线

由于假定居民对国内产出的需求或支出是利率的减函数,即 $\frac{\partial D}{\partial i} < 0$;而居民对国内产出的边际需求(或支出)倾向大于 0 但小于 1,即 $0 < \frac{\partial D}{\partial Y} < 1$,因此,有 $\left(\frac{dY}{di}\right)_{IS} < 0$,即 IS 曲线是一条具有负斜率的曲线。如果假定 IS 为一条直线,则可以用图 17-5 表示。在图 17-5 中,位于 IS 曲线上的点(如 A 点),表示商品市场均衡时的国民收入 Y 和利率 i 的组合;位于 IS 曲线上方的点(如 A' 点),利率高于均衡的利率水平,表明对国内产出的需求低于均衡的水平,即经济系统存在超额供给,这将导致国民收入下降;位于 IS 曲线下方的点(如 A'' 点),利率低于均衡的利率水平,表明对国内产出的需求高于均衡的水平,即经济存在超额需求,这将导致国民收入增加。

其次讨论由式(17-28)所确定的 BP 曲线的情况。对式(17-28)求 Y 对 i 的导数,得

$$-\frac{\partial M}{\partial Y} \cdot \left(\frac{dY}{di}\right)_{BP} - \frac{\partial M}{\partial i} + \frac{dK}{di} = 0$$

$$\left(\frac{dY}{di}\right)_{BP} = \frac{\frac{dK}{di} - \frac{\partial M}{\partial i}}{\frac{\partial M}{\partial Y}} \qquad (17\text{-}31)$$

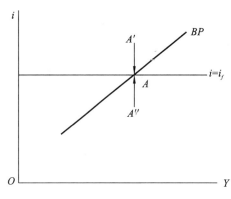

图 17-6 国际收支均衡：BP 曲线

由于 $\frac{dK}{di} > 0$（利率上升，导致资本流入增加或资本流出减少，资本项目顺差增加），$\frac{\partial M}{\partial i} < 0$（利率上升，进口减少），$\frac{\partial M}{\partial Y} > 0$（国民收入增加，进口增加），因而 $\left(\frac{dY}{di}\right)_{BP} > 0$，即国际收支平衡曲线具有正的斜率。如果假定 BP 为一条直线，则可以用图 17-6 表示。在图 17-6 中，位于 BP 曲线上的点（如 A 点），表示国际收支平衡的国民收入 Y 与利率 i 的组合；位于 BP 曲线上方的点（如 A' 点），利率高于使国际收支均衡的利率，这将导致资本的流入和进口的减少，因而表明国际收支存在顺差，而短期资本的流入倾向于使利率下降；位于 BP 曲线下方的点（如 A'' 点），利率低于使国际收支均衡的利率，这将导致资本的流出和进口的增加，因而表明国际收支存在逆差，而短期资本的流出倾向于使利率上升。值得指出的是，由式 (17-31) 可以发现，$\frac{dK}{di}$ 越大，则 $\left(\frac{dY}{di}\right)_{BP}$ 越大，从而 BP 曲线越平坦。换句话说，BP 曲线的斜率取决于短期资本流动对利率的弹性大小，当短期资本流动的利率弹性为无穷大时，BP 曲线将为一条水平线 $i = i_f$（i_f 为国外利率水平，这里假定汇率固定不变）。

最后讨论由式 (17-29) 所确定的 LM 曲线的情况。对式 (17-29) 求 Y 对 i 的导数，得

$$\frac{dM}{di} = \frac{\partial L}{\partial Y}\left(\frac{dY}{di}\right)_{LM} + \frac{\partial L}{\partial i}$$

由于货币供给 M 是由货币当局决定的，因而与利率无关，即 $\frac{dM}{di} = 0$，因而可以得到

$$\left(\frac{dY}{di}\right)_{LM} = -\frac{\frac{\partial L}{\partial i}}{\frac{\partial L}{\partial Y}} \qquad (17\text{-}32)$$

由于 $\frac{\partial L}{\partial i} < 0$（货币需求是利率的减函数，利率提高，货币的投资需求减少），$\frac{\partial L}{\partial Y} > 0$（货币需求是国民收入的增函数，国民收入增加，货币的交易需求增加），因而有 $\left(\frac{dY}{di}\right)_{LM} > 0$，即货币市场均衡曲线具有正的斜率。如果假定 LM 为一条直线，则可以用图 17-7 (a) 来表示。在图 17-7(a) 中，位于 LM 曲线上的点（如 A 点），表示货币市场均衡时的国民收入 Y 和利率 i 的组合；位于 LM 曲线上方的点（如 A' 点），利率高于使货币市场均衡的利率水平，货币的投资需求不足，表明存在着货币的超额供给，这将导致利率下降；位

于 LM 曲线下方的点(如 A'' 点),利率低于使货币市场均衡的利率水平,货币的投资需求过度,表明存在着对货币的超额需求,这将导致利率上升。值得指出的是,当货币当局减少货币供应量时,将引起 LM 曲线向左上方移动,导致均衡利率上升;当货币当局增加货币供应量时,将引起 LM 曲线向右下方移动,导致均衡利率下降。这种情况可用图 17-7(b)表示。

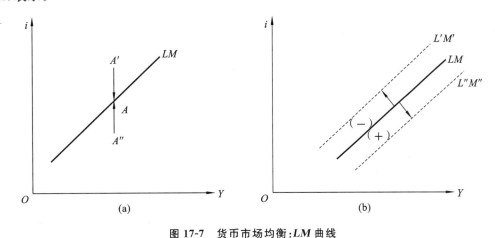

图 17-7 货币市场均衡:LM 曲线

三、商品市场、货币市场和国际收支的同时均衡

如果将 IS、LM 和 BP 曲线画到同一个 Y-i 平面上,就可以分析三个市场的均衡情况和动态了。为了方便分析,首先考虑商品市场和国际收支同时均衡的情况。显然,当 IS 曲线与 BP 曲线相交时,其交点就决定了使两个市场(商品市场和外汇市场)同时达到均衡的国民收入和利率水平,例如,图 17-8 中的 E 点所决定的国民收入 Y_E 和利率 i_E。再考虑货币市场的情况。在商品市场与国际收支同时均衡时,货币市场有两种可能性,即均衡和不均衡,这两种

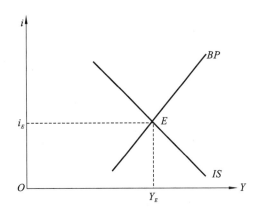

图 17-8 商品市场与国际收支的同时均衡

情况可以用图 17-9(a)和(b)分别表示。在图 17-9(a)中,当 LM 曲线刚好通过 IS 与 BP 曲线的交点 E 时,即当 IS、LM、BP 三条曲线相交于一点时,商品市场、货币市场和国际收支同时达到均衡。当 LM 曲线不通过曲线 IS 与 BP 的交点 E 点,例如在图 17-9(b)所示的情况下,从曲线 IS 与 BP 的交点 E 来看,货币市场不均衡,此时,利率 i_E 高于使货币市场均衡的利率 i_A,表明货币市场存在超额供给;而从曲线 IS 与 LM 的交点 E_1 来看,则国际收支不均衡,此时,利率 i_{E_1} 低于国际收支均衡的利率 $i_{A'}$,表明国际收支存在逆差。现在要分析的是,在图 17-9(b)所示的情况下,当曲线 IS、LM、BP 不相交于同一点,即商

品市场、货币市场和国际收支不能同时达到均衡时,是否存在某些力量使 LM 曲线发生移动,使三者达到同时均衡。为此,必须考虑系统不均衡的动态特性。但在此之前,必须对货币供应量、国民收入和利率这三个变量做出相应的行为假定。这些假定包括以下几个方面。

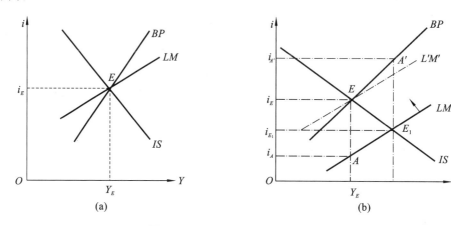

图 17-9　IS、LM 和 BP 的一般均衡

（1）货币供应量随国际收支顺差或逆差而变化。更确切地说,当存在国际收支顺差时,货币供应量增加;而当存在国际收支逆差时,货币供应量减少。这条假设与货币分析法关于国际收支调节机制的分析是一致的。在金本位制条件下,逆差引起黄金流出,减少一国的货币供应,这是可以接受的。但是,在不实行金本位制的当今世界经济中,一国货币当局通常不会任其货币供应量随国际收支状况而变化,但这就需要货币当局的干预,关于这一点,将在下一节介绍。然而,在分析自动均衡机制时,假定货币供给量会随国际收支状况而变化。

（2）国民收入随居民和非居民对国内产出的超额需求而变化。更确切地说,当商品市场存在超额需求时,国民收入将增加;当商品市场存在超额供给时,国民收入将减少。

（3）利率随货币市场的超额需求而变化。当货币市场存在超额需求时,利率上升;当货币市场存在超额供给时,利率下降。事实上,利率可以看成是流动性的价格,对流动性的超额需求使利率上升;对流动性的超额供给则使利率下降。当流动性稀缺时（即当存在对货币的超额需求时）,债券的持有者会出售债券以换取货币,这样,债券供应的增加使债券的价格下降。而债券的价格可以看成是利率的倒数,因而债券价格的下降即为利率的上升。

在以上关于经济系统行为假定的基础上,就可以分析,经济系统在不均衡时,如何自动调节以实现均衡的过程了。例如,在图 17-9(b)中,从 IS 与 LM 曲线的交点 E_1 来看,该点位于 BP 曲线的下方,表明该国存在国际收支逆差。根据上面的第一条行为假设,逆差的存在将使该国的货币供应量自动减少,从而 LM 曲线向左上方移动,直至与 IS 和 BP 曲线的交点 E 相交为止,此时,该国同时实现了商品市场、货币市场和国际收支的均衡。

四、比较静态分析

当外生变化引起均衡点发生移动时,可以根据上述三条行为假设,来分析 IS、LM 和 BP 曲线的移动情况。在这里,作为例子,分析居民对国内产出需求的外生变化、出口的外生变化以及本币的一次性贬值(如钉住汇率的一次性调整)这三种情况所引起的均衡点移动。

首先,分析居民对国内产出的需求自主增长的情况(假定进口函数不变)。如图17-10所示,假定开始时经济系统在 E 点均衡,当居民对国内产出的需求自主增长时,引起 IS 曲线向右上方移动到 $I'S'$ 位置,与 BP 曲线相交于 E' 点。对于货币市场来说,E' 点表明存在货币的超额供给,按照国际收支调节的货币分析法,货币的超额供给表现为国际收支逆差,必然引起货币供应量减少,以消除逆差,即 LM 曲线向左上方移动,直至在 E' 点与 IS 和 BP 曲线相交,实现新的均衡。如果 LM 曲线的斜率大于 BP 曲线的斜率,如图17-11所示,则居民对国内产出需求的自主增长将导致国内货币供应量增加。

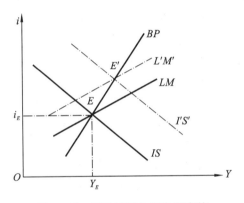

图 17-10 居民对国内产出需求的自主增长:情况 1

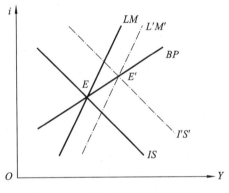

图 17-11 居民对国内产出需求的自主增长:情况 2

其次,讨论出口自主增长的情况。如图 17-12 所示,出口的自主增长使 IS 曲线向右上方移动,同时,也使 BP 曲线向右下方移动。这样,$I'S'$ 曲线与 $B'P'$ 曲线相交于 E' 点。对于 LM 曲线来说,E' 点位于 LM 曲线的下方,表明货币市场存在超额需求,按照国际收支调节的货币分析法,这将引起货币供应量增加,即 LM 曲线向右下方移动,直至在 E' 点实现三个市场的同时均衡。

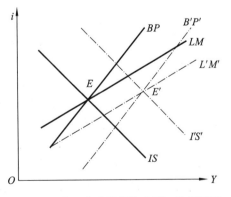

图 17-12 出口自主增长和本币一次性贬值

最后,讨论本币一次性贬值的情况。本币的一次性贬值引起出口增加,从而 IS 曲线向右下方移动,在进出口商品满足临界弹性条件的情况下,本币贬值引起国际收支改善,使 BP 曲线向右下方移动,根据与上面出口自主增长相同的推理，LM 曲线也向右下方移动，直至三条曲线相交于一点，从而达到新的均衡。这一过程，可以用与图 17-12 相同的图形来表示。

第四节　国际收支调节的货币政策和财政政策

一、内部平衡与外部平衡

在开放经济中，经济体系的平衡包括内部平衡（internal balance）和外部平衡（external balance）两个方面。内部平衡通常指不存在失业和通货膨胀，在现实中，以失业率不超过 3%，通货膨胀率不超过 3% 为标准。外部平衡则指国际收支平衡，在现实中，通常以不存在国际收支逆差或略有顺差为标准。然而，在现实中，同时实现经济的内部平衡和外部平衡是非常困难的，通常情况是，内部平衡和外部平衡之间往往存在矛盾，米德冲突时常发生①。例如，国际收支逆差通常伴随着失业，而逆差表明货币市场存在超额供给，利率低于市场均衡的利率水平，按货币分析法，货币供应量的自动减少将有利于消除国际收支逆差，但利率的提高，使居民对国内产出的需求减少，国民收入减少，从而会加重国内失业。由此可见，自动调节机制难以使经济体系同时实现内部平衡和外部平衡。要同时实现经济体系的内外平衡，必须利用经济政策对国民经济进行调节。

根据丁伯根（J. Tinbergen）提出的"丁伯根规则"（Tinbergen's Rule），要实现多重独立的经济目标，独立政策工具的数目至少应该与独立政策目标的数目一样多。值得强调的是，在这里，政策工具必须是独立的。如果两个或两个以上的政策工具以相同的方式作用于同一个（或一些）经济变量，则它们构成单一的政策工具，而不能当作几个独立的政策工具来看待。在 20 世纪 50 年代发展的宏观经济政策理论，把财政政策和货币政策当作等价的只对总需求（即对收入水平和进口）产生影响的手段。如果进口与国民收入（通过边际进口倾向）作同方向变动，则根据上述关于财政政策和货币政策等价的观点，只有在一定的情况下，内部平衡与外部平衡才不会发生冲突。

首先考虑第一种情况，即失业和国际收支顺差并存。在这种情况下，扩张性的财政或货币政策都将导致国民收入的增加和国际收支状况的恶化，此时，内部平衡和外部平衡可以通过扩张性政策（财政或货币政策）同时实现，而不存在冲突。

第二种情况，经济体系存在超额总需求（通货膨胀），但国民收入处于充分就业水平，

---

① 詹姆斯·米德（J. Meade,1951）在《国际收支》中最早提出了固定汇率制下的内外均衡冲突问题。在汇率固定不变时，政府只能主要运用影响社会总需求的政策来调节内外均衡。在开放经济运行的特定区间，便会出现内外均衡难以兼顾的情形。

同时存在国际收支逆差。在这种情况下,限制性的政策(紧缩性的财政或货币政策)将减少超额总需求,同时通过对总需求的限制也减少进口,改善国际收支,从而有可能实现国民经济的内外同时均衡。

第三种情况,经济系统存在失业和国际收支逆差。在这种情况下,内部平衡需要实行扩张性政策,而外部平衡则要求实施限制性政策。这时,国民经济的内部平衡和外部平衡存在矛盾。

第四种情况,经济系统存在超额总需求(通货膨胀),国民收入处于充分就业水平,但国际收支存在顺差。在这种情况下,内部平衡要求实施限制性政策,而外部平衡则要求实行扩张性政策。这时,国民经济的内外平衡也存在政策选择上的矛盾。

值得指出的是,第三种情况更为困难。因为与国际收支顺差相比,国际收支逆差更加难以应付。一般认为,当内外平衡发生矛盾时,一国政府总是优先考虑内部平衡问题,只有当外部平衡可能会造成极为严重的后果时,才会重视解决外部不平衡问题。这样,在第四种情况下,政府主要集中调节内部平衡,控制总需求,而国际收支顺差的增加只是增加一国的国际储备,不会产生过于严重的后果。但在第三种情况下,如果一国政府只注重解决失业问题,则会使国际收支状况更为恶化,长期下去,一国国际收支必然面临枯竭的威胁,从而影响国内货币和金融的稳定,这对一国政府来说是难以忍受的。当发生这种情况时,一国政府将不得不以失业为代价,实施限制性政策来改善国际收支。

以上的讨论是以货币政策和财政政策对不同经济变量有相同影响为假定条件的。事实上,在现实中,货币政策除了影响总需求以外,还会通过利率变动对国际资本流动产生影响,而财政政策则不具有这种影响作用。也就是说,除了国际资本流动对利率变化完全无弹性(不随利率变化而变动)和对利率变化具有完全弹性(国际资本可以无限制地在国家间流动)这两种情况以外,货币政策与财政政策并不是等价的。也就是说,在现实中,可以通过对两种政策的恰当配合运用,同时实现国民经济的内外均衡。

二、指派问题

如果确定财政政策(fiscal policy)与货币政策(monetary policy)是明显不同的政策工具,就可以通过恰当地运用这两种政策工具,同时实现国民经济的内部平衡和外部平衡这两个目标。那么,如何进行这两种政策工具的分工,即让哪一种政策工具用于实现哪一种单一的政策目标,这就是所谓的指派问题(assignment problem)。当经济政策的决策存在分权,以及政策制定者具有不完全信息时,就会产生指派问题。从本质上说,指派问题是一个动态问题。事实上,从静态的观点来看,通过求解政策目标-政策工具方程组系统,可以同时求出决定每个政策工具用于实现不同政策目标的均衡数值,因而,在静态情况下,并不存在所谓的指派问题。在政策制定权集中于同一个单一的行政当局的情况下,从理论上说,该行政当局为了实现不同的政策目标,可以立即决定每一政策工具的均衡值,因而也就不存在指派问题。但当政策工具掌握在具有或多或少相互独立性的不同行政当局手中时,各行政当局如何管理其相应的政策工具以实现相应的政策目标,就成了一个需要解决的问题,即要求将政策工具与政策目标配对,这就产生了指派问题。然而,在政策工具集中于单一行政主体的情况下,如果行政当局不能准确知道有关信息,这时,政策制定者就必须通过试错法来接近政策目标,在这种情况下,要从理论上解决指派问题,政策制定者至少应知道一定的政策运用会导致对经济目标的接近还是偏离。

运用蒙代尔提出的"蒙代尔分配法则"[Mundell's assignment principle,有时也称为"有效市场分类法则"(principle of effective market classification)]可以解决指派问题。根据这一法则,每一政策工具应该分配用于实现其相对有效地影响的政策目标方面[①];否则,可能导致经济系统难以达到均衡。按照蒙代尔的意见,货币政策能相对有效地影响外部平衡,因而,应该把货币政策运用于外部平衡的目标,而财政政策用于内部平衡的目标。其原因是,如果假定货币政策和财政政策对影响总需求,从而对影响国民收入具有同样的效果,则它们对国际收支的影响是不同的,相比之下,货币政策对国际收支的影响,比财政政策对国际收支的影响要大一些。因为货币政策不仅通过影响总收入变化从而影响进口变化,对经常账户产生影响,而且还通过利率的变化影响国际资本流动,从而对资本账户产生影响,但财政政策除了通过影响总收入从而对经常账户产生与货币政策同样的效果以外,并不能对资本账户产生影响。由此可见,政策工具与政策目标的正确配对应该是:财政政策→内部平衡;货币政策→外部平衡。如果政策工具与政策目标配对错误,则难以同时实现经济系统的内外均衡。对此,可以用图17-13加以分析。

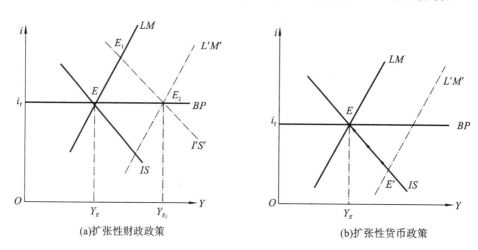

图17-13 固定汇率制下财政政策和货币政策的效果

为了简化分析,第一,假定财政政策定义为对政府支出的管理,当政府支出发生变动时,引起 IS 曲线移动。扩张性的财政政策使 IS 曲线向右上方移动,紧缩性的财政政策则使 IS 曲线向左下方移动。第二,假定货币政策定义为货币当局通过公开市场业务对利率的操纵,即通过货币供应量的改变影响利率的升降。扩张性的货币政策使 LM 曲线向右下方移动,紧缩性的货币政策使 LM 曲线向左上方移动。第三,假定在固定汇率制下,政府不能改变汇率(不能运用汇率政策),因而 BP 曲线不发生移动。第四,假定国际

---

① Mundell R A. The Appropriate Use of Monetary and Fiscal Policy Under Fixed Exchange Rates. IMF Staff Papers,1962,9:70-79.

资本流动对利率具有完全弹性,BP 曲线简化为一条水平线 $i=i_f$,在小国的情况下,i_f(国外利率)是外生给定的。在这些假设条件下,就可以运用图 17-13 来分别分析财政政策和货币政策的效果了。

在图 17-13(a)中,开始时,经济系统在 E 点实现内外均衡。现假定实行扩张性财政政策,则 IS 曲线向右上方移动,比如移动到 $I'S'$ 位置,与 LM 曲线相交于 E_1 点。由于 E_1 点位于 BP 曲线的上方,表明存在国际收支顺差,国内利率高于使国际收支均衡的利率水平,国内流动性稀缺,货币供应不能满足需求(资本流入对国内货币的需求)。为了实现国际收支均衡,货币当局应增加国内货币供应量,使 LM 曲线向右下方移动至 $L'M'$ 位置,使 $L'M'$ 在 E_2 点与 $I'S'$ 及 BP 曲线相交,使国民经济在 E_2 点同时实现内外均衡。此时,均衡的国民收入 Y_{E_2} 高于原来的均衡收入水平 Y_E。财政政策和货币政策分工恰当,既使扩张性财政政策起到了增加国民收入的作用,又通过货币政策实现了经济的内外同时均衡。

在图 17-13(b)中,如果从初始均衡点 E 出发,采用扩张性的货币政策以增加国民收入,而通过财政政策来实现国际收支平衡,则会发生什么情况呢?首先,扩张性的货币政策使 LM 曲线向右下方移动,比如移动到 L'_1M' 位置,与 IS 曲线相交于 E' 点。E' 点位于 BP 曲线的下方,表明存在国际收支逆差,而财政政策调节国际收支逆差的办法,只能通过减少总收入来减少进口需求,从而应通过紧缩性财政政策,促使 IS 曲线向左下方移动,但这种移动显然不能实现国际收支均衡。可能的情况是,由于 E' 点的国内利率水平低于国外利率 i_f,从而导致国内资金的流出,为了维持汇率的稳定,货币当局必须抛售外汇,回笼本币,这就造成国内货币供应的减少,L'_1M' 曲线又逐步向 LM 曲线回移,直至回到原来的 LM 曲线位置,经济在原来的均衡点 E 恢复均衡。由此可见,在固定汇率制条件下,货币政策的作用在于被动地稳定汇率,它不能主动地发挥调节国民收入的作用。

附录 17.1

附录 17.2

从上面的分析中不难发现,在固定汇率制下,只有财政政策能发挥主动调节国民收入的作用,而货币政策只能被动地用于稳定汇率,因而使一国失去了主动运用货币政策工具的可能性。这也是浮动汇率制的倡导者对固定汇率制的批评之一。同时,财政政策和货币政策在固定汇率制下,对调节国民收入的不同效果,也说明了这样一个问题,即在固定汇率制下,财政政策用于实现内部平衡,而货币政策用于实现外部平衡(尽管是被动的),这种政策工具的分配方式是恰当的。对于这种政策工具的分配,经济学家们也提出了不少批评意见,有兴趣的读者可以参考甘多尔夫(Giancarlo Gandolfo)对不同批评意见的归纳。[①]

---

① Gandolfo G. International Economics,Vol. 2. 2nd ed. Berlin:Springer-Verlag,1995:225-227.

本章小结

1. 本章介绍了固定汇率制下国际收支调节的古典调节机制（物价-铸币-流动机制）、货币分析法、蒙代尔-弗莱明模型、货币政策和财政政策的作用，以及开放经济中的资产组合平衡模型。

2. 古典的物价-铸币-流动机制，在金本位制条件下，说明了黄金流动对货币供应量和进出口商品相对价格的影响及其自动调节国际收支（贸易收支）的机制。

3. 国际收支调节的货币分析法，在假定绝对购买力平价成立的条件下，把国际收支差额看成是一种货币现象，分析了货币供求不均衡与国际收支差额之间的关系，从而说明了货币供应量自动变化对国际收支差额的调节作用。

4. 蒙代尔-弗莱明模型把凯恩斯主义的 IS-LM 模型扩展为开放经济条件下的 IS-LM-BP 模型。在固定汇率制条件下，分析了 IS-LM-BP 的一般均衡。

5. 开放经济条件下的货币政策和财政政策是 IS-LM-BP 模型在政策分析中的应用。在固定汇率制下，货币政策只能被动地用于稳定汇率，而财政政策则能主动发挥调节国民收入的作用。

6. 开放经济条件下的资产组合平衡模型，是资产组合平衡理论在开放经济条件下的扩展。在一系列简化假设条件下，分析了资产组合平衡的变化与国际收支差额之间的关系。

进一步阅读导引

1. 关于物价-铸币-流动机制，参见：

Hume D. Of the Balance of Trade//Rotwein E. D. Hume: Writings on Economics. London: Nelson, 1955.

2. 关于国际收支调节的货币分析法，参见：

Frenkel J A, Johson H G. The Monetary Approach to the Balance of Payments. London: Allen and Unwin, 1976.

3. 关于蒙代尔-弗莱明模型，参见：

①Mundell R A. The Appropriate Use of Monetary and Fiscal Policy under Fixed Exchange Rates. IMF Staff Papers, 1962, 9: 70-79.

②Mundell R A. Capital Mobility and Stabilization Policy under Fixed and Flexible Exchange Rates. Canadian Journal of Economics and Political Science, 1963, 29: 475-485.

③Fleming J M. Domestic Financial Policy under Fixed and under Floating Exchange Rates. IMF Staff Papers, 1962, 9: 369-379.

4.关于蒙代尔分配法则,参见:

Mundell R A. The Appropriate Use of Monetary and Fiscal Policy under Fixed Exchange Rates. IMF Staff Papers,1962,9:70-79.

5.关于开放经济条件下的资产组合平衡模型,参见:

Mckinnon R I, Oates W. The Implications of International Economic Integration for Monetary, Fiscal and Exchange Rate Policy. Princeton Studies in International Finance,1966(16).

思考题

1.基本概念

货币分析法　蒙代尔分配法则　蒙代尔-弗莱明模型　物价-铸币-流动机制

2.讨论与回答

(1)试分析物价-铸币-流动机制调节国际收支的过程。

(2)国际收支调节的货币分析法与古典的物价-铸币-流动机制有何区别?

(3)比较国际收支调节中的弹性理论、吸收理论和货币理论的优缺点。

(4)为什么在资本充分流动和固定汇率制下,一国的货币政策是无效的?在此情况下,如何调节国民收入?

(5)蒙代尔-弗莱明模型如何扩展了凯恩斯主义的IS-LM模型?

(6)国际收支调节的货币分析法如何看待国际收支差额?并得出了怎样的分析结论?

第十八章
货币和其他资产在国际收支调节中的作用：浮动汇率制

上一章讨论了在固定汇率制下，货币和其他资产在国际收支调节中发挥作用的理论和模型。本章将探讨在浮动汇率制条件下，考虑货币和其他资产的作用时，国际收支调节的理论和模型。第一，讨论考虑货币作用时临界弹性条件是否必要和充分的问题；第二，讨论在浮动汇率制条件下的政策选择问题；第三，讨论国际干扰在不同汇率制度下的相互传播问题；第四，讨论新剑桥学派的经济政策；第五，讨论浮动汇率制条件下，开放经济中的资产组合模型。

第一节 临界弹性条件

前面已经讨论了基于外贸乘数的国际收支调节机制和基于传统弹性分析法的国际收支调节机制的综合问题。然而，这种综合的努力，并没有考虑货币均衡，即没有考虑利率对资本流动的影响。事实上，在前面介绍外贸乘数与弹性分析法的综合时，仅把国际收支定义为商品和服务贸易收支，并没有把国际资本流动纳入国际收支的分析范围。本节将货币因素引入标准的凯恩斯主义模型中，分析浮动汇率制条件下，商品市场、货币市场和国际收支的一般均衡。

一、基本模型

假定可以用下列一组方程表示一国经济的一般均衡：

$$Y = D(Y, r, i) + x(r) \tag{18-1}$$

$$x(r) - rm(Y, r, i) + K(i) = 0 \tag{18-2}$$

$$M^* = L(Y, i) \tag{18-3}$$

其中,式(18-1)表示商品市场的均衡,这比上一章增加了解释变量汇率 r(因为现在考虑的是浮动汇率制);式(18-2)表示国际收支的均衡,这里国际收支包括两个部分,即贸易收支和资本流动;式(18-3)表示货币市场的均衡,在这里,货币供给 M^* 在静态条件下被当作给定的,而在动态条件下,M^* 则也应当作内生变量来看待。

在上述三个方程构成的系统中,有三个未知数:国民收入 Y、汇率 r 和利率 i。这样,在理论上,可以通过上述三个方程同时决定 Y、r 和 i 的均衡数值。

由于存在三个变量,难以用简单平面图形来表示 IS、LM、BP 曲线。如果要在 $Y\text{-}i$ 平面上反映这三条曲线的情况,就必须考虑当汇率 r 取不同数值时,IS、LM 和 BP 曲线在 $Y\text{-}i$ 平面上的投影。事实上,就 IS 曲线而言,由于 $\frac{\partial D}{\partial r}>0$,$\frac{\partial x}{\partial Y}>0$,故 $\frac{\partial Y}{\partial r}>0$($\frac{\partial Y}{\partial r}=\frac{\partial D}{\partial r}+\frac{\partial x}{\partial r}$),即当汇率 r 上升时,IS 曲线向右上方移动。对 BP 曲线来说,假定临界弹性条件满足,则随汇率上升,国际收支状况改善,因而对于给定的利率 i,要求有更高的 Y 以引起进口的增加,平衡因汇率上升而引起的国际收支顺差。也就是说,当汇率 r 上升时,BP 曲线应向右下方移动。LM 曲线的方程中不包括汇率,因而 LM 曲线不随汇率 r 变化而移动。

根据以上分析,当汇率 r 发生连续变化时,IS 和 BP 曲线也将在 $Y\text{-}i$ 平面上发生连续移动,而当发生国际收支不平衡时,货币供应量将发生相应的变化以消除国际收支差额,从而 LM 曲线也会在 $Y\text{-}i$ 平面上发生连续移动。例如,在图 18-1 中,假定当 IS、LM 和 BP 相交于一点 E 时,均衡汇率为 r_E,对应的 IS、LM 和 BP 曲线分别以 IS_E、LM_E 和 BP_E 表示。

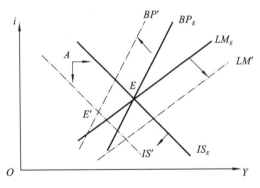

图 18-1　浮动汇率制下的宏观经济均衡:动态调整过程

假定经济开始时处于均衡状态,现在假定有某种意外的干扰使经济移动到了 A 点。为了分析 A 所受到的各种力量影响,首先做出如下动态行为假设。

(1)国民收入的变动与商品市场的超额需求相联系。具体来说,如果商品市场存在超额需求,则国民收入趋于增加;如果商品市场存在超额供给,则国民收入趋于减少。

(2)利率随货币市场的超额需求而变动。具体来说,当货币市场存在超额需求时,利率上升;当货币市场存在超额供给时,利率下降。

(3)汇率随国际收支的不均衡而变动。具体来说,当国际收支处于逆差状态时,汇率将上升;当国际收支处于顺差状态时,汇率将下降。

(4)对于货币供给,有必要区分两种情况。第一种情况,当汇率不能按上述假设(3)及时变动以保证国际收支均衡时,国际收支的失衡将引起货币供应量发生变化,LM 曲线发生移动。具体来说,按国际收支调节的货币分析法的观点,国际收支逆差是货币供应量过多的表现,因而在国际收支出现逆差时,将自动引起货币供应量减少,直至逆差消除;国际收支顺差则是货币供应不足的表现,因而在出现国际收支顺差时,货币供应量将自动增加,直至顺差消除。第二种情况,汇率能及时变化以保持国际收支均衡。这时,国际收支不会对货币供应量产生影响,从而,在这种情况下,货币供应量保持不变,LM 曲线不发生移动。

值得指出的是,上述假设不仅适用于自由浮动汇率制的情况(汇率变动由外汇市场的超额需求引起),而且也适用于有管理的浮动汇率制(此时,货币当局管理汇率以保证国际收支均衡)。这两种汇率制度的区别,在于汇率调整的速度。在自由浮动汇率制下,汇率调整的速度很快,能及时调整国际收支失衡,此时货币供应量不会受国际收支的影响;而在有管理的浮动汇率制下,汇率调整相对较慢,因为货币当局为了避免汇率的过度变动,会采取措施干预和调节汇率的运动,因而货币供应量会受到国际收支的影响。

现在按照以上假设,讨论一下图 18-1 中 A 点所受到的各种力量的影响。由于 A 点位于 IS_E 曲线的下方,表明商品市场存在超额需求,这将导致国民收入增加,即有一种力量使 A 点向右移动;同时,A 点也处于 BP_E 曲线的上方,表明国际收支存在顺差,这将导致汇率下降,从而引起 BP_E 曲线向左上方移动到 BP' 位置,IS_E 曲线向左下方移动到 IS' 位置。同时,如果汇率变动不能保证及时消除 A 点的国际收支顺差,则按假设(4)的第一种情况,货币供应量会相应增加,LM_E 曲线向右下方移动到 LM' 位置,货币的超额供给使利率下降,即有一种力量使 A 点向下移动。

由此可见,当经济处于不均衡的 A 点时,除了使 A 点移动的力量外,还有使 IS、LM 和 BP 曲线移动的力量,因而,无法用图示方法确定 A 点的最后运动结果。如果假定汇率可以及时自由调整,则 LM 曲线不发生移动[采用假设(4)的第二种情况]。但不管怎么样,都必须通过数学分析的方法,才能最终决定 A 点的运动结果。

二、临界弹性条件的非必要性和非充分性

上述分析的一个重要结果是,临界弹性条件对于动态稳定均衡来说,往往既非必要,也非充分。这就与传统的弹性分析法的结论(临界弹性条件是动态稳定均衡的充分必要条件)相矛盾,也与把弹性分析法与乘数原理相结合的调节机制的结论(临界弹性条件虽然不是动态稳定性的充分条件,但却是必要条件)相矛盾。这种矛盾产生的原因在于,在现在的模型中,利率变化会对其他变量产生基本的影响(在解释其他变量如 Y、B 等时,引入了利率这个解释变量)。

首先讨论临界弹性条件为什么不是必要的。在图 18-2 中,假定开始时国际收支存在逆差,这将引起汇率上升(本币贬值)和货币供应量减少,货币供应量减少又引起利率上升。就汇率上升而言,当临界弹性条件不满足时,汇率上升的直接影响是使国际收支状况恶化。利率上升,其直接影响是增加资本项目顺差和减少进口,从而改善国际收支状

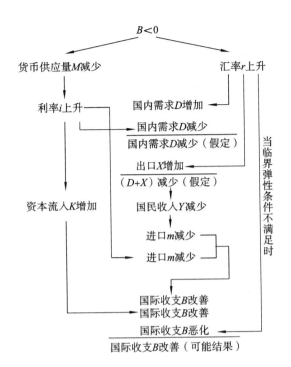

图 18-2 临界弹性条件的非必要性

况。这样,即使不考虑利率上升和汇率上升的间接影响,两种力量的作用,也可能产生使国际收支改善的结果。

再从利率上升和汇率上升的间接影响来看,汇率 r 上升将导致居民对国内产出的需求 D 增加(替代效应),利率 i 上升则导致居民对国内产出的需求 D 减少,这两种力量的作用也可能产生使居民对国内产出的需求 D 减少的结果(假定真的产生了这种结果)。同时,汇率 r 上升也引起出口 X 增加(替代效应)。D 的减少和 X 的增加也有可能使 $(D+X)$ 减少(假设真的产生了这样的结果),从而国民收入 Y 减少,这就使进口 m 按边际进口倾向减少,同时利率的上升也具有减少进口 m 的作用,这两种使进口 m 减少的力量共同作用,使国际收支状况改善。因此,在考虑到利率上升和汇率上升可能产生对国际收支改善的间接影响结果时,更有可能在进出口商品不满足临界弹性条件时,使国际收支逆差在货币供应量减少和汇率上升的共同作用下得以消除。因而,临界弹性条件并非必要。值得指出的是,这里事实上假定汇率自动变化的速度不够快,因而引起国际收支对货币供应量的影响,如果没有货币供应量的变动,上面的推论将不成立。

按照同样的方法,可以说明,临界弹性条件也并非充分。其推理过程可用图 18-3 表示。

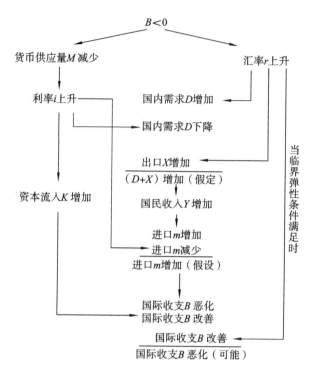

图 18-3　临界弹性条件的非充分性

第二节　浮动汇率制下的政策选择

　　前面分析过,在固定汇率制下,财政政策用于实现内部平衡,货币政策用于实现外部平衡。反观自由浮动汇率制条件下,汇率变动就可以保证实现外部平衡,因而从原理上讲,单一的传统政策工具就可以实现内部平衡,这样一来,另一种政策工具就显得多余了。现在的问题是,在传统的财政政策和货币政策这两种工具中,选择哪一种政策工具更有利于内部平衡的实现。在20世纪60年代和70年代初期,有一系列关于固定汇率制和浮动汇率制条件下,货币政策和财政政策效果的探讨和比较研究。①②③ 根据这些研究

---

　　① Von Neumann Whitman M. Policies for Internal and External Balance. Special Papers in International Economics,1970(9).
　　② Casprini F. Politica Fiscale e Monetaria in un'Ecnomia Aperta. Note Economiche,1973,6:96-124.
　　③ Shinkai Y. Stabilization Policies in an Open Economy:A Taxonomic Discussion. International Economic Review,1975,16:662-681.

的结论,在一定条件下,货币政策和财政政策在浮动汇率制下都比在固定汇率制下更有效,而在另一些条件下,只有货币政策在浮动汇率制下比在固定汇率制下更有效,而财政政策在两种汇率制度下的比较效率则不确定。其中一个重要的原因是资本流动的作用。本节将从完全资本流动和正常情况(不完全资本流动)来分别讨论浮动汇率制下货币政策和财政政策的效果。

一、完全资本流动

1963 年,蒙代尔证明了在完全资本流动和浮动汇率制条件下,财政政策将完全失效。[①] 这一结果与在固定汇率制和资本完全流动条件下,货币政策完全失效的结果是对称的。也就是说,在资本完全流动的条件下,固定汇率制下货币政策将完全失效,浮动汇率制下则财政政策完全失效。

如图 18-4 所示,在图 18-4 的上半部分,在 $Y\text{-}i$ 平面上,考虑当汇率处于均衡水平 r_E 时的 IS、LM 和 BP 曲线。在完全资本流动的条件下,BP 曲线为一条水平线 $i = i_f$,三条曲线相交于一点 E。在图 18-4 的下半部分,在 $Y\text{-}r$ 平面上,考虑对应于利率 $i = i_f$ 的 IS 和 BP 曲线,其交点决定均衡的国民收入 Y_E 和均衡的汇率 r_E。现在假定实行扩张性的货币政策,货币供应量的增加使图 18-4 上半部分中的 LM 曲线向右下方移动到 LM' 位置,过量的货币供给使国内利率产生下降的压力。当国内利率倾向于低于 i_f 时,资本发生外流,

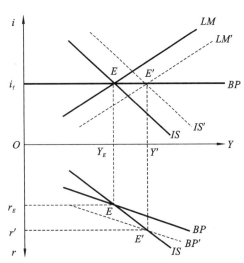

图 18-4 完全资本流动条件下货币政策的效果

造成国际收支逆差,从而引起图 18-4 下半部分中的 BP 曲线向 BP' 移动,与 IS 曲线交于 E' 点,汇率上升为 r'(本币贬值)。汇率的上升又引起图 18-4 上半部分中的 IS 曲线向右上方移动到 IS' 位置,直至 IS'、LM' 与 BP 曲线相交于同一点 E',经济系统恢复均衡。此时均衡的国民收入 $Y' > Y_E$,均衡的汇率 $r' > r_E$,均衡利率仍为 i_f。由此可见,在浮动汇率制下,货币政策具有调节国民收入的作用,这与固定汇率制下的结论完全相反。

同样,可以运用图 18-5 说明财政政策在浮动汇率制和资本充分流动条件下的作用。在图 18-5 的上半部分,当汇率为 r_E 时,在 $Y\text{-}i$ 平面上,IS、LM 和 BP 曲线相交于一点 E,决定均衡的国民收入 Y_E,而利率则由国外利率 i_f 给定。在图 18-5 的下半部分,当 $i = i_f$ 时,在 $Y\text{-}r$ 平面上,IS 与 BP 相交于 E 点,决定均衡的国民收入 Y_E 和汇率 r_E。现在假定实行扩张性财政政策,则图 18-5 的上半部分和下半部分中 IS 曲线向 IS' 位置移动,国民

---

① Mundell R A. Capital Mobility and Stabilization Policy under Fixed and Flexible Exchange Rates. Canadian Journal of Economics and Political Science,1963,29:475-485.

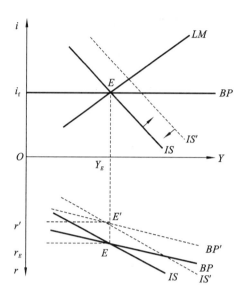

图 18-5 完全资本流动条件下财政政策的效果

收入的增加使得货币需求增加,在货币供给不变时,产生使利率上升的压力,国内利率超过 i_f,引起资本流入和国际收支顺差,使得图 18-5 下半部分中的 BP 曲线向 BP' 位置移动,汇率由 r_E 下降为 r'(本币升值),当汇率变化完全保证国际收支顺差消除时,货币供应量不变,此时本币升值(汇率下降)完全抵消了扩张性财政政策的影响,图 18-5 上半部分中的 IS' 曲线又回移到 IS 位置,恢复原来的平衡。此时,财政政策完全失效。

二、正常情况(不完全资本流动)

上面的分析是建立在完全资本流动和价格不变的条件之上的。当资本具有一定的流动性但非完全流动时,在浮动汇率制下,不仅货币政策具有充分的效果,而且财政政策也会具有部分的效果。这里考虑两种情况:一种情况是,资本虽然不具有完全流动性,但也具有很高的流动性,使得 BP 曲线比 LM 曲线更平坦,如图 18-6(a)所示;另一种情况是,资本的流动性较低,使得 BP 曲线比 LM 曲线更陡峭,如图 18-6(b)所示。

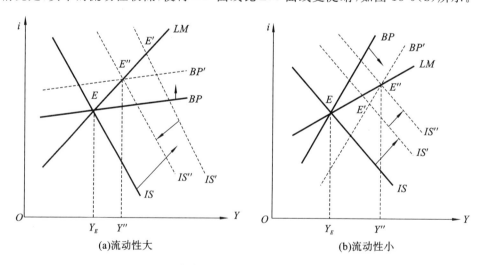

(a)流动性大   (b)流动性小

图 18-6 资本非完全流动时的财政政策效果

首先分析第一种情况下的财政政策效果。在图 18-6(a)中,开始时经济在 E 点均衡。现在实行扩张性财政政策,使 IS 曲线向右上方移动到 IS' 位置,与 LM 曲线相交于 E' 点。E' 点位于 BP 曲线上方,表明存在国际收支顺差,引起汇率下降(本币升值),使得 BP 曲线向左上方移动到 BP' 位置,同时 IS' 曲线向左下方回移至 IS'' 位置,与 BP'、LM 曲线相交于 E'' 点,实现新的均衡,均衡的国民收入 $Y'' > Y_E$,表明财政政策具有一定的调节国民收入的效果。

在图 18-6(b)中,仍然从初始均衡点 E 出发,假定实行扩张性财政政策,IS 曲线向右上方移动到 IS' 位置,与 LM 曲线相交于 E' 点。由于 E' 点位于 BP 曲线的下方,表明存在国际收支逆差,导致汇率上升(本币贬值),结果使 BP 曲线向右下方移动到 BP' 位置,IS' 继续向右上方移动到 IS'' 位置,与 BP' 和 LM 曲线相交于 E'',实现新的均衡。此时,均衡的国民收入 $Y''>Y_E$,财政政策具有调节国民收入的作用。

从上面的分析中可以发现,在浮动汇率制下,资本流动性越大,财政政策的效果越差,特别是当资本具有完全流动性时,财政政策将失效。其原因在于财政政策的效果被资本流动的反向作用效果所抵消。相反,资本流动性越小,财政政策的效果越大。

第三节 浮动汇率的隔离作用与干扰因素的国际传播

一、浮动汇率的隔离作用

当满足适当的稳定性条件时,浮动汇率制能够保持国际收支均衡。由于国外经济与国内经济的相互干扰是通过国际收支失衡传播的,因此,乍看起来,浮动汇率制具有隔离国内外经济,从而使国内经济免受国外经济干扰的作用。

考虑一个简单的经济系统,其国民收入由下式决定:

$$Y = C + I + x - m \tag{18-4}$$

假定浮动汇率制能保持商品和服务贸易连续均衡,即

$$x - m = 0 \tag{18-5}$$

这样,式(18-4)可写成

$$Y = C + I \tag{18-6}$$

式(18-6)与封闭经济条件下的国民收入决定完全一致。因此,可以得出结论,浮动汇率制具有完全隔离国内外经济的作用。

然而,这个结论是不正确的。其理由有如下三点。

(1)假定有一种干扰使国际收支失衡,而汇率变动调整过程又不能及时消除这种失衡,也就是说,汇率变动使国际收支重新恢复均衡需要经过一段时间,而这段时间足够使国际收支的失衡引起国内货币供给量发生变化,这时国外经济干扰就会传播到国内,通过货币供应量的变化影响国内经济均衡。

(2)即使承认汇率调整是及时的,能保持国际收支的持续均衡,但是正如劳森和梅茨

勒早在1950年所指出的那样,汇率变动会对总需求($C+I$)的构成产生影响。① 因为汇率变化会引起国内外商品相对价格发生变化,从而引起国内外商品之间发生替代。断定浮动汇率制具有完全隔离国内外经济的作用,是以假定汇率变动只改变总需求的构成,而不改变总需求总量为条件的。也就是说,在进口商品上的支出变动正好等于居民在国内商品支出上的相反方向的变动。只有在这种情况下,国民收入才不受汇率变化的影响。而事实上,如果考察方程式(18-6),必须注意,在消费支出C和投资支出I中,都既包含着对国内商品的支出,也包含着对国外商品的支出,因此,要保证在进出口商品相对价格改变后,($C+I$)保持不变,即进口的变化刚好补偿居民在国内商品支出上的反方向变化,是非常困难的。通常情况下,这样的假定是不现实的。

(3)方程式(18-5)只考虑了商品和服务的进出口差额,没有考虑资本流动对国际收支的影响。但是,外部平衡应该考虑国际收支的总差额,因为在当今世界,资本流动是世界经济的基本组成部分,而在浮动汇率制条件下,汇率的变动将保持国际收支总差额的平衡[见式(18-2)]。在不做长期考虑,即不考虑外国资产和负债存量变化时,商品和服务贸易的差额通常不等于0,这个差额在国际收支总差额均衡的条件下,是由资本流动在相反方向的差额(也不为0)来补偿的。因此,在正常情况下,$x-m \neq 0$,这样,断定浮动汇率制具有完全隔离国内外经济的作用,就显然是不正确的了。

二、国际干扰的传播:简单模型

上述讨论会引出一个很自然的问题,即国际干扰在固定汇率制和浮动汇率制条件下的传播问题。事实上,如果浮动汇率制不具有完全隔离国内外经济的作用,则一国的周期性经济扰动就会传播到世界其他国家,世界其他国家的周期性经济扰动也会传播到一国国内。然而,在通常情况下,相同的经济干扰的传播影响,在浮动汇率制下比在固定汇率制下要小。也就是说,浮动汇率制虽然不能完全把国内外经济隔离开来,但却具有有限的隔离作用,从而能比在固定汇率制下相对减小国外干扰对国内经济的冲击。

由于浮动汇率制减弱国外干扰冲击的作用,取决于资本流动对利率的敏感性和货币需求对利率的敏感性的相对关系,因而关于浮动汇率制下比固定汇率制下国内经济受国外干扰冲击要小的结论,只在有些情况下是成立的。这里用一个例子来具体说明,当资本流动对利率的敏感性高于货币需求对利率的敏感性时,浮动汇率制下国外干扰的传播影响可能比固定汇率制下还要大。

例如,假定国内投资的某种外生减少(即国内萧条的扰动),使国民收入下降,进口下降,从而国际收支改善。若此时货币供给不变,则货币的交易需求减少引起货币的超额供给,使国内利率下降,导致资本流出(或减少资本流入),使国际收支状况恶化。当资本流动对利率非常敏感时,资本流动导致的国际收支状况恶化将超过进口减少改善国际收支的作用,最终使国际收支状况恶化。这里有必要区分固定汇率制和浮动汇率制两种情况进行讨论。

---

① Laursen S, Metzler L A. Flexible Exchange Rates and the Theory of Employment. Review of Economics and Statistics, 1950, 32: 281-299.

在固定汇率制下,就所讨论的国家（如称为 1 国）而言,国际收支恶化将引起货币供应量的减少和利率上升（假定货币当局允许货币供应随国际收支状况而自动发生变化）。利率上升将进一步引起投资下降,国民收入减少。资本流动对利率的敏感性越大,这种影响就越大。如图 18-7 所示,从均衡点 E 开始,假定外生的投资减少使 IS 曲线向左下方移动到 IS' 位置。当货币供应量不变时,系统将在 E' 点实现内部均衡。E' 点位于 BP 曲线下方,表明国际收支发生逆差（这种情况的

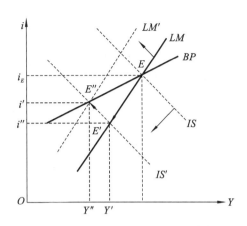

图 18-7　固定汇率制下国际干扰的传播

出现是由于 BP 曲线比 LM 曲线更平坦,即资本流动对利率的敏感性高于货币需求对利率的敏感性）。当货币当局允许货币供应量随国际收支状况而变化时,逆差将引起货币供应量减少,使 LM 曲线向左上方移动至 LM' 位置。此时,IS'、LM' 与 BP 曲线在 E'' 点相交,重新实现三者的同时均衡。显然,最终均衡点 E'' 的国民收入 Y'' 低于 E' 点的国民收入 Y',而最终均衡点的利率 i'' 则与原均衡点的利率 i_E 更为接近。

在浮动汇率制下,如果汇率的及时变动能消除国际收支差额,1 国国际收支逆差的存在,使 1 国本币贬值（汇率上升）,其结果不仅保持国际收支均衡,而且支持国民收入不至于继续下降,因为本币贬值所引起的出口增加,将部分抵消外生的投资减少对国民收入的影响。与固定汇率制情况下相比,1 国国民收入下降较少,但这是以世界其他国家的收入下降为代价的,即源于 1 国的萧条会传播到世界其他国家。因此,在浮动汇率制下,可能产生比固定汇率制下更大的国际干扰的相互影响。

第四节　新剑桥学派的经济政策

为了讨论新剑桥学派的经济政策,考虑有管理的浮动汇率制的情况。在这种汇率制度下,汇率虽然不能自由地随外汇的超额需求而变化,但汇率可以作为一种政策工具,由货币当局调控,以实现一定的政策目标。根据传统理论的观点,汇率政策应用于外部平衡,而财政政策则用于实现内部平衡；相反,根据新剑桥学派的观点,财政政策更能对国际收支产生有效的影响,因而,财政政策应用于实现外部平衡,而汇率政策则用于实现内部平衡。

为了理解新剑桥学派的观点，考虑如下会计等式：

$$S - I = \Delta V_P \tag{18-7}$$

其中 $\Delta V_P = \Delta H_P + \Delta D_P + \Delta N_P + \Delta R_P + \Delta F_P$，表示私人部门所有的金融资产。由于私人储蓄等于其可支配收入 Y_d 减去消费 C，即 $S = Y_d - C$，如果以 A_P 表示私人部门的总支出（$A_P = C + I$），则

$$Y_d - A_P = \Delta V_P \tag{18-8}$$

上式表明，私人可支配收入超过其总支出的差额，等于私人部门的金融资产存量，也称为私人部门的金融剩余（financial surplus）。

如果考虑商品市场，可以得到如下平衡条件：

$$X - M = (S - I) + (G - T)$$

考虑到 $S - I = Y_d - A_P$，因而有

$$X - M = (Y_d - A_P) + (G - T) \tag{18-9}$$

到此为止，所考虑的还是会计等式，从这些会计等式中有可能推导出错误的因果关系。因此，新剑桥学派引入了一些行为假设，这些假设包括以下两点。

(1) 关于私人支出与可支配收入的依存关系。根据传统的凯恩斯主义模型，这种关系是直接的，而且是支出流量与收入流量之间的关系；但按照新剑桥学派的观点，这种关系是从存量调整中引申出来的。在传统的凯恩斯主义模型中，私人部门按其边际消费倾向，在收入流量中决定相应的支出，储蓄具有剩余的性质，它是收入中未被支出的部分；而在新剑桥学派的模型中，私人部门首先决定储蓄，消费则具有剩余的性质，它是收入中未被储蓄的部分。储蓄决策又是由存量调整引起的。更准确地说，如果考虑式(18-7)和式(18-8)，私人部门首先决定 $(S - I)$，即决定 $(Y_d - A_P)$，这项决策以理想的 ΔV_P 值为基础（暂且将其记作 ΔV_P^*），从而引起私人部门的金融资产现有存量 V_P 向理想存量 V_P^* 进行调整。为简单起见，假定私人部门总是处于均衡状态，即

$$\Delta V_P = \Delta V_P^* = V_P^* - V_P \tag{18-10}$$

如果将预算约束式(18-8)和行为假设式(18-10)联系起来考虑，可以把私人部门的支出函数表达为

$$A_P = Y_d - (V_P^* - V_P) \tag{18-11}$$

简而言之，新剑桥学派的行为假设认为，私人部门为了持有一定存量的净金融资产，在可支配收入一定时，就要限制其支出，以便保证一个适当的金融剩余，以保持其实际净金融资产与理想的净金融资产相等。从某种意义上说，新剑桥模型与国际收支调节的货币分析法非常接近。因为，新剑桥学派的模型，也像货币分析法一样，非常强调存量调整的作用。二者的区别在于，货币分析法强调的是货币市场的作用，而新剑桥学派则强调商品市场的作用。

(2) 新剑桥学派还假定私人部门的理想金融资产存量是非常稳定的，因而它不随可支配收入而变化。也就是说，一旦 $V_P = V_P^*$，私人部门就再也没有动机积累或减少金融资产存量了，此时 $V_P^* = V_P$，从而 $A_P = Y_d$，因而式(18-9)可以写成

$$X - M = G - T \tag{18-9a}$$

假定 G 增加，通过乘数作用引起国民收入增加，国民收入增加又通过边际进口倾向

引起进口增加,并假定 T 为一次总付税(a lump-sum tax),因而 $\Delta T=0$,则可以得到 $\Delta Y = \frac{1}{1-b-h+\mu}\Delta G$,从而 $\Delta M = \mu\Delta Y = \frac{\mu}{1-b-h+\mu}\Delta G$。由于假定出口为外生变量,从而($X-M$)的变化与 ΔM 一致。

$A_P = Y_d$ 事实上意味着私人部门的边际支出倾向为 1(即 $b+h=1$),因而可以得到 $\Delta M = \Delta G$。也就是说,商品和服务贸易的逆差增加刚好等于政府赤字的增加。这样,就可以得出一个结论,即政府赤字($G-T$)决定进出口贸易逆差($M-X$)。

以上证明了财政政策对贸易收支具有"1比1"的重要影响。为了进一步证明新剑桥学派的观点,还需要考察汇率变动是否对进出口贸易收支产生可以忽略的影响,而对国民收入则产生有利的影响。我们知道,汇率上升(本币贬值)有利于促进出口,并增加居民对国内商品的需求,因而,有利于增加国民收入。但就汇率上升(本币贬值)对国际收支的影响而言,新剑桥学派假定,汇率上升通过弹性作用改进国际收支的直接影响,与其通过边际进口倾向间接产生的恶化国际收支的作用,大致上是相互抵消的,因而汇率政策并不能影响国际收支。正是在这个意义上,新剑桥学派主张,财政政策用于实现国际收支平衡,而汇率政策则用于实现国内经济平衡。

第五节 开放经济中的资产组合与宏观经济均衡

上一章已经讨论了固定汇率制下,开放经济中的资产组合均衡与宏观经济均衡。本节将在浮动汇率制下,讨论开放经济中的资产组合均衡与宏观经济均衡的问题。

浮动汇率制的引入,使得不能再像在固定汇率制下那样,假定价格保持刚性,也就是说,在浮动汇率制下,必须考虑价格变化的影响。另外,在固定汇率制下,汇率不包含在货币市场均衡的方程中,而在浮动汇率制下,由于汇率变化会引起相对价格发生变化,因而汇率应当引入货币均衡的方程和其他有关的均衡方程中,作为解释变量。

事实上,汇率变化影响价格水平,是有充分的理论和经验证据的。[①] 例如,当本币贬值(汇率上升)时,进口最终消费品的本币价格将上升,即使假定国内产出的价格不变,这也将导致国内一般物价水平上升。当考虑进口中间投入品时,本币贬值引起进口中间投入品的价格上升,从而导致利用进口中间投入品的国内商品生产成本上升,这也将导致国内一般物价水平上升。为了简化分析,只考虑进口最终消费品的情况,不考虑进口中

---

① Deardoff A V, Stern R M. Modelling the Effects of Foreign Prices on Dsmestic Price Determination: Some Econometric Evidence and Implications for Theoretical Analysis. Banca Nazionale del Lavoro Quaterly Review,1978,31:333-353.

间投入品的情况。

假定以 P_h 表示国内生产的商品的价格,以 rP_f 表示进口商品的本币价格(其中,r 为汇率,P_f 为进口商品的外币价格),用 α 和 $(1-\alpha)$ 分别表示计算一般物价水平 P 时,给予国内生产的商品的价格和进口商品的本币价格的权数,则国内一般物价水平 P 可用如下几何平均数表示:

$$P = P_h^{\alpha}(rP_f)^{1-\alpha}, 0 < \alpha < 1 \tag{18-12}$$

由于假定 P_f 不变(进口商品的外币价格是给定的,即假定分析小国的情况,小国是价格的接受者),则不妨令 $P_f = 1$,式(18-12)可以简化为

$$P = P_h^{\alpha} r^{1-\alpha} \tag{18-12a}$$

同样,可以得到贸易条件(商品相对价格)为

$$\pi = \frac{P_h}{rP_f} = \frac{P_h}{r}, P_f = 1 \tag{18-13}$$

一旦引入价格水平变化之后,人们对未来价值的预期就会发挥作用。例如,在总需求函数中,就要以实际利率(等于名义利率与预期通货膨胀率之差)作为变量。为了简化分析,只考虑两种极端的预期类型,即静态预期(static expectation)和理性预期(Rational expectation)。前者认为所考虑的变量将不发生变化,简单来说,就是以变量现在的取值作为其未来的预期值;后者认为可以完全准确地预期变量的未来取值,即预期的变化完全与未来的实际变化相吻合。例如,就价格变化而言,如果以 $\frac{\dot{P}}{P}$ 表示实际变化,以 $(\frac{\dot{P}}{P})^e$ 表示预期变化,则上述两种预期可以表示为

$$\left(\frac{\dot{P}}{P}\right)^e = \begin{cases} 0 & \text{静态预期} \\ \frac{\dot{P}}{P} & \text{理性预期} \end{cases} \tag{18-14}$$

同样,就汇率变化而言,两种预期方式可以表示如下:

$$\left(\frac{\dot{r}}{r}\right)^e = \begin{cases} 0 & \text{静态预期} \\ \frac{\dot{r}}{r} & \text{理性预期} \end{cases} \tag{18-15}$$

考虑预期之后,在资本充分流动的条件下,国内外利率之间的关系可以表达为

$$i = i_f + \left(\frac{\dot{r}}{r}\right)^e \tag{18-16}$$

当 i 和 i_f 的期限与 $\dot{r}^e$ 的期限一致时,上式即为有风险的利率平价公式。值得指出的是,当 $(\frac{\dot{r}}{r})^e = 0$ 时(即在静态预期情况下),有 $i = i_f$,这就是以前所讨论的资本充分流动条件下小国的情况。

在介绍这些基本的知识后,下面转向模型的讨论。首先讨论基本模型,然后分别讨论静态预期和理性预期情况下的资产组合和宏观经济均衡。

一、基本模型

为了探讨浮动汇率制下的资产组合和宏观经济均衡问题,进一步做出如下简化假定。

(1)不再引入辅助变量 Z(这与上一章在固定汇率制下的讨论有所不同),而仅考虑政府总支出 G(包括购买商品的支出 G_R 和公债的利息支出 iN^g 两部分)。

(2)假定国内资产完全由居民持有,即 $N^g = N_p$。为简单起见,不再使用上标和下标,而统一用 N 表示。

(3)假定税收 T 为一次总付税,即财政收入是一种可由政策自主决定的政策变量,以实际变量表示为 T,以名义变量表示为 PT。

这样,可以得到财政赤字的表达式为

$$g = G - PT - ri_f R = P_h G_R + iN - PT - ri_f R \tag{18-17}$$

其中,P 为物价水平(在上一章的讨论中假定 P 不变,因而实际变量与名义变量一致,从而价格并未出现在 g 的表达式中);R 为官方外汇储备存量,$ri_f R$ 表示中央银行以持有可获得利息的国外资产的方式掌握国际储备(其中 i_f 为给定的,即所考虑的是一个小国)。

下面考虑国际收支。像通常情况一样,国际收支被分为经常项目 CA 和资本项目 K 两个部分。其中,经常项目除包括进出口贸易差额外,还包括国外投资的净收益(居民持有国外资产收入的利息减去对非居民持有国内资产的利息支出)。在出口中,出口(实际变量)表示为贸易条件 π 和私人实际总支出 A_P 的函数(这与上一章的处理也有所不同,是基于这样的一种考虑,进口与私人实际总支出是直接相关的,进口与国民收入则是间接相关的)。这样,如果以 x 表示净出口(即出口减进口),以 a 表示私人实际总支出或吸收,则有 $x = x(\pi, a)$。这里,假定:①进出口商品弹性满足临界弹性条件,从而当 π 增加时,x 减少,即 $\frac{\partial x}{\partial \pi} < 0$,因为当汇率 r 上升(本币贬值)时,π 下降[见式(18-13)];②边际进口倾向大于0但小于1,从而当 a 增加时,x 减少,即 $\frac{\partial x}{\partial a} < 0$。由于 x 是实际变量,因而 $P_h x$ 为名义变量。

就利息收入而言,由于假定非居民不持有国内债券,因而不存在利息支出,而利息收入则等于 $ri_f(F + R)$,其中,F 为私人部门持有的国外净资产的存量,R 为官方外汇储备。这样,可以得到经常项目的表达式为

$$CA = P_h x(\pi, a) + ri_f(F + R) \tag{18-18}$$

私人资本流动 K 是一个流量,它等于私人部门持有外国净资产存量的变化量,如果以本币表示私人资本流动,则

$$K = -r\dot{F} \tag{18-19}$$

其中,$\dot{F}$ 表示私人持有外国资产存量的变动量。因此,国际收支总差额(等于官方储备的变动量)可以表示如下:

$$r\dot{R} = P_h x(\pi, a) + r i_f (F+R) - r\dot{F} \qquad (18\text{-}20)$$

决定国内产出的方程为

$$q = a[Y_d, i - (\dot{\frac{P}{P}})^e, \frac{W}{P}] + x(\pi, a) + G_R \qquad (18\text{-}21)$$

其中,a 为以实际变量表示的私人总支出,它是可支配收入、实际利率和实际私人金融财富的函数,其中 $0 < \dfrac{\partial a}{\partial Y_d} < 1$(边际支出倾向大于 0 但小于 1),$\dfrac{\partial a}{\partial [i-(\dot{\frac{P}{P}})^e]} < 0$(实际利率上升,则私人实际支出减少),$\dfrac{\partial a}{\partial (\frac{W}{P})} > 0$(实际私人金融财富越多,则私人实际支出越大)。

下面考虑私人实际可支配收入。首先考虑私人名义可支配收入 PY_d,它应该等于名义国民收入 $P_h q$,加上居民得自国内外债券的利息收入($iN + r i_f F$),再减去政府税收 PT,即

$$PY_d = P_h q + iN + r i_f F - PT$$

从而,实际私人可支配收入 Y_d 可以表示为

$$Y_d = \frac{P_h}{P} q + \frac{iN}{P} + \frac{r i_f F}{P} - T \qquad (18\text{-}22)$$

如果以 $\dfrac{M}{P}$ 表示实际货币供应量,则货币均衡方程可写成

$$\frac{M}{P} = L(i, q, \frac{W}{P}) \qquad (18\text{-}23)$$

其中,$\dfrac{\partial L}{\partial i} < 0, \dfrac{\partial L}{\partial q} > 0$(货币的交易需求随实际产出增加而增加),$\dfrac{\partial L}{\partial (\frac{W}{P})} > 0$(按资产组合平衡理论,实际金融财富增加时,资产组合中各类资产的份额都会相应地增加,包括货币持有量在内,以保证资产组合的均衡)。

假定私人持有的金融资产包括国内货币 M、国内证券 N 和外国证券 rF(以本币表示),即

$$W = M + N + rF \qquad (18\text{-}24)$$

或

$$\frac{W}{P} = \frac{M}{P} + \frac{N}{P} + \frac{rF}{P} \qquad (18\text{-}24a)$$

下面讨论预算赤字的融资方式,以及货币创造的源泉问题。为此,做如下进一步的简化假定。

①政府总是通过内生的税收变化来平衡预算,换句话说,当给定进入预算赤字 g 的其他决定变量后,政府总是通过调整税收 T 的水平以平衡预算(即保证 $g=0$)。用比较静态分析的术语来说,当考虑财政政策时,将得到预算平衡乘数(balanced-budget multipliers),这样,从式(18-17)中得到

$$P_h G_R + iN - PT - r i_f R = 0 \tag{18-25}$$

②政府不会采取连续不断的公开市场操作,也不会完全消除国际收支失衡。结合前面的假定,这个假设表明,国内债券不变,而货币存量的变化与国际收支的变化一致,即

$$\dot{N} = 0 \tag{18-26}$$

$$\dot{M} = r\dot{R} \tag{18-27}$$

这样,在完全自由浮动汇率制条件下(汇率能及时充分调整),国际收支总是均衡的,即

$$\dot{R} = 0,因此 \dot{M} = 0 \tag{18-27a}$$

在对模型进行描述以后,下面根据两种不同的预期来讨论模型的解及其性质。

二、静态预期

在静态预期条件下,有 $\dot{r}^e = 0$ 和 $\dot{P}^e = 0$。同样可以分短期均衡(或货币均衡)和长期均衡两种情况来讨论模型的解。由于长期均衡的情况比较复杂,需要运用数学方法求解,因此,在这里只考虑短期均衡。

在某一给定时点,所有存量(货币、国内债券、财富、国际储备)都是给定不变的,国内利率 $i = i_f$ 也是给定不变的(因为 $\dot{r}^e = 0$),政府支出 G 是外生变量,因而也是给定不变的。

由于价格水平取决于汇率,因而可以将短期均衡简化为两个方程,即决定汇率 r 和实际国内产出 q 的方程。可以用如图 18-8 所示的简单图形对短期均衡情况进行解释。

在图 18-8 中,商品市场均衡线 IS 是在求出均衡汇率 r_E 后给出的,其中均衡汇率 r_E 可以采用数学方法求解得到。当 r_E 给定时,P 以及 π 也是给定的,由于 W 也是给定的,因而 $\frac{W}{P}$ 也是给定的。由于 G_R、N 以及 R 是给定的,因而可以决定税收水平 T。这样,可支配收入就仅取决于 q 的变化了。又由于边际支出倾向大于 0 但小于 1,因而 a 的增加小于 q 的增加。又由于边际支出倾向是相对于可支配收入定义的,因而这个结果就隐含地假定了可支配收入的变动大致上与 q 的变动相同,从而 $\frac{P_h}{P}$ 近似地等于 1。在初始均衡状态下,如果假定 $r = P_h = P = 1$(因为这些变量都是给定不变的,所以假设它们等于 1 并不失去一般性),则 $\frac{P_h}{P} = 1$ 的结论是正确的。

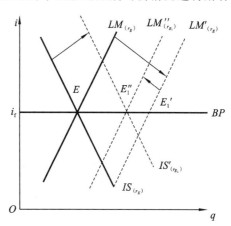

图 18-8 静态预期:短期均衡与经济政策

当 q 增加引起 a 增加时,则 x 减少(但这种减少小于 a 的增加,因为边际进口倾向小于1),因而 $(a+x)$ 增加,但不如 q 增加那么多。因此,为了使 a 有足够的增加以全部吸收 q 的增加,必须要求 i 下降,这表明 IS 曲线是向下倾斜的,即具有负的斜率。

就 LM 曲线而言,由于 P、W 是给定的,因而像通常一样,LM 曲线具有正的斜率。

由于 $\dot{r}^e = 0$,故 $i = i_f$,即 BP 曲线是一条水平线。

现在,考虑货币政策和财政政策的效果。假定从初始均衡点出发,采用扩张性货币政策,例如,通过在公开市场上购进国债使货币存量增加,则 $LM_{(r_E)}$ 曲线向右下方移动到 $LM'_{(r_E)}$ 位置。超额货币供给产生使国内利率下降的压力,引起资本流动,从而国内利率回升到 i_f 水平。又由于 $LM'_{(r_E)}$ 与 $IS_{(r_E)}$ 的交点位于 BP 曲线下方,表明存在国际收支逆差,从而引起本币贬值,汇率上升,比如由 r_E 上升到 r_{E_1},这就会引起 $IS_{(r_E)}$ 向右上方移动。按照传统的分析,$IS_{(r_E)}$ 应该移动到 E'_1 位置与 $LM'_{(r_E)}$ 及 BP 相交,重新恢复均衡。但在这里,由于汇率上升引起一般物价水平 P 上升,从而使实际货币存量 $\frac{M}{P}$ 减少,使 $LM'_{(r_E)}$ 向左回移至 $LM''_{(r_{E_1})}$ 位置,$IS_{(r_E)}$ 曲线因汇率下降而向右上方移动到 $IS'_{(r_{E_1})}$ 位置,与 $LM''_{(r_{E_1})}$ 及 BP 相交于 E''_1 点,实现新的均衡。由此可见,这里 IS 曲线的移动比在传统分析方法下要小,因为价格水平的上升部分抵消了汇率上升(本币贬值)的影响。

传统分析的另一个结果是,在浮动汇率制下,财政政策是完全失效的,但现在的分析表明,在物价水平上升的情况下,财政政策并非完全失效。

三、理性预期与汇率超调

在理性预期情况下,模型的分析将会比静态预期情况下复杂得多。因为在理性预期情况下,在模型中出现了 $(\frac{\dot{r}}{r})^e$ 和 $(\frac{\dot{P}}{P})^e$ 项。作为一个例子,考虑扩张性货币政策的短期影响。在图18-9中,假定开始时经济在 E 点均衡。现在实施扩张性货币政策,如果是在静态预期情况下,正如上面所分析的那样,$LM_{(r_E)}$ 将向 $LM'_{(r_E)}$ 移动,造成汇率上升(本币贬值),使 $IS_{(r_E)}$ 曲线向右上方移动,同时价格水平的上升,使实际货币供应量下降,$LM'_{(r_E)}$ 向左上方回移到 $LM''_{(r_{E_1})}$,与 $IS'_{(r_{E_1})}$ 及 BP 曲线相交于 E''_1 点,重新达到均衡。但现在是理性预期的情况,汇率上升将比静态预期情况下要少,也就是说,与静态预期的均衡汇率 r_{E_1} 相比,汇率有一个下降(本币升值)的过程。由于这种升值能被完全预期到,国内利率等于 $i_f + \frac{\dot{r}}{r}$(这里 $\dot{r} < 0$,因为相对于 E''_1 点的汇率 r_{E_1} 而言,汇率下降

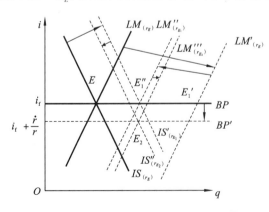

图18-9 理性预期:短期均衡与经济政策

了)。这样 $IS'_{(r_{E_1})}$ 将向左下方回移至 $IS''_{(r_{E_2})}$ 位置。同时,汇率下降也引起国内物价水平下降,从而实际货币供应量增加,$LM''_{(r_{E_1})}$ 又向右下方移动到 $LM'''_{(r_{E_2})}$ 位置,BP 曲线向下移动至 BP' 位置,$IS''_{(r_{E_2})}$、$LM'''_{(r_{E_2})}$ 及 BP' 相交于 E_2 点,重新实现均衡。

长期均衡意味着存量的值不变,以及汇率不变。事实上,只有当汇率不变(从而价格水平不变)时,各种存量的实际值才保持不变。这种均衡可用图18-10表示,其中 $\dot{r}=0$ 曲线表示在汇率不变时所有的 r 和 F 组合;同样,$\dot{F}=0$ 曲线表示当外国债券净存量不变时所有的 r 和 F 组合。当这两条曲线相交于一点 E 时,经济系统实现长期均衡。由于长期均衡非常复杂,这里只讨论图18-10中 SS 线上各不均衡点的动态情况,系统在这条直线上的运动,将使各不均衡点收敛于均衡点 E,而这条直线以外的各点,其运动趋势则是越来越远离均衡点。也就是说,这里的均衡点 E 具有鞍点(saddle point)的性质,不是一个稳定的均衡点。

然而,理性预期能使处于 SS 直线以外的不均衡点,通过离散的跳动,逐步向 SS 直线上移动,从而最终实现长期均衡。例如,在图18-11中,由于 F 在每一个时刻都是事先决定的(见图18-10),而 r 则根据未预测到的"消息"(news)自由地做不连续的跳动(jumps)。未预期到的政策变化引起 $\dot{r}=0$ 和 $\dot{F}=0$ 两条曲线发生移动,决定新的均衡点和新的 $S'S'$ 直线,并引起汇率立即向 $S'S'$ 直线做不连续的跳动,并沿着 $S'S'$ 直线光滑地实现长期均衡。这就是理性预期和有效外汇市场的含义。

例如,在图18-11中,考虑未预期到的扩张性货币政策,在长期,这种政策引起 r 和 F 上升,$\dot{r}=0$ 和 $\dot{F}=0$ 向右移动,并在 E' 点相交,实现新的均衡,决定新的 $S'S'$ 直线(为简单起见,只画出新的 $\dot{r}'=0$ 曲线)。系统开始时在 E 点均衡,现在对新的均衡点 E' 而言,E 不再是均衡点,且 E 不在趋向均衡的 $S'S'$ 直线上。当 F 给定时,汇率将由 r_E 向 $S'S'$ 直线做离散跳动(discrete jump)到 E_1 点,此时汇率为 r_{E_1}。显然,r_{E_1} 大于新的均衡点的汇率 $r_{E'}$,在跳动之后,汇率将连续地由 r_{E_1} 下降(本币升值)到 $r_{E'}$,$r_{E'}>r_E$。也就是说,扩张

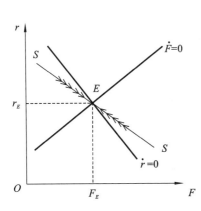

图18-10 理性预期与长期均衡

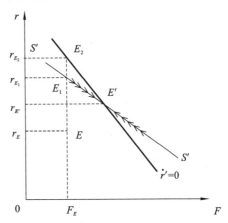

图18-11 理性预期、"消息"与汇率超调

性货币政策在引起本币贬值,达到新的均衡之前,本币会有一个过度贬值,这就是所谓的汇率超调(overshooting)现象。

值得指出的是,在静态预期情况下,未预期到的扩张性货币政策也会引起汇率的离散跳动,与理性预期所不同的是,汇率将由 r_E 跳动到 $\dot{r}'=0$ 曲线上的 E_2 点,然后沿着 $\dot{r}'=0$ 曲线连续下降到 E' 点,实现新的均衡。显然,在静态预期情况下,汇率的超调更为严重。

本章小结

1.本章在浮动汇率制条件下,讨论了货币和其他资产对国际收支发挥调节作用的理论和模型。第一,讨论了传统的临界弹性条件是否必要和是否充分的问题;第二,讨论了浮动汇率制下的政策选择问题;第三,讨论了浮动汇率制是否具有隔离国内外经济的作用,或是否能减弱国际经济干扰的相互传播问题;第四,讨论了新剑桥学派的经济政策;第五,讨论了浮动汇率制条件下,开放经济中的资产组合和宏观经济均衡。

2.在关于临界弹性条件的讨论中,通过分析指出,当考虑货币均衡和利率的影响,同时考虑国际收支中的资本项目时,则传统的临界弹性条件既非必要条件,也非充分条件。也就是说,在考虑利率对国际收支中的资本项目的影响时,即使不满足临界弹性条件,国际收支逆差也可能导致国际收支改善;或者相反,即使满足临界弹性条件,国际收支逆差也可能进一步恶化。在这个意义上,汇率自动变化并不一定消除国际收支差额。

3.在浮动汇率制和资本完全流动的条件下,一国货币政策具有调节国民收入的效果,而一国财政政策则对调节国民收入完全失效。这与固定汇率制下的结论完全相反。而在资本具有一定流动性的条件下,财政政策会有一定的调节国民收入的效果,而且资本流动性越小(资本流动对利率的敏感性相对于货币需求对利率的敏感性越低),则财政政策调节国民收入的作用越大。

4.断定浮动汇率制具有隔离国内外经济的作用,是以一系列不符合实际的假设为前提的。通过分析认为,在现实中,浮动汇率制并不具有完全隔离国内外经济的作用。而且,浮动汇率制也不能比固定汇率制相对减弱国际经济干扰的传播。在某些情况下,固定汇率制比浮动汇率制传播的国际干扰更小。

5.在所讨论的新剑桥学派经济政策的简单模型中,得出了这样的结论,即在一定的假设条件下,一国进出口贸易的逆差是由一国的预算赤字决定的。通过分析,新剑桥学派认为,与传统观点相反,财政政策对实现外部平衡更为有效,而汇率政策对实现内部平衡更为有效,因而,在政策工具的分配上,应把财政政策主要用于实现外部平衡,而把汇率政策用于实现内部平衡。

6. 在浮动汇率制下，开放经济中的资产组合与宏观经济均衡，与固定汇率制下相比，要考虑汇率的变化及其所引起的一般物价水平的变化，因而模型更加复杂一些，而且所得出的结论也有所不同。由于汇率和价格变化进入了均衡决定的模型体系，因而预期在均衡的决定过程中会发挥重要的作用。本章考虑了两种极端的预期形式，一是静态预期，二是理性预期，分析了在这两种预期情况下的短期和长期均衡以及货币政策和财政政策的影响，特别是讨论了汇率超调现象。

1. 关于临界弹性条件的非必要性和非充分性的分析，参见：

①Gandolfo G. International Economics，Vol. 2. Berlin：Springer-Verlag，1995：273-279.

②Gandolfo G. Economic Dynamics：Methods and Models. Amsterdam：North-Holland，1980：248-252.

2. 关于浮动汇率制下政策工具的选择，参见：

①Von Neumman Whitman M. Policies for Internal and External Balance. Special Papers in International Economics，1970(9).

②Casprini F. Politica Fiscale E Monetaria in un'Economia Aperta. Note Exonomiche，1973，6：96-124.

③Shinkai Y. Stabilization Policies in an Open Economy：A Taxonomic Discussion. International Economic Review，1975，16：662-681.

④Mundell R A. Capital Mobility and Stabilization Policy under Fixed and Flexible Exchange Rates. Canadian Journal of Economics and Political Science，1963，29：475-485.

3. 关于浮动汇率制的隔离作用和国际干扰的传播，参见：

Laursen S，Metzler L A. Flexible Exchange Rates and the Theory of Employment. Review of Economics and Statistics，1950，32：281-299.

4. 关于新剑桥学派的经济政策及其争论，参见：

① Vines D. Economic Policy for an Open Economy：Resolution of the New School's Elegant Paradoxes. Australian Economic Papers，1976，15：207-229.

②McCallum J，Vines D. Cambridge and Chicago on the Balance of Payments. Economic Journal，1981，91：439-453.

5.关于浮动汇率制下,开放经济中的资产组合和宏观经济均衡,参见:

Branson W H, Buiter W H. Monetary and Fiscal Policy and Flexible Exchange Rates//Bhandari J S, Putman B H. Economic Interdependcnce and Flexible Exchange Rates. Cambridge:MIT Press,1983.

1. 基本观念

临界弹性条件　汇率超调

2. 讨论与回答

(1)为什么说考虑货币市场作用时,临界弹性条件既非必要也非充分?

(2)为什么在资本充分流动和浮动汇率制条件下,财政政策对调节国民收入是无效的?

(3)试运用预期模型分析汇率超调现象。

第十九章 国际货币制度

国际货币制度(international monetary system)亦称国际货币秩序,是调节各国货币关系的一整套国际性规则、惯例、安排和组织形式。它主要包括以下 4 个方面的内容:①汇率制度,即各国货币汇率的确定和变化机制,它在国际货币制度中居核心地位,制约着国际货币制度的其他方面,并反映一定时期国际货币制度的特点;②国际储备资产的确定,即为满足国际支付和调节国际收支的需要,一国应持有的储备资产总额和构成;③各国货币的可兑换性与国际结算的原则,即一国货币能否自由兑换,在结算国际间债权、债务时采取什么样的结算方式,对支付是否加以限制等;④国际收支调节方式,即当出现国际收支不平衡时,各国政府应采用什么方法调节国际收支,各国间政策措施如何相互协调。

评价一种国际货币制度,通常包括对国际收支调节机制、国际清偿能力和信心三个方面的评价。理想的国际货币制度,应具备有效调节国际收支的机制,确保各国公平地承担调节国际收支失衡的责任,并使国际收支失衡能在最短的时间内,以最小的成本得到调整,恢复平衡。国际清偿能力(储备资产)的供应应保持与世界经济增长相当的速度增长,增长过快会加剧世界性的通货膨胀,增长过慢又会导致世界经济和贸易萎缩。此外,良好的国际货币制度还应保持各国汇率的相对稳定,使人们对该制度充满信心,确信国际收支调节机制能顺利地发挥作用,不需要进行大规模的国际储备资产买卖,就可以保持国际收支的大体平衡,从而保持国际储备资产价值的稳定。

国际货币制度通常可以根据储备资产的形式和汇率制度进行划分。根据储备资产的形式,可以将国际货币制度分为纯粹商品本位(即金本位制)、纯粹信用本位(即不兑换纸币本位制)和混合本位(金汇兑本位制)等;根据汇率制度,可以分为固定汇率制和浮动汇率制这两种极端情况,以及处于这两者之间的不同程度的管理浮动汇率制。在实际中,通常将这两种划分方法结合起来运用。例如,根据国际货币制度的历史发展,可以将国际货币制度划分为金本位制下的固定汇率制、金汇兑本位制下的固定汇率制、以黄金和外汇为储备资产的管理浮动汇率制等不同形式。到目前为止,还不曾产生过完全自由浮动的汇率制度,因此,在历史上不同的国际货币制度下,各国都需要一定的国际储备,用于国际支付、调节国际收支和汇率。

本章首先介绍国际货币制度的历史演变,其次讨论货币一体化和最优货币区理论,再次讨论浮动汇率与固定汇率之争以及国际货币制度的未来发展。由于到目前为止还不存在不需要国际储备的完全自由浮动汇率制,因此,最后还有必要讨论国际储备的数量和组成问题。

第一节 国际货币制度的演变

一、国际金本位制

金本位制是以一定量黄金为本位货币的一种制度。所谓本位货币,是指作为一国货币制度基础的货币。第一次世界大战以前,资本主义各国普遍实行金本位制。在金本位制下,各国对本国货币单位都规定了含金量,国际货币兑换以货币的含金量为基础,黄金作为国际支付手段和流通手段而被各国普遍接受,从而使金本位制具有国际货币制度的性质。国际金本位制是自发形成的一种国际货币制度。按照货币与黄金联系的紧密程度不同,国际金本位制可以分为金币本位制、金块本位制和金汇兑本位制。

1. 金币本位制

金币本位制是19世纪末到20世纪初资本主义各国普遍推行的一种货币制度。1816年,英国正式颁布了《金本位制度法案》,推行金本位制。至20世纪初,除少数国家外,世界各主要资本主义国家已广泛实行了金币本位制。

金币本位制具有如下几个特点。

(1) 金币可以自由铸造。在金币本位制下,国家规定了金币的重量和成色,人们可以按照法定的含金量,自由地将金块交给国家造币局铸造成金币。自由铸造不仅可以使铸币的面值与它所含黄金的实际价值相一致,而且可以使金币的数量自动地满足流通的需要,从而起到自动调节货币供求的作用,不会发生通货膨胀和货币贬值。

(2) 金币可以自由兑换。在金币本位制下,银行券和其他价值符号均可以按照其面额所标明的价值与等价的金币相兑换。作为金币的代表,银行券等价值符号在流通中确定地代表一定数量的黄金,因而不会发生信用膨胀。

(3) 黄金可以自由输出和输入。在金币本位制下,货币的含金量是各国货币相互兑换的基础。各国货币按照所含黄金的实际价值相互进行兑换,黄金可以在各国之间自由地转移,从而使金币本位制具有自动调节汇率和国际收支的作用,有利于世界市场的统一和外汇行市的相对稳定。

金币本位制是国际货币制度中比较健全和稳定的一种货币制度。在这一制度下,流通中的货币量能够自动地进行调节,有利于抑制通货膨胀,扩大商品流通;价值符号稳定地代表一定量的黄金,促进了资本主义国家银行信用的发展;自动调节汇率的机制则有利于促进国际贸易的发展。因而，金币本位制对资本主义经济的发展，起到了重要的促进作用。

2. 金块本位制

第一次世界大战期间，金币本位制的运行机制已经遭到破坏，战后资本主义各国已无力恢复金币本位制。1925 年，英国首先实行金块本位制，不久，法国、意大利等国也相继推行金块本位制。金块本位制是以黄金为准备金，以有法定含金量的价值符号作为流通手段的一种货币制度。黄金只作为货币发行的准备金，集中在中央银行，而不再铸造金币和实行金币流通，流通中的货币黄金由银行券等价值符号所代替。银行券在一定数量以上可以按含金量兑换黄金。黄金的输出和输入由中央银行负责，禁止私人输出黄金。

金块本位制虽然仍对货币规定了含金量，并以黄金作为准备金，但金币的自由铸造和流通以及黄金的自由输出和输入已被禁止，价值符号与黄金的兑换也受到限制，此时，黄金已难以发挥自动调节货币供求和稳定汇率的作用。因此，金块本位制实际上是一种残缺不全的金本位制。

3. 金汇兑本位制

金汇兑本位制又称虚金本位制，它是以存放在金块本位制或金币本位制国家的外汇资产作为准备金，以有法定含金量的纸币作为流通手段的一种货币制度。第一次世界大战之前，许多弱小国家和殖民地国家实行过这种货币制度。战后，一些无力恢复金币本位制但又未采用金块本位制的资本主义国家，也推行过金汇兑本位制。

在金汇兑本位制下，国家禁止金币的铸造和流通，对纸币规定了法定含金量，但不能兑换黄金，而只能兑换外汇，外汇在国外可以兑换黄金。本国货币与某一实行金块本位制或金币本位制的国家的货币，保持固定比价，并在该国存放外汇和黄金作为准备金。国家禁止黄金自由输出，黄金的输出和输入由中央银行负责办理。

虽然金汇兑本位制规定了货币的含金量，但由于纸币已不能兑换黄金，黄金就不能发挥自动调节货币流通量的作用。此时，如果纸币流通量超过了流通中对货币的需求量，就会发生货币贬值，从而大大削弱货币制度的稳定性。不仅如此，由于实行金汇兑本位制的国家的货币与某大国的货币保持固定的比价，故而，实行金汇兑本位制的国家的贸易和金融政策，就必然受到与之保持固定比价的那个国家的货币政策的影响和控制。因此，金汇兑本位制是一种削弱了的极不稳定的金本位制。

4. 国际金本位制的崩溃

进入 20 世纪以后，西方资本主义国家经济日益动荡不安，战争阴云笼罩着欧洲，终于酿成了第一次世界大战。事隔不久，世界经济大衰退接踵而至。这一切不断削弱和动摇了金本位制，使之走向崩溃。金币本位制的崩溃，是国际金本位制崩溃的开端。

20 世纪初期，金币本位制存在的条件一再遭到破坏。第一次世界大战前夕，各主要帝国主义国家为了增强经济实力、准备战争，一方面在国际上大肆掠夺黄金，另一方面则又在国内加紧把黄金集中到中央银行或国库，从而使金币自由铸造和自由流通的基础受到严重削弱。战争前夕，帝国主义国家财政支出大量增加，不得不发行大量的银行券，导致银行券的流通数量超过流通中所需要的货币数量，银行券与金币的兑换越来越困难。

这一时期,为防止黄金外流,许多国家对黄金的自由输出和输入进行严格的限制和完全禁止,使货币汇率的稳定性失去了保障。

第一次世界大战爆发后,资本主义各国的军费开支猛增,银行券兑换黄金及黄金的输出和输入被禁止,不兑换纸币的广泛发行和流通使通货膨胀日益严重,金币本位制终于走向崩溃。只有美国因祸得福,继续勉强维持金本位制。

金块本位制和金汇兑本位制,是在国际金本位制受到严重削弱后所实行的两种有缺陷的金本位制。然而,在 1929—1933 年世界性的大萧条期间,这两种虚弱的金本位制也难以为继。在经济危机的严重打击下,南美洲和大洋洲的一些国家首先放弃了金本位制。1933 年,伦敦发生抢购黄金、抛售英镑的风潮,迫使英国放弃了金本位制。随之,与英镑有联系的一些国家相继放弃了金本位制。经济危机带来了周期性的货币信用危机,美国的银行大批倒闭,黄金大量外流,美国被迫于 1933 年宣布放弃金本位制度。三年之后,曾一度组成黄金集团、以图维系国际金本位制的欧洲大陆国家,也宣布中止实行金本位制。至此,国际金本位制走向全面崩溃。

金本位制的崩溃,标志着资本主义世界统一的国际货币制度彻底瓦解,从此,各资本主义国家普遍实行了纸币流通制度。各资本主义大国为了维护各自的势力范围和原有的殖民体系、增强竞争实力,在各自原有的势力范围基础上,分别建立了相互对立的货币集团,形成以某一大国的货币为中心、其他国家联合组成的排他性的货币联盟或货币区域,集团内的各国货币都与其中某一大国的货币保持固定比价,并以其中某一大国的货币作为参与国的外汇储备和国际结算的主要货币。这些集团有英镑集团、美元集团和法郎集团等。各种货币集团的建成和发展,导致各国外汇管制普遍加强,贸易战、货币战此起彼伏,国际金融领域动荡不安,严重妨碍了国际贸易和世界经济的发展,使 20 世纪 30 年代的经济危机雪上加霜,演变成特别严重的大萧条。

1936 年 9 月,英、美、法三国为恢复和稳定国际货币秩序,达成了所谓的《三国货币协定》。该协定保证尽力维持协定成立时的汇价,减少汇率波动,共同合作以保持货币关系的稳定;同年 10 月,又签订了三国相互间自由兑换黄金的《三国黄金协定》。然而,由于不同货币集团利益对立,国际货币关系仍然充满矛盾和冲突。后来,由于帝国主义国家忙于准备战争、购置军火,导致黄金外流,《三国货币协定》遂被冲垮。不过,该协定在制止外汇倾销方面还是有一些成效的,并为以后的国际货币制度的建立创造了一定的条件。

二、布雷顿森林体系

第二次世界大战即将结束时,一些国家深知,国际经济的动荡乃至战争的爆发,与国际经济秩序的混乱存在直接或间接的联系,因此,重建国际经济秩序就成为促进战后经济恢复和发展的重要因素。在国际金融领域,就是要重建保证国际经济正常运转的国际货币制度。

1. 布雷顿森林体系的建立

所谓布雷顿森林体系(the Bretton Woods system),是指 1944 年 7 月 1 日在美国的新罕布什尔州的布雷顿森林市召开的"联合国货币金融会议"上,由 44 个国家商定的以美元为中心的国际货币制度。

1944年7月1日至22日，44个国家的300多名代表，在美国新罕布什尔州的布雷顿森林市，参加了"联合国货币金融会议"，讨论了战后国际货币制度的结构和运行等问题。会议通过了《国际货币基金组织协定》(The Agreement on International Monetary Fund)和《国际复兴开发银行协定》(The Agreement on International Bank for Reconstruction and Development)，也称为《布雷顿森林协定》(The Bretton Woods Agreement)，成立了国际货币基金组织(IMF)和国际复兴开发银行[IBRD，又称世界银行(World Bank)]。IMF的建立，为处理国际货币事务提供了一个框架，是战后国际货币制度的基础；而世界银行的建立，则是为世界经济的重建和发展提供中长期贷款。

事实上，早在第二次世界大战后期，在战争硝烟尚未熄灭的时候，英美两国政府出于本国利益的考虑，就已经对战后的国际货币制度进行了构思和设计，分别提出了"怀特计划(The White Plan)"和"凯恩斯计划(The Keynes Plan)"。

以美国财政部官员名字命名的"怀特计划"，是在1943年4月由美国提出的，全称为"联合国外汇稳定基金方案"。该方案的主要内容是：建立一个国际货币稳定基金机构，各国必须缴纳基金来建立外汇稳定基金；各国的发言权和投票权，取决于其向基金组织缴纳的份额多少；基金组织拟定了一种国际货币单位"尤尼他(unit)"，其含金量相当于10美元；采用固定汇率，各国货币汇率非经基金组织同意，不得任意变动；基金组织的主要任务是稳定汇率，提供平衡国际收支的短期信贷；基金组织办事处设在所占份额最大的国家。

"怀特计划"反映了美国日益强盛的经济实力，以及试图操纵和控制基金组织，获得国际金融领域统治地位的企图。对此，尚有相当经济实力的英国也不甘示弱，为了分享国际金融领导权，英国于"怀特计划"发表的同一天，抛出了"凯恩斯计划"。

"凯恩斯计划"实际上是一个"国际清算联盟方案"，是由英国经济学家凯恩斯(J. M. Keynes)提出的。这一计划的内容明显对英国有利。经过长达3个月的讨价还价，英美两国终于达成协议。在此基础上，1944年7月，在布雷顿森林会议上，以"怀特计划"为基础的《布雷顿森林协定》得以通过，宣布了战后国际货币制度，即布雷顿森林体系的建立。

2. 布雷顿森林体系的内容

布雷顿森林体系包括5个方面的内容，即本位制度、汇率制度、储备制度、国际收支调整制度、组织形式。

1) 本位制度

在本位制度方面，布雷顿森林体系规定美元与黄金挂钩。各国确认1934年1月美国规定的1美元含金量为0.888671克纯金，即35美元兑换1盎司黄金的黄金官价。美国承担向各国政府或中央银行按官价兑换美元的义务。同时，为了维护这一黄金官价不受国际金融市场金价的冲击，各国政府须协同美国政府干预市场的金价。

2) 汇率制度

在汇率制度方面，它规定国际货币基金组织的成员国货币与美元挂钩，即各国货币与美元保持稳定的汇率。各国货币与美元的汇率按照各自货币的含金量与美元含金量的比较确定，或者不规定本国货币的含金量，只规定与美元的汇率。这意味着，国际货币基金组织成员国之间的汇率是固定汇率,各国不能任意改变其货币的含金量。如果某种货币的含金量需要做10%以上的调整,必须得到IMF的批准。IMF允许的汇率波动幅度为±1%,但IMF成员国的国际收支发生基本不平衡(fundamental disequilibrium)时,该国在10%以内变更货币平价可以自由决定。在这里,对基本不平衡的解释以及平价变动的频率,决定了这种汇率制度的弹性。

3)储备制度

在储备制度方面,美元取得了与黄金同等的国际储备资产的地位。

4)国际收支调整制度

在国际收支调整制度方面,成员国对于国际收支经常项目的外汇交易不得加以限制,不得实行歧视性的货币措施或多种货币汇率制度。调节国际收支不平衡应是顺差国和逆差国双方的责任,但在实际执行中,这种责任则不对称地落到逆差国身上,因为顺差国通常不愿意因国际收支顺差而改变其货币平价。

5)组织形式

为了保证上述货币制度的贯彻执行,1945年12月建立了国际货币基金组织。其宗旨是就国际货币问题进行合作,促进国际贸易的平衡发展,提高就业水平,增加收入,避免成员国货币的竞争性贬值,向成员国提供所需要的临时性贷款,设法消除国际收支的严重失衡。

该组织的职能主要有两个:一是当成员国出现短期性经常项目逆差,而紧缩性货币政策或紧缩性财政政策会影响国内就业水平时,国际货币基金组织随时向它们提供外币贷款,以帮助它们渡过难关。用于这种贷款的黄金与外币由该组织成员国交纳的基金提供。二是可调整的货币平价。尽管该货币体系规定成员国之间的汇率保持固定,但是当该组织认为一国的国际收支处于"基本不平衡"状态时,该国可以调整汇率。国际货币基金组织的最高决策机构是理事会,日常决策由执行董事会负责。

国际货币基金组织的基本职能是向国际收支失衡的成员国提供临时性贷款,以解决成员国暂时性的国际收支失衡问题。但是对于发展中国家而言,其经济处于发展过程中,它们通常处于国际收支长期逆差状态,因此难以保持汇率不变。要维持它们的汇率,必须从基础入手,解决其发展问题。

1945年12月,国际复兴开发银行(世界银行)成立。其宗旨是为发展中国家用于生产目的的投资提供中长期贷款,以协助成员国的复兴与开发,并鼓励发展中国家开发生产资源;通过保证或参与私人投资的方式,促进私人对外投资;用鼓励国际投资以开发成员国生产资源的方法,促进国际贸易长期平衡发展,维持国际收支平衡;在提供贷款保证时,应同其他来源的国际贷款进行配合。世界银行的组织形式是股份制,其最高决策机构是理事会。世界银行作为国际货币制度的辅助性机构,在促进发展中国家经济发展、摆脱长期贸易收支或国际收支逆差方面,起到了非常重要的作用。

3. 布雷顿森林体系的局限性

布雷顿森林体系实际上是一种金汇兑本位制,尽管这种制度可以在经济实力较强和较弱的国家之间维持汇率的稳定,但当它作为国际货币制度的基础时,却存在一国能否支撑这种固定汇率的问题。

布雷顿森林体系建立之后，美国经济学家特里芬（Robert Tiffin）于1960年发表了《黄金与美元危机》一书，提出了著名的"特里芬难题（the Tiffin dilemma）"[①]。他指出，无论美国的国际收支是顺差还是逆差，都会给布雷顿森林体系的运行带来困难。在这一制度下，如果美国要保持国际社会有足够的美元用于国际支付，那么人们就会担心美国持有的黄金能否兑换各国持有的美元，从而导致对美元的信心下降，进而对布雷顿森林体系的信心发生动摇；另外，如果美国力图消除国际收支逆差，以维持人们对美元的信心，美元的供应就不可能充足。因此，在这个货币体系中存在支付能力不足（美元荒）或信心不足（美元灾）的双重威胁。

事实上，自布雷顿森林体系建立之日起，这种两难处境就一直伴随着国际经济的发展。1960年以前，布雷顿森林体系的主要问题是"美元荒"；而1960年以后，主要问题则是"美元灾"。这种问题的不断积累，终于使美国感到它难以靠自己的力量支撑起整个国际货币制度。1971年8月，美国宣布停止美元兑换黄金，这一决定意味着布雷顿森林体系的基础发生动摇，该体系自此瓦解。

三、牙买加货币协定

布雷顿森林体系瓦解以后，重新建立或改革原有货币体系的工作，成为国际金融领域的中心问题。

1971年10月，国际货币基金组织理事会提出了修改《国际货币基金协定》的意见。1972年7月，理事会决定成立"20国委员会"，具体研究改革国际货币制度的方案。该委员会以及后来替代这个委员会的"临时委员会"为改革做了大量的准备工作。1976年1月，成员国在牙买加首都金斯敦举行会议，讨论修改《国际货币基金协定》的条款，会议结束时达成了《牙买加协定》。同年4月，国际货币基金组织理事会又通过了以修改《牙买加协定》为基础的《国际货币基金协定》第二次修正案，并于1978年4月1日起生效，实际上形成了以《牙买加协定》为基础的新的国际货币制度。

新的国际货币制度的主要内容包括三个方面，即汇率制度、储备制度和资金融通问题。《牙买加协定》认可了浮动汇率的合法性，它指出，国际货币基金组织同意固定汇率和浮动汇率暂时并存，但成员国必须接受基金组织的监督，以防止出现各国货币竞相贬值的现象。该协议明确提出黄金非货币化，成员国可以按市价在市场上买卖黄金。取消成员国之间、成员国与基金组织之间以黄金清偿债权、债务的义务，降低了黄金的货币作用。逐步处理基金组织持有的黄金，按市场价格出售基金组织黄金总额的1/6，另有1/6归还各成员国。确定以特别提款权（special drawing rights，SDRs）为主要的储备资产，将美元本位改为特别提款权本位。特别提款权是国际货币基金组织1969年为解决国际清偿能力不足而创立的一种国际储备资产和计账单位，代表成员国在普通提款权之外的一种特别使用资金的权利。普通提款权是基金组织提供的最基本的普通贷款，用以解决受贷国因国际收支逆差而产生的短期资金需要。特别提款权按照成员国在基金组织认缴

---

① Triffin R. Gold and the Dollar Crisis: The Future of Convertbility, Revised Edition. New Haven: Yale University Press, 1961.

份额的比例进行分配。分配到的特别提款权可通过基金组织提取外汇,可同黄金、外汇一起作为成员国的储备,故又称"纸黄金",其设立时的价值相当于1美元,1974年7月1日以后改用一篮子16种货币定值。1981年1月1日以后又改用美元、马克、法郎、英镑和日元5种货币定值,扩大了对发展中国家的资金融通。基金组织用出售黄金所得收益建立信托基金,以优惠条件向最贫穷的发展中国家提供贷款。基金组织将贷款额度从100%提高到145%,并提高了基金组织"出口波动补偿贷款"的比重,由50%增加到75%。

牙买加会议后,国际货币制度进入了一个新的时期,体现在国际储备走向多元化、汇率制度多元化、国际收支调节多元化三个方面。首先,尽管《牙买加协定》提出了用特别提款权代替美元的方案,但由于特别提款权只是一个计账单位,现实中需要有实在的货币作为国际经济交往的工具,因而客观上形成了国际储备多元化的结构。其次,各国的具体情况不同,所选择的汇率制度也不同。《牙买加协定》的精神在于避免成员国竞争性货币贬值的出现,因此只要各国的汇率制度是相对稳定和合理的,它就可以合法存在。这是《牙买加协定》能获得广泛认可的重要因素之一。再次,从国际收支调节来看,在允许汇率调整的情况下,各国调节国际收支的政策选择余地加大,各国既可以动用国际储备,又可以向国外或国际货币基金组织贷款,也可以通过调节汇率来调节国际收支,所以在新的国际货币制度下,成员国具有较大的灵活性。整齐划一的国际货币制度消失了,代替它的是多样化、灵活的体系。正是由于这一点,每个国家自我约束、自主管理的责任也日趋重大。换句话说,在新的国际货币制度下,成员国要好自为之,否则要承受痛苦的经济调整。

第二节 货币一体化与欧洲货币体系

正如国际贸易中存在商业一体化(commercial integration)一样,在国际金融中也存在货币一体化(monetary integration)的情况,而且也有从简单的货币区(currency area)到实行单一货币(single currency)的完全货币联盟(full monetary union)等由低级到高级的不同的货币一体化形式。

在讨论货币一体化理论之前,有必要介绍一些名词术语。根据欧共体(European Economic Community,EEC)理事会和委员会1970年发表的《瓦纳报告》(Werner Report)对货币联盟的第一组条件的定义,这组条件在1989年欧共体发表的《迪罗报告》

(*Delors Report*)中称为货币联盟的必要条件[1],这些条件包括:

(1)在货币联盟区域内,货币必须能完全地不可逆转地实现自由兑换;

(2)货币平价(par Value)必须不可更改地固定不变;

(3)围绕平价的波动边界必须消除;

(4)资本流动必须完全自由。

《瓦纳报告》考虑的第二组条件是货币政策的集权化(centralization of monetary policy),特别是这种集中的货币政策应包括与流动性(liquidity)、利率、对外汇市场的干预、储备的管理,以及对世界其他国家货币平价的固定等相关的所有决策。

最后,《瓦纳报告》认为,在货币联盟中实行单一货币优于保持不同国家的货币,尽管单一货币并非创造货币联盟必不可少的条件,但从心理上和政治因素上考虑,实行单一货币将使货币联盟具有不可逆转的性质。

有的学者将《瓦纳报告》的第一组条件称为货币一体化,而在实际应用中,又将这一组条件简化为固定汇率和自由资本流动两条。[2] 还有些学者认为,货币一体化应包括两个基本要素:①完全汇率联盟,即不可更改的固定汇率以及通过超国家组织实施集权性货币政策和对世界其他国家的汇率政策。②可兑换性,即在货币一体化区域内完全消除对国际交易(包括经常项目和资本项目)的任何限制。[3] 另外有一些学者把货币一体化作为一个类(generic)的概念,认为货币一体化像商业一体化一样,包括简单货币联盟到完全货币联盟的一系列过渡形式。在这个意义上,关于货币一体化的分析都可以称为最优货币区理论(theory of optimum currency areas)。因此,本节首先介绍最优货币区理论,然后讨论作为货币一体化先决条件的共同货币政策、单一货币问题以及欧洲货币联盟等。

一、最优货币区理论

"最优货币区(optimum currency area)"这一术语,是由蒙代尔(R. A. Mundell)最先引入国际经济学领域的。1999年,蒙代尔因为对最优货币区理论和开放经济条件下的宏观经济政策(蒙代尔分配法则等)的开创性研究,荣获诺贝尔经济学奖。

最优货币区由一些国家组成,在这个区域内,要么采用单一的货币(完全货币联盟),要么在保留不同国家货币的同时,使这些货币之间实行永久固定不变的汇率,且相互之间实行完全可自由兑换,但对非成员国的货币采用浮动汇率制。最优货币区理论所要探讨的是,一个国家参加某一货币区(新建立的或已经存在的货币区)或留在某一货币区内,对其是否有利。在这里,最优有不同的判断标准,比如在保持国际收支均衡时,同时保持国内充分就业和价格稳定(即在实现外部平衡的同时实现内部平衡)。

研究最优货币区理论,有两种不同的方法,即传统分析方法和成本收益分析法。

---

[1] *Delors Report*, Report on Economic and Monetary Union in the European Community, Brussels, 12 April 1989.

[2] Ingram J C. The Case of European Monetary Union. Princeton Essays in International Finance, 1973(98).

[3] Corden W M. Monetary Integration. Essays in International Finance, 1972(93).

1. 传统分析方法

传统分析方法试图找出一些关键的标准来界定(delimit)一个适当的货币区域。[1][2][3]这些标准包括以下方面。

(1) 国际要素流动性。要素流动性高的国家之间参与同一货币区可能有利可图,而要素流动性低的国家之间则应实行浮动汇率。事实上,当要素流动性高时,国际调节就像同一个国家各区域之间的调节一样,不存在国际收支问题。例如,假定在同一个国家,不同区域之间商品的贸易差额会引起逆差地区收入和消费水平的下降,为了消除该区域实际收入的下降,该区域将通过向区域外融资来消费多出其产出的商品(高资本流动性),失业的工人会向区域外转移(高劳动力流动),这样,区域间的差异得以消除。同样的过程可以发生在国际水平上。如果没有要素的流动性,要消除国际之间的不平衡,就必然要求汇率变化。

(2) 经济的开放性。经济的开放性可以用一国生产可贸易商品(包括可进口商品和可出口商品)与不可贸易商品的部门的相对重要性来衡量。如果一国生产的可贸易商品占国内产出较高比例,则该国参与某一货币区是有利可图的;相反,如果一国生产的可贸易商品占国内产出的比例较低,则该国最好采取浮动汇率制。例如,如果一国经济具有较高的开放度,当它发生国际收支逆差时,如果采用本币贬值的政策,相对价格的变化将引起资源由不可贸易产品生产部门向可贸易产品生产部门转移,以满足出口增加和进口减少所产生的国内外对可贸易商品的需求增加,这就会给不可贸易部门产生巨大的冲击(甚至有可能发生通货膨胀),因为不可贸易部门比重较低。在这种情况下,采用固定汇率反而较为有利,同时可采用减少支出的国内政策(减少进口同时促进出口)来消除贸易逆差。

(3) 产品差异化(product diversification)。一国如果产品差异化程度高,则其出口不同产品的范围也就较广。一般来说,经济事件通常不会对所有产品的生产和出口产生不利的影响,这样,产品差异性较大的国家的出口稳定性就较高,从而对汇率变动的要求就较低,因而更能适应固定汇率的要求。相反,产品差异性较小的国家,其可供出口的产品范围有限,受出口波动的影响就较大,从而采用浮动汇率制较为有利。

(4) 金融一体化程度。这条标准与第一条标准有部分重叠,但这条标准主要考虑的是作为平衡国际收支手段的资本流动要素。如果现实中国际金融一体化程度较高,为保持外部平衡就不一定需要汇率变动,因为利率的很小变化就能引起大量的国际资本流动来平衡国际收支差额,因而在资本流动性较高时,采取固定汇率是恰当的。当然,要保证国际资本有较高的流动性,就必须消除各种对国际资本流动的限制。

(5) 通货膨胀率的相似性。通货膨胀率的差异过大,就会对贸易条件产生很大的影响,从而影响贸易商品的流量。在这种情况下,当发生经常项目差额时,就有必要改变汇

---

[1] Ishiyama Y. The Theory of Optimum Currency Areas: A Survey. IMF Staff Papers,1975,22:344-383.
[2] Tower E,Willet T D. Theory of Optimum Currency Areas and Exchange Rate Flexibility. Special Papers in International Economics,1976(11).
[3] Allen P R,Kennen P B. Assets Market,Exchange Rates,and Economic Integration: A Synthesis. Cambridge: Cambridge University Press,1980.

率。相反，如果各国具有相同或相似的通货膨胀率，则不会对贸易条件产生影响，这时，采用固定汇率较为有利。

(6)政策一体化程度。政策一体化程度，有成员国之间简单的政策协调和成员国将其财政政策或货币政策制定权交由一个超国家的货币或财政行政当局等不同形式。统一的货币政策要求区域内各成员国统一管理国际储备，并统一对非成员国货币的汇率。统一的财政政策则要求区域内各成员国统一税收和转移支付以及其他财政措施。很清楚，政策一体化的理想情况是完全经济一体化，而完全经济一体化的实现必然要求某种形式的政治一体化。

2. 成本收益分析法

与传统分析法不同，成本收益分析法(the cost-benefit approach)表明，一国参与某一货币区是存在成本和收益的，一国要采取正确的行动，就要进行成本收益分析。

一国参与某一货币区的收益主要包括如下各项。

(1)永久的固定汇率制可以消除成员国之间投机资本的流动。当然，这取决于人们对区域内汇率固定性的信心。如果人们对区域内的固定汇率缺乏信心，不稳定投机就不可避免地会发生。

(2)可以节省国际储备。各成员国在区域内的经济交易不再需要国际储备，就像在同一个国家不同区域之间的交易一样。当然，这取决于人们对固定汇率的信赖。但在货币区建立初期，为稳定地建立固定的货币平价，各国必须拥有足够的国际储备来保持汇率稳定。

(3)货币一体化可以刺激经济政策一体化甚至经济一体化。一国参与某一货币区，履行保持与其他成员国货币固定汇率的义务，也使所有成员国能制定统一的经济政策(特别是统一的反通胀政策)。

(4)尽管货币区内各成员国的货币对非成员国的货币采用浮动汇率，但货币区采取共同的对外汇率政策，这无疑有利于提高货币区整体的谈判实力。

一国参与某一货币区的成本主要包括如下各项。

(1)各成员国会丧失货币政策和汇率政策的自主性。金融一体化及与此相关的完全资本流动，将导致货币政策失效。在完全货币一体化情况下，各成员国的中央银行将合并成一个超国家的中央银行。当各成员国在工资、生产率、价格等方面存在差异时，管理汇率变动的政策工具丧失，将使成员国出现严重的经济问题，而在受到外部冲击时，这种问题会变得尤其严重。

(2)财政政策受到约束。在固定汇率制下，虽然货币政策失效，但财政政策却是有效的，但这只对独立的国家而言。当一国参与某一货币区时，财政政策会受到货币区整体目标的约束。由于对各成员国财政政策的联合管理是以货币区内大多数成员的利益为目标的，因而有可能出现这种情况，即对大多数成员国有利的政策，可能刚好使某些成员国受到伤害。

(3)可能引起失业增加。假定货币区内某一个成员国有较低的通货膨胀率和国际收支顺差，这个国家可能对通货膨胀率较高且具有国际收支逆差的成员国产生压力，迫使逆差成员国实施限制性政策，导致该成员国失业增加。按照货币学派的观点，在长期，货币区内的低通货膨胀率将使所有成员国获利,但即使如此,也不知道这个长期会有多长,而且在短期,逆差国必定要承担失业增加的成本。

(4)如果货币区内事前存在不均衡,则这种不均衡会恶化。由于在没有限制的条件下,国际之间资本的流动性比国际之间劳动力的流动性更大,因而,与劳动力相比,资本更容易找到报酬更高的机会,这样,欠发达地区的资本流动比劳动力流失将更快,从而加剧货币区内经济发展的不平衡。

根据对一国参与某一货币区的成本和收益的分析,该国可以在理性比较的基础上,做出正确的选择。

3. 共同货币单位和货币篮子

在完全货币一体化的情况下,有必要考虑共同货币单位的问题。从理论上看,有两种决定共同货币单位的方法:第一种方法是使用区域外的单位作为共同货币单位,也就是说,共同货币单位既不与某一成员国的货币单位一致,也不与这些成员国的货币构成的综合货币单位一致。例如,可以用黄金作为共同的货币单位。第二种方法是定义一个区域内的货币单位,也就是说,可以把共同货币单位按某一成员国的货币单位来定义,也可以按成员国货币的组合来定义。由于黄金已经非货币化,因此按第一种方法定义共同货币单位不在大多数研究者的考虑之列。第二种方法有两种选择:一是将某一成员国的货币国际化,二是定义一种复合单位,它由区域内成员国的不同货币组成。第一种选择与布雷顿森林体系有类似之处,不一定是一个好的选择;第二种选择则要定义一个货币篮子,这个货币篮子的构成由参与货币区的成员国共同商定。

如果以 $q_1, q_2, \cdots, q_n$ 表示构成货币篮子的不同货币的数量,则货币篮子 N 可以定义为如下集合:

$$\{q_1, q_2, \cdots, q_n\} = 1N \tag{19-1}$$

货币篮子的另一种表达方法是:

$$q_1 \text{ 单位的货币 } 1 + q_2 \text{ 单位的货币 } 2 + \cdots + q_n \text{ 单位的货币 } n \to 1N \tag{19-2}$$

假定以 r_{ks} 表示固定的双边汇率,则可以定义任意一个成员国的货币 j 对货币篮子的固定汇率 R_j(以 j 国货币表示的货币篮子的价格)如下:

$$R_j = \sum_{k=1}^{n} q_k r_{kj} \quad (j = 1, 2, \cdots, n) \tag{19-3}$$

其中,$r_{kj} = 1$。

同样,可以定义任一成员国的货币在货币篮子中的权重 b_j 如下:

$$b_j = \frac{q_j}{\sum_{k=1}^{n} q_k r_{kj}} \quad (j = 1, 2, \cdots, n) \tag{19-4}$$

其中,b_j 应满足如下关系:

$$\sum_{j=1}^{n} b_j = 1 \tag{19-5}$$

但是,货币篮子也并非最优的选择,有些经济学家认为,最优的选择是创造一种新的货币,由一个超国家的中央银行来发行和管理,并在整个区域内流通,但这将要求实现货币区的政治一体化。

二、货币区的财政政策:溢出效应与财政纪律

货币区的主要成本之一就是财政政策受到约束。对于货币区的财政政策,成员国都普遍关注财政政策、财政纪律和财政政策协调。

1. 加入货币区的国家,其财政政策自主需求更为强烈

一国加入货币区后,宏观调控政策的三大工具——货币政策、财政政策和汇率政策中放弃了货币政策和汇率政策,宏观调控的任务就落在了财政政策上,财政政策的作用和地位更为突出。

2. 财政政策的溢出效应和外部不经济

在货币区内,一国在独立实施财政政策时,尤其是实施财政赤字政策时,其代价会转移到货币区的其他成员国,降低本国的代价。图19-1表明了成员国财政政策扩张给货币区带来的外部负效应。在A点,货币区获得原始的均衡,实现了充分就业。当一个成员国实施扩张性财政政策时,推动IS_0线右移到IS_1,此时利率上升使国际收支平衡线BB_0上移到BB_1,汇率上升,出口减少,使IS_1向左移到IS_2,形成新的均衡点B。在B点,出现了超过充分就业水平的需求,表现为物价水平的上扬。这说明,一个成员国实施扩张性财政政策带来了货币区的通货膨胀和竞争力下降。为实现重新均衡,物价水平的上升抵消了超额需求,充分就业水平重新确立,收入回到原有水平。但因为物价上升,而货币供给不变,实际货币供给减少,利率上升。因此,经过一段时期的调整,在全均衡中,IS_2向左下移到IS_3,LM_0向左上移到LM_1,BB_0向左上移到BB_1,在C点实现了新的均衡。

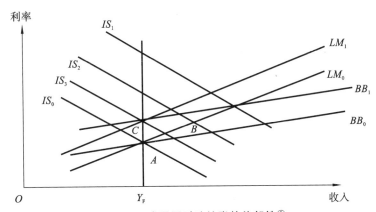

图 19-1 成员国财政扩张的外部性①

货币区某成员国实施扩张性财政政策对货币区内其他成员国产生外部溢出效应,其中外部不经济可以概括为:①出现短期的超额需求;②随后可出现通货膨胀;③长期存在较高的名义和实际利率;④财政扩张成员国排斥其他成员国的私人投资;⑤实际汇率上升引起出口下降;⑥财政扩张国家产量上升,而其他国家出口下降。

---

① 参见熊性美、戴金平等:《当代国际经济与国际经济学主流》,东北财经大学出版社,2004年版,第342页。

在给货币区带来外部不经济的同时,财政扩张国家得到了好处:物价上升的幅度没有货币区因其财政扩张带来的物价上涨幅度大;产量上升,实现充分就业。正因为如此,在货币区内,任何一个成员国都具有实施扩张性财政政策的倾向。这就要求货币区实行约束各成员国财政政策的"纪律",并加强成员国财政政策的协作。

3. 财政纪律和财政政策协调

为了约束成员国的外部不经济行为,一个货币区必须实行各种形式的财政约束方式和协调方式。在欧洲货币联盟中,《马斯特里赫特条约》规定了两个财政目标及约束政策:政府债务不得超过国内生产总值的60%,预算赤字不得超过国内生产总值的3%。在欧盟内,另外一个财政政策是关于公共部门投标的约束政策,禁止政府倾向于本国承包商,这意味着政府支出不一定用于购买本国的产品和劳务,财政扩张的乘数效应会大大缩小。

约束成员国财政政策的纪律在实施中会产生若干问题:一是财政约束意味着成员国财政政策自主性的减小和消失,而财政政策自主权的消失就是政府所有稳定经济手段的消失。这将遇到货币区内经济问题严重的成员国的反对;二是货币区的目标利率的最优化不一定是每个成员国的最优利率,此时需要财政政策协调。

三、作为货币一体化先决条件的共同货币政策

对货币一体化来说,共同的货币政策是否必要?为了分析这个问题,我们从利率平价条件开始讨论。假定资本在货币区内完全自由流动,在国内外资产完全可替代的情况下,有风险的利率平价条件必须得到满足,即

$$i_h = i_f + \frac{r^e - r}{r} \tag{19-6}$$

在国内外资产不能完全替代的情况下,要引入一个风险报酬 δ,则

$$i_h = i_f + \frac{r^e - r}{r} + \delta \tag{19-7}$$

首先考虑式(19-6)。在一个货币区内,汇率不可更改地固定下来,因而 $\frac{r^e - r}{r} = 0$,从而有

$$i_h = i_f \tag{19-8}$$

在国内外资产完全可替代的情况下,按照汇率决定的货币分析法,只有货币存量对汇率发生影响,因而仅考虑国内外货币市场的均衡:

$$P_h L_h(Y_h, i_h) = M_h \tag{19-9}$$

$$P_f L_f(Y_f, i_f) = M_f \tag{19-10}$$

在式(19-8)和式(19-10)构成的体系中,即使假定国内外收入和价格水平不变,仍然有4个变量(两个利率和两个货币供应量),因而在理论上,这个系统是不确定的。为了决定这个两国系统,两个国家必须达成协议(明确的或隐含的),执行统一的货币政策。如果协议是隐含的,则一国必然在这个两国系统中处于主导地位,即该国按自己的利益和标准制定货币政策,而另一国则根据该国的货币政策来选择相适应的货币供应量,即

一国为主导者，另一国为跟随者。

假定处于主导地位的外国选择了供应量 M_f，则由式(19-10)可以决定 i_f，再由式(19-8)决定本国的 i_h，最后通过式(19-9)决定本国的 M_h。如果本国试图将其货币供应量固定在一个较高的水平上，则 $i_h < i_f$，其结果是，资本将从国内大量流出，除非该国对资本流动加以控制；否则，资本的大量流出将导致人们预期该国货币在未来贬值，这就打破了固定汇率的承诺，从而使货币区解体。

明确的协定则是一种合作性质的共同货币政策，它要求参与货币区的成员国达成协议，执行合作型的货币存量政策或利率政策。但这将导致"搭便车"问题，通常情况下，一旦达成合作协议，成员国总有动机不按所达成的协议执行合作的货币政策，因为这样会使该成员国改善福利，从而像国际卡特尔一样，这种货币区也具有内在的不稳定性。为此，货币区必须有相应的制度机制，来避免"搭便车"问题。

根据以上分析，显然可以得出结论，对货币区来说，执行共同的货币政策是货币一体化的必要条件。可以运用资产组合平衡模型，对国内外资产不完全替代的情况作类似的推理。尽管推理过程比较复杂，但所得出的结论是类似的，即执行共同的货币政策是货币一体化的必要条件。

四、单一货币问题

讨论单一货币问题的最好方法是采用成本收益分析法，因为这能证明的是，单一货币的采用比不同国家之间的固定汇率更为优越。

一般来说，货币联盟的优势只有通过联盟成员国之间货币在三种功能上的完全相互替代才能得以实现。这三个基本功能是：记账单位、支付手段和价值储藏手段。一旦完全建立起了对不可更改的固定汇率的信心，记账单位和价值储藏手段的功能在不同货币之间的完全相互替代就不会存在问题，但问题可能发生在支付手段这种功能上。交易成本将产生买入汇率与卖出汇率之间的差异，如果行政当局对不同国家货币之间的兑换提供补贴，就可以消除这种交易成本。然而，这样做只是把私人成本转化为货币联盟的预算支出。在实际中，两种货币之间的买卖差价，随着成员国货币之间的相互转换而增加。当成员国的数目为 15 个时（如现在的欧洲货币联盟），则某私人要将其一种货币逐一地换成其他货币，交易成本（买卖差价）将高达 40%。同时，不同国家之间货币兑换的买卖差价也是变化的，这在某种程度上也限制了货币之间的可替代程度。

下面讨论单一货币的主要收益和成本。单一货币可以消除多种不同货币产生的问题和缺点，其可能产生的收益包括以下方面。

(1)消除了不同货币之间兑换因交易成本（买卖差价）的存在而产生的不完全替代性。

(2)消除了不同货币平价未来变化的可能性。事实上，不可更改的固定汇率并没有实际的操作意义，它取决于人们对固定汇率的信心。历史上存在不少固定汇率的承诺被打破的例子，其理由很简单，因为一国政府是理性的，它们总在评估固定汇率的成本和收益，如果固定汇率的成本超过了收益，政府就会改变货币的平价，即使这意味着打破国际协定也会在所不惜。事实上，随着时间的推移，一国参与某一货币区，与区域内的其他成员国货币采用固定汇率的成本和收益都是变化的,因此,固定汇率制并不能消除汇率变动的风险。因而,在这种固定汇率制下,投机资本的流动和不稳定的商业环境仍然存在。

(3)单一货币的采用可以消除不稳定投机资本的流动,因为在单一货币情况下,不存在对多种货币之间固定汇率变动的预期。

(4)单一货币制可以消除货币区内对国际储备的需要,因为成员国不需要为稳定固定汇率进行干预。

(5)在单一货币情况下,可以消除货币区内成员国在货币政策上的"搭便车"倾向。

(6)在单一货币情况下,货币联盟可以获得更大的讨价还价实力,也能使货币联盟获得铸币税(seignorage)利益。此外,货币联盟对非成员国货币之间汇率的干预更为方便,且需要的国际储备较小。

采用单一货币的成本主要包括以下方面。

(1)转换支付体系的成本,包括将现有货币价值转换为新货币的成本,以及更换硬币铸造机的成本等。

(2)引入新货币后公众的心理成本和适应新货币的成本。在本国货币存在的条件下,仅宣布新货币的合法性还不足以取代原有货币。新货币的流通不仅是一种法律行为,而且必须得到社会的认同和市场的接受。因此,行政当局必须保证新货币至少能像原有本国货币一样有效地发挥作用。这项说服大众的工作无疑是要花费成本的。

(3)"货币竞争"的论点。这种观点通常被当作固定汇率制的优点,而不一定是实行单一货币的成本。几种货币的竞争,能保证较低的通货膨胀率,或更一般地说,能保证较为稳定的币值。

根据观察,一般认为,单一货币的收益会大大超过其成本,但这并不是说,实行单一货币是货币联盟成立的必要条件。这里要说的是,单一货币是货币联盟的一个较优的选择,但并不是成立货币联盟不可或缺的条件。

五、欧洲货币联盟

1979年3月13日,欧共体国家(除英国外)在1978年6月7日达成的《布莱曼协定》(*The Bremen Agreement*)的基础上,建立了欧洲货币体系(the European monetcry system,EMS),其记账单位称为欧洲货币单位(European currency unit,ECU)。欧洲货币体系有三个基本要素:汇率机制(the exchange rate mechanism,ERM)、欧洲货币单位以及信贷机制(credit mechanism)。

就汇率机制而言,各成员国宣布,其双边平价在±2.25%这个狭小的范围内波动(特殊情况下波动幅度可达±6%);从1993年8月2日起,这个限制范围扩展为±15%。欧洲汇率机制的第一个承诺是,当汇率波动达到任一边界时,成员国就应干预外汇市场,并可从联盟获得极短期的融资便利;第二个承诺则是中心汇率必须经成员国集体协议才能变动,任何成员国不得单方面采取行动。在这个意义上,欧洲货币体系可看成是一种汇率波动幅度较大的可调整钉住汇率制。

欧洲货币单位的引入则宣告了一种政治意愿。确实,在关于建立欧洲货币体系的谈判过程中,最大的冲突在于中央银行干预汇率以保持双边货币平价的操作规则。一种机制是,当汇率波动达到规定的任一边界时,中央银行就应干预外汇市场,以保持中心汇率的稳定。这种机制与传统的"地洞中的蛇"体制没有什么区别。这里"地洞"指《史密森协议》规定的较大的汇率波动幅度,而"蛇"则指欧共体规定的较小的汇率波动幅度。在这种机制下,由于汇率的双边特性,当一国货币对另一国货币的汇率偏离平价向某一限制边界接近时,则另一国货币对该国货币的汇率必然从相反的方向偏离平价向另一个限制边界接近(因为 $r_{ks} = \dfrac{1}{r_{sk}}$),从而两个国家都应负起调节汇率波动的责任,而不管真正应该负责任的是哪一个国家。

另一种机制是,根据欧洲货币单位,可以定义一个指标性指示。根据这个指标,就可以判断是哪一个国家的货币偏离平价,造成了联盟内的国际收支失衡,则这个国家就有责任干预其外汇市场,以保证其货币平价对中心汇率的偏离不超过警戒线。

如果用 s_{jt} 表示某一时刻某种货币对欧洲货币单位的实际汇率对以这种货币表示的欧洲货币单位的中心汇率的偏离量,用 $\max s_j$ 表示最大允许的偏离量,则当 $s_{jt} = 0.75 \max s_j$ 时,该国就有责任干预其外汇市场,以保证其货币平价的稳定。其中:

$$\max s_j = m_j(1 - b_j) \tag{19-11}$$

在上式中,m_j 表示允许的双边汇率波动的最大界限,曾经被规定为 2.25%(或例外情况下为 6%),后来扩大为 15%;b_j 则表示该国货币在欧洲货币单位中的权重[参见式(19-4)]。

显然,某种货币在欧洲货币单位中的权重越小,其偏离警戒线也越高。因为某种货币在欧洲货币单位中的权重越小,则该货币对中心汇率的影响越小。

欧洲货币体系的第三个要素是信贷机制,即货币合作的措施。当汇率波动超过规定的幅度时,成员国必须像在固定汇率制下那样采取强制性的干预行动,以稳定汇率。首先,中央银行通过在外汇市场买卖外汇来调整汇率,如果这样做不能奏效,则要实施货币政策和财政政策等国内政策措施。如果所有这些措施都不能使国际收支恢复均衡,则必须通过成员国的集体协商来改变中心汇率。为了帮助成员国实施外汇干预,欧洲货币体系协议条款规定了以欧洲货币合作基金为基础的货币合作,这种货币合作包括对成员国提供极短期融资、短期货币支持和中期金融援助等三种信贷机制。

根据欧洲货币体系协定第 17 条款,每个成员国的中央银行需向欧洲货币合作基金缴纳其 20% 的黄金储备和 20% 的美元储备,形成欧洲货币合作基金的负债,但这些储备的所有者仍是各成员国。欧洲货币合作基金的作用是,一方面,加强各成员国干预外汇市场的力量,打击投机活动,稳定成员国货币之间的汇率和维持汇率联合浮动;另一方面,向成员国提供信贷,平衡国际收支。

大致来说,欧洲货币体系实现其功能大致经历了三个阶段:第一阶段,从其建立到 1987 年 1 月。在这一阶段,通过反复协商,使得该系统能在欧共体内像布雷顿森林体系那样运作。第二阶段,从 1987 年 1 月到 1992 年中期。在这一阶段,欧洲货币体系变成了一个相当稳定的货币区。第三阶段,从 1992 年中期到 1994 年 2 月。在这一阶段,该体系陷入危机之中。1992 年 9 月,意大利里拉贬值 7%,不得不放弃固定汇率协议,实行浮动汇率;英镑也脱离了固定汇率协议,实行浮动汇率。

从欧洲货币联盟发展的进程来看,1987年7月,建成欧洲内部统一市场的白皮书生效。很显然,欧共体的下一步就是在成员国之间建立更紧密的货币关系,因为货币一体化是实现市场真正一体化的前提。1989年,欧共体委员会制定并提出了《关于欧洲共同体经济与货币联盟》的报告。在报告中,欧洲经济与货币联盟被定义为"实行共同管理政策,以达到共同宏观经济目标的货币区"。报告于1989年6月通过,并于1990年7月1日开始实施。

报告认为,欧共体将分三个阶段实现货币联盟:①取消残存的对资本流动的管制,所有成员国货币自由兑换,这一目标在1990年意大利和法国取消资本管制后已经实现;②建立新的欧洲中央银行体系;③成员国之间采取不可更改的固定汇率制,逐步向欧洲单一货币转变。

1990年和1991年,在欧共体内部,就建立欧洲货币联盟的问题存在激烈的争论,争论主要集中在以下几个关键问题上:①德国是否将在欧洲货币联盟中居于支配地位?②欧洲货币联盟将受政治力量控制还是中央银行控制?③英国是否将成为欧洲货币联盟的成员国?④欧洲货币联盟是否是一种双轨体制,一方面是国内货币条件较稳定的核心成员国,另一方面是货币较弱的经济?⑤在成员国货币之间采取永久性的固定汇率制之前,是否需要大规模的汇率调整?对这些问题的争论,导致了1991年12月的《马斯特里赫特条约》(简称《马约》)的诞生。

1991年12月9日至10日,欧共体12国首脑在荷兰的马斯特里赫特签订条约,规定最迟将在1999年建立经济与货币联盟。《马约》制定了5条经济趋同指标,以此确定哪些国家有资格成为欧洲货币联盟的成员:①通货膨胀率不高于3个通货膨胀率最低的成员国平均水平加1.5%(经计算该标准为4.3%);②政府预算赤字不超过GDP的3%;③政府债务不超过GDP的6%;④汇率波动保持在汇率机制规定的范围之内,至少在两年内没有对其他成员国货币贬值;⑤长期利率不超过3个长期利率最低成员国平均水平加2%(经计算该标准为10.5%)。根据《马约》的规定,在货币联盟建成之前,各国政府应给予各自国家的中央银行独立执行货币政策的自主权,采用类似于德国的体制。货币联盟建成之后,欧洲中央银行体系将类似于美国的联邦储备体系,成员国的中央银行将类似于美国联邦储备体系在各地区的机构。《马约》使得各国政府积极地改善财政政策。如果货币联盟的成员国采取了不恰当的财政政策,它们将受到惩罚。

1995年12月,欧盟首脑在马德里举行会议,讨论各国货币向单一货币过渡的具体步骤,并将未来统一的新货币命名为欧元(euro)。为了保证货币联盟按计划实施,这次会议制订了一份详尽的、操作性较强的时间表。

按照时间表,欧盟将分4个阶段实施单一货币:第一阶段为准备阶段,从1996年到1998年年底,其主要任务是确定首批有资格参加货币联盟的国家,决定发行欧元的合法机构,筹建欧洲中央银行;第二阶段是过渡阶段,从1999年到2001年年底,欧元一经启动,便锁定各参加国货币之间的汇率,在此阶段,没有有形的欧元流通,但新的政府债务可以用欧元发行,欧洲中央银行将制定统一的货币政策;第三阶段,从2002年1月1日到2002年6月30日,欧洲中央银行将发行统一货币的硬币和纸币,有形欧元问世,但各成员国的货币仍可以继续流通;第四阶段,从2002年7月1日开始,各成员国原有的货币退出流通,欧元成为欧元区内唯一法定货币。

1996年年底,欧洲货币联盟的建设取得突破性进展。12月13—14日,欧盟首脑会议在爱尔兰首都都柏林举行。这次会议就欧元国与非欧元国之间建立新的汇率机制、欧元使用的法律框架、货币稳定与经济增长的原则和主要内容等方面达成协议,并原则上同意了欧洲货币局提出的欧元纸币的"样币",欧洲单一货币机制框架基本形成。各成员国在货币的技术和程序等运行机制方面也达成了共识,拟定了1999年1月1日起发行统一的货币——欧元,欧元将以1∶1的比例取代目前使用的欧洲货币单位。为保证欧元币值的稳定,加入欧元区的成员国之间应缔结《预算稳定公约》。《预算稳定公约》规定,除非遇到重大的经济衰退等特殊情况,欧元国的政府财政赤字仍不得超过GDP的3%,万一超标,得向欧洲中央银行交纳一定数量的不计息保证金,如果在规定的期限内仍不能达标,这些保证金即作为罚金纳入欧盟预算。

1997年6月16日,欧盟15国首脑在阿姆斯特丹举行高峰会议,会议就签署《预算稳定公约》和修改《马约》两项议题达成共识,为欧盟继续发展提供了法律保障。这次会议还就欧元汇率估算、促进增长和就业方面的问题达成一致。

1998年5月,欧盟理事会决定经济达到加入欧元国标准的11个国家,可以在1999年1月1日采用欧元。1998年6月,欧洲中央银行成立,推选威廉姆·杜伊森伯格(Willem F. Duisenberg)为行长。2001年8月30日,欧洲中央银行行长杜伊森伯格终于揭开了欧元的神秘面纱,向世界展示了欧洲统一货币7种面值纸币(500、200、100、50、20、10、5欧元)的面目,首次将发行145亿欧元纸币。

欧洲货币联盟的创建和欧元的诞生,将给欧盟带来诸多好处。第一,采用统一货币后,欧洲内部的外汇风险消除了,套利行为会自动稳定不同国家的利率水平和物价水平。第二,欧元的产生避免了欧洲内部不同国家的货币交易。据估计,欧洲可以因此每年节约外汇交易费用300亿美元。第三,欧元的问世将使欧洲内部投资决策简化,可有力推动私人投资增长。第四,《预算稳定公约》促使各成员国实行稳健的财政政策,从而有利于各国经济趋同,避免货币动荡对经济产生负面影响。欧洲中央银行以价格稳定为首要目标的货币政策,以及严格的财政预算制度,将保证欧元币值稳定,增强公众对欧元的信心。第五,马克的逐渐消失将减轻德国作为地区储备货币国的负担,降低外资流入引起马克升值的压力,提高德国产品的竞争力。另外,欧元有可能成为与美元抗衡的国际货币和主要的储备货币,使欧洲在国际上的地位明显提高。第六,从政治上看,欧洲货币联盟的形成可以加速欧洲政治联盟的建立,从而加强欧洲的政治稳定。

当然,欧洲货币联盟的创建和欧元的诞生,对欧洲来说是既有利也有弊的。第一,各欧盟国家一旦采用统一货币,就等于实行了固定汇率政策,丧失了用汇率政策协调宏观经济发展的手段。第二,由于欧洲货币联盟是反通胀的,在短期内可能招致经济增长率下降,因为欧洲劳动力市场的流动性很差,当经济增长乏力时,高失业率便不可避免。第三,在欧元启动时币值不稳定,作为补偿,欧元资产的收益率会高于马克资产的收益率。这意味着原利率水平低于平均值的国家,在加入欧洲货币联盟后,将不得不提高本国的利率水平,从而对经济产生紧缩的影响。

第三节 浮动汇率制与固定汇率制之争

在国际货币制度中,汇率制度处于核心地位,因而在关于浮动汇率和固定汇率两种汇率制度的优劣问题上,长期存在争论。本节通过介绍两种汇率制度之争,来加深对国际货币制度及其演变的理解,并对未来国际货币制度加以展望。

一、固定汇率制与浮动汇率制的争论

自从布雷顿森林体系解体以来,关于固定汇率制和浮动汇率制的争论长期不止。著名经济学家弗里德曼(M. Friedman)、哈伯勒(G. Harberler)和米德(J. Meade)等人提倡浮动汇率制,而特里芬(R. Triffin)和蒙代尔等经济学家则坚持认为固定汇率制有利。

1. 支持浮动汇率制的观点

支持浮动汇率制的观点主要有以下三条。

(1)货币政策的自主性。如果各国中央银行不再为固定汇率而被迫干预货币市场,各国政府就能够运用货币政策来达到国内平衡和国外平衡,并且各国不会再因为本国外部的因素而导致本国出现通货膨胀或通货紧缩,即浮动汇率制具有隔离国外经济冲击的作用。

(2)汇率决定的对称性。在布雷顿森林体系下,由于美元在国际货币体系中至高无上的中心地位,导致了两种主要的不对称。第一,除美国以外的各国中央银行都将它们的本国货币"钉住"美元,并且积累了大量美元作为它们的国际储备,因此,美国的联邦储备体系在决定世界范围内的货币供给方面处于领导地位,而其他国家的中央银行即使在决定自己国内的货币供给方面,也没有多大的自主权。第二,任何其他国家都可以在出现国际收支的"基本不平衡"时,使其本国的货币相对于美元贬值,但布雷顿森林体系却不允许美元相对于其他外币贬值。浮动汇率制的实行可以消除上述不对称性,因为在浮动汇率制下,各国不再将本国的货币钉住美元,也就不必因此而持有美元作为储备,所以各国都可以自主决定本国的货币状况。同样,美国在运用货币政策或财政政策改变美元汇率时,也不再遇到特别的阻碍。在全球范围内,所有国家的汇率都将由市场而不是政府决定。

(3)汇率具有自动稳定器功能。在世界总需求不断变化的情况下,即使没有一个有效的货币政策,由市场决定的汇率也能迅速调整,从而帮助各个国家实现内部平衡和外部平衡。在布雷顿森林体系下,汇率重新调整之前的那段长时间令人痛苦的投机过程,在浮动汇率制下将不再出现。

2.反对浮动汇率制的理由

20世纪两次世界大战之间以及布雷顿森林体系解体之后,实行浮动汇率制的实践给人们留下了不少疑问,使许多人对浮动汇率制提出了怀疑和诘难,其中主要的反对理由有如下几条。

(1)在浮动汇率制下,政府有违反所谓"物价纪律"的倾向,即倾向于采取通货膨胀政策。在固定汇率制下,一国若采取扩张性政策,就会使该国的物价水平提高,导致国际收支逆差,国际储备流失。由于储备的流失不能长期持续下去,该国必须限制通货膨胀,因此,通过国际储备的变动,固定汇率制具有自动抑制政府采取扩张性货币政策的能力。但在浮动汇率制下,由于不受国际储备流失的制约,政府很可能采取过分扩张的货币政策或财政政策,德国20世纪20年代的高通货膨胀率就是一例。

对此,浮动汇率制的倡导者反驳道:浮动汇率制至少可以将一国的通货膨胀行为限制在本国以内,而且布雷顿森林体系几乎没有对美元的扩张性货币政策或财政政策有任何限制,美国的扩张性政策显然是引起20世纪60年代末期全世界通货膨胀加速的原因之一。事实上,除非一种货币制度将货币与黄金的联系视为神圣不可侵犯,否则,"物价纪律"总会被违反。

(2)浮动汇率制下的投机行为更容易导致外汇市场不稳定。如果外汇投机者看到一种货币正在贬值,或预期它即将贬值,他们会不顾汇率的长期趋势,不断卖出这种货币。当越来越多的投机者采取这种行为时,预期的贬值将成为现实。这种反稳定的投机加剧了汇率围绕其长期趋势的波动。

浮动汇率制的倡导者则认为,任何反稳定性的投机者,在货币币值高于其长期趋势时买入该种货币,在货币币值低于其长期趋势时卖出该种货币,他们的这种反稳定性投机,在长期将蒙受损失,从而被逐出外汇市场,外汇市场将只留下避免长期损失的投机者,这样就加速了汇率向其长期趋势值的均衡。此外,浮动汇率制的支持者还指出,固定汇率制下也会发生反稳定性投机行为。一次未预期到的官方储备突然流失,会引起对货币官方贬值的预期,投机者会纷纷赶在贬值发生之前抛售该种货币资产。如果政府措施不能有效地恢复对该种货币的信心,则这种资本逃逸行为将迫使货币的官方贬值成为现实。

(3)浮动汇率制的内在不稳定性将会损害国际贸易和投资。货币汇率的浮动,使出口方和进口方的未来收益变得不确定,这种不确定性使国际贸易的成本增加,从而各国从国际贸易中获得的收益下降。类似地,投资收益的不稳定性也会干扰生产性资本的国际流动。

对此,浮动汇率制的倡导者认为,首先,国际贸易中的风险可以通过远期外汇交易避免。其次,除金本位制下的固定汇率保持固定不变,从而不存在汇率风险外,其他汇率制度下,总存在性质不同的风险。例如,政府可能在难以预料的时候,突然采取直接管制措施,这样的不确定性同样不利于国际贸易和投资。此外,固定汇率制下贸易商必须承受国内或国外价格变动的风险。可见,在固定汇率制下,汇率变动的幅度虽然不大,但物价变动仍会给国际贸易带来不确定性。

(4)货币政策的自主性难以实现。汇率是一种重要的宏观经济变量,政策的制定者不可能不考虑一项政策可能通过汇率传导机制对国内经济造成影响,最典型的是汇率变化对通货膨胀的影响。货币贬值使进口品价格上升,为了维持正常的生活水平,工人会要求提高工资,这又会引起工资-物价螺旋式上升;同时,以进口品为投入品的生产成本也会提高。因此,通过汇率的变化,价格水平对货币量变化做出反应的速度加快了。对进口品在国内消费篮子中占较大比重的国家来说,反应速度会更快。此外,许多经济学家的论证和实践都表明,浮动汇率制并不能阻止外国经济对本国经济的干扰。

(5)互不协调的经济政策。一些布雷顿森林体系的支持者认为,固定汇率制帮助建立有秩序的国际贸易,因为它不允许发生在 20 世纪大萧条中的那种竞争性货币贬值的局面出现。如果各国又重新获得随意改变本国汇率的自由,大萧条时期竞争性贬值的历史将重演。各国可能会再度实行只对自己有利的宏观经济政策,从而使所有的国家都受害。

浮动汇率制的支持者则反驳道:在布雷顿森林体系下,关于汇率调整的规定十分麻烦且不公平,因为在实践中,被迫接受限制性宏观经济政策或下调币值的,恰恰是那些赤字国家。固定汇率制所谓"解决"了货币政策的国际协调问题,只不过是给予了美国一个领导性地位,而美国最终还是滥用了这个权力。

二、固定汇率制与浮动汇率制的争论案例:拉美国家汇率实践

在现实中,固定汇率制度和浮动汇率制度的取舍实际上和多种因素相关。多年来一些代表性国家在汇率制度选择中的实践,为汇率制度选择文献增添了新内容,在此我们选取的是拉美国家在汇率制度中的实践。

20 世纪 80 年代到 90 年代末是拉美国家进行经济改革的 20 年,在此期间,拉美经济一直处在动荡之中。拉美大国阿根廷、巴西经济改革的经验和教训尤其值得发展中国家借鉴。近 10 年来,拉美国家汇率制度选择和汇率安排的教训对我国人民币汇率制度改革也具有较强的借鉴意义。

可以说,从 20 世纪 70 年代末以来,通货膨胀就成为部分拉美国家生活的一部分,在阿根廷、玻利维亚、秘鲁、乌拉圭等国都出现了较高的通货膨胀率。20 世纪 80 年代末,阿根廷的通货膨胀率一度超过 20000%,整个国民经济陷入极度混乱中。1991 年,新上台的财政部部长卡瓦略认为,通货膨胀率居高不下的主要原因是政府把财政赤字货币化了。此外,地方政府还不断地向地方银行借钱,地方银行又依赖中央银行的再贴现,从而使中央银行的赤字成为公共部门赤字的一个主要组成部分。这一赤字基本上是用增加货币供应量的方法来弥补的。按照这一逻辑,如果能够阻止政府随意发行钞票,那么通货膨胀率就会被迅速地拉下来。于是,1991 年 4 月,卡瓦略制定了"兑换计划",主要内容是:①比索与美元的汇率固定在 1∶1 的水平上,外汇买卖不受限制;②发行货币的基础完全以美元作保证;③中央银行不得弥补政府财政赤字;④经常账户和资本账户的交易活动所需要的比索可以自由兑换。这一"兑换计划"的核心就是以法律手段确保比索与美元的汇率。

阿根廷降低通货膨胀率的计划确实获得了惊人的成功。在实施计划的头两年内,公共赤字大幅减少。1994 年阿根廷的消费物价指数只有 3.9%,为 40 年来的最低点。类

似的汇率稳定计划的成功也发生在其他拉美国家,如智利(1978)、乌拉圭(1978)、墨西哥(1987)。总体来看,以汇率为基础的稳定计划确实可以在一定时期遏制恶性通货膨胀。但是,这种成功可能是暂时的,固定汇率仅是稳定计划的一部分。阿根廷实行了类似中国香港的货币局制度,理论上就要求其他宏观经济政策相配合,以保证政府预算收支达到长期平衡,货币政策有利于经济稳定,实际工资接近于均衡值,实际汇率接近长期均衡点的相应水平。固定名义汇率是以上措施的核心,固定名义汇率不仅保持了价格的稳定,而且也象征着政府实施新政策的决心。在没有出现外汇储备减少或经常账户逆差的情况下,如果能成功地维持固定汇率,则象征着政府政策的成功。但是,固定名义汇率仅是成功的一个指标,而不是成功的原因。如果没有适当的宏观经济政策相配合,固定名义汇率的结果将是汇率高估、货币贬值及通货膨胀卷土重来。实践证明,阿根廷"稳定计划"的成功是暂时的。保证美元与比索1∶1的比例,要求阿根廷有充足的美元储备资产,那么,微观经济要有活力,即在汇率水平与其他货币锁定的情况下,要有很强的调节能力,来保证阿根廷有持续的外汇收入。但是,1995年后,接连发生的墨西哥、东亚、俄罗斯和巴西的金融动荡,对阿根廷金融市场造成很大冲击,吸引外资的成本越来越高,1998年下半年,阿根廷出现经济衰退。1999年阿根廷最大的贸易伙伴——巴西的货币雷亚尔贬值,使得阿根廷的出口处于非常不利的地位。由于此时美国处于高增长的经济周期中,美国出于抑制通货膨胀的考虑采取了高利率政策,从而无法使阿根廷通过降息来刺激经济复苏。由于以上原因,阿根廷调节经济的能力被大大削弱,货币政策的紧缩和维持联系汇率的需要使阿根廷不得不通过举债(内债和外债)的方法来弥补财政赤字,2000年底,阿根廷外债达1320亿美元,而且2/3是以美元标价的。大规模的外债、巨额财政赤字和出口乏力、低经济增长使阿根廷无法偿还美元外债,丧失了国际和国内的公信力,致使2002年1月政府不得不放弃比索与美元的固定汇率,比索贬值,通货膨胀又卷土重来。在联系汇率制度崩溃后,2002年以来,阿根廷中央银行始终保持对外汇市场的控制,开始实行有管理的自由浮动和自由兑换制度。以上措施对稳定外汇市场和经济复苏起到了一定的作用,是行之有效的。

从阿根廷实施"稳定计划"到货币崩溃的过程来看,联系汇率制度并不能解决通货膨胀的根本原因,"稳定计划"的可持续性需要其他宏观经济政策的配合。任何一个国家不可能期望依靠汇率制度来获得公信力,公信力只能产生在国内,而不是靠引进。靠汇率承诺来建立公信力在实践中再一次遭到失败,汇率的公信力效应彻底瓦解。而且汇率制度改革不能解决所有的经济问题,它仅是整体经济改革的一个部分,是经济政策的结果而不是改革的手段和原因。在一国微观经济缺乏活力的情况下,把本国经济与其他国家绑在一起是非常危险的,经济增长的活力不能过度指望其他国家,比如过度地依赖外资。

三、国际货币制度改革的方向

浮动汇率制自1973年实行以来的表现说明,浮动汇率制的支持者和反对者对它的看法都不是完全正确的。浮动汇率制并不是全然没有问题,但也不像它的反对者所说的那样一无是处。事实上,当各国只顾本国利益,"独自制定政策"时,任何汇率制度都无法良好地运行。布雷顿森林体系本来发挥着很好的作用,但当美国在约翰逊总统的领导下,单方面采取急剧的扩张性政策时,该体系崩溃了。上一节所谈到的欧洲货币体系的经验,也说明各国政策协调的重要性。当各国无法在共同的宏观经济问题上协调一致时,浮动汇率制的最大问题也会暴露出来。全球的平衡和稳定政策,是任何国际货币体系成功运作的前提。

现在,改革国际货币体系的提议多种多样,其中,最著名的有托宾税(Tobin tax)、麦金农的全球货币目标(Mckinnon's global monetary objective)以及约翰·威廉姆森的目标区(John Williamson's target zones)。

1. 托宾税

1978年托宾(J. Tobin)首次提出改革国际货币体制的方案,并于1994年对其方案进行了再次阐述。①② 托宾建议对所有的外汇交易征收适当的税,从而既反对投机资本流动,又不影响中长期资本的正常流动。这种税应对所有的外汇交易征收而不管其交易的性质。事实上,如果这种税的税率适中,就不会对中长期投资产生影响,但可以抑制即期市场的外汇投机交易,因为投机者每次买卖外汇都需要交纳税收,从而增加了其交易成本。

对资本流动征收托宾税,虽然是对相关外汇交易征税,但这种税可以转换为等价的利息收入税。事实上,这种税既可以等价于对国外利息收入的征税,其税率是托宾税税率 θ 的递增函数,也可以等价于对国内利益收入的补贴(负的税收),其补贴率也是托宾税税率 θ 的递增函数。因而托宾税的引入,恰当地改变了国内外利率的差异,从而在完全资本流动条件下,对经济系统的稳定能够发挥重要的作用,因为托宾税可以使国内经济在较低的国内利率基础上运行,从而使国内融资政策增加了空间。当然,当不是所有国家都征收托宾税时,外汇交易将集中到不征收托宾税的金融中心。在这个意义上,要使托宾税发挥稳定经济系统的作用,必须要有全世界的政策合作。

2. 麦金农的全球货币目标

早在20世纪70年代,麦金农(R. I. Mckinnon)就提出了全球货币目标的建议,并在1988年进一步完善了他的观点。③ 麦金农认为,固定汇率制再加上货币当局遵循精确的干预规则,是比浮动汇率制更为优越的制度。

根据麦金农的观点,汇率不稳定的原因在于货币的替代性。在一个对国际资本流动缺乏控制的世界上,私人国际经济活动者(跨国公司、证券投资者等)希望持有一篮子不同国家的货币。麦金农认为,对一篮子货币的总需求是一个稳定的函数(将弗里德曼的货币需求观点推广到国际经济中),正如传统的对国内货币的国内需求一样,但是理想的全球货币篮子组合却具有易变性。这就意味着对单个国家国内货币的供给实行控制是不适当的,弗里德曼的货币规则(货币供应的增长必须以事先确定的不变的增长率增长)应当从一国水平推广到国际水平上。

---

① Tobin J. A Proposal for International Monetary Reform, Eastern Economic Journal, 1978, 4: 153-159.

② Tobin J. A Currency Transaction Tax, Why and How. Papers Presented at the CIDEI Conference on Globalization of Markets, University of Rome, 27-28 October, 1994.

③ Mckinnon R I. Monetary and Exchange Policies for International Financial Stability: A Proposal. Journal of Economic Perspectives, 1988, 2: 83-103.

在实际中,一旦名义汇率(麦金农建议采用购买力平价规则确定)和世界货币供应增长率固定下来,一国货币当局为保持固定平价而采取的对外汇市场的干预措施就应该由非补偿的外汇买卖构成。这种干预引起一国货币供应量的变化,购入外汇时国内货币供应量增加,出售外汇时国内货币量供应减少。这样,货币的替代性使国际经济活动者感到方便,这种货币的替代性正是产生不同货币超额供给和超额需求的原因,从而会引起一国货币供给的变化,但可以保证世界货币供给不变,汇率固定。因而,货币替代性不会对一国经济产生任何影响。

这项建议曾经引起不少批评意见。首先,批评者认为,这项建议的基础是不正确的,货币替代性看来既不是汇率不稳定的主要原因,也不是决定汇率的主要因素;相反,以不同货币表示的资产的替代性具有更大的作用。此外,在名义汇率固定的情况下,实际汇率的调整就没有空间了。

3. 约翰·威廉姆森的目标区

1985年,约翰·威廉姆森(John Williamson)提出了他的改革建议。① 他的这项建议的基本想法是,试图把固定汇率制和浮动汇率制二者的优点结合起来,但又消除二者的缺点。1987年,他和同事们进一步完善了他的建议,提出汇率目标区理论。这一理论包括两项基本要素。

第一,基本均衡汇率(fundamental equilibrium exchange rate,FEER)的计算。基本均衡汇率是指能产生经常项目顺差或逆差,而这个经常项目差额刚好补偿资本流动的差额,从而在一国国内经济均衡时,不需要对贸易进行限制就可以实现国际收支平衡。这种汇率可以根据基本决定因素的变化(如相对通货膨胀率)进行周期性的计算,因此不要把基本均衡汇率与固定的中心平价相混淆。

第二,当前汇率围绕FEER浮动的可能范围(至少在±10%)。这种浮动范围是一种"软"边界(soft margins),也就是说,在当前汇率浮动达到这个边界时,货币当局不需要承担义务去加以干预,这样就可以避免在布雷顿森林体系下出现的那种非稳定性投机。

汇率目标区理论也受到了来自各方面的批评:一是FEER计算的困难,即使是运用复杂的计量经济技术和模型,计算结果也有较大的错误范围。二是对汇率目标区的信心问题。只有当经济活动者认为汇率目标区可信时,汇率目标区才能发挥作用。

除上述建议外,还有人提出在世界范围内发行统一货币的建议,但从目前的情况来看,世界各国似乎不愿意放弃浮动汇率制曾经给予它们的自主权,同时各国也不会让汇率这种重要的宏观经济变量自由浮动。因此,在未来相当长的一段时期内,有管理的浮动汇率制仍然是主流体制,但各国之间的政策协调将会加强。随着各主要工业国之间政策协调性的提高,有管理的浮动汇率制的运行可能会变得相当顺利。特别是关贸总协定多次降低关税的谈判,以及国际货币基金组织、世界银行和世界贸易组织的有效运行,将使世界各国经济政策的协调成为可能。

---

① Williamson J. The Exchange Rate System, Revised ed. Washington (D. C.): Institute for International Economics,1985.

第四节 国际储备问题

除了完全自由浮动汇率制外,在其他汇率制度下,为了调节国际收支和汇率,一国应有必要的国际储备。本节首先探讨国际储备的数量问题,其次讨论国际储备的组成问题。

一、国际储备的数量

国际清偿力(international liquidity)和国际储备(international reserve)通常被用作同义词,尽管它们之间存在差别。国际储备是指货币当局持有的、表示流动性国际购买力的金融资产。国际清偿力的概念则要广泛得多,它除了国际储备以外,还包括货币当局通过国际资产市场,将不是流动性的资产转化为流动性购买力的能力,以及货币当局获得国际贷款的能力。

随着国际资产市场的发展,国际清偿力的重要性不断下降。在自由的国际资产市场上,一个有信誉的国家可以借到它所需要的清偿力。但在任何情况下,一国都应持有适当的国际清偿力,以用于其国际支付。

根据传统的定义,适当的国际清偿力是指这样一种国际清偿力水平,即当一国面临国际收支逆差时,能在无须采取(它所不愿意采取的)影响其经济增长和国际贸易的调整政策,弥补其国际收支逆差。这个定义经常受到批评,因为按照这个定义,就等于说国际清偿力总是不恰当的,因为各国总在不断地采取调整政策来调节国际收支。

如果考虑货币当局持有的官方国际储备,则当官方储备的实际数量等于官方对国际储备的需求时,国际清偿能力是恰当的。马克纳普(F. Machlup)指出,这个定义与传统的以所谓的目标参数为基础决定国际储备的需要量(如国际储备应等于进口的一定比例)不同,因为国际储备带有某些主观因素,还不能完全根据目标参数确定。① 在这方面,有一个广为引用的引人入胜的形象比喻,即"马克纳普夫人的抽屉原则(Mrs. Machlup's wardrobe rule)"。在这个原则中,马克纳普把马克纳普夫人对服装数量的需要与中央银行对国际储备的需要进行了类比,他指出,马克纳普夫人并不真正关心她的抽屉里有多少件衣服,她所关心的是她的抽屉里每年是否增加几件新衣服。马克纳普夫人的这种雄心(ambition)正是对中央银行雄心的一个形象比喻,也就是说,只要国际储备每年有所增

---

① Machlup F. The Need for Monetary Reserves. Banca Nazionale Del Lavoro Quarterly Review, 1966, 19: 175-222.

加而不是减少,中央银行就不会关心它所持有的国际储备究竟与某些目标参数是何种比例。如果一国的国际储备在减少,不管它的国际储备与某些目标参数有多么合适的比例,该国都会采取调整措施,以避免国际储备减少。因此,避免不合意的调整措施的唯一方法,是保持国际储备的增加势头。

然而,马克纳普的理论并没有被广泛接受,许多研究者不断地探讨决定国际储备合理数量的因素。这里介绍两种方法决定国际储备的合理数量:一是传统的描述方法,二是现代的最优化方法。

1. 决定国际储备数量的描述方法

这种方法的基本观点是,中央银行对国际储备的需求动机与个人对货币的需求动机是一致的,因此可以借用传统的货币需求理论来解释中央银行对国际储备的需求。

第一,交易动机。由于国际支付与国际收入在时间上不一致,因而要求有一定的支付手段存量来应付国际支付。必须注意的是,这种国际支付的需要带有季节因素的特点,因而具有随机波动的性质。

第二,谨慎动机。一国为了应付突然的国际收入减少或国际支出增加,必须持有适当的国际储备,以应付不时之需。

第三,投机动机。由于国际储备资产能带来一定的收益,因而持有国际储备资产可以看成是使用国内资源的一种替代手段。

在决定国际储备需求的各种动机后,有必要找出国际储备需求函数中的自变量。传统上考虑的主要变量有对多长时期的进口进行支付,即现有的国际储备能维持多长时期的进口支付。这个时期的长短可以用国际储备与进口总值的比例来表示,这样,国际储备就应该是进口总值的增函数。但是,国际储备与进口总值的比不能被看作是固定不变的,它取决于如下几个因素。

(1) 出口的不稳定性。出口的不稳定性越高,则对国际储备的比例要求也越高。

(2) 私人外汇市场和外汇贷款的效率。外汇市场的效率越高,对国际储备比例的要求就越低。

(3) 持有国际储备的机会成本。持有国际储备的机会成本越高,国际储备比例就越低。

(4) 持有国际储备资产的回报率。持有国际储备资产的回报率越高,则国际储备的比例就越高。

(5) 国际储备的可变性。国际储备的可变性是由国际收支的不平衡引起的。国际储备越不稳定,国际储备耗竭的风险就越大,因而要求有较高的国际储备比例。

(6) 改变汇率的意愿。一国改变汇率的意愿越大,则通过国际储备补偿国际收支赤字的要求就越低,从而对国际储备比例的要求就越低。

(7) 接受调整成本的意愿。当发生国际收支逆差时,一国越是愿意接受限制性调整政策(除汇率政策以外的紧缩性调整措施)的成本,则通过国际储备弥补逆差的要求就越低,从而国际储备比例也越低。

(8) 贸易商品存货。如果一国拥有大量的贸易商品存货(包括进口商品存货和出口商品存货),一国就可以用这些存货来替代国际储备,从而对国际储备比例的要求就越低。

(9)国际借贷的成本。国际借贷可以作为国际储备的替代手段。国际借贷的成本越高,则要求国际储备的比例越高。在这里,国际借贷的成本包括利率和还款条件两个方面。

(10)国民收入。国民收入越高,则对进口的需求也越高(通过边际进口倾向),因而对国际储备的需求量也越大。

上述分析的主要问题是,对国际储备的需求是一个事前概念,而所观察到的国际储备值则是事后数值,因而没有理由假定观察到的国际储备就是对国际储备的需求,只能通过如下调整方程来估计国际储备的需求,即

$$\Delta R = \alpha(R^d - R), 0 < \alpha < 1 \tag{19-12}$$

其中,R^d 表示国际储备的理想水平或需求,它由上面所分析的一系列因素决定;R 为国际储备的观察值;α 为调整系数;ΔR 为国际储备的变动量。但是,国际储备的变动会对其他宏观经济变量产生反馈,因而上述局部调整方程也是不符合现实的。因此,传统方法分析国际储备的决定问题存在严重的缺陷,这就导致了对国际储备最优数量的进一步研究。

2. 决定国际储备数量的最优化方法

最优化方法试图通过最优化过程来确定国际储备的最优水平,这种方法有两种分析思路:第一种分析思路是成本收益分析法,即首先找出持有国际储备的成本和收益,然后最大化持有国际储备的净收益,以确定最优的国际储备水平。第二种思路是社会福利最大化,即首先找出社会福利函数或政策制定者的目标函数,在这个福利函数中包含国际储备这个解释变量,然后在约束条件下求解这个福利函数的最大化问题,以决定最优的国际储备水平。

首先讨论成本收益分析法。作为一个例子,介绍海纳(H. R. Heller)的简单模型①。

中央银行持有国际储备的成本为一种机会成本,它等于储备资产如果用于国内生产性投资的收益与储备资产可能带来的收益之差,假定这个机会成本是固定不变的,并以 i 表示边际机会成本。中央银行持有储备资产的收益则表现为,当发生国际收支逆差时,持有储备资产能使该国不需要进行政策调整而能补偿国际收支逆差。在海纳的简单模型中,假定实行固定汇率制,且不存在资本流动,当发生国际收支逆差时,唯一的调整办法是减少国民收入,以减少进口,从而消除逆差。如果考虑国际收支逆差 D,则进口减少 $\Delta m = D$ 时,逆差才能消除,而 $\Delta m = \mu \Delta Y$,从而,当发生逆差 D 时,国民收入应减少 $\Delta Y = D/\mu$。如果假定边际进口倾向 μ 不变,则拥有国际储备的边际收益为 $1/\mu$。但这项收益并非确定的,只有发生连续的逆差,且其累积数量达到一定程度,使得 R_j 的国际储备用尽时,才需要进行减少国民收入的调整。因而,在这个收益的基础上,还要考虑 R_j 的国际储备耗竭的概率 $P(R_j)$,这样,按照边际成本等于边际收益的原则,得到最优国际储备的条件如下:

$$P(R_j) \cdot 1/\mu = i \tag{19-13}$$

---

① Heller H R. Optimal International Reserves. Economic Journal,1966(76):296-311.

如果假定一国持有国际储备的行为具有随机游走的性质,从而国际储备的增加和减少的概率都为 $\frac{1}{2}$,换句话说,该国发生国际收支顺差和逆差的概率均为 $\frac{1}{2}$,且假定国际收支差额使国际储备增加或减少的数量不变,记为 h,则当连续发生 j 次逆差(每次逆差均为 h)时,国际储备 R_j 将耗尽,即

$$jh = R_j \tag{19-14}$$

那么,一国国际储备为 R_j 时,其国际储备因逆差而耗尽的概率为

$$P(R_j) = \left(\frac{1}{2}\right)^j \tag{19-15}$$

将式(19-15)代入最优条件式(19-13)得

$$\left(\frac{1}{2}\right)^j \cdot \frac{1}{\mu} = i$$

或

$$\left(\frac{1}{2}\right)^j = \mu i \tag{19-16}$$

$$j = \frac{\ln \mu i}{\ln 0.5} \tag{19-17}$$

将式(19-17)代入式(19-14),得

$$R_j = \frac{\ln \mu i}{\ln 0.5} \cdot h \tag{19-18}$$

上式即为成本收益分析法下,最优国际储备的数量(当一系列简化假设条件成立时)。

其次考虑政策制定者效用函数或社会福利函数最大化分析法。第一步需要确定函数的解释变量。作为一个例子,介绍凯利(M. G. Kelly)的简化模型①。

在凯利的简化模型中,假定表示一国偏好的效用函数取决于国民收入水平和变动性两个因素。当一国部分资源用于国际储备时,其国民收入将减少。如果 Y' 表示没有国际储备时的国民收入水平,Y 表示国际储备为 R 时的国民收入水平,i 为持有国际储备的机会成本(等于国际储备资源用于国内生产性投资的报酬率与持有国际储备的收益之差,这与成本收益分析法的假设相同),则

$$Y' - Y = Ri \tag{19-19}$$

由于讨论的是一个随机性问题,因而需要考虑期望值。如果以 E 表示某随机变量的数学期望,考虑如下效用函数:

$$U = -a[E(Y') - E(Y)]^2 - b[Y - E(Y)]^2 \quad (a > 0, b > 0) \tag{19-20}$$

显然,式(19-20)表明,$E(Y') - E(Y) = E(R)i$ 上升,则总效用和边际效用均下降,即随着国际储备的增加,一国国民收入水平将下降,因而政策制定者的效用和边际效用下降;同时,$[Y - E(Y)]^2 = V(Y)$ 表示国民收入的变动性(方差)或波动幅度,政策制定者的效用和边际效用也随 $V(Y)$ 的增加而下降。

式(19-20)也可以写成

---

① Kelly M G. The Demand for International Reserves. American Economic Review, 1970(60):655-667.

$$U = -a[E(R)i]^2 - bV(Y) \tag{19-21}$$

下面考虑约束条件。如果从初始均衡状态出发,且只考虑经常项目,则任一时刻国际储备的变化可以表示如下:

$$\Delta R_t = \Delta X_t - \Delta M_t \tag{19-22}$$

其中,ΔR_t 表示 t 时刻国际储备的变化;ΔX_t 表示 t 时刻出口的变化;ΔM_t 表示 t 时刻进口的变化。

如果出口为外生变量,当出口增加时,国民收入增加,且 $\Delta Y = g \cdot \Delta x$,则可以将进口的增加表示为 $\Delta M = \mu \Delta Y = \mu \cdot g \Delta X = f \Delta X (f = \mu g)$。则

$$\Delta R = \Delta X(1-f) \tag{19-23}$$

下面计算国际储备和国民收入的方差 $V(R)$ 和 $V(Y)$:

$$V(R) = E(\Delta R^2), V(Y) = E(\Delta Y^2) \tag{19-24}$$

$$V(R) = E[\Delta X^2(1-f)^2] = V(X)(1-f)^2 \tag{19-25}$$

$$V(Y) = E(\Delta X^2 \cdot g^2) = V(X)g^2 \tag{19-26}$$

如果假定存在一个最低的国际储备水平 R',行政当局不希望实际国际储备低于这个水平(这里 R' 也可能为 0,表明行政当局可以接受国际储备偶尔耗尽这种状况)。在随机环境下,行政当局将建立一个小概率水平 e,使得

$$P[R < R' \mid E(R), V(R)] = e \tag{19-27}$$

上式表明,在给定国际储备期望值 $E(R)$ 和方差 $V(R)$ 的条件下,国际储备低于最低国际储备水平的概率等于 e,这个概率条件即为所讨论问题的约束条件。为了求解这个概率,有必要建立一个概率密度函数,凯利假定这个密度函数为

$$e = cV(R)/[E(R)]^2 \tag{19-28}$$

上式具有这样的性质,当给定 e 时,$dE(R)/dV(R) > 0$。

如果把式(19-28)和式(19-25)结合起来,可以得到

$$E(R) = \sqrt{\frac{c}{e}V(R)} = \sqrt{\frac{c}{e}V(X)(1-f)^2} = \sqrt{\frac{c}{e}}S(X)(1-f) \tag{19-29}$$

其中,$S(X) = \sqrt{V(X)}$ 表示 X 的标准差。由式(19-26)得到 $g = \dfrac{S(Y)}{S(X)}$,令 $f = \mu g$ 并代入式(19-29),可得

$$E(R) = \sqrt{\frac{c}{e}}S(X)\left[1 - \mu\frac{S(Y)}{S(X)}\right] = \sqrt{\frac{c}{e}}[S(X) - \mu S(Y)] \tag{19-30}$$

式(19-30)即为约束条件。

这样,最优化问题可表达如下:

$$\max E(U) = -ai^2[E(R)]^2 - bV(Y)$$

$$\text{s.t.} \quad E(R) = \sqrt{\frac{c}{e}}[S(X) - \mu S(Y)] \tag{19-31}$$

作拉格朗日函数:

$$L = -ai^2[E(R)]^2 - bV(Y) + \lambda\{E(R) - \sqrt{\frac{c}{e}}[S(X) - \mu S(Y)]\} \tag{19-32}$$

其中，λ 表示拉格朗日乘数。

一阶条件如下：

$$\begin{cases} \dfrac{\partial L}{\partial E(R)} = -2ai^2 E(R) + \lambda = 0 \\ \dfrac{\partial L}{\partial S(Y)} = -2bS(Y) + \lambda\sqrt{\dfrac{c}{e}}\mu = 0 \\ \dfrac{\partial L}{\partial \lambda} = E(R) - \sqrt{\dfrac{c}{e}}[S(X) - \mu S(Y)] = 0 \end{cases} \quad (19\text{-}33)$$

求解方程组(19-33)可得最优平均储备水平 $E(R)$ 如下：

$$E(R) = \dfrac{S(X)}{\sqrt{\dfrac{e}{c}} + \sqrt{\dfrac{c}{e}}\mu^2 i^2 \left(\dfrac{a}{b}\right)} \quad (19\text{-}34)$$

上式表明，给定外生冲击的标准差 $S(X)$ 以及各种结构变量，就可以决定一个最优的国际储备水平。显然，这个最优的国际储备水平是 $S(X)$ 和 b（收入变动性的边际负效用）的增函数，是 a（收入差异的边际负效用）、i（持有储备的机会成本）和 μ（边际进口倾向）的减函数。在大多数情况下，$E(R)$ 是 e（储备低于某一最低储备水平的概率）的减函数。

二、国际储备的构成

由于国际储备是由各种不同的资产构成的，因而仅决定国际储备的最优水平是不够的，还有必要讨论国际储备的构成问题。

直到 20 世纪 60 年代，关于国际储备的构成的研究还仅限于在黄金和美元之间选择。1971 年"美元危机"之后，特别是布雷顿森林体系解体以及黄金的非货币化 (demonetization of gold) 之后，中央银行持有的外汇资产出现了多样化，新的货币与美元竞争，变成了国际储备货币，国际支付手段多样化了。在这种情况下，资产组合选择理论被用于研究国际储备的构成问题。

在讨论国际储备的构成问题之前，有必要简要讨论一下为什么特定的货币能变成国际支付手段，进入国际储备货币的行列。事实上，特定货币进入储备货币的行列，除了取决于偶然的历史事件以外，还取决于如下经济因素。

(1)将外汇资产转换为国内货币的成本。资产交换的成本是与特定货币市场的大小成反比的，因为金融媒介也存在一个规模经济问题。而特定货币市场的规模又部分地取决于货币发行国的国外交易（国际贸易和国际收支结构）的规模。

(2)由于资产持有者都具有风险回避的倾向，因而作为储备货币的金融市场必须具有深度、宽度和弹性(depth, breath and resiliency)，从而以这种货币表示的资产具有较低的损失风险，即持有以这种货币表示的资产的投资者可能以较低的损失概率出售资产。

(3)汇率的稳定性也是一项重要的因素。如果某种货币的汇率预期有较大的波动幅度，则这种货币就不适合作为国际储备货币。

(4)自我强化作用。一种货币越多地用于国际储备货币，则这种货币的市场就越大，从而这种货币的交易成本就越低，这种货币就会越多地被用作国际储备货币。这种自我强化作用是很强烈的,即使当某种货币汇率有较大波动时,自我强化的作用也能保持这种货币的国际储备货币地位,如美元。

一种货币作为国际储备货币,既可以给该种货币的发行国带来优势,如可以用本币弥补国际收支逆差;同时也给货币发行国带来一些劣势,如必须稳定本币的汇率,从而对国内政策产生一些限制。当然,这种劣势是与该国的经济和金融实力成反比的,如美国,它就可以不太顾及美元汇率的波动,而执行自主的国内扩张政策。

下面介绍本-巴塞特(A. Ben-Bassat)提出的决定国际储备组成的资产组合选择模型[1]。

本-巴塞特在资产组合选择理论的框架下,考察了用于进口支付的货币篮子问题,因为国际储备的作用之一是用于进口支付。我们知道,资产组合选择问题就是在给定平均报酬率的条件下,求出风险最低的投资组合;或者在给定风险的条件下,求出平均报酬率最高的投资组合。

如果用方差表示资产组合的风险,则标准的平均值-方差问题可表述如下:

$$\min \sigma^2 = \sum_{i=1}^{n} a_i^2 \sigma_i^2 + 2 \sum_{i=1}^{n} \sum_{j=1, j>1}^{n} a_i a_j R_{ij} \sigma_i \sigma_j$$

s. t.

$$\mu = \sum_{i=1}^{n} a_i \mu_i, \sum_{i=1}^{n} a_i = 1, a_i \geqslant 0 \tag{19-35}$$

其中,a_i 表示货币 i 在投资组合中的最优比例;σ_i^2 为货币 i 的报酬率的方差;R_{ij} 为货币 i 和货币 j 的报酬率的相关系数;μ_i 为货币 i 的平均报酬率。最优化问题就是要在给定投资组合的报酬率 μ 的条件下,求出使投资组合的风险最小的最优投资组合。

由于假定国际储备的目的是进口支付,可以确定持有国际储备货币 i 的平均收益 μ_i 如下:

$$1 + \mu_i = \frac{1 + r_i}{1 + E_i}, \mu_i = \frac{1 + r_i}{1 + E_i} - 1 \tag{19-36}$$

其中,r_i 表示持有货币 i 的回报率(以货币 i 的利率表示);E_i 表示货币 i 对进口货币篮子汇率的变化。如果 $E_i = 0$,则 $\mu_i = r_i$;如果 $E_i < 0$(货币 i 对进口货币篮子升值),则 $\mu_i > r_i$;如果 $E_i < 0$(货币 i 对进口货币篮子贬值),则 $\mu_i < r_i$。

很显然,不同国家具有不同的进口货币篮子,因而对不同国家而言,持有货币 i 的平均收益 μ_i 是不同的。

进口货币篮子可以按一国进口支付所实际使用的货币种类和比重加以确定。一旦决定了进口货币篮子之后,就可以通过效用函数的最大化来求解最优储备资产组合了。通常假定该效用函数是储备资产报酬的增函数,是储备资产风险的减函数。

---

[1] Ben-Bassat A. The Optimal Compostition of Foreign Exchange Reserves. Journal of International Economics, 1980, 10:285-295.

第五节 货币危机模型

第二次世界大战以来，尤其是20世纪80年代以来，国际金融危机日益频繁，如20世纪70年代布雷顿森林体系的崩溃，1982年的拉美债务危机，1992年的欧洲货币体系危机，1994年的墨西哥比索危机，1997—1998年的东亚金融危机，以及2008年的国际金融危机。由于经济全球化使得各国经济日益紧密地联系在一起，因此国际金融危机对世界经济的危害日益严重，自然也引起了经济学家的广泛关注。

第一代国际金融危机理论深受塞兰特和赫得森（Salant and Herderson,1978）对国际商品价格稳定计划研究的启发。国际商品价格稳定计划就是建立国际商品储备以干预市场供求关系，从而达到稳定商品价格的目的。塞兰特和赫得森的基本结论是这种价格稳定方案极易招致投机攻击。其基本逻辑是任何资产只有当其能提供与其他资产相同的回报率时，投资者才会持有该资产。如果政府试图将资产价格固定在某一水平上，并按固定价格买卖资产，那么若固定价格低于市场价格，投机者就会向政府卖空自己持有的资产，因为持有该资产没有相应的资本收益，政府就会发现自己购进了太多的存货；反之，如果固定价格超过市场价格，这时该资产的收益会超过其他资产而成为投资对象，政府如果试图继续维持固定价格，并以此价抛售存货，存货很快就会被耗尽，因此价格稳定计划具有内在的不稳定性。

附录 19.1

第二代国际金融危机理论认为政府维护汇率的过程是一个复杂的政策选择过程，而不是如第一代危机模型所认为的那样政府只是机械地抛售外汇来干预市场，直到耗尽外汇。实际上政府采取维护汇率的政策手段很多，如提高利率、紧缩财政和货币政策及限制资本外流等，但这些手段的实施很可能会和政府的其他目标相抵触。因此，维护汇率稳定是一个政策目标抉择的成本-收益过程。一般认为政府维护汇率的目的有三个：一是政府相信维护汇率稳定有助于促进贸易和投资；二是该国可能有严重的通货膨胀历史，因而把固定汇率看作控制国内信用的一种手段；三是汇率的稳定也可能被看成是维护该国荣誉的象征（如英国曾在20世纪20年代试图恢复金本位制），或者是存在着国际经济合作的承诺。

附录 19.2

附录 19.3

第三代国际金融危机理论认为,危机爆发取决于资本外流是否大于储备,而投资者是否抽逃资本又取决于政府维护汇率的措施(主要是政府提高利率所决定的利息平价条件)。因此,危机的爆发必须具备两个条件(Sachs,1996):①基本经济状况恶化,汇率高估且政府无力维护汇率;②资本外逃大于储备。

本章小结

1. 木章主要讨论了国际货币制度问题,包括国际货币制度的演变、最优货币区理论、固定汇率制和浮动汇率制之争,以及汇率制度的未来发展、国际储备的数量和结构等。

2. 在国际货币制度的演变中,讨论了金本位制、布雷顿森林体系和现在的牙买加货币体系。

3. 在货币一体化和最优货币区方面,介绍了最优货币区理论的传统分析法和现代分析法(成本收益分析法)、共同货币政策的必要性、单一货币问题以及欧洲货币联盟的产生和发展情况。

4. 在浮动汇率制和固定汇率制的争论方面,总结了支持浮动汇率制的观点和反对浮动汇率制的理由,并根据布雷顿森林体系解体以来国际货币制度实践的经验,讨论了未来货币制度改革的方向。

5. 在国际储备问题方面,介绍了确定合理国际储备水平的传统分析法和最优化分析法(包括成本收益分析法和社会福利函数最大化分析法),介绍了分析国际储备最优组成的资产组合选择分析法。

进一步阅读导引

1. 关于国际货币制度,参见:

①陈彪如. 国际经济学. 上海:华东师范大学出版社,1993:291—317.

②易纲,张磊. 国际金融. 上海:上海人民出版社,1999:323—345.

2. 关于货币一体化与欧洲货币体系,参见:

①Gandolfo G. International Economics,Vol. 2. 2nd ed. Berlin:Springer-Verlag,1995,ch. 19.

②易纲,张磊. 国际金融. 上海:上海人民出版社,1999:323—345.

3. 关于浮动汇率制与固定汇率制之争,参见:

①Gandolfo G. International Economics,Vol. 2. 2nd ed. Berlin:Springer-Verlag,1995,ch. 18.

②易纲,张磊.国际金融.上海:上海人民出版社,1999:346-370.

4.关于国际储备问题,参见:

①Gandolfo G. International Economics, Vol. 2. 2nd ed. Berlin:Springer-Verlag,1995,ch. 20.

②陈彪如.国际经济学.上海:华东师范大学出版社,1993:239-262.

思考题

1.基本概念

最优货币区　浮动汇率制　固定汇率制　国际储备

2.讨论与回答

(1)试述货币区财政政策的效应。

(2)试述国际货币制度的演变。

(3)浮动汇率制和固定汇率制各有何优缺点?

(4)如何分析国际储备的最优水平和最优构成?

(5)作为国际储备货币的基本条件是什么?

(6)查阅资料,回答什么是特别提款权?

(7)影响一国国际储备的因素有哪些?你认为中国的外汇储备规模应为多少?

(8)简述货币危机模型的基本结论与演化过程。

第二十章
国际贸易理论与国际金融理论的综合

按照惯例,国际经济学可以划分为国际贸易和国际金融两个部分。国际贸易部分,在本质上具有微观经济学的性质,它主要是在易货贸易(barter)的假设条件下,探讨国际贸易的理论和政策问题。在进行这种讨论时,没有考虑货币因素,或者即使在讨论中出现了货币,货币也只是作为一般计价物(numeraire),并不对实际变量产生任何影响,这与传统的微观经济学假设是完全相同的,所研究的也主要是商品的相对价格问题。国际金融部分,在本质上则具有宏观经济学的性质,它主要研究在货币经济中,由国际收支不均衡所引申出来的一系列问题,包括汇率的决定和变动,以及国际收支调节的自动机制和政策等。在本书的前面各章节中,正是按照这种惯例,分别讨论了国际经济学这两个部分的主要内容。

也许有读者不禁要问:是否存在一种更一般的理论,来综合地讨论国际贸易和国际金融问题? 为了回答这个问题,必须首先考虑如下两点。

(1)为了实现国际贸易理论和国际金融理论的综合,必须提出一个新的理论框架,在这个理论框架中,实现两种理论的综合。

(2)这种综合性的理论框架可以从两个层次进行理解和尝试:第一个层次是较低的层次,即把货币当作一种纯粹的交易媒介,或者说货币只是一层面纱(veil)、一种计价物(numeraire),它对实际经济变量不产生任何影响。这正是目前微观经济学和宏观经济学划分的依据,或者说目前的一般经济学理论就是在这种前提下进行推演的。第二个层次则是较高的层次,即认为货币(以及其他资产)具有对经济的基本影响,它能对经济系统的实际变量产生影响。因而,要决定实际变量的均衡值,就必须把经济的实际部分和金融部分综合起来考虑,在实际经济和货币经济的一般均衡框架下,同时决定经济系统中这两个组成部分的均衡。也就是说,按第一个层次的研究方法,人为地把实际经济和货币经济分割开来,分别进行研究,是不可能得出正确的结论的。

我们知道,国际经济学是一般经济学的理论和方法在国际经济问题研究中的应用,因此,国际经济学的发展必然与一般经济学的发展密切相关,二者相互影响、相互促进。国际经济学中,贸易理论与金融理论的综合问题,正是一般经济学中微观经济学与宏观经济学的综合问题在国际经济学中的反映。在这个意义上,关于贸易理论与金融理论的综合问题就不是国际经济学的特殊问题,而是一个一般经济学的问题了。

在一般经济学中,到目前为止,名义变量与实际变量的关系问题,仍然处在争论之中。货币对实际变量是否产生影响?这仍然是理论界争论的一个重大问题。我们知道,

第二十章　国际贸易理论与国际金融理论的综合

从亚当·斯密出版《国富论》以来，在经济学中十分流行的价值理论中，或者不存在货币的影子，或者货币只是一种纯粹的交换媒介、计价工具，货币本身并不具有任何价值。在这些理论中，货币只是一层覆盖在实际经济上的面纱，揭开这层面纱，就能研究实际经济的运行。因此，在传统的经济理论中，货币并不重要，实际经济的运行才是经济学所要研究的本质问题，从而使得货币经济理论的发展严重滞后。

1936年，凯恩斯发表了具有划时代意义的《就业、利息和货币通论》，宣告了宏观经济学的产生。在凯恩斯的理论中，低于充分就业的均衡是经济系统的常态，充分就业均衡只是经济的特例。在这种假设条件下，货币以及货币的价格——利率，对实际经济的运行有着重要的影响。正是在这个意义上，凯恩斯把他的著作命名为《就业、利息和货币通论》，以突出货币在经济系统中的作用。凯恩斯虽然突出了货币在经济系统中的重要地位，但他认为，研究经济问题仍然可以采用两分法，即宏观和微观问题。与他所自称的"古典学派"不同的是，古典学派认为，应该首先研究微观问题，即首先研究实际经济中的商品相对价格及其对经济均衡影响的机制——价格机制，在此基础上，再把货币引入经济系统中，研究宏观经济问题，即货币数量与一般物价水平的关系问题。因为古典学派假定经济总是在充分就业水平上均衡，货币不会对实际经济变量产生影响，或者借用理性预期学派的话说，货币是中性的，它只对一般物价水平产生影响，而不会影响商品的相对价格。但是，凯恩斯认为，在决定商品相对价格之前，首先必须决定国民收入的均衡水平，而在低于充分就业均衡的情况下，货币会对国民收入的均衡水平产生影响。因此，在研究微观问题之前，首先应该研究宏观问题，只有在解决了宏观问题的基础上，才能正确讨论微观问题。1965年，帕廷金（D. Patinkin）出版了《货币、利息和价格》，[1]在封闭经济条件下，从财富效应（wealth effect）的角度，探讨了实际经济与货币经济现象的综合问题。在货币经济理论中，货币的价值问题、内生货币问题，仍然处在研究中。[2] 这些理论问题的解决，有可能为微观经济学和宏观经济学的综合提供理论框架。

一般经济学中，微观经济学与宏观经济学的综合问题，起源于关于宏观经济学的微观经济基础（The Microeconomic Foundation of Macroeconomics）的争论。[3][4][5][6][7][8][9] 宏

---

[1] Patinkin D. Money, Interest, and Prices. 2nd ed. New York: Harper & Row, 1965.

[2] 石寿永:《货币经济理论及政策》，2001年6月18日在华中科技大学所作的"现代经济学与金融学前沿系列讲座"，打印稿。

[3] Weintraub E R. The Microfoundations of Macroeconomics: A Critical Survey. Journal of Economic Literature, 1977, 15: 1-23.

[4] Weintraub E R. Microfoundations: The Compatibility of Microeconomics and Macroeconomics. Cambridge: Cambridge University Press, 1979.

[5] Harcourt G C. Microeconomic Foundations of Macroeconomics. London: Macmillan, 1977.

[6] Sinclair P J N. The Foundations of Macroeconomics and Monetary Theory. Oxford: Oxford University Press, 1983.

[7] Fitoussi J P. Modern Macroeconomic Theory: An Overview//Fitoussi J P. Modern Macroeconomic Theory. Oxford: Blackwell, 1983.

[8] Janssen M C W. What is This Thing Called Microfoundations?. History of Political Economy, 1991, 23: 687-712.

[9] Mayer T. How Much Do Microfoundations Matter?. University of Munich, ECS Working Papers, 1993(32).

观经济学自身能否成为一门独立的学科？或者说，为了使宏观经济变量的研究更清楚、更具体，是否需要从微观经济个体开始研究，然后通过加总的方式推演出宏观变量的行为？很显然，如果宏观经济变量的行为需要从微观个体的行为中推演出来，则宏观经济学本身不能成为一门独立的学科。然而，在实际中，宏观经济变量的行为与微观个体的行为是有区别的，也就是说，将微观个体的行为加总为宏观经济变量的行为时，往往会发生加总的谬误。用系统论的术语来说，总体不等于各组成部分的简单相加。从这个意义上说，这里所提出的微观与宏观的综合问题，是一个一般认识论问题（an epistemological problem），它不仅存在于经济学中，而且也存在于像物理、化学等这样一些所谓的"硬"科学（Hard sciences）中。在"硬"科学中，对单个微粒（原子、电子、中子、质子等）的微观描述，是否与这些微粒所构成的集体行为无关？这个问题早就在这些"硬"科学中提上了议事日程。关于微粒集合的自组织（self-organization）现象，是协同学（synergetics）等所研究的课题。① 虽然这种方法主要应用于物理、化学、生物等，但它其实对探讨经济问题也有重要的借鉴意义。

第一节 汇率与贸易量

一般认为，汇率变化涉及两个层面：一是汇率水平的变化，货币的升值或贬值决定了一国商品的国际竞争力；二是汇率的稳定性，汇率的短期波动程度增加会影响贸易参与者的实际收益。

实际汇率水平对贸易影响相对简单，大多数经济学者对此达成了共识：在满足马歇尔-勒纳条件下，实际有效汇率的升值会导致贸易收支的恶化。反之，实际汇率的贬值能够提高一国出口商品的国际竞争力，改善国际收支。1976年，国际货币体系进入浮动汇率制年代后，研究短期实际汇率波动对进出口贸易影响的文献也有所增多。大部分学者以不确定条件下厂商的生产理论为基础，提出作为风险规避者的跨国企业在组织生产、销售产品时，如果利润受到不确定的汇率波动影响，它会减少生产和交易量，进而影响国家间双边贸易。如Baron(1976)对出口商面临的主要风险进行了分析，他指出，当企业使用外币作为结算货币时，其面临价格风险，此时交易量由合同所定，但是交易期间汇率的波动，会影响本币计价的真实收入；当企业选择本币计价时，虽然规避了价格风险，但本币升值带来同类产品间相对价格的变化，会使消费者需求偏好发生转移，影响交易数量。

---

① Haken H. Synergetics: An Introduction. Berlin: Springer-Verlag, 1978.

Grauwe(1988)在假设生产者拥有非常系数的风险规避度,效用函数为凸性的前提下提出,随着汇率风险的增加,作用相反的替代效应和收入效应会同时发生,但最终对国际贸易的影响取决于两种力量的相对强弱。

同样,许多学者对汇率波动是否会对国际贸易产生不利影响进行了大量实证研究,但得到的结论不尽相同。例如,Chowdhury(1993)、Caporale等(1994)选取美国、加拿大、日本、德国等发达的工业化国家为样本,发现连续、大幅度的汇率波动会对贸易产生不利影响;而Klein(1990)等认为,汇率波动的增加对贸易的影响,要视不同国家和产业、行业具体情况而定。

第二节 汇率与贸易结构

由于各国大多采用浮动的汇率制度,很多国家的名义汇率和实际汇率都有一定的波动,而且不同类型贸易品的价格弹性不同,对汇率的反应也就不尽相同。因此,有许多学者研究汇率波动性对贸易结构的影响。一类是从出口产品成本差异的角度来分析,如Klein(1990)认为不同出口产品的生产成本对进口品的依赖程度以及出口定价方式不同,汇率变动对不同产品的贸易条件会产生非对称性的影响,汇率变动会导致出口结构的变化;还有从要素禀赋差异的角度来分析的,如Kenneth Rogoff(2003)认为主要是由于资本与劳动力在国际间的流动性,导致了要素禀赋的不同,引发国家间国际贸易结构的变迁与失衡,而实际汇率与均衡汇率的差异加剧了资本要素与商品的流动。汇率波动可以通过改变一国出口商品以及资本的国际相对价格,改变一国的要素禀赋结构与贸易比较优势,进而对该国的出口贸易结构及国际贸易的福利造成影响。

国内很多学者对我国的情况进行了实证研究,主要可以分为两类,一类是从出口产品资源密集型的角度来分析的,如顾国达等(2007)、曾铮(2007)、王宇雯(2009)就汇率波动对不同要素密集度产业的出口影响进行了分析,认为具有一定资本要素密集度的劳动密集型产业的出口受汇率波动的影响最大;劳动密集型产业出口受到的影响较大;资本密集型产业出口所受的影响较小;汇率波动对各种产业出口幅度的不同影响将改变一国的出口商品结构。还有从出口商品分类体系角度来研究的,一种是基于SITC标准,如郑恺(2006)按SITC的比较发现,不同行业对汇率波动的反应不同,制造业产品受到的影响明显大于初级产品;此外,制造业中不同产品对汇率波动的反应也不一致;王相宁和王利(2008)分析了人民币汇率波动对中国对美、日两国出口贸易结构的影响,表明汇率对基于SITC标准分类的出口影响有较大的差异。

第三节 国际金融与企业国际化行为

当前,随着国际贸易的研究对象专向企业,已有大量文献就汇率变动对企业出口行为的影响进行了分析。

Bernard 等(2009)将企业与其贸易伙伴之间的总出口和总进口分解为从事进口和出口贸易的企业的数量、产品的数量、贸易关系的集中度以及每种产品的平均贸易量四部分。他们将前三部分定义为扩展边界,最后一部分定义为集约边界,并进一步使用美国贸易数据实证考察了扩展边界和集约边界的相对重要性,得出对美国来说集约边界的作用大于扩展边界。Tang 和 Zhang(2012)分析了人民币实际汇率变动对中国出口企业的影响,发现汇率变动对中国出口企业扩展边界的作用大于集约边界。Li 等(2012)考察了汇率变动对中国不同生产率水平的企业的价格决策和数量调整的影响,发现生产率较高的企业主要通过调整出口价格来应对汇率冲击,而生产率较低的企业主要进行数量调整。上述研究得到的结论与 Berman 等(2012)对法国的研究一致,他们在企业扩展边界和集约边界分析的基础上进一步比较了加工贸易企业和其他企业对汇率变动的异质性反应,发现加工贸易出口企业并没有明显的成本优势。Liu 等(2013)考察了汇率变动对总出口的影响,为 Obstfeld 和 Rogoff(2000)提出的"汇率无效之谜"提供了一个解释。汇率变动对企业的影响类似于关税的作用,Feenstra(1989)认为,较大的汇率波动产生的结果类似于关税调整,本国货币升值的效果类似于进口关税的下降和出口关税的上调,而本国货币贬值的效果则类似于进口关税的上调和出口关税的下降。然而汇率升值如同关税下降,会加剧本国的市场竞争。Baggs 等(2009)研究发现汇率变动会影响出口企业的出口量和出口值,除此之外,它对多产品企业的出口产品组合同样具有重要影响。Arkolakis 和 Muendler(2011)通过理论模型分析,认为当地销售成本随着出口范围的增加而增加,与此同时生产率出现下降。基于上述理论和实证研究,货币升值引致的市场竞争加剧会缩小企业的产品范围,使企业集中于核心产品的生产和出口。此外,Fung(2008)构建了一个对企业生产规模和生产率受汇率变动影响的理论模型,并进行了实证分析。Fung 等(2011)考察了不同所有制企业对汇率变动的异质性反应,Ekholm 等(2012)考察了汇率变动对企业生产率的影响,Baggs 等(2009)分析了汇率变动对企业生存和销售额的影响,Baggs 等(2013)对比了货币升值和贬值对企业的非对称影响。

上述研究均是基于制造业企业,Baggs 等(2010)进一步将分析的范围扩展到了非制造业企业,他们实证分析了汇率变动对参与贸易的服务业企业的影响。Campbell 和 Lapham(2004)考察了实际汇率变动对美国边境省份零售业扩展边界和集约边界的异质性影响。

近年来,还有一批学者专门考察了人民币汇率变动与企业出口行为之间的关系。Bussiere 和 Peltonen(2008)及 Cui 等(2009)讨论了人民币汇率变动的价格传递效应,但他们均是基于宏观数据进行分析,并且结论迥异。Freund 等(2011)使用中国 1997—2005 年的贸易数据,估计了不同贸易方式企业的进出口汇率弹性,发现加工贸易对汇率变动不敏感,并且出口产品的国内投入比例越高,其对汇率变动越敏感。Tang 和 Zhang (2012)使用中国微观企业数据进行分析,发现汇率升值对中国出口企业的进入退出以及产品生产具有显著影响。Li 等(2012)使用中国企业层面的微观数据深入分析了双边实际汇率波动对企业定价行为和出口量的影响,发现人民币每升值 10%,企业出口价格就下降 50%左右,出口量将下降 2%~4%。张会清和唐海燕(2012)基于 2005—2009 年中国工业企业的样本数据,采用 Heckman 选择模型评估人民币升值对出口贸易的整体影响和结构影响。研究发现,人民币升值对企业出口产生了显著的负面冲击,人民币升值不利于中国出口贸易结构的优化调整。Liu 等(2013)使用倍差法实证考察了人民币汇率波动对中国企业出口行为的影响,发现人民币每升值 1%,中国出口总值将下降 1.89%。

本章小结

本章主要讨论了国际经济学中贸易理论与金融理论综合的可能性问题。事实上,这个综合问题不仅是一个超出国际经济学范围的一般经济学问题,而且也是一个超出经济学范围的一般认识论问题。此外,本章还介绍了汇率与贸易量、贸易结构直接的关系。随着异质性企业理论的开展,国际贸易与国际金融之间关系的研究也逐步深入企业领域,特别是人民币汇率与中国企业进出口之间的关系,已然成为新的研究课题与重点。

进一步阅读导引

1. 关于宏观经济学的微观基础的争论,参见:

① Weintraub E R. The Microfoundations of Macroeconomics: A Critical Survey. Journal of Economic Literature,1977,15:1-23.

② Weintraub E R. Microfoundations: The Compatibility of Microeconomics and Macroeconomics. Cambridge: Cambridge University Press,1979.

③ Harcourt G C. Microeconomic Foundations of Macroeconomics. London: Macmillan,1977.

④ Sinclair P J N. The Foundations of Macroeconomics and Monetary Theory. Oxford: Oxford University Press,1983.

⑤ Fitoussi J P. Modern Macroeconomic Theory: An Overview//Fitoussi J P. Modern Macroeconomic Theory. Oxford: Blackwell,1983.

⑥Janssen M C W. What is This Thing Called Microfoundations?. History of Political Economy,1991,23:687-712.

⑦Mayer T. How Much Do Microfoundations Matter?. University of Munich,ECS Working Papers,1993(32).

2.关于协同学,参见:

Haken H. Synergetics:An Introduction. Berlin:Springer-Verlag,1978.

3.关于汇率与贸易量、贸易结构,参见 Baron(1976)、Chowdhury(1993)、Caporale 等(1994)、顾国达等(2007)、曾铮(2007)、王宇雯(2009)等人的论述。

4.关于汇率与企业国际化行为,参见 Tang 和 Zhang(2012)、Obstfeld 和 Rogoff(2000)等人的论述。

思考题

1.结合你自己的学习和理解,谈谈国际贸易理论与国际金融理论的综合问题。

2.简要介绍汇率如何影响贸易量、贸易结构以及企业出口。

与本书配套的二维码资源使用说明

　　本书部分课程及与纸质教材配套数字资源以二维码链接的形式呈现。利用手机微信扫码成功后提示微信登录,授权后进入注册页面,填写注册信息。按照提示输入手机号码,点击获取手机验证码,稍等片刻收到 4 位数的验证码短信,在提示位置输入验证码成功,再设置密码,选择相应专业,点击"立即注册",注册成功。(若手机已经注册,则在"注册"页面底部选择"已有账号? 立即注册",进入"账号绑定"页面,直接输入手机号和密码登录。)接着提示输入学习码,需刮开教材封面防伪涂层,输入 13 位学习码(正版图书拥有的一次性使用学习码),输入正确后提示绑定成功,即可查看二维码数字资源。手机第一次登录查看资源成功以后,再次使用二维码资源时,只需在微信端扫码即可登录进入查看。